# 리조트경영론

# 리조트경영론

한올출판사

# 헌정

저는 이 책을 나의 평생의 동반자이고 파트너인 아내 Susan Murphy와 항상 제게 지지와 격려를 아끼지 않는 두 딸 Margartet과 Ann에게 바칩니다.

# 감사의 글

저는 이 책을 작성하는데 많은 도움을 주신 분들에게 바칩니다. 이 책의 영감은 현장에서 활약하시는 Chuck Gee, Clare Gunn, 그리고 Eward Inskeep 등에서 비롯되어졌습니다. 그리고 Mt Buller 리조트 경영에 대한 연구에서 많은 격려를 얻었고, Glennis Derrick와 Sally North 등으로부터 많은 지지를 받았습니다. 학문적 내용과 실제적인 예들은 리조트 연구와 경영에 관여한 수많은 사람들에서 얻어졌습니다. Wendy Magee(호주), Rick과 Cathy Stolle(캐나다), Alison Gill(캐나다), Patrick Long(미국), Kit Jenkins(영국), Miriam Jansen-Verbeke(벨기에), 그리고 Luna Bajracharya(싱가포르) 등에게 특히 감사를 드립니다. 하지만 항상 그렇듯 저자로서 오역과 누락에 대해 책임감을 통감하고 있습니다.

# 역자 서문

한국에서 리조트 경영에 관한 번역서는 거의 찾아볼 수 없다. 따라서 지금까지 독자들은 원서를 제외하고 직접 외국의 리조트 경영에 대한 지식을 얻는 것이 쉽지 않았다. 이러한 문제 해결을 위해 리조트 경영론(The Business of Resort Management: 2008)를 번역하게 되었다.

본서는 리조트 경영기법을 광범위하게 취급한 전(全)세계의 몇 안 되는 교재 중의 하나인 리조트 경영론(The Business of Resort Management: 2008)의 번역서이다. 원저는 호주 멜버른에 있는 라 트로베 대학교(La Trobe University) 연구 부학장으로 근무하고 계신 피터 머피 박사(Dr. Peter Murphy)에 의하여 저술되었다. 원저는 머피 박사의 풍부한 학문적 및 실무적 리조트 개발의 경험을 반영하고 있다.

이 교재는 4부 11장으로 구성되어 있는데, 제1부 리조트의 역사와 특성에서 과거, 현재, 미래의 리조트를 서술하였으며, 제2부 리조트 경영에 대한 외부적인 변화에서 리조트 경영에서 당면하는 외부 도전을, 제3부 리조트 경영을 위한 내부적 도전과 전략에서 리조트 경영에서 당면하는 내부의 도전과 리조트 경영에서의 전략을, 제4부 미래 지향점에서 리조트 경영의 미래의 방향을 서술하였다. 우선 제1부에서는 첫째, 리조트 개발에서 과거, 현재, 미래에 변하지 않는 것과 변하는 것과 둘째, 리조트에 적용 가능한 경영상의 정의와 이론을 서술하고 있다. 제2부에서는 첫째, 변화하는 리조트 시장과 경쟁 상황을, 둘째, 리조트와 계절의 관련성을, 셋째, 리조트의 거버넌스(governance)를 서술하였다. 제3부에서는 리조트 경영의 계획수립, 재무관리, 마케팅 관리, 환경과 입지관리, 지역사회과 주택공급 관계, 및 인적자원관리를 서술하였다. 제4부 리조트 경영의 위험관리를 서술하였다.

역자들은 이 역서를 통해 독자들이 해외의 리조트 경영이론과 실무를 이해하는데 도움을 받을 것으로 기대한다. 특히, 국내에 리조트 경영에 대한 번역서가 부족한 상황에서 본 번역서의 저술이 리조트 경영에 대한 이해를 넓히는 것에 대해 기대를 가져본다.

역자들은 번역하면서 최선의 노력을 다했으나 혹시 번역에서의 실수가 나올 수 있다고 본다. 그럴 경우 가차 없는 조언과 비판을 부탁드린다.

역자들 씀

2012. 7. 5

## 차 례

## Part 1 리조트의 역사와 특성

## Part 3 ••• 리조트 경영을 위한 내부적 도전과 전략

PART 1

# 리조트의 역사와 특성

CHAPTER 1

# 리조트 개발에서 상수와 변수

The business of resort management

## 1. 서론

대다수의 사람들은 리조트가 호화로운 고급 상품과 관광객을 위해 특별한 음식을 공급해주는 관광목적지와 연합되어져 있기 때문에, 리조트를 최고의 휴가를 경험할 수 있는 곳으로 여기고 있다. 관광객이 리조트를 호텔과 연관 시켜 생각한다는 것은, 관광객이 리조트에서 호텔과 같은 우수한 시설과 서비스를 제공받을 수 있을 것이란 기대를 가지고 있음을 잘 표현해준다. 이와 유사하게, 관광객이 리조트를 관광목적지로 찾았을 때, 리조트는 일반적인 서비스나 리조트의 이윤추구에 앞서, 관광객이 지닌 욕구를 제일 먼저 고려하여 설계되어져야 한다. Blackpool과 런던, 마이애미 해변과 마이애미는 각기 다른 특성을 지닌다. 후자는 방문객들에게 일반적인 서비스를 제공해주는 반면, 전자의 장소들은 관광객들이 지닌 욕구를 고려하여 설계되어졌고, 마케팅이나 관련 문헌들에서 리조트 목적지로 자주 언급되어진다. 사전적 개념정의는 휴가(vacation), 휴식(rest) 또는 이완(relaxation)과 치료(cures)를 위해 자주 언급되는 리조트나 휴가여행지가 밀접하게 연관되어 있음을 보여준다.

리조트는 여행이나 관광산업에서 오랜 역사를 지니고 있다. 리조트의 기원은 고대 로마 시대로 거슬러 올라가고, 로마의 세계 정벌로 인해 유럽으로 전파되어진다. 리조트는 대중목욕탕과 치료를 위한 광천 온천이 있는 단순한 구조에서, 위락이나 스포츠 시설, 레스토랑, 객실, 그리고 가게 등으로 둘러싸인 아트리움(atrium)이 있는 전형적인 구조로 변화된다(Mill, 2001: 4). 즉, 이러한 구조는 현대적 리조트의 기본적 모형이 된다, 예를 들어, 리조트는 해변, 골프 코스, 역사적 유적지 등의 핵심적 활동을 강조하거나 중요한 편의시설, 레스토랑, 상품 등을 판매 할 수 있도록 설계되어진다.

이렇듯 초기 리조트 개발 시기에 강조된 대중성은 차츰 퇴색되어갔지만, 변혁기에는 새로운 환경이나 기호에 맞게 적응하여 명맥이 유지되었고, 현대와 같이 비교적 안정되고 풍요로운 시기에는 새로운 화두가 되고 있다. 초창기의 건강을 목적으로 건립된 리조트는 정치나 경제적 동기로 보완되어졌다. 예를 들어 영국의 Bath 온천은 17세기경에 중요한 영국 왕실의 순회법정 중 한곳이 되었다. 이런 형태는 철도의 개발로 인해 신세계에서도 나타난다. 예를 들어 캐나다, 알버타 주(州)에 있는 Canadian Pacific(현재는 Fairmont 호텔)의 Banff 온천 호텔은 야생 국립공원에 있는 온천리조트에서 부유층과 특권층을 위한 리조트로 변모되었다.

오늘날 유사한 규모의 크고 매력적인 리조트 개념은 산업사회에서는 부유층에게 소구(appeal)하기 위해서, 유럽, 북미 그리고 아시아 지역에서는 산업화가 진행 중인 내륙 도시의 개발을 위해 개별 기업 단위로 개발되어지고 있다. Clifford (2003)는 북미 지역 스키 리조트 개발에서 기업 주도형 개발이 인구통계학적 특성의 변화와 산악 지역에서 휴식 공간 등과 연관된 스키 빌리지 등 신상품 개발의 노력 등에서 비롯되었다고 언급하였다. 그는 그러한 변화의 선봉에는 3개의 거대 기업 중 하나가 나이든 베이비부머(baby-boomer) 세대가 따뜻한 날씨의 관광목적지와 골프 리조트가 있는 곳으로 시선을 돌릴 것을 미리 예측하여서 가능하다고 설명하였다(Clifford, 2003:222). 이런 전략적 계획 유형은 여러 가지 호화로운 시설물로 이루어진 복합적인 리조트로 건설되어졌고, 경제적 이익을 얻기 위해 공사가 진행되어지고 있는 Gulf 만에서 나타났다. 예를 들어, Abu Dhabi에 있는 Emirates 궁전을 준공하는데는 2천 9백억 달러의 경비가 소요되었다. 이 궁전은

> 400개 미만의 객실이 있지만, 호텔에는 128개의 부엌과 식료품 저장실이 있고, 1002개의 수제품으로 제작된 Swarovski 크리스털 샹들리에 등을 구비하고 있다. .... 골프 카트가 수 미터에 이르는 복도를 지나갈 수 있을 만큼 쭉 뻗은 양식으로 설계가 되었고, 객실은 평균 요금이 1 박당 최저 608달러에서 12068달러에 달한다(20%의 서비스 요금은 같이 부과됨).
>
> (Pohl, 2005: 12)

현대와 같은 산업사회에서는 돈 있는 소수의 사람만이 아니라 대다수의 사람들도 리조트를 즐길 수 있는 혜택이 주어지고 있다. 리조트 형태는 과거 소수 특권층을 위한 은신처 형태의 리조트에서 영국 황태자 소유의 Brighton Pavilion을 중심으로 Brighton(영국의 해변 휴양도시)으로 개발된 사례에서나, 호주 Gold Coast 해변 리조트나 Las Vegas의 도박 리조트, 심지어 Atlantic City에 있는 두 가지가 결합된 형태의 리조트 등의 사례처럼 변화되어져 왔다.

일반 대중에게도 리조트 시장이 확산되는 현상은 Hawaii에 있는 Oahu 섬의 Waikiki의 역사적 개발 과정에서 잘 이해되어질 수 있다. 1960년대 초반 Waikiki는 주로 부유한 미국 관광객을 위한 소수의 호화로운 호텔 케이터링을 구비한 작은 해변이었다. 이런 관광객들은 여객선으로 며칠 동안 섬을 관광하거나, 몇 주 또는 몇 달 동안 이 열대천국에서 떠나지 않고 머무르기도 하였다. 상업적인 항공노선의 개발 이전까지 이러한 느리고 비용이 많이 소요되는 교통편은 호화롭고 우수한 관광목적지로 관광객의 접근을 어렵게 하였다. 지금 Waikiki는 항공권을 구입할 경제적 여유가 있거나, 몇 시간의 비행시간을 조정

할 수 있고, 짧은 휴가를 계획하는 모든 사람들이 이용할 수 있는 관광목적지가 되었다.

비록 리조트 개념이 점차적으로 변화되었지만, 과거 수세기 동안에 걸친 변화 과정에서 공통의 요소가 존재한다. 이런 공통의 요소는 대부분 로마인들에 의해 개발되어진 최초 형태에서 흔적에서 찾을 수 있고, 또한 지속 가능한 형태의 관광 상품이나 활동으로서 리조트를 유지하는데 도움이 되기도 한다.

## 2. 학술적 관심

수세기에 걸친 성공적인 적응과정에도 불구하고, 리조트 발전에서 나타나는 특성에 대한 연구는 현대와 같이 지속가능성을 강조하는 관광학에서 많은 부분을 차지하지 못하고 있다. 리조트가 관광학분야에서 많이 다루어지지 않은 중요한 이유는 리조트가 지닌 고유의 특성을 무시한 채, 관광학이나 환대산업 연구의 한 분야로 편재되었기 때문이다. 리조트는 다양한 지역에서 수많은 기능적 형태로 발생되어졌고, 이런 이유로 인해 다른 주제나 연구방법의 한 분야로 포함되어져 왔다.

이 과정에서, 이러한 접근방법은 리조트를 더 큰 다른 분야와 동일하게 처리하거나 일반적인 논의 대상으로 간주하여 리조트가 지닌 특정의 필요성이나 시장에서 지닌 차별성을 축소시키거나 간과하게 하였다. 어떤 학자는 리조트 분야나 관광학 분야에서 나타나는 주제 간에는 많은 부분 공통점이 있다고 여기는 반면, 어떤 사람들은 리조트를 독특한 필요성이나 주제를 지닌 관광시장의 하위 요소로서 여기기 때문에 이에 대한 독립적 연구가 필요하다고 느끼기도 한다.

Inskeep, Gee와 Mill 등과 같이 리조트를 독립적인 시장으로 파악하는 사람들 대다수는 리조트가 지닌 어떤 차별적인 요소에 관심을 가졌다. 만약 이런 학자들의 생각에 대해 순서대로 알고 싶다면, 리조트가 지닌 특성이 어떤지 구분할 수 있다면 가능할 것이다.

Inskeep(1991)는 특히 잘 설계된 리조트가 그 자체로 매력물이 될 수 있고, 지역공동체 관광(community tourism)의 한 분야로서 '관광객을 위한 리조트 개발'에 도움이 되었다고 설명하였다. 이런 전제하에, 그는 다음과 같은 두 가지 요인을 강조한다.

❖ 리조트는 하나의 사업이다 : 리조트는 시장분석에 대한 기획에서 비롯되어지고, 계획된 지역이 어떤 상품과 잘 조화될지에 대한 수요 평가는 기대된 시장수요와 일치되어질 수 있다.

❖ 지역 공동체와의 관련성 : 리조트 개발은 긍정적이거나 부정적 영향이 수반되기 때문에 지역 주민이 사는 곳이나 인근 지역에 리조트 부지 선정시 신중하게 생각할 필요가 있다.

Gee(1996: 14-21)는 리조트가 다른 관광목적지와는 다음과 같은 점에서 차이가 난다고 주장하였다. 즉,

❖ 리조트는 휴가나 즐거움(pleasure)을 목적으로 하는 시장이고,

❖ 리조트는 대부분의 리조트가 독립적인 형태를 띠기 때문에,

❖ 각 리조트에서 실시하고 있는 레크레이션이 계절성에 영향을 많이 받기 때문에,

❖ 리조트 경영은 반드시 시각적 경영(visible management)이어야 한다. 즉, '전 직원이 고객에게 진심어린 환대를 제공해주고, 고객과의 우호적인 관계를 형성하거나, 24시간 계속해서 고객에게 끊임없이 서비스를 제공' 하는 등의 이유로 인해,

다른 관광목적지와는 다른 개념으로 다루어져야 한다.

Mill(2001: xv)은 리조트가 다음과 같은 차별적인 구성요소를 가진다고 가정하였다. 즉,

❖ 관광객을 리조트로 유인할 수 있는 레크레이션 매력물이 있다.

❖ 관광객이 체재할 동안 할 수 있는 활동들이 있다.

이러한 리조트 개념과 경영에 대해 학자마다 다르게 정의하였지만 다음과 같은 공통점을 찾을 수 있다. 리조트는 다음과 같은 점에서 차별적이다. 즉,

❖ 관광 사업으로서 형성되어졌다. : 리조트로 계획되거나 투자 받을때, 방문객을 유인할 수 있는 매력물을 만들려는 특정의 의도성을 지녀야 한다.

❖ 방문객을 고객으로 전환시켜라. : 대부분의 리조트 사업이 장기적 측면에서 성공하기 위해서는 방문객들이 고객으로서 하루를 체류할 수 있게끔 확신감을 심어줄 수 있어야 한다. 이러한 기대는 당일치기 여행 시장에 초점을 둔 리조트에서 해야 하는 것이다.

❖ 현지에 있는 고객을 잘 유지하라. : 또한 체험 가능한 다양한 활동에 대한 정보를 제공함으로서, 고객에게 이 리조트에 머무는 동안 충분한 매력물과 활동을 제공받을 수 있을 것이란 확신을 심어줄 수 있어야 한다.

❖ 고객에게 우수한 품질의 시설을 제공하여 유인하고 붙잡아라. : 현지를 방문하는 고객을 잘 붙잡기 위해서는 최고의 시설물을 갖춘 매력물과 활동이 제공되어져야한다.

❖ 고객에게 최상의 서비스를 퍼부어라. : 훌륭한 시설물의 보완과 고객과 리조트를 위해 최선의 경험을 제공하기 위해서는, 그 리조트는 최상의 서비스를 제공할 수 있는 우수한 자질을 갖춘 직원을 필요로 한다.

리조트의 구조나 경영적 접근방법에 대한 기술은 이미 다양한 참고문헌에서 충분히 인용되어졌고, 이 책은 리조트 경영과 관광 경영의 다른 형태와는 구분되어진다. 이 책은 가치가 포함된 미리 계획되어진 사업적 접근방법을 포함하고 있다. 그것은 단지 상류층 고객만을 포함하는 것이 아니라, 예산을 세워 리조트에 오는 평범한 사람들에서부터 부유층 모두에게 손님을 고객으로 재방문하게 하거

나 친선사절의 역할을 할 수 있게끔 가격 대비 충분한 가치를 제공함으로서 특별한 경험을 제공받을 수 있을 것이란 보증을 해주어야 한다는 것을 의미한다.

## 3. 리조트 경영분석

리조트 연구에서 경영주에게 사업에 유용한 경영정보를 제공하거나, 지역공동체에 필요한 도움을 주기 위해서 필요한 적절한 분석적 접근방법은 전통적인 과학적 연구방법일 것이다. 이러한 접근방법은 다음과 같은 3단계로 구성되어 있다. 첫째, 리조트 경영이라는 특정 연구에 대한 기술과 분류이다. 둘째, 리조트 내에서 발생하는 문제와 원인을, 그리고 외부 지역공동체와의 관계 등을 설명하려는 시도이다. 결국, 미래의 결과와 행동을 예측하기 위해서는 처음의 두단계를 합쳐야 한다. 대다수의 사람에 있어서 이러한 접근방법은 과학이 지닌 궁극적 목적이고, 리조트 연합과 개인 사업가들에게 그들이 지향해야할 방향을 제시해준다. 이 시점의 리조트 경영분석에서 중요한 것은, 현재의 리조트 형태에 영향을 미치는 외적 요인과 내적 요인이 무엇인지 이해하기 위해 노력해야 한다는 것이다.

이 책에서는 리조트가 지닌 건전성과 매력성을 생성하는데 도움을 줄 수 있는 사업적 과제와 경영전략을 구분하기 위해 과학적 접근방법을 사용할 것이다. 경제적, 사회적, 그리고 환경적 측면에서 리조트가 지닌 지속가능성을 유지하기 위해서는 세가지의 단계에서 더욱 더 노력해야 하고, 이에 따라 사회나 관광산업은 계속적으로 진화되어질 수 있을 것이다. 마지막 장에서 다룰 것이지만, 만약 현재의 생태학적 균형이 전 세계 기후변화에 위협을 준다면, 지속가능성의 개념이 다시 재검토되어질 필요가 있을 것이다.

### 1) 기술과 정의

첫번째 단계를 시작하기 위해서는, 용어에 대한 개념적 정의가 필요하다. 여가산업 연구와 많은 사회과학 영역에서 공통성이 있는 것처럼, 리조트에 대한 개념적 정의가 필요하다. 시대적 흐름에 따라 학문적, 기술적 정의에서는 리조트 사업이 지닌 특성과 기능을 다양하게 정의하고 있지만, 다음과 같은 기본적인 공통성이 존재한다. 즉,

- Pearce(1987: 167) : '리조트는 관광객이 순수하게 관광을 목적으로 하거나, 도심에서 다양한 관광활동을 하는 것 등에 이르기까지 그들이 하는 모든 행위를 충족시킬 수 있는 하나의 스펙트럼이다'.
- Krippendorf(1987: 70–71) : '자아충족(Self-sufficient)을 목적으로 하는 휴양단지는 휴가 중인 사람들이 일상을 벗어난 은신처로서 동기에 대해 많은 연구를 바탕으로 설계되고 운영되어져야 한다'.
- Ayala(1991: 571) : '수많은 독립적인, 세계적 리조트 호텔은 고객이 호텔을 떠나지 않도록 잡아두고 유혹 하는 것을 목적으로 주요 계획을 세우고 있다'.
- Gee(1996: 22) : '리조트 개념은 숙박시설, 식음료, 환대, 레크레이션(recreation) 시설, 건강과 관련된 시설, 위락과 휴양 환경 등이 구비되어져 있어야 하고, 중요한 것은 우호적이고 개별적으로 수준 높은 서비스가 제공되어져야 한다'.
- Huffacine(1999: 1) : '전통적으로, 리조트는 사회적 만남이나, 사교적 모임, 건강 증진 등에 도움을 주는 장소로 여겨져 왔다'.
- Prideaux(2000: 227) : '단순히 리조트 시장은 상품과 서비스가 생산되고 거래되는 장소이다. 그 시장은 수요와 공급이 균형을 이루는 시점에서 형성되어진다'.
- Ernst and Young(2003: 4) : 리조트는 '여가 여행자를 위해 케이터링 시설이 구비된 관광편의 시설과, 다양한 위락시설을 제공하거나 특정 지역의 관광목적지에서 관광객이 느낄 수 있는 경험의 질에 의해 차별화된 곳이다'.

이렇듯 다양한 리조트의 정의에서 알 수 있듯이, 리조트는 다양한 관광형태와 차별화된 몇 가지 공통점이 나타난다. 첫째, 대다수의 정의에서 리조트는 사업에 초점을 두고 있다. 둘째, 사업적 초점은 고객을 유인하고, 붙잡아두기 위해 강조

하는 방법 중 하나이다. 셋째, 사업 과정에서 중요한 부분은 빼어난 시설과 서비스를 제공받을 것이란 고객의 기대를 충족시키는데 있다. 넷째, 이러한 시설과 서비스는 관광객이 리조트에서 할 수 있는 우수한 특성이나 활동에 대한 기대를 증진시킬 수 있도록 설계되어졌다. 다섯째, 리조트의 규모는 개인적 목적으로 만들었는지 아니면 도심의 관광목적지인지 등에 따라 상이하고, 이것은 리조트 개발에 관심있는 사업가의 통제수준에 영향을 미칠것이다.

이 책의 사업적 강조와 앞서 제시된 리조트에 대한 기술과 정의에서 알 수 있듯이 리조트 사업이나 주변의 주 관광목적지(host-destination) 둘 다에게 이득이 될 수 있는 경영전략을 개발하고자 하는 노력은 다음과 같은 리조트 경영에서 핵심적 요소를 제공하기 위한 것이다. 즉,

*리조트는 잘 계획된 휴양 사업으로 고객을 유인하고, 유지하고, 만족 시키고 이를 통해 고객을 재방문하게 하거나 충성스런 고객이 되게 할 수 있다. 이런 목적을 달성하기 위해서는 선택된 표적 시장에서 다양한 규모로 운영되어질 수 있는 경영전략이 필요하지만 반드시 고객에게 다양한 경험을 제공해줄 수 있어야 한다는 공통점을 지닌다.*

## 2) 진술

앞서 제시된 리조트에 대한 기술과 개념을 구성하기 위해서 리조트 운영시 경영주는 리조트에서 발생할 수 있는 모든 일을 설명 할 수 있는 사회과학, 환경과학, 그리고 사업에 관련된 연구들을 조사할 필요가 있을 것이다. 이러한 문헌적 고찰이나 실지 경험에서 나타난 다음과 같은 몇 가지 경영적인 고려사항이 있다. 즉,

❖ 차별화(differentiation)를 통해 고객을 붙잡아라 : 리조트에서 고객을 유인하기보다 붙잡아두기 위해서는 방문객에게 의미 있는 매력물을 제공해야 하고, 이런 과정을 통해 경영수익에 도움이 될 수 있는 경험과 연계된 연합물을 제공하여 방문객을 고객으로 전환시킬 수 있다. 치열한 경쟁 상황에 처

한 전세계 관광시장에서 이러한 빼어난 매력물은 고객의 마음을 사로잡는 데 있어서 중요한 요소로, Porter(1980)는 경쟁력 분석 전략에서 차별화와 세분화를 특히 강조하였다. 리조트 경영주는 눈 또는 해변, 건강이나 헬스 센터, 게임, 스포츠 또는 식도락(gastronomy) 등을 강조하여 자신들의 리조트를 차별화 또는 세분화시켰다.

❖ 자체적으로 문제를 해결할 수 있어야 한다 : 많은 다양한 종류의 활동을 제공함으로서, 고객을 유지하기 위해 필요한 매력물과 편의시설은 고객의 체재 기간을 늘려주고, 고객으로 하여금 더 많은 돈을 사용하게 함으로서 리조트의 경영 수익에 도움이 된다. 가장 잘 알려진 사례 중 하나는 최초로 테마파크를 시도한 Walt Disney이다. 캘리포니아에 소재한 최초의 Disneyland 테마파크는 Disney가 지역 호텔이나 레스토랑이 고객을 붙잡아서 많은 돈을 소비하게 할 수 있다는 사실을 깨닫기 전에는 단지 하나의 매력물에 지나지 않았다. 이후 디즈니는 Anahaeim 테마파크에 디즈니 호텔을 연계시켜 활용하여 시장 내에서 유리한 조건을 지니게 된다(Bryman, 1995). 이것은 Walt Disney가 후에 캘리포니아에 Walt Disney World Resort를 건립하는 계획을 세우는데 영향을 미치게 된다. 현재 이 리조트 복합 단지 내에 있는 테마파크는 디즈니랜드나 현지 호텔에 숙박하기 원하는 고객에게 일차적인 매력물이고, 그들의 부가적 관심사는 거대한 월트 디즈니 세계 내에서 스포츠나 다양한 여러 가지 활동을 얼마나 제공 받을지에 있다. 만약 어떤 고객이 체류하는 동안 Walt Disney 이외의 외부의 다른 곳을 관광하길 원한다면, Walt Disney 리조트는 예약이나 교통 시설 등을 고객에게 제공하여야 고객의 요구사항을 수습할 수 있다. 결국 그 고객은 Walt Disney 세상에 머물게 되고, 결국 Walt Disney는 이런 고객들에게 다양한 편익을 제공해주어야 할 것이다.

❖ 기막히게 멋진 시설과 최상의 서비스를 전달하라 : 고객을 리조트 내에 붙잡아두기 원한다면, 고객들에게 제공되는 많은 활동 등이 지닌 품질을 잘 유

지하여야 할 것이다. 핵심적인 매력물에는 최신의 기술적 진보가 포함된 놀이시설이나, 숙련된 직원(가끔 우수한 재능을 지닌 전문가 등) 등이 있다. Disney 경영층은 도심내 숙박 시설의 이용객 중 대다수를 차지하는 비즈니스 여행객과 비교했을 때 보다, Disney를 찾는 고객이 더 오래 디즈니에 머물기를 원하기 때문에, 더 큰, 더 최신의 설비를 갖춘 호텔 객실을 구비하기 위해 노력한다. 이러한 서비스는 직원이 고객에 대해 어느 정도 이해하고 있는지 고객이 지닌 다양한 요구사항-지역 내에 할 수 있는 활동들, 경관, 맛집 등 -을 어떻게 처리하느냐에 따라 달라진다.

❖ 표적 시장이 지닌 규모의 적절성을 결정하라 : 다양한 표적 시장은 크기나 경영 방식이 각기 다르다(Prideaux, 2000). 일차적으로 지방 시장(local market)에 의존하는 리조트는 그 지방의 도심지 내에서 편리하게 접근할 수 있는 레크레이션 성격을 지닌 하루 종일 할 수 있는 활동을 강조할 필요가 있을 것이다. 이런 유형의 리조트는 심지어 오늘날과 같이 경쟁이 극대화되어진 시장에서도 존재한다. Cliford(2003: 216-240)는 그의 저서에서 북미 스키 산업이 지역공동체 통제, 스키라는 스포츠 정신과 여유를 강조하여 초거대 기업 등과의 경쟁에서도 소규모의 형태의 스키장으로도 살아남을 수 있었다고 밝혔다. 지역 시장(regional market)에 기반을 둔 리조트는 고객이 단기간 체류하는 것을 연장할 수 있도록 보다 근본적이고, 보다 도전적인 레크레이션 활동을 제공할 필요가 있고 이를 위해서는 숙박과 다양한 오락 프로그램을 제공해야 한다. 세계 또는 국제 시장을 표적으로 하는 리조트는 높은 수준의 품질 뿐만 아니라 세계적 표준에 근거해 경쟁력을 지닌 많은 중요한 매력물과 활동을 필요로 한다. 예를 들어 캐나다에 있는 Whistler에는 Blackcomb 국제 스키 리조트가 있고, 호주에는 Port Douglas 국제 리조트와 Great Barrier Reef의 매력물 등이, 그리고 미국에는 Las Vegas가 있다. 이런 모든 위계에서, 마지막 목록은 지방과 지역 리조트이지만, 가장 최후의 목록에는 세계인의 이

목을 끌기위해 다방면으로 촉진을 해야만 하는 세계 또는 국제적 수준의 리조트가 위치해 있다.

❖ 리조트 경영 규모의 범위 : 리조트 경영은 다양한 규모로 이루어져야 한다. 하나의 단일 시설물이 있는 형태에서 나타나는 소규모(micro-scale) 경영 방식에서, 리조트 호텔은 고객이 하루 종일 리조트 내에서, 수준 높은 객실과 더불어 맛있는 음식을 맛보거나, 그 건물을 떠날 필요성을 느끼지 못하도록 하기 위해 리조트 내부에서 할 수 있는 다양한 활동을 제공해야 한다. 이것의 대표적인 예는 Tokyo에 있는 Hotel Badehof 리조트(www.badehof-q.co.jp)인데, 이곳은 번잡한 대도시에서 일과 생활에서 오는 스트레스로 지친 사람들에게 휴식을 제공해주기 위해 지역 온천에서 물을 공급받아 여러 개의 수영장과 스파 시설을 갖추고 있다. 통합된 형태의 리조트 복합단지에서 나타나는 중규모(meso-scale) 경영에서, 리조트는 주요 기능을 보조하는 보조적 지원과 몇 개 호텔로 이루어져 있고, 고객을 그 리조트 단지 내에 붙잡아두거나 그들에게 만족을 제공하기 위해서는 다른 리조트와는 차별화되는 요인과 전 부서의 협동이 요구된다. 대표적인 예는 호주 동부 해변에 위치한 Whitsunday Islands 중 하나에 있는 Daydream Islands Resort(www.daydreamisland.com)이다. Las Vegas(www.visitlasvegas.com)는 대규모(macro-scale)의 경영 방식이 나타나는 리조트 관광목적지로서, 이곳에서는 위에서 제시된 여러 가지 활동뿐만 아니라, 여러 가지 목적을 지닌 지역공동체라는 큰 범위 내에서 복합적인 기획이나 개발이 이루어지는 곳이다. 이 경우 리조트 시설과 사업은 앞서 제시된 Pearce의 정의처럼, 지역 공동체에 있어 중요한 것이고, 또한 지역 공동체가 경제적 이익을 추구 하도록 자극할 수 있는 부분이다. 따라서 보다 총체적인 전략적 기획은 지역공동체와 리조트 경영주가 동의한 개발 전략 하에 다양한 형태의 지역 공동체 이해당사자들을 하나로 통합시키는 것을 말한다.

❖ 통제 수준을 다양화하라 : 리조트 개발의 규모가 하나의 단일 시설에서 도심지의 관광목적지로 확대됨에 따라, 사업 경영주는 적절한 통제수준을 결정하여야 한다. 이것은 환경적 탐색 과정(Bourgeois, 1980; Darft et al., 1992)과 기획의 통합화(Murphy and Murphy, 2004)에서 잘 나타난다. 환경적 탐색 과정은 개별사업체 단위 내에서 절대적이지는 않지만 가장 높은 통제수준을 보여준다. 리조트 경영주가 다른 관광목적지나 세계 시장이 사업에 미치는 영향을 줄이고자 한다면, 경영주는 먼저 관광목적지를 팔기 위해 개별 사업 형태로, 그리고 두번째로 사업의 성공을 위해서는 특정 사업 형태로서 통합과 협력을 이끌어낼 수 있어야 한다.

### 3) 예언과 예측

모든 리조트 경영에서는 만약 앞서 제시된 다양한 차별적 형태의 리조트 시설 건설에 소요된 막대한 자본 투자를 만회하려고 한다면, 반드시 고려해야 할 것은 미래의 투자수익률(ROI: returns on investment)이다. 투자수익률은 소비자의 선호나 소비 형태 등을 고려해 미래의 동향을 예언하기 위한 것이다. 현재나 미래의 개발 상황에 대한 고려시에는 내적으로 비즈니스 환경과 외적으로는 지역 사회와 세계 동향 등과 같은 물리적, 사회적 환경을 포함해야 할 것이다. 지역 사회와 밀접하게 연관성을 지니는 리조트 관광목적지를 개발하기 위해서는, 참여적 형태나 협의 과정(Bramwell and Lane, 2000)이 포함된 전략적 경영방식을 고려한 보다 총체적인 형태의 접근방식을 필요로 할 것이다.

과거 대부분의 리조트는 분석이나 예측을 주의깊게 하지 않고서도 새로운 꿈을 추구하였다. 호주의 리조트 상황에 대해 알기 위해 설립된 Tourism Task Force(Ernest and Young, 2003: 4)에서는 최근 40년 동안 내국인 또는 외국인 관광객의 방문이 증가함에도 불구하고, 호주에 있는 리조트들은 투자대비 수익이 형편없이 낮게 나왔다고 보고하였다. 그러한 경험은 전 세계에서도 일반적인 상황이고, 만약 리조트에서 관광객들을 위해 앞서 제시된 것처럼 리조트만의 독특한 특성을 제공하길 원한다면 다음과 같은 것이 설명되어져야 할 것이다.

예를 들어, 과거 20년 동안 북미 지역에서 스키 리조트의 빠른 확장은 지속가능성에서 답을 얻을 수 있을 것이다. Clifford(2003)는 현재의 기업단위 스키 리조트는 없어질 것이라고 예측하였는데, 그 이유는 리조트 경영주들이 세계 2차 대전 전후 세대인 베이비부머(baby-boomer) 등의 단일 표적 시장에 경영적 초점을 두었고, 경제적 성장에만 관심을 가지고 접근하였기 때문이다. 이 집단과 이 집단에 관심을 지닌 경영주들은 최근의 지속적인 경제 팽창과 더불어, 레크레이션에 대한 환상을 충족할 수 있고 리조트 관광목적지를 제 2의 집으로 생각하고 구입할 능력이 있는 사람들로부터 이득을 얻었다.

이 책에서 강조하고자 하는 것은 리조트를 경영하는데 있어 미래의 도전적인 경쟁 상황에서 지속가능한 개발을 유지하기 위해서는 과학적이고 분석적인 접근 방법을 사용해야 한다는 것이다. 이런 목적을 달성하기 위해, 하나의 패러다임이나 개념은 (표 1-1)에서 제시된 것처럼 분석과 이론에 이르는 과정을 실용적인 경영적 측면에서 제공해야만 한다. 이것은 앞서 업급된 리조트가 지닌 다양한 특성을 여러 가지 형태로 설명함으로서, 그리고 결국 미래의 가능한 결과를 예측해 줄 수 있는 리조트 경영에서 사업적 측면을 강조하여야 함을 의미한다.

## 4. 리조트 경영의 이론적 구조

(표 1-1)은 모든 규모의 리조트에서 필요한 경영적 요구사항을 하나의 이론적 구조(framework)로 제시한 것이다. 리조트 경영이란 용어에 대한 개념적 정의와 기술은 세로 행(行)으로부터 시작된다. 이 책의 사업적 강조점을 바탕으로 하여, p.10에 리조트 경영의 초기 개념 정의를 채택할 것이다. 표준적인 규모와 형태를 지닌 리조트에서는 고객에게 가치 있는 경험을 제공하여 고객을 붙잡아 두거나 만족 시킬 수 있는 매력물을 필요로 할 것이다.

이어서 다양한 경로와 접근방법을 사용하여 리조트의 현재 발전에 대해 설명할 필요가 있을 것이다. 리조트 발전 방향을 이해하기 위해 꼭 필요한 것 중 하나는 이 책에서 이미 설명한 내적이거나 지역적 상황뿐만 아니라 외부적 힘에 대해서도 이해하는 것이다. Part 2에서는 외적인 도전을 Part 3에서는 내적 도전과 전략에 대해 설명한다. 외적 힘(force)은 리조트에 필요한 시장 기회이고, 반면에 리조트 경영에 대한 직접적 통제는 최상의 조건을 갖춘 리조트를 만들기 위한 것으로 이해되어져야 한다. 내적 도전과 전략은 리조트 경영이 외부 환경에서 여러 가지 기회를 얻기 위한 외적 힘과 특정 개발 전략에 대응할 수 있는 하나의 방식이다. Billy Butlin은 최초의 리조트 캠프 창시자로, 그는 처음으로 유급휴가를 떠나는 수많은 영국 노동자들이 휴가를 기대할 수 있도록 리조트 캠프를 처음으로 만들었다.

《 표 1-1 》 노년층을 시장으로 한 리조트 경영에서 필요한 분석적인 이론적 구조

| 기술과 개념적 정의 | 설명(외적이거나 내적 도전) | 예측(위기 경영) |
|---|---|---|
| 매력물 | • 경쟁 시장<br>• 차별화<br>• 브랜드 구축 | • 건강과 복지<br>• 가벼운 운동과 위락<br>• 제 2의 또는 양로원 |
| 유지 | • 매력물 준비<br>• 중요한 많은 활동<br>• 지원적인 직원들 | • 독립성<br>• 손쉬운 이동성<br>• 안전 |
| 만족 | • 숙련된 직원<br>• 서비스 이윤 사슬 (service profit chain)<br>• 가치 창조 | • 돌봄 서비스<br>• 요양원의 구성요소<br>• 병원과의 연계성 |

리조트 산업의 미래는 고객이 무엇을 원하고, 어떤 환경과 사회가 지속될지에 대한 예측을 포함한다. 이것은 현재 상태에 미래를 추정하고, 미래에서 발생할 수 있는 일이 어떤 방향으로 진행될지에 대한 여러 가지 추측을 할 수 있는 예언의 영역이다. 모든 사업에는 위기와 잘 알지 못하는 위기가 증가하고 있음에 따

라, 이 행렬과 책에서는 이상적인 접근방법을 Part 4에서 제시한다.

위험(risk)은 세 가지 방법으로 이해되어졌다. 위험은 시장분석에 대한 해석과 이에 연관된 타당성 연구가 존재하는 정상적인 사업에서도 존재한다. 상품개발과 돌봄 의무 등의 합법적인 위험 상황은 법적인 책임이 증가하는 현 시대에서 충분히 발생할 수 있다. 현재 우리는 대다수 사람들이 그들이 하는 행위에 대해 개인적으로 책임감을 느끼지 못하거나, 타인의 고소로 인해 고통을 받고 있거나 고통을 치유하기 위해 노력하는 사회적 환경에서 살고 있다. 이것은 단지 법정에서만이 아니라 세계의 온난화나 기후 변화에 따른 여러 가지 일들에서도 알 수 있듯이 위기관리에 대한 지식이 증가함을 잘 보여준다. 최근 기후변화에 대한 범정부적 패널(panel)에서의 보고가 맞는다면, 인간은 남을 탓하거나 이런 상황에 대한 해결책을 제시하려고 노력할 것이다. 그것은 리조트 경영주가 지진이나 태풍, 그리고 탄소배출 등과 같은 자연적 재해로 인해 나타날 수 있는 문제에 대해 고려해야 함을 잘 보여준다.

현재와 같은 리조트 상황에서 이러한 분석적 이론적 구조가 지닌 실용성을 설명할 수 있는 가장 좋은 방법은 특정한 의문사항을 검토하는 것이다. 이것은 현재 많은 리조트에서 나타나는 공통적인 기회나 도전과 가까운 미래에 발생 가능한 노년 시장층의 증가 등에 대해 이론적 구조가 지닌 연관성을 검증함으로서 설명되어질 수 있다.

## 5. 리조트 경영분석: 노년 시장

앞서 제시된 것처럼 향후 리조트 산업에서 노년층을 고려해야 한다는 사실을 전제로, (표 1-1)의 예는 미래 리조트 산업에서 기대되는 중요한 요인이 하나 있고, 경영에 민감하게 영향을 미칠 변수인 노년 시장에 초점을 둔 것이다. 전자신문인 *Travel Impact Newswire*에서는 현재 가장 화두가 있는 사건 중 하나가 '인구통계학적 변화의 영향' 이라고 보고하였다. 이와 관련되어 *Mastercard*

*Insights Report*에서는 일본 노년 여성들을 '실버 귀족(silver aristocrats)'라고 하였다. 일본은 노령화사회이고, 일본 노년 여성들은 2013년 경에는 3조원 정도의 구매력을 지닐 것이라고 기대되는 막강한 힘을 지닌 중요한 세분시장이고 (Travel Impact Newswire, 2005: 6), 다음과 같이 말해지기도 한다. 즉,

> 새로운 산업은 고객이 가진 다양한 욕구를 충족시킴으로서 살아남을 수 있다(건강 스파, 평생교육센터, 다양한 취미나 흥미와 연관된 비 전문가 동호회 등을 포함함). 소비자의 상품에 대한 수요는 최저역치수준을 유지하려는 경향이 있고, 반면에 서비스에 대한 수요는 소비자에게 새로운 만족스런 경험을 제공하는 한 사실상 무한정 계속되어져야 한다. 서비스에 대한 수요의 급증은 사업이 지닌 혁신능력에 따라 제한적일 것이다. 리조트는 사업이 지닌 실용성이나 혁신성 등을 잘 고려해야 할 것이다.

현대와 같이 경쟁이 매우 심한 시장 상황에서 고객을 유인하기 위해서는 모든 리조트가 경쟁자와는 다른 차별화된 특성을 지니고 있어야 한다. 대다수의 리조트는 경쟁에서 살아남기 위해 경쟁력을 지닌 진보된 교육훈련을 실시하고, 소비자들 사이에서 자사가 최고의 브랜드라는 인식을 증가시키기 위해 브랜드구축을 하려고 노력하고 있다. 앞서 살펴본 것처럼 노년시장에 대한 새로운 접근방법은 생존을 위한 하나의 수단이 될 수 있다.

건강에 대한 상당한 기대는 노년시장에서 중요한 속성 중 하나일 것이고, 그런 관심은 전통적인 온천 리조트에서만 한정되지는 않을 것이다. 예를 들어 호주의 Whitsunday Islands에 있는 Daydream Island Resort는 인근의 경쟁자들과 차별화되기 위해 건강과 관련된 주제를 중심으로 리조트를 재건축하였다. 게다가 이 리조트는 기존의 많은 리조트에서 제공하는 가벼운 운동이나 레크레이션 기회 대신 골프, 수영장 시설 등과 같은 건강과 관련된 시설물을 보강하고, 여러 주방에서 만들어지는 건강메뉴 등으로 노년층을 유혹하고 있다. 어떤 고객들은 기꺼이 자신들의 방치된 신체를 돌보고, 다시 재방문할 것이고, 결국 그 리

조트에 대한 충성도를 형성하게 될 것이다. 대다수 리조트는 노년층을 대상으로 한 제 2의 또는 양로원을 건설하고 그런 시설물에 자본을 투자하는 것에 대해 융통성을 지니고 있다.

노년층을 붙잡아두기 위해, 리조트는 매력적 환경(attractive settings)을 제공해줄 필요가 있는데 이는 그들이 보수적이고 다른 사람에게 여러 가지 소문을 전할 시간이 많기 때문이다. 대다수의 사례에서, 자연적 환경은 리조트 상품이 지닌 내적 부분일 것이다. 다른 말로 하면, 자연적 환경은 일종의 배경으로 작용하지만, 대부분은 건강에 좋거나 매력적인 풍경이어야 한다. 리조트는 충분한 '결정적인 대량(critical mass)' 활동을 노년층에 제공할 필요가 있다. 양적 의미에서 결정력은 다양한 관심사나 신체적 활동을 하기 원하는 노년층을 붙잡아두기 위해서, 그들에게 차별화된 무엇인가를 충분히 제공해주어야 한다는 것이다. 질적 의미에서 결정력은 최상의 시설과 활동을 노년층에게 제공하는 것으로 이는 노년층이 경험이 풍부한 중요한 소비자이기 때문이다. 대다수 리조트에서는 리조트 산업의 유산이나 문화에 대해 더 많이 알고 새로운 기술이 지닌 필요성을 충분히 인식하고 있다. 각 리조트가 지닌 고유의 환경이나 시설물을 충분히 활용하기 위해서는 노년층에 대해 잘 알고 도와줄 수 있는 잘 훈련된 동기 부여된 지원적인 직원(support staff)이 있어야 한다.

미래에 노년층 고객을 붙잡아두기 위해서는 여가시설이나 양로원이 함께 있는지, 은퇴 예상 기간이 20년 또는 그 이상일지, 그리고 그 기간 동안 예상되는 신체나 정신적 기능 퇴화 등의 요인 때문에 여가시설과 양로원이 함께 있는 리조트가 필요할 것이다. 이런 환경 하에서, 고객은 활동적인 독립 상태에서 타인에게 의존하는 상태로 변화되어질 것이고, 리조트 내에서 차별화된 형태의 거주나 활동을 필요로 할 것이다. 또한 리조트는 일상적인 외부 통제뿐만 아니라 내부 부서에 대한 탐색 활동이 포함된 리조트 시설에서 탄력성(flexibility)과 안전성(security)이 증가되어질 필요가 있을 것이다.

노년 시장층을 만족시키기 위해서는 인생의 말년에서 신중하게 친구를 사귈 수 있는지 등을 포함한 최상의 우수한 품질의 서비스를 제공해야 할 것이다. 직원은 이런 점에서 기술적이거나 인간적 구성요소 모두에서 숙련성을 지녀야 할 것이다. Heskett 등(1997: 11)은 다음과 같이 진술하였다. 즉,

> 서비스 이윤 사슬(service profit chain)에 대한 생각은 이윤추구, 성장, 고객 충성, 고객 만족, 고객에게 전달할 상품이나 서비스가 지닌 가치 등과 종사자의 능력, 만족, 충성도 및 생산성 등과 직접적이고 강력한 관련성이 있다는 것에서 비롯된다.

미래의 노인들은 앞선 세대보다 퇴직 기간이 더 길 것이고, 어떤 리조트는 이런 점을 바탕으로 유사한 요양원(quasi-rest home)을 개발할 것이다. 리조트 경영주는 다른 사람이나 더 젊은 고객들과 섞여서 잘 어울릴 수 있는 건강하고 독립적인 은퇴 부부를 위해서는 충분한 리조트 시설을, 그리고 혼자되거나 부유하지 못한 사람들에게는 소(小) 규모의 리조트 시설을 제공할 것이다.

이러한 특별한 시설들은 종종 지역 사회와 인접한, 조용한 부지에 위치해 있을 것이고, 이런 시설들 대부분은 욕실에 안전 바(bar)가 있고, 비상벨, 24시간 간호원 대기 전화가 구비되어 있다. 이런 리조트 시설물은 호주에서 최상의 은퇴자를 위한 곳으로 꼽히는 Queensland의 Sunshine 해안이나 태국 등과 같은 아시아 지역에서 부분적으로 나타났다. 게다가 이런 유형의 리조트는 많은 주의가 요구되는 노년 고객층을 위해 지역 병원과 연계되어 설립되었다.

(표 1-1)에는 미래의 노년 시장을 대상으로한 리조트에서 필요한 인구통계학적 요구 사항이 제시되었고, 이런 각본은 이미 실행되어지고 있다. 이 책에서 제시된 몇몇 사례는 표에서 예언된 다양한 특성을 설명해줄 것이다. 하지만, 이 표는 리조트가 미래에 대항하기 위해 필요한 몇몇 시장 세분화 기회들 중 하나만을 설명하는 것이고, 리조트의 미래에 대한 몇 가지의 대안과 보완적 특성은 전형적인 과학적 탐색 방법과 앞서 제시된 행렬 분석을 통해 연구되고 관리되어져야 할 것이다.

## 6. 요약과 책의 구조

이 장은 리조트 경영이 고객을 유혹하고, 붙잡아두고, 그리고 만족시키기 위한 사업적 모형을 만들어낼 수 있는 명확한 특성을 지닌 차별화된 일반 관광경영의 한 부분임을 잘 보여준다. 소비자(consumer) 또는 방문객(visitor) 보다 상위의 개념인 '고객(guest)'이란 단어는 고객을 즐겁게 해주기 위한 어떤 특별한 것을 의미한다. 기술적인 시설물이나 개별적 서비스가 지닌 품질에서 주로 강조하는 것은 가치이지만, 대부분 사례에서 리조트가 지닌 품질은 적절하거나 안목있는 시장세분화에 초점을 두어야만 한다. 리조트가 고객을 유혹할 수 있는 특별한 유형의 경험을 제공하는 것은 신중하게 장기적 관점에서 투자를 필요로 하고, 이를 통해 리조트는 지속가능성에 근거해 도전적 환경에서 살아남을 수 있다. 리조트에서의 지속가능성이란 미래를 내다보고, 경제적, 사회적, 환경적 차원을 결합 시켜 이윤을 얻을 수 있는 것을 말한다.

이 책에서 기억할 것은 리조트 경영 사업이 어떻게 미래의 노년 시장뿐만 아니라, 앞에서 언급된 분석들을 사용하여 검증될 수 있는지를 제시하는 것이다. Part 2에서는 리조트 산업이 미래에도 성공적으로 경영되기 위해 필요한 외적인 요인이 무엇인지 알고, 어떻게 반응할지 등에 대해 다룬 이론이나 기법이 지닌 중요성을 제시한다. 그러고 나서, Part 3에서는 리조트 경영에 미치는 내적인 영향에 대해 다룬다. 이는 경영에 관련된 의사결정 과정이 고객이나 이해관계 당사자의 욕구를 충족시키는데 있어 보다 직접적인 영향을 미치는지 등에 관련되어 있다. 이러한 부분 모두는 선택된 이론이나 사례들을 사용한 현재의 리조트 경영에서 어떤 일이 일어나고 있는지 설명해주지만, 과학적 분석이 지닌 목적은 미래에 어떤 일이 발생할지, 그리고 그것을 예언할 수 있는 가장 좋은 방법이 무엇인지에 대해 알아보는 것이다. 본 저자는 미래를 내다볼 수 있는 능력을 가지지는 않았지만, 우리의 미래가 확률에 의해 결정되어진다는 점에서 통계학적 방법을 사용하여 미래를 예측할 수 있다고 낙관하고 있다. 따라서 Part 4에서는 위험(risk) 경영이라는 중간매개체를 통해 미래를 예측하고자 한다. 모든 사업에는 위험이 존재하고, 그러한 위험은 재무적이거나 책임의 문제와 관련되어 이미 인식되어 있고 양적으로 계량화되어 있다. 하지만, 지구온난화나 기후 변화 등과 같은 다른 요인들은 리조트 경영 부분에 있어 장기간 지속가능성을 유지하는데 있어 직면한 가장 큰 문제이다.

이장의 마지막에서 제시된 사례연구는 저자가 직접 방문하거나 면담을 통해 얻은 자료에 근거한 것이다. 이런 사례를 제시하는 이유는 전 세계에 분포된 특정의 리조트가 어떻게 관련된 장(chapter)에서 제시된 문제를 해결 하는지를 나갈지를 설명하기 위해서이다. 어떤 리조트는 크고, 세계적으로 잘 인지된 벤치마킹 경영 방식을 사용하기도 하고, 다른 리조트는 경영형태가 소규모이기 때문에 덜 알려진 경영 방식을 이용하기도 한다. 하지만 중요한 한 가지 방법은 현대의 리조트 경영에서 직면하는 도전에 대해 심사숙고하여 성공적인 반응을 이끌어내는 것이다. 각 장의 끝 부분에 제시된 몇 가지 질문사항은 미래 나아갈 방향을 제시해준다. 어떤 것은 명확한 질문이지만, 또 다른 유형의 질문은 그러하지 못하다. 즉, 만약 문제를 해결했다면, 그 경우 리조트 경영에서 하나의 큰 발자취를 남길 수 있기 때문에 리조트 영역이나 이 책의 다른 부분을 계속 읽어 내려가야만 답을 얻을 수 있는 질문이다.

**사례연구**

**벨기에의 스파**

벨기에, Wallonoa의 Ardenners 지역 끝부분에 위치한 Spa 타운은 광천수와 연관된 건강에 좋은 리조트를 나타내는 현재 "스파(spa)"란 단어의 기원이 된 곳이다. Spa의 다양한 광천온천이 있는 지역은 로마인에 의해 그 진가를 인정받고 개발되어졌지만, 그곳의 명성은 18세기 후반에서, William 황제의 총사령부가 서부전선에 온 1차 세계대전이후 널리 알려지게 된다. 많은 시간 경과 후, 스파는 자연적인 혜택과 정치적 작용에 의해 개발에 영향을 받아왔지만, 리조트는 경쟁자의 증가, 소비자의 선택이 늘어나면서 자체적으로 재개발되어졌다.

Spa는 초기에는 로마인들에 의해 시작되었고, 러시아의 표드로 대제 등과 같은 유명인의 방문에도 불구하고, 18C 정치적 요인이 작용하기 전까지 하나의 중요한 리조트 목적지는 아니었다. 이 스파에는 유럽 최초의 카지노인 Redoute(사람들이 놀이를 즐길 수 있는 카페)와 Waux-Hall을 세우도록 자극을 주어 명성을 얻을 수 있도록 Liege의 추기경이 관여되었다. 차례대로, 추기경은 카지노에 배타적인 특권층을 위한 개인 무도장, 축제, 게임 등의 시설에서 많은 이윤을 얻게 해주었다. 이러한 개발과 더불어 광천수가 포함된 온천은 지금과 같은 위락이 포함된 복합적인 형태로 부유하고 영향력 있는 유럽인을 위해 발전되었다. 이 시기 동안 매년 600~1200명 이상의 사람들은 스파를 찾았고, 또한 더불어 'Café de l'Europe'(그림 1-1)의 주제 하에 다양한 위락거리를 제공하는 곳으로 모여들었다.

이 시기 동안 많은 건물은 건설되었고 고객이 많이 생겼다. 중요한 건물은 개인 온천형태로 세워졌고, 이곳에는 귀족층이나 특권층을 위한 편의시설이 구비되어 있다. 그리고 공공시설은 운동을 할 수 있는 녹색의 공간을 제공하여 사람들이 한곳에 모이도록 하였다. 이러한 구조물과 더불어 기념품 사업 등과 같은 부수적 활동도 증가하였다. 초기 형태의 기념품은 작고 대부분이 Ardennes 숲 인근의 나무에서 지역 수공예장인에 의해 만들어진 나무상자를 매력적으로 장식한 것이었다. 특히 그 지역의 나무 상자는 그 당시 사회적 환경 하에서 만개한 연인간의 로맨틱한 밀회를 나타내는 러브-레터를 보관할 수 있도록 원통형으로 고안되어졌다.

1차 세계대전 후, 많은 벨기에 사람이 대량 학살되었고, 전통적인 상류사회가 끝남에 따라, 스파는 살아남기 위해 다시 자체적으로 변화되어져만 했다. 이 시기에 중요한 구성요소는 그 도시가 모든 사람들에게 온천수를 방출했다는 점에서 상업화와 민주화의 형태이다. 1921년, Spa Monopole 사(社)는 지역 광천수를 병에 담아 수출하였고, 이것은 이 도시의 중요한 사업이 되었다. 동일한 시기에, Spa Francorchamps의 경주용트랙(racetrack)은 20세기의 속도경쟁에 불을 붙였다-자동차, 그리고 이 트랙은 현재 벨기에의 주최 하에 매년 정기적으로 개최되는 F1(Formula-1) 경주에 사용된다.

2차 세계대전 동안, 그 도시는 다행히 남아 있었고, 스파 치료가 지닌 소구력(appeal)

《 그림 1–1 》 벨기에의 스파, 초기 리조트 관광목적지

은 수영, 건강 치료, 물에 몸 담그기 등을 포함해 더 확장되어졌다. 이런 점을 고려하여, 스파는 19세기의 구식 형태에서 1997년 도심을 관망할 수 있는 언덕 꼭대기에, 케이블카 철로를 깔아 현대적이고 확장된 시설을 갖춘 'Thermes de Spa'로 교체되었다. 온천 중심부와 철로 연결점은 14억 유로 정도의 돈이 투자되었고, 프랑스 스파 회사인 'Eurothermes'에 의해 경영되어진다. 스파와 새로운 온천 중심부는 'Ardennes Bleues'라는 기업의 광고 캠페인으로 친근하게 온천을 강조한 'Ardennes의 진주'로 촉진되어졌다(Mawet, 2005).

시간이 지남에 따라 스파 관광시장은 귀족층에서 대량 시장으로 변화되어졌다. 현재 그 도시는 가족과 사업 시장에 초점을 두고 있지만, 연중무휴의 사업으로서 고령의 은퇴자 시장을 중요하게 생각하고 있다. 가족을 대상으로 하는 시장은 근본적으로 즐거움 추구 시장(pleasure market)으로서, 온천욕을 즐기거나, 유적을 구경하거나, 스파나 레스토랑, 물에서 할 수 있는 활동, 골프 코스나 카지노 등의 시설이 구비되어 있어야 한다. 사업 시장은 그 도시 주변에 최적의 컨퍼런스 시설을 사용할 수 있는 세미나나 컨퍼런스 시장의 기능과 사업에 대한 보상으로서 소규모 휴가 패키지를 제공하는 유인가(incentive) 여행 시장이기도 하다. 벨기에와 프랑스와 더불어 독일과 네덜란드의 인근 지역과 연계된 이런 시장은 고속도로의 개통 덕분에 가능하게 되었다.

이 경우에서도, 성공적이고 지속가능한 리조트 관광목적지에서 나타날 수 있는 상수나 변수들에 대해 이해할 수 있다. 중요한 상수는 수세기동안 주목받아 온 치유 효과를 지닌 광천수가 지닌 소구력이다. 물리적 매력물은 다양한 사회 행동의 변화와 연관되어 발달되어져왔다. 사람들은 하루 종일 물을 마시거나 머물지는 못하고, 따라서 보완적인 활동을 꼭 필요로 하게 되었다. 초기 사회에서는 실시된 공식적인 위락과 게임이 지금은 모든 사람이 이용할 수 있는 레크레이션 활동과 특별한 축제로 대치되었다.

이러한 일관성은 시간 경과에 따라 진화되어졌고 따라서 여기서 변화를 탐지할수 있다. 중요한 변화는 선택의 다양화와 대량 관광시장으로의 이동이다. 건강의 측면에서, 특권화 되거나 제한된 온천 스파는 지금은 공공 시설물이 되었고, 단순히 물을 마시거나 탕에 몸을 담그는 것 등은 건강이나 아름다움과 관련된 다양한 시설로 대치되었다. 사회화 측면에서, 보조적인 위락과 지원 시설물은 더 많은 편의시설과 더 많은 부수적인 서비스로 변화되었다. 지역 측면에서 가장 큰 장점은 스파가 지금도 홍보되어지고 있다는 것이다. 스파 자체만을 파는 것으로는 더 이상 충분하지 않고, 자동차나 관광차 온 사람들에게 충분히 즐거움을 제공해줄 수 있는 차별화된 지역 패키지의 일부로서 팔려야 한다는 것이다. 지역 패키지는 더 많은 관광객을 불러 모으고 더 오랫동안 체류하게 할 수 있는 방법으로 이해되어지고 있다.

리조트 개발의 기원으로 돌아가서, 하나의 리조트가 관광목적지로 인식되어지고, 훌륭한 생계수단임을 확실히 알 수 있지만, 관광산업의 영역은 많이 변화되어졌다. 자연적으로 리조트는 사회적 욕구에 의해 영화와 몰락을 경험하였고, 세계대전이라는 불리는 중요한 대재앙에 발목을 붙잡히고 말았다. 리조트는 리조트 자체를 재창조(건물을 재건축하거나 함으로서 리조트의 표준이나 고객의 기대를 충족시킬 수 있고, 벨기에 그랑프리 F1 경주나 보다 많은 자동차 관광객을 위한 매력물을 제시하는 지역과 연계하는 방식 등을 택함) 하여왔다. 하지만 그러한 리조트는 경치가 아름다운 지역의 역사적 유적지를 중심으로 살아남았고 진화되어졌다. 리조트는 현재 전후 세대 유럽인을 위한 건강치료가 지닌 진정효과를 경험할 수 있는 오아시스 역할을 하고 있다.

### ••• 미국, 하와이의 와이키키 •••

하나의 관광목적지는 오랜 기간 동안 여러 가지 변화를 거쳐 진화되어졌지만 스파 등과 같은 사례에서도 알 수 있듯이 항상 상수와 변수는 같이 존재한다. 그 대표적인 또 하나의 예는 Oahu섬에 있는 Waikiki의 하와이 리조트 지역이다. 이 열대 낙원은 20세기의 진보된 과학기술 덕분에 발전된 신생 지역으로서 세계 경제에 변화에 대한 의존성 증가로 인해 위험에 처하기도 하였다.

하와이가 지닌 고립성과 상대적으로 비용이 더 많이 드는 특성은 그곳이 'Aloha' 주이고, 많은 사람들에게는 특별한 장소로 인식되기 때문에 세계적으로 중요한 리조트 관광목적지로 진화하여 발전과 성장을 하는데 있어 방해요인으로 작용하였다.

Waikiki는 하루동안 총 방문객 수가 전년도 대비 44% 증가한 72000명이었다(State of Hawaii, 2003). Waikiki 방문객의 43%는 외국인이었다, 하지만 이러한 통계치는 미국 본토가 광범위하고 거리가 멀어 이곳에서 오는 방문객들이 이 지역의 외국인 방문객 수의 일부로 포함되어져 정확하지 못하다. 2002년 Waikiki는 31717개의 편의시설 목록을 작성하였고, 대부분 풀 서비스 호텔 객실을 완비하고 있었다. 직접적이든 간접적이든, 와이키키의 대부분 지역은 지역 주민의 11% 일자리와 지방세의 12% 정도로 기여를 하고 있다(State of Hawii, 2003; 7).

Waikiki가 1920년에 국제적인 해변 리조트로 출발할 당시, 호놀룰루는 태평양을 횡단하는 여객선으로 인해 인기 있는 관광목적지였다. 현대적 척도에서 보면 작은 크기의 여객선은 주로 며칠 바다를 떠다니면서 오랜 기간 머물기를 원하는 부유하고 유명한 방문객들이 주로 이용하였다. 지금은 호놀룰루의 외곽 지역인 와이키키에 사람들이 많이 모인 이유는 매력적인 해변, 서핑, 다이아몬드 헤드 해변, 두 개의 화려한 호텔–Manta Surfrider, Royal Hawaiian 등이 있기 때문이었다. 이러한 초기 리조트 환경이 지닌 우아한 건축양식은 오래된 사진과 포스트, 그리고 과거의 영화를 보여주는 오늘날의 Sheraton Moana Surfrider, Royal Hawaiian 호텔에서 잘 보여진다(그림 1–2).

제트기를 이용하는 여행은 모든 것을 변화시켰고, Oahu와 1965년 이후 건설된 호텔 등으로 많은 관광객들이 몰려들었다(McDonald, 1999). 게다가 Oahu 주변에는 해변이나 파도타기 등을 할 수 있게 하는 섬이 지닌 자연적 매력물이 있다. 그리고 북쪽 해안에는 Polynession 문화센터, Pearl Harbour에는 2차 세계대전에 미국이 참전하게 된 상징적 표상인 미조리 호를 기억하기 위한 Arizona 전투 기념관 등의 문화 유적지가 있다. 위락은 대중문화에 초점을 두고 시작되었고, Elvis Presley 영화나 하와이와 관련된 T.V 쇼 등과 같이 하와이 문화에서 할리우드 버전을 더 가미하여 확장되었다. 이러한 방식이 더욱 인기 있고, 고객이 변화됨에 따라, 새로운 편의시설은 건설되어지고, 하와이 해안을 따라 국제적인 체인들이 훌륭한 리조트 호텔을 짓기 시작하였다. 반면에 근처의 지역 호텔 기업인 'Outrigger'는 하와이의 양식과 느낌을 살릴 수 있는 비용이 덜 드는 편의시설을 개발하였다.

이런 개발과정에서 Waikiki 지역은 지역 관찰자에 의하면 탐색에서 침제에 이르는 형태가 존재하는 Butler(1980, 2006)의 관광지 수명주기(TALC: Tourist Area Life Cycle) 곡선에 의해 진행되었다. 와이키키 지역에 대량 관광객이 도착한지 25년 후인 1990년대 경, 그 리조트 관광목적지는 방문객이 줄어

**그림 1-2** 하와이의 와이키키, 초기 리조트 호텔

들고, Butler의 모형에 의하면 쇠퇴기로 접어들기 시작하였다. 전직 Honoluu 시장이었던 Jeremy Harris는 '이 지역은 1980년대 후반경, 관광 분야가 이미 손상을 입기 시작하였다. Waikiki 주(州)의 경제적 성장원동력은 바닥나고 황폐화 되었다(Harris, 2004: 86).'라고 말하였다. 하지만, Sheldon과 Abenoja(2001: 442)에 의한 지역주민의 태도 조사에 의하면, '주민들은 와이키키 지역에 사는 것을 긍정적으로 여기고, 여전히 이 지역의 관광에 대해 우호적인 태도를 취한' 것으로 나타났다. 그들은 와이키키를 살리기 위한 중요한 단계와 그 지역의 문화와 장소성을 구분하기 위해서는, 그 과정에 지역 주민을 포함시켜야 한다고 결론 내렸다. 이것은 와이키키에서 무엇이 진행되고 있는지 알려줄 수 있다.

1998년, 그 주(州)의 Economic Revitalization Task Force는 이 지역에 초점을 둔 Joint Waikiki Task force를 설립하여, 이것이 열대의 천국이라는 관광목적지가 지닌 이미지를 제공해주어 날로 치열한 경쟁이 증가하는 세계 경쟁 시장에서 이 지역이 지닌 경쟁력을 회복시키는데 도움이 될 수 있다고 언급하였다. Waikiki Improvement Association(와이키키 발전 협회)은 관민(public-private) 부분의 협동형태로, 이 협회의 회장인 Rick Egged(2005)에 따르면 S 곡선의 최상부에 와이키키 지역을 유지하기 위해 만들어졌다.

협회는 여행 산업, 지원 사업, 지역 공동체, 그리고 공공 부분이 지닌 세가지 의문에서부터 출발하였다. 즉,

1. 와이키키는 성장하고 있는 세계의 다른 수많은 관광목적지와 어떠한 점에서 차별화되어질 수 있을까?
2. 왜 와이키키는 더 이상 세계 관광객들에게 자동적으로 떠오르는 최상의 관광목적지가 아닐까?
3. 어떻게 하면 관광객들에게 그들이 어떤 계획을 수립하든지, 와이키키가 그들의 삶에 도움을 줄 수 있다는 것을 보장해줄 수 있을까?

이러한 중요한 질문에 대한 답은 장기간 지속가능한 관광목적지로써의 와이키키가 지닌 미래에 미치는 영향일 것이다. 즉, 이러한 특성들은 여행비용, 데러리즘, 경쟁이 증가함에도 불구하고 수천 km에 달하는 와이키키 해변가로 계속 관광객을 유인할 수 있다.

첫번째 질문에 대한 답은 지역주민의 응답에서 찾아볼 수 있는데, 그들은 하와이가 차별적인 문화나 역사를 지니고, 게다가 매력적힌 환경과 열대 천국과 같은 기후를 지녔다고 하였다. 폴리네시아 지역으로 사람들이 처음 도착한 이래, 이 지역 원주민들은 Cook expedition(James Cook이 하와이 Kealakua 해변에 1778년 상륙한 사건)에서부터 미국 본토에서 부유한 사람들이 들어오거나, 보다 최근에는 2차 세계 대전등의 상황을 겪었다. 결국 아시아 국가간의 갈등은 특히 Ohau섬의 중심부에 독특한 역사적, 문화적 잔재를 남겼다.

이것이 보여주는 한가지 분명한 사실은 현대 하와이의 인구분포가 다양한 인종으로 혼합되어 있다는 것이다. 즉, 하와이 하면 떠오르는 '잡탕(Chop suey)' 이란 단어처럼 현재 하와이 인구분포는 미국, 아시아, 태평양, 유럽 지역 사람등의 다양한 인종간의 결합으로 인해 이들이 하와이 원주민의 수를 초과하고 있다. 그 섬에 이주한 다양한 집단에서 공통의 감정을 느끼게 하는 것은 폴리네시아의 정신인 'aloha'로서 이는 환영과 사랑을 상징하는 하나의 단어이다. 폴리네시안 선조로부터 내려오는 이 단어는 하와이식의 따뜻한 환영으로만 설명하기에는 힘들지만, 서비스 환경에서 이 단어는 대부분의 관광목적지에서 표준적인 환영인사와 서비스 수준을 전달해준다. 이러한 역사와 정신을 바탕으로 Waikiki Improvement Association은 자신들의 차별적이고 독특한 토대가 미래 관광의 기반을 형성하는데 도움이 된다고 생각한다.

두번째 질문에 대한 답은 잠재관광객의 마음속에서 이 지역이 문화와 역사적인 장소란 사실에 대한 인식을 증가시키는 것이다. 이 둘간의 균형을 회복하기 위해, 와이키키 관광상품은 미국 본토에서 경험할 수 있는 라이프스타일이나 전세계 어디가든 있는 표준화된 상품보다는 하와이가 지닌 문화적이거나 사회적인 특성을 강조하는 것이어야 한다. 현재 관광객들은 와이키키에 문화적 유물이나 유적 관광을 하기 위해 방문한다.

세번째 질문에 대한 답은 보다 근본적인 주제에 대해 말하기 전에 비교적 단순한 물리적 문제에서 출발한다. 대다수의 사람이나, 지역주민, 관광객이 혼란을 겪을 수 있는 특정한 문제를 설명함으로서, 긍정적이거나 가시적인 결과로 새 시대의 지속가능한 관광 기획이나 이미 시작된 개발을 상징화시킬 수 있다. 새로운 시대가 시작되었다는 신호 중 하나는 와이키키 해안가를 청소하거나 산책하기에 좋은 보다 매력적인 지역으로 만들기 위한 노력이다. 현재 와이키키는 보도나 오솔길 등을 확충하거나, 산책공간이나 환경에 보다 투자를 많이 하고 있다.

앞서 제시된 목적을 달성하기 위해, Waikiki Improvement Association(와이키키 발전 협회)은 내부에서 동의와 외부에서의 지원을 요구하고 있다. 이러한 과제를 이루기 위해 필요한 요구 사항이 관리되어졌고, 그 과정에서 방출되어진 지역 공동체 에너지는 와이키키가 지닌 전망과 모습을 변화시키기 시작하였다. 협회의 이러한 노력은 와이키키에 놀랄만한 투자와 부활을 가져다 주었다. 2002년 협회 보고서에 의하면, '민간 부분은 일부분 눈덩이 효과로 인해, 수리와 개발에 32억 5천만원 이상을 투자하였다(Waikiki Improvement Association, 2002: 8).' 전직 시장인 Jeremy Harris의 저서인 *The Renaissance of Honolulu*에 따르면, 와이키키는 중요한 교외 지역으로서, '관에 의한 7억원 정도의 투자는 계획된 민간 부분 재개발에 1조원 이상 투자 하도록 자극하였다(Harris, 2004: 117).

결국, 여기서는 와이키키가 TALC의 S곡선에서 쇠퇴기에 직면했었고, 새로운 전략을 통해 다시 최상 부분에 다시 위치할 수 있었음을 잘 보여준다. 그것은 핵심가치와 차별적 상품을 재 확인함으로써, 관광산업과 지역주민들이 공동체를 관광목적지로 브랜드화 시키기 위해 노력하였기 때문에 가능하였다.

## 연습문제

1. 의문사항에 대한 과학적인 접근방법은 리조트 경영의 개발이나 미래를 검토하는 하나의 방법으로 사용되었다. 그런 접근방법이 지닌 약점은 무엇이고, 리조트와 리조트 경영을 분석하는 다른 대안적 방법을 제시할 수 있는가?

2. 리조트는 로마시대 유물로서 확인되어졌다. 이것을 보다 상세히 조사하고, 고대 로마 황제가 현대의 리조트와 관광에 미치는 다른 방법에 대해 논의하라.

3. 이 교재에서 확인된 리조트에 대한 개념을 정확하게 평가하고, 당신이 이해하고 있는 리조트란 용어를 여러분의 말로써 설명해보라.

4. 저자는 리조트 경영이 지닌 차별적인 세 가지 특성 – 매력성, 유지성, 그리고 만족시킴 – 등에 대해 제시하였다. 이러한 것들이 얼마나 많이 일반적인 관광경영과 다른지, 그리고 어떤 식으로 당신이 선택한 리조트에 적용되어질 수 있을까?

5. 리조트는 다양한 수준에서 경영되어진다. 캐나다의 휘슬러 리조트는 어떻게 분류되어질 수 있는지 그리고 이런 유목화가 전략적 기획에 어떻게 영향을 미칠 수 있을까?

## 참고문헌


- Ayala, H.(1991). Resort cycle revisited: the retirement connection. *Annals of Tourism Research*, **18(4)**, 568-587.
- Bourgeios, L.J.(1980). Strategy and the environment : a conceptual integration. *Academy of Management Review*, **5**, 25-39.
- Bramwell, B. and Lane, B.(eds)(2000). *Tourism Collaboration and Partnerships: Politics, Practice and Substantiality*, Clevedon: Channel View Publications.
- Bryman, A.(1995). *Disney and His Worlds*. London and New York: Routledge.

## 참고문헌


- Butler, R. W.(1980). The concept of a tourist area cycle of evolution: implications for management of resources. *The Canadian Geographer*, 24(1), 5-12.
- Butler, R. W.(ed.)(2006). *The Tourism Area Life Cycle*, Vols 1 and 2 V Clevedon: Channel View Publications.
- Cliford, H.(2003). *Downhill Side: Why the Corporate Ski Industry Is Bad for Skiing, Ski Towns and the Environment*. San Francisco: Sierra Club Books.
- Daft, R.L., Fitzerald, P.A. and Rock, M. E.(1992). *Management*. Toronto: Dryden.
- Egged, R.(2005). President, Waikiki Improvement Association, Honolulu, Hawaii, Interview, August 23.
- Ernst and Young(2003), *Resorting to Profitability*. Sydney: Tourism Task Force(TTF) Australia.
- Gec, C.(1996). *Resort Development and Management*, 2nd edn. East Lansing, Michigan: Educational Institute of the American Hotel and Motel Association.
- Harris, J.(2004). *The Renaissance of Honolulu: The Substantiable Rebirth of an American City*. Hawaii: City and Council of Honolulu
- Heskett, J.L., Saser, Jr., W.E. and Schlesinger, L. A.(1997). *The Service Profit Chain: How Leading Companies Link Profit and Growth to Loyalty, Satisfaction, and Value*. New York: Free Press.
- Huffadine, M.(1999). *Resort Design: Planning, Architecture and Interiors*. New York: McGraw-Hill.
- Inskeep, E.(1991). *Tourism Planning: An Integrated and Substantiable Development Approach*. New York: Van Nostrand Reinhold.
- Krippendorf, J.(1987). *The Holiday Makers*. London: Heinemann.
- Mawet, J.P.(2005). Director, Aqualis, Spa, Belgium, Interview, September 27.
- McDonald, M.(1999). Who owns Waikiki? In *Hawaii: New Geographies*(D. W.Woodock, ed.), pp. 179-219. Department of Geography, University of Hawaii-Manoa, Hawaii, USA.

- Mill, R. C.(2001). *Resorts: Management and Operation*. New York: John Wiley and Sons.
- Murphy P.E. and Murphy, A..E.(2004). *Strategic Management for Tourism Communities: Bridging the Gaps*. Clevedon: Channel View Publications.
- Pearce, D.(1987). *Tourism Today: A Geographical Analysis*. Harlow: Longman.
- Pohl, O.(2005). Lazing in the lap of luxury at $A16375 a night. *The Age*. (Melbourne paper) 12.
- Porter, M. E.(1980). *Competitive Strategy*. New York: Free Press.
- Prideaux, B.(2000). The resort development spectrum-a new approach to modeling resort development. *Tourism Management*, 21, 225-240.
- Sheldon, P.J. and Abenoja, T.(2001). Resident attitudes in a mature destination: the case of Waikiki, *Tourism Management*, 22(5), 435-443.
- State of Hawaii(2003). *The Economic Contribution of Waikiki*. Honolilu, Hawaii: Department of Business, Economic Development and Tourism.
- Travel Impact of Newswire(2005). The impact of demographic change. *Travel Impact Newswire*, 68th edn. 2 November, 6-8.
- Waikiki Improvement Association(2002). *Vision: Waikiki A Place of Aloha*. Annual Report 2002. Honolulu, Hawaii.

CHAPTER 2

# 리조트 경영 개념과 이론적 적용가능성

The business of resort management

## 1. 서론

이 장은 리조트 경영에 관련된 중요한 경영 개념과 이론들에 대해 다룬다. 이 책의 제목처럼, 리조트 사업에서 경영개념과 이론에 대해 자세히 다룰 것이지만, 리조트경영주가 지속가능한 개발결과를 얻기 위해서는 생명과학과 사회과학 영역 부분에서 이와 관련된 부분들을 조금씩 다루어야 할 것이다.

이 책은 리조트를 장기간 지속가능한 경영이 될 수 있는 하나의 사업으로 이해할 것이다. 이것은 다음에 제시된 목표를 달성해야만 가능하다.

1. 이윤 추구(Making a profit)

   이것은 사업에서 더 많은 경제적 합리성을 얻는 것을 의미한다. 이윤을 추구하지 않는 사업은 결국 실패하게 된다.

2. 매력적이고 경쟁력 있는 상품 개발(Developing an attractive and product)

   경쟁이 증가하고 있는 상황에서 고객을 매혹시키기 위해서 리조트는 매력적인 환경에 위치한 핵심적인 매력물을 제공해야만 한다.

3. 주의 깊은 숙련된 직원의 개발(Developing an attentive and skilled workforce).

리조트는 목표 2를 달성하기 위해서 높은 품질 수준을 지닌 서비스를 제공해야하고 이를 위해서는 숙련된 직원이나 경영 기술이 필요하다.

4. 지속가능한 경영의 실천(Becoming a sustainable operation).

리조트 개발이 지닌 장기간 측면에서의 특성과 건전한 환경이 유지된 사업의 성공과 지역공동체가 지니는 상징성이 수반된 지속가능한 개발은 리조트 경영에서 필수적인 지침이 되고 있다.

어떻게 이런 목표들이 학문적 연구에 의해 지지되어지는지 이해하기 위해서는 학문적 연구나 그것이 생성된 이론이나 기술을 살펴보면 된다. 이 책에서 제공된 것들은 완벽한 내용일 수 없고, 어떻게 이런 문헌들이 미래의 리조트 경영에 도움이 되는지를 알수 있는 지표이다.

## 2. 경영 목표

일반적으로 경영이란 용어는 하나의 목적을 달성하기 위해 시간을 포함한 자원을 수집하는 것에 관련된 모든 것을 말한다. 인간은 더 높은 수준의 교육, 경력, 그리고 집을 가지는 등의 삶의 목적을 달성하기 위해 개인적이고 무의식적 수준에서 규칙적으로 관리를 한다. 인간은 하나의 표적을 선정하고 목적을 달성하기 위해 시간과 노력을 투자하여 최선을 다한다. 이것은 사업이 지닌 목적을 달성하기 위해 효과적이고 효율적으로 운영된다는 점에서 산업이 지닌 경영적 해석과 유사하다.

### 1) 사업 경영

사업 경영에서의 규칙은 경영 과정에서 필요한 일반적인 행동적 원칙과 결과를 구분하는 하나의 과학적 경영 접근방식에서 발전되어져 왔다. 전반적인 경영 접근 방식 내에서, 특히 리조트와 관련된 하나의 구체적인 하위영역은 전략적 경영이다.

전략적 경영은 다음과 같은 세 가지 단계를 거친다. 즉,

1. 전략 형성(Strategy formation) : 하나의 의사결정과정은 리조트가 지닌 사명, 목표와 기획 정책 등을 결정하는 리조트 사업 경영주와 지역 공동체에 의해 형성되어진다.
2. 전략 실행(Strategy implementation) : 하나의 새로운 전략이 실행되었거나, 기획목표를 달성하기 위해 자원이나 인적자원을 조직화함으로써 변경되어진 기존전략 모두가 존재한다.
3. 평가와 통제(Evaluation and control) : 평가와 통제는 계획(plan) 과정을 탐색하기 위해, 그리고 시간 경과에 따른 과정 수정에 필요한 기획(planning) 과정을 통제하기 위해 필요한 활동들을 말한다.

(Stahl과 Grigsby(1992: 5–6)에 근거함)

위에 제시된 단계들에는 아래에 이탤릭체로 보다 구체적으로 제시된 네가지의 전통적인 경영 기능이 포함되어 있다.

*리더십(Leadership)*은 어떤 아이디어(idea)를 낼 때 필요하고, 이러한 아이디어의 생성은 남을 동기부여시킴으로서 가능하다. 대다수 리조트의 경우도 한 사람 또는 그 이상의 사람이 지닌 열정과 욕구로 연결되어져 있다. 서비스나 상품에서 오는 차이를 충족시키거나 혁신할 기회를 가지는 리더가 있다. 리조트 사업이 성공하기 위해서, 리더는 그들이 지닌 아이디어와 열정을 주주들과 의사소통을 할 능력을 지닌 위험부담자가 될 필요가 있다. 리조트 개발은 5년 또는 그 이상의 기간이 소요되어질 수 있고, 따라서 리조트 경영에서 필요한 리더십에는 지구력과 몰입이 요구된다.

*기획(planning)*은 리더가 아이디어를 가시적이고, 협상 가능한 형식을 통해

의사소통하려는 점에서 중요한 첫번째 단계이다. 이것은 리조트가 지닌 사명과 지역공동체에 미치는 역할 등에 대해 공개적으로 제시하는 것을 의미한다. 한번 인정되어진 사명은 기획과정을 통해 실재적인 목표로 전환되어질 수 있다. 이 단계에서는 리조트가 합법적인 업체가 되기 위해 필요한 세부 규정이나 허가를 법률적 체계를 통해 승인하는 기획과정에 많은 이해관계 당사자를 포함할 것이다.

*조직화(organizing)*는 다음으로 중요한 과제이다. 현대적인 리조트는 소규모 도시 경영과 유사한 정도의 복합적 사업이고, 리더는 팀을 관리할 능력이 있어야 하고, 직원들의 복지를 고려할 수 있어야 한다. Porter(1985)의 '가치사슬'과 유사하게 대다수 리조트는 다음과 같은 부서와 책임을 지니고 있다. 즉,

> 운영 : 인적자원관리 – 마케팅 – 재무 – 환경과 사회적 책임
> 기능 : 대지 – 매력물 – 편의시설 – 식음료(F & B)부서 – 소매업(retail)

개개 부서는 리조트 경영주가 지닌 기획목표를 달성하기 위해 자원의 배분, 지시, 그리고 협동을 할 필요가 있다.

운영적 측면에서 리조트 경영주는 다양한 경영과제를 잘 조정할 필요가 있다. 중요한 것 중 하나는 상품과 서비스가 지닌 품질을 보장해 줄 수 있는 종사자를 해고할 경우 합법적인 방법을 사용하는 것이다.

마케팅은 특히 거리와 상관없이 세계적 변동 상황에 기회를 얻고자 할 경우, 고객의 시간과 돈을 얻기 위해 경쟁이 심화되고 있는 상황 하에서 하나의 중요한 기회가 될 수 있다. 재정은 자산이 풍부하고 현금유동성이 빈약한 경영과 관련된 문제로서 많은 리조트는 재정 관리에서 실패하였다. 기업 환경과 사회적 책임이 지닌 최종적 경영과제는 더 많은 사람의 요구에 따른 관광이 환경과 사회에 미치는 부정적 영향력이 증가하고 있다는 인식을 잘 관리하는 것이다.

기능적 부서는 리조트의 구조와 더 많이 관련되어져 있다. 리조트의 물리적 환

경은 반드시 매력적이어야 하고 따라서 대지나 건물의 하부구조나 겉모습에 많은 투자를 하여야 한다. 가장 핵심적인 매력물은 만약 리조트가 세계시장에서 경쟁을 하려고 한다면, 최신의 기술로 최고의 품질로서 계속 보강되어져야 한다. 이차적 매력물은 핵심적 매력물이 더 광범위한 마케팅 소구력을 지니고 더 오래 고객이 리조트에 머물 수 있도록 도와주는 보완적 역할을 한다. 예를 들어, 많은 스키 리조트는 동료, 배우자 등이 슬로프에서 스키를 즐길 동안 스키나 스노보드를 타지 못하는 사람들이 기다리는 시간을 보충해줄 수 있는 다른 방법을 보유하고 있다. 표적시장을 위한 최적의 편의시설이나 레스토랑 경영은 그런 사람들의 욕구를 충족시켜줄 수 있고 그들이 머무는 동안 다양한 선택의 기회를 제공해준다. 소매업 선택은 고객이 지닌 기대나 현장에서 고객이 돈을 사용하고자 하는 욕구를 충족 시켜 줄 수 있는 중요한 매력물과 활동을 지원해준다.

통제부서의 발전은 계획을 잘 진행시키거나 잘못된 판단이나 변화하는 시장환경 등을 수용할 필요가 있을 경우 변경 되어질 수 있어야 한다. 이 과정에서 핵심적인 측면은 성과의 탐색일 것이다. 이것은 경제적이거나 재무적 측면에서 판단을 더 쉽게 내릴 수 있도록 도와줄 것이지만, 환경이나 사회적 상황의 변화를 고려하여야 더 유동적이 될 수 있다. 리조트에서 성과 탐색과 수정 가능성은 주로 고객과 관련된다는 점에서, 만약 고객이 기존에 가지고 있던 기대와 실제적인 서비스 전달과정간에 불일치가 나타나게 되면, 고객의 경험에 대한 만족수준에서 차이가 발생하게 된다(Parasuraman et al., 1985). 환경의 강조와 지역공동체와의 관계에서 유발되는 문제들은 덜 강조되어 왔지만 그것은 변화에 있어서 중요한 시작점이다(Hudson, 2006).

### 2) 서비스 경영

리조트의 가장 기본적 상품은 경험을 파는 것이다. 리조트는 많은 가시적 상품을 포함하고 있지만, 최종 결과물은 비가시적이거나 고객 개인의 경험이 상당한 비중을 차지하게 된다. 이것은 리조트가 지닌 물리적 자산에서 최고의 것을 추출하기 위한 절차로서, 그리고 서비스 경영원리에 의해 증가되어질 수 있어야만 하는 신뢰롭고 수준 높은 상품을 개발하기 위해 정기적으로 사업을 경영하고, 절차를 검토해야 함을 의미한다. 리조트 경험을 판매한다는 것은 직원이 고객의 기대나 정서에 맞춘 수준 높은 서비스나 상품을 제공해주는 것을 의미하고, 이를 통해 고객은 체험적인 리조트 상품에서 하나의 의미 있는 플레이어나 동반자가 될 것이다. 이러한 상황은 리조트경영이 서비스 경영의 한 분야에 속하게 하였다.

서비스 경영의 초기 제안자 중 한사람인 Normann(1991)은 서비스 전달과 생성 과정에는 유의한 차이가 나타난다고 하였지만, 리조트 상황에서는 이 두가지 모두가 필요하다. 리조트에서 좋은 서비스는 적절한 환경과 한명의 고객에게 최고의 가능한 경험을 제공해줄 수 있는 직원에 의해 제공되는 높은 수준의 품질이 보장된 유형적인 상품을 필요로 한다.

### 3) 가치와 수익관리

고객이 어떤 리조트에서 경험한 지각된 가치는 고객에게 무엇을 제공하였고 무엇을 받았는지 등에 관한 인식에 근거해 만들어진 상품이 지닌 유용성에 대한 소비자의 전반적 평가를 나타낸다(Zeithmal, 1988: 14). 고객에게 제공하는 것은 그 경험에서 얻은 편익의 묶음이 다른 여가 경쟁자로부터 얻을 기대된 수익과 비교되어질 것이다. 반면에 고객이 얻을 수 있는 것은 그 경험을 하기 위해 소모된 돈과 시간으로서 다른 대안을 선택했을 때 수반되는 기회비용도 포함되어진다. 지각된 가치 평가 내에서 소비자는 다음의 세 가지 차별적인 가치 개념이 있을 것이라고 기대한다. 즉,

1. 기능적 가치(Functional value) : 기능적, 실용적 또는 물리적 성과를 위해 그 상품이 지닌 수용능력으로부터 생성된 지각된 유용성
2. 정서적 가치(Emotional value) : 자극이나 충족 등과 같은 그 상품으로부터

얻은 경험과 관련된 개인의 정서를 자극하기 위한 수용능력

3. 사회적 가치(Social value) : 상품이 지닌 사회적 표상으로 인해 사회적 자존감 증가

고객들의 지각된 가치가 실제 경험으로 전환되어지는 것은 생산성과 수익관리에서 중요한 과제가 된다. 생산성 관리는 Lieberman(1993: 35)에 의하면 서비스의 가격과 검수, 그리고 개선 등을 통제하여, 호텔객실 등과 같은 소멸 가능한 자산을 판매함으로 최대 이윤을 산출하기 위한 방법이다. 시간이 지나면서 이 개념은 또한 수익관리로도 언급되기도 하고, Kimes(2003)는 수익관리가 상품가격(product price)과 경험지연(experience duration) 등과 같은 두 가지 핵심적인 차원으로 인해 다르게 운영되어질 필요가 있다고 언급하였다. 리조트 내에 있는 기능적 공간 등과 같이 경험이 지연되거나 상대적으로 가격이 고정된 예측 가능한 사업을 하는 곳에서는 가장 효과적으로 변경되어질 수 있는 부분이 바로 가격 요인이다. 따라서 리조트는 가격에 계절적 요인을 적용하기도 한다. 골프장에서 제공되는 식사나 라운딩 같이 경험이 상대적으로 적게 지연되어 경험대비 가격이 고정된 사업을 하는 곳에서는 경험의 지연 통제와 가격관리 이 둘 다를 적용시킬 수 있다. 레스토랑에 미리 예약을 하고 오는 고객들은 할인을 받거나 한정 메뉴가 제공되기를 기대할 수 있지만, 바쁜 식사 시간이 되기 전에 반드시 좌석을 떠나야만 한다.

가치와 수익을 연계시키는 한 가지 방법은 Thomke와 von Hippel(2002)에 의해 제안되었다. 그들은 Dell 컴퓨터 등과 같은 기업에서 사용된 고객맞춤 기법에 대해 언급하였다. 이것은 단순히 표준형 컴퓨터를 선택하기 보다는 개인적 요구 사항을 반영하여 다양한 옵션이 달린 컴퓨터를 고객이 주문할 수 있도록 한 것이다. Thomke와 von Hippel(2002)은 고객을 혁신자(innovator)로 만들 수 있는 다섯 단계를 제안하였고, 이 과정을 통해 개인이나 고객의 가치는 향상되어진다고 설명하였다. 그들이 생산 과정에 초점을 두었다면, 본 저서에서는 다섯 단계를 다음과 같이 리조트에 적용시켰다. 즉,

1. 고객을 위해 사용자에게 친숙한 도구 세트를 개발하라(Develop a user-friendly tool kit for customers).
   이것은 음식을 먹는 것과 같은 일상적인 경험 내지 새로운 활동 등과 같은 다소 혁신적인 경험 등과 같이 어떠한 경험 형태이든, 고객과 연계된 경험을 고안하는 것을 의미한다.
2. 생산과정에서 유연성을 증가시켜라(Increase the flexibility of your production process).
   리조트가 지닌 경영적 측면은 각기 다른 계절뿐만 아니라 상이한 고객들이 지닌 기호를 충족시키기 위해 음식을 제공하는 등의 유연성을 가지고 있다.
3. 도구 세트를 사용할 최초의 고객을 조심스럽게 선택하라(Carefully select the first customers to use the tool kit).
   최고의 예상 고객은 고안된 리조트를 방문하는 손님으로서 자신들의 즐거운 경험을 극대화시키기 위해 자신만의 방식으로 탐색하는 손님이다.
4. 최첨단으로 무장한 고객을 만족시키기 위해 도구 세트를 계속적으로 빨리 발전 시켜라(Evolve your tool kit continually and rapidly to satisfy your leading-edge customer).
   진술된 리조트 경험에 대한 고객의 반응은 탐지되어져야 할 것이고, 이는 기술진보와 고객 선호도를 관찰함으로써 적응 가능하다.
5. 사업에 적용시켜라(Adapt your business practices accordingly).
   고객을 위한 아웃소싱 상품 개발은 이윤추구를 위해 변경되어질 필요가 있을 것이고, 도구 세트는 경영주와 고객 간의 관계를 근본적으로 변화 시킬 것이다(Thomke and von Hippel, 2002: 79).

비록 위에서 제시된 아이디어가 제조업 분야에서는 파격적일 수 있지만, 상품 고안과 경영의 일부분인 고객을 포함한 개별경험을 판매하는 리조트 분야 등과 같은 서비스 산업에서는 상대적으로 흔한 아이디어 일 것이다.

## 3. 실천 가능한 이론과 모형

이 부분에서는 사업에서 비롯된 이론이나 기법과 이 책에서 열거된 리조트 경영의 유형과 연관성이 있는 지식을 나열하였다. 후속 사례들은 저자의 경험에서 선택된 것으로서 단순히 요약만을 제시하는 것은 아니다. 오히려, 독자들이 이 책을 읽음으로써 자신들이 들어보거나 읽어 본 적이 있는 이론이나 기법을 미래에 적용시킬 수 있는 잠재적인 연결고리를 탐색함으로써 다수의 학문적 이론과 리조트 경영간의 직접적인 관련성을 제안할 수 있도록 하는데 있다. 제시된 이론과 기법들은 리조트 경영의 수요와 공급 차원에 초점을 둔다.

### 1) 수요측면: 가족/가정의 생활주기 이론

가족 생활주기(life cycle) 이론은 한 가정이 형성된 이후 가족 내에서 일어날 수 있는 사회•경제학적 환경 변화를 반영한다.

> 규모가 더 큰 사회•정치학적 문화 내에서, 한 개인의 생활주기는 가족의 생활주기 행렬 내에서 이동과 변화로서 형성되어진다. 가족의 생활주기는 한 개인의 정체성과 발전에 밑거름이 되고, 사회적 체계가 미치는 영향을 설명해줄 수 있다.
>
> (Carter and McGoldrick, 2005:1)

생활주기에 대한 최초의 논쟁은 보다 안정된 핵가족 단위에서 제기되었지만, 가족주기가 지닌 인구통계학적 이론은 현대의 다양한 가족유형에 여전히 적용시킬 수 있다.

전통적인 가족의 생활주기는 다양한 단계를 거쳤고, 다양한 휴가지 선택 의사결정 상황을 분석하는데 사용되어져 왔다(Consenza and Davis, 1981). 단계 1은 결혼이나 다른 결합의 형태를 통해 한 가정을 형성하는 것이다. 이 단계에서 부부는 마케터에 의해 딩크(DINK) 족(族)(Double Income, No Kids: 맞벌이에 아이 없음)이라고 명명되기도 하고, 신혼여행지로 이국적인 관광목적지로 여행하기를 원한다. 신혼여행을 위한 리조트나 리조트 목적지는 중요한 틈새시장으로, 프라이버시 보호 이외에 위락을 제공할 수 있도록 계획되어질 필요가 있다. 단계 2는 한 가족의 시작점으로서, 아이가 어리고 집을 담보대출해서 장만하는 단계로서. 리조트로 여행가는 것은 우선순위에 들지 않는다. 하지만 휴가철이나 짧은 휴가기간을 중요시 여기기 때문에, 지역 리조트는 합리적인 가격에 가치 있는 옵션을 제공하여(특히 아이들을 돌봐주는 옵션을 포함해서), 부모들에게 일상에서 벗어나 쉴 수 있는 기회를 제공해준다. 단계 3은 아이들이 사춘기에 접어들고, 주택을 마련하기 위해 융자했던 돈을 갚아나감에 따라, 다소의 금전적 여유가 생기는 시기이다. 이 단계에서 부모들은 자신의 시야를 넓히기 위해, 위신을 위해, 해외에 있는 리조트로 여행을 선호한다. 단계 4는 퇴직의 초기 단계로서, 부모들이 자신들을 위한 시간과 돈을 가진 제 2의 전성기이다. 이 시기 사람들은 최고급 리조트나 크루즈를 포함한 해외여행에 매력을 느끼고, 리조트 사업에서 중요하게 여겨지고 있다. 5단계는 배우자나 파트너의 죽음, 신체적 제약이 증가됨으로 인해, 여행을 덜하거나 전혀 하지 않는다.

사회과학이나 사업 등에서 언급된 이러한 이론은 단편적으로 축약된 형태란 사실을 인식해야 할 것이다. 이혼율, 편부모 가정, 파트너 없이 평생을 살아가는 독신 성인의 증가 등과 같이 다양한 핵가족 형태가 대두됨으로 인해 가족이나 가정 구조에서 많은 유의한 변화가 나타났다. 이러한 사회적 추세는 생활주기를 많이 변화 시켰지만, 대다수 가정은 여전히 가족 생활주기 이론에 의해 서술된 방식으로 살아가고 있다. 게다가 독신 성인과 동성 커플 등과 같은 특정한 사회적 변화는 전통적인 핵가족에서보다 여행이나 위락을 더 강조하는 것처럼 보이고, 이러한 틈새시장에 초점을 둔 리조트는 성공할 가능성이 있다.

### 2) 수요측면: 라이프스타일 세분화

물질적 풍요와 관광 옵션의 증가는 관광객들에게 휴가지 선택에서 다양한 기회를 제공해주었다. 이런 현상은 또한 대량 시장이 지닌 표준화된 형태의 휴가에서 오는 제약보다는, 많은 사람들이 Maslow의 자아결정감을 개별적으로 충족시킬 수 있는 기회가 된다. 이것은 관광학 연구에서 휴가지 선택, 개인적 가치, 태도와 휴가지 선택에 직접적 영향을 미칠 수 있는 라이프스타일 등의 사이코 그래픽 특성을 보다 더 강조하도록 만들었다. 이런 환경 하에서, 관광시장은 대량의 구매자가 동질적이고, 개인의 휴가 욕구나 요구가 수반되는 수많은 특정 시장으로 나누어졌다.

Matzler 등(2004)은 라이프스타일에 의한 세분화 분석을 유럽에서 알파인 스키를 타는 사람들에게 적용하였다. 그들은 스키어들 가운데서 5가지 휴가 스타일 목표와 7개의 라이프스타일 세분화가 있음을 확인하였지만, 두 가지가 직접적이고 구체적으로 관련되어 있다는 것을 밝혀내지 못하였다. 하지만, 그들은 라이프스타일과 고객 만족은 높은 연관성을 가지고 있고, 재방문의도와도 높은 관련성을 지닌다고 설명하였다. 라이프스타일 이론에는 미래를 예측할 수 있는 매개변수가 존재한다.

### 3) 공급측면: 상품 수명주기/관광지수명주기 이론

상품 수명주기(PLC: Product Life Cycle) 이론은 대개의 상품이 여러 가지 발달단계를 거쳐 진보 되었다고 제안한다(Gordon et al., 1990). 잘 만들어진 상품은 생산량을 증가시킬 것이지만, 결국 가정용품 시장에서 새롭게 나타난 상품(예를 들어, 진공청소기)의 대치물로서, 포화상태의 시장에서 쇠퇴되어질 것이다. 진공청소기처럼 많은 상품은 오래 지속되지 못하였는데 그 이유는 타자기나 VCR 등의 상품에서 발생한 것처럼, 새로운 혁신적인 상품에 의해 대치되어졌기 때문이다. 처음 단계는 완전히 재정비되거나, 또는 의도된 표적 시장에서 일반 대중에게 인기를 얻게 된 새로운 매력물인 신상품의 도입(introduction)이다. 두번째 단계는 신상품의 시도(trial) 단계로서, 의견 선도자라 불리는 모험적이고 탐구심이 강한 사회 구성원에 의해 실행되어진다. 그들이 제시한 견해는 신상품에 대한 다른 사람의 생각에 영향을 미치고, 사람들이 그 상품을 사용하게 만든다. 세번째 단계는 채택(adoption) 과정으로, 상품의 성공여부가 결정되어진다. 왜냐하면, 이 단계는 최초 개발 비용을 만회 할 수 있을 만큼 영업이윤이 나타나기 때문이다. 네번째 단계는 시장에서의 포화(saturation) 상태시기로, 하나의 상품이나 경험(영화나 번지 점프)이 대부분의 사람들에게 충분히 공유되었고, 또는 대다수 사람들에 의해 구매되어진 것(주택, 대학교 등급)을 의미한다. 다섯번째 단계는 상품의 쇠퇴기(decline)로서, 새로운 가족 집단(새로운 세계 시장) 등을 통해, 새로운 소비자의 도착 또는 대치(재방문) 등에 따라 달라진다.

일반적으로 상품의 수명 주기와 리조트 개발간의 관련성은 Butler의 관광지 수명주기(TALC: Tourism Area Life Cycle) 이론에서 제시되어졌다. 학술대회에서 Butler(1980:6)는 TALC를 "이 형태(그는 S 곡선이라 표현)는 상품 수명주기 개념에 근거해 도입되었다." 라고 설명하였다. 최근 TALC 이론의 두번째 수정안(Butler, 2006)에 대해 몇몇 연구자들은 PLC의 개념과 리조트 개발을 연계시켜 설명하였다. Manete와 Pechlaner는 과학적 분석에 근거한 저서에서, TALC가 쇠퇴기가 도래했다는 예측을 해 줄 수 있는 현재 준거로서 초기 경고 체계가 될 수 있다고 주장하였다. 반면 Berry는 호주 Cairns 개발에서 최초의 TALC 예측치의 80%가 Cairns 개발 경험과 긍정적으로 관련되어져 있고, TALC가 하나의 사건을 예언하기 위해 사용되어질 수 있다고 설명하였다. 하지만, Wheeler는 TALC 하나만을 사용해서는 리조트가 지닌 미래를 예측하는데 있어 설명력이 떨어진다고 언급하였다. 리조트는 사람들이 머물고, 사람들을 상대로 사업을 하는 곳으로서, 사업이 지닌 경제학과 마케팅 측면이 리조트의 미래를 결정할 것이다. 리조트의 미래를 결정하는 것은 고객이다. 어떤 사람은 리조트가 지닌 역사에 의해, 또 다른 사람은 리조트의 유형 등에 의해 리조트를 선택하지만, 리조트의 미래는 원하는 고객 유형을 결정할 수 있는 리조트 경영에 달려 있을 것이다.

### 4) 공급측면: 경쟁적 우위

PLC 곡선의 최상부에 리조트가 위치하기 위해서는, 경쟁적 이점을 유지할 필요가 있고, Michael Porter의 연구가 도움이 될 것이다. Porter(1985)는 *Competitive Advantage*(경쟁 우위)라는 저서에서 리조트 경영에 도움이 될 수 있는 몇 가지 이론과 기법을 제시하였다. Porter의 리조트에 대한 이념은 아래에 제시되어 있지만, 리조트는 단순히 기계적 상품이 아니고, 환경과 위치가 고려된 강력한 입지적 특성을 지닌 경험적 서비스 상품이다. 결론적으로, 지역적 원천을 어떻게 효율적으로 잘 운영하는지(Ritchie and Crouch, 2003), 지역 관광목적지를 위해 경쟁 또는 대안을 어떤 방식으로 잘 사용할지(Michael, 2007), 그리고 지역의 사회적 자본을 어떻게 잘 참여시킬지 등에 대해 보다 균형적인 관점에서 Porter의 산업-사업적 접근방법이 지닌 생산성을 강조할 필요가 있다.

다섯 가지의 경쟁요인은 모든 산업에 다음과 같이 적용되어진다. 즉,

1. 새로운 경쟁자의 진입(The entry of new competitors) : 세계 관광의 자유 시장 체재 내에서, 특히 기존의 성공적인 사업이 있는 시장에서 새로운 진입자를 확인할 수 있다.
2. 대체재의 위협(The threat of substitutes) : 첫번째 영향력과 관련되어져, 기존의 사업과 그 사업이 지닌 주된 시장 간에 대체재와 교섭의 기회가 증가되어진다.
3. 구매자의 교섭력(The bargaining power of buyers) : 개별적 구매자들은 선택의 여지가 많을 때(경쟁요인 1을 참고하라), 그리고 여행 도매업자가 판매량 때문에 주요한 구매력을 지닐 경우 교섭능력이 더 증가되어질 것이다.

4. 공급자의 교섭력(The bargaining power of suppliers) : 개별 공급자들은 독점 상황일 경우 교섭능력이 더 증대되어질 것이다.
5. 기존 경쟁자간의 경쟁상황(The rivalry between existing competitors) : 가격경쟁이 보다 치열해질 경우 경쟁이 더 심화되어질 것이다.

Porter(1985: 4)는 '이러한 다섯 가지 경쟁적 요인이 지닌 총체적인 강점은 한 기업이 평균적으로 자본 비용을 초과하는 경우 투자수익률을 회수할 수 있는 능력을 결정한다.' 라고 설명하였다. 그는 전략적 경영 정책이 긍정적 방식으로 다섯 가지 요인에 영향을 미친다고 진술하였다.

새로운 경쟁자의 시장 진입과 대체재의 개발 가능성에 대응하기 위해, 기존 사업은 보다 어렵거나 비용이 많이 드는 전략을 활용할 수 있다. 이것은 사업이 독특하거나, 복사를 통해 보호되어질 수 있거나, 또는 모방이 어려운 어떤 것 등에 의해 사업을 할 필요가 있음을 의미한다. 후자의 목록은 상품과 서비스의 개발이 조화되기 어려움을 말한다. 구매자와 공급자의 협상능력이 미치는 영향은 자유 시장 상황에서 개별 사업의 통제 범위 밖에 있지만, 구매자는 여전히 매력성과 경험을 충족 시켜주는 하나의 사업에 의해 영향을 받는다. 마케터는 관광분야에서 격렬한 경쟁이나 라이벌이 존재하지만, 또한 특이한 사업에 고객 유치를 위해 경쟁하기 전에, 관광목적지가 지역 차원에서 고객을 유인하기 위해 벌이는 사업이 있음을 인식하여야 한다. 사실, Porter(1998)는 지역공동체 자본을 활용할 수 있는 산업-정부-교육 등의 조화를 통해 무엇인가를 얻을 수 있는 곳에서 '군집화'를 할 필요가 있음을 강조하였다.

가치는 소비자가 어떤 상품이나 서비스를 구매하는 근본적인 이유로서, 가치는 분명해야 하고, 전체 사업의 모든 분야에서 포함되어져 있어야만 한다. 경쟁적인 이점을 진단하기 위해서, 특정 산업에서 한 조직이 경쟁을 하는데 필요한 가치 사슬(value chain)을 정의할 필요가 있다(Porter, 1985: 45). 이러한 가치 사슬은 각 사업의 구성요소별로 나뉘고, 어떠한 기능이 상품이나 경험이 주는 전반적 가치에 영향을 미치는지가 분석되어진다.

Porter에 의해 설명된 최초 활동들은 제조업에서 언급되었지만, 리조트 등과 같은 서비스 산업에서도 적용되어질 수 있다. 원재료 대신에 리조트는 고객을 유인할 필요가 있을 것이다. 고객을 유인하기 위해서는 인접 지역에 국제공항이나, 잘 건설된 도로가 있는 등의 적절한 접근가능성을 필요로 하고, 이러한 것들은 고객에게 틀에 박힌 일상생활에서 벗어나 즐기거나 스트레스를 해소할 준비가 되어 있음을 제시해준다. 상품을 배에 선적하는 대신에, 리조트 직원들은 리조트를 재방문하거나 다른 사람에게 경험담을 전해줄 만족한 고객이 집으로 가는 것을 배웅한다. 이 두가지 간의 가장 큰 차이점은 서비스의 유무로서, 이것은 더 이상 구매후 활동으로 여겨지지는 않지만, 전체 과정에서 핵심적인 요소이다. 리조트는 리조트의 땅(land), 식물, 그리고 상품 등에 대한 투자와 일치하는 질 좋은 서비스를 해야 할 것이다.

다섯 가지 경쟁적 힘들과 판단의 중요성을 함께 제시하기 위해서, 각 가치 체인에 대한 기능이 지닌 기여도는 어떻게 사업이 지닌 경쟁력을 최대화시킬 수 있을지 강조하는 것은 본원적 전략(generic strategy)을 필요로 한다. 이러한 점을 고려해서, Porter는 원가우위는, 차별화와 시장세분화에 초점을 둔 경쟁적 우위 이론(competitive advantage theory)을 제시하였다.

원가우위(Cost leadership)는 가장 명확한 세 가지 본원적 전략중 하나이다. 한 조직은 대개 Porter에 의하면 사업을 시작할 때 저비용 생산자(Porter, 1985: 12)이다. 이러한 진술이 맞기 위해서 하나의 사업이 다음과 같아야 한다. 즉,

1. 전체 조직이 아닌 각 기능적 부서별로 유의한 비용분석을 수행하라(Porter, 1985: 64).
2. 상대적으로 저렴한 "비교" 비용을 전할 수 있는 전략을 개발하라(Porter, 1985: 118).

결론적으로 리조트를 포함한 하나의 사업은 전체 수익 구조에서 각 기능적 부

서별 상대적 기여도에 초점을 두고, 실제 비용과 발생된 수익간의 관련성을 상대적 측면에서 비용 분석을 실시할 필요가 있다.

경험을 파는 사업에서 이상적 직원은 기술적 지식, 고객 관계 및 판매 등 모든 분야에서 기술을 가진 사람이다. 이런 세 가지 능력은 일반적으로 최저 임금에서는 가능하지 않다. 오히려, 각 기능별 영역에서 시간당 생산된 것과 시간당 봉급과 비교시, 명목 수준의 봉급에 대한 생각은 리조트에서는 실제 봉급일 수 있다. 예를 들어, 전체 리조트 경험 생산성 내에서 자신이 맡은 기능을 수행할 준비가 된 종사자는 단지 그 고객에만 서비스하는 게 아니라, 다른 리조트 상품이나 경험을 고객의 기분, 관심에 맞추고, 더 높은 등급의 상품을 팔기 위해 노력한다.

차별화(differentiation) 전략은 한 조직이 고객에 의해 가치가 매겨진 상품에서 독특성을 찾도록 자극한다. 차별화는 상품, 전달 체제, 마케팅 접근방법, 또는 기능 범위 등에 근거되어진다. 차별화의 전략이 지닌 논리성은 혼잡한 시장에서 장점이 잘 드러난다. 리조트는 경쟁에서 우위를 점할 수 있도록 도와주는 일차적인 핵심적 매력물 또는 활동에 초점을 두어야 한다.

차별화 방법에는 여러 가지가 있지만, 관광분야에서 많이 사용되는 전략은 관광목적지의 '장소성(sense of place)'을 강조하는 것이다. 이것은 각 지역이 지닌 고유한 특성을 만드는 지형학적 환경과 지역 역사 등이다. 이러한 차별성은 관광산업분야에서 더욱더 중요성이 강조되어 지고 있다. 또한 건물설계나 전통가옥 등과 같이 지역 특성을 강조하는 리조트에서는 세계적인 표준화 추세로 인해 차별성이 저하되고 있다. 장소성을 강조하는 리조트는 점차 야생 동물이 있고 전통 관습을 모방한 아프리카 사파리 공원에서부터 특정한 라이프스타일과 연계 상품을 판매하는 Versace 리조트까지 그 형태가 다양해지고 있다.

Porter의 경쟁 우위 이론이 지닌 세번째 측면은 표적(focus) 시장이다. 이것은 원가우위 전략과 함께 특정 표적 시장에 초점을 둔 차별화 전략을 유도한다. 예를 들어 한 리조트가 가능한 한 많은 경비가 소모되는 최고급 품질의 상품과 서비스를 제공하기로 선택하였다면, 리조트 사업이 성공하기 위해서는 기꺼이 많은 돈을 지불할 능력이 있는 부유한 시장을 표적으로 삼아 세분하여야 할 것이다. 반면에 더 넓은 범위의 세분 시장인 중산층을 표적 시장으로 선정할 경우 우수한 품질의 서비스와 상품을 제공하면서 보다 적절한 수준의 관광 기회를 제공해주어야 할 것이다.

모든 리조트는 특정 시장 세분화에 초점을 두어야만 고객을 만족시키거나 최고의 소구력을 지닐 수 있다. 원가우위 측면에서 만약 하나의 리조트가 시장에서의 비용에만 초점을 둔다면, 제한적인 핵심 옵션이나 단순한 서비스 등을 지닌 표준화를 강조해야 할 것이다. 만약 부유층 시장을 공략하고자 한다면, 개별화된 서비스가 포함된 다양한 옵션과 선택의 기회를 제공하여야 할 것이다. 선택적인 차별화는 잠재고객에게 기대된 활동, 시설, 및 서비스 수준 등이 어떠할지를 잘 전달해준다. 지역 리조트는 핵심적 기능이나 편리한 도로 접근성 등을 강조할 필요가 있고, 국가/세계적 수준의 리조트는 핵심적 매력물을 지원하는 다양한 편의시설과 위락 옵션 등이 포함된 공항으로의 접근성을 역설할 필요가 있다.

## 4. 경영적 구조

다양한 이론을 확인하고 실행하기 위해서는 경영절차를 사용할 필요가 있다. 세 가지 이론은 앞서 논의된 이론들에서 선택되었다. 이것을 다시 언급하는 이유는 완벽한 항목을 얻기 위해서가 아니라, 독자로 하여금 리조트의 전략적 경영에서 사용되어지는 응용 기법 등을 명료하게 알려주기 위해서이다.

### 1) 환경적 탐색

환경적 탐색은 중요한 사업 결정전에 리조트가 당면한 수요가 지닌 외적 또는 내적 환경을 조사하는 과정에서 응용되어진다. 일반적으로 다음의 (그림 2-1)

(Daft et al., 1992; Vesper, 1996)에서 제시된 것처럼 조사와 경영이 3가지 수준에서 이루어져야 한다.

- ❖ 내적 환경(internal environment)은 리조트 사업이나 입지 등의 조직 내에서의 경영을 포함하고, 발생 가능한 이벤트를 최대한 어느 정도 통제 가능한지를 보여준다. 이러한 내적 환경은 SWOT 분석 등과 같은 기법을 응용함으로써, 새로운 수요 추세나 시장 환경 등을 충족시킬 수 있다.
- ❖ 업무 환경(task environment)은 지역 공급자나 노동력을 유인할 수 있는 리조트가 속한 지역공동체의 직접적 환경이다. 그런 환경 내에서는 만약 리조트가 매력적인 관광목적지 상품 패키지를 개발하고자 한다면 협력자나 경쟁자 모두를 고려해야 한다. 이상적 단위의 목적과 마케팅을 실행하기 위해서는 내적 환경과 업무 환경간의 내적-조직적 조화가 필요하다.

《 그림 2-1 》 환경적 탐색구조

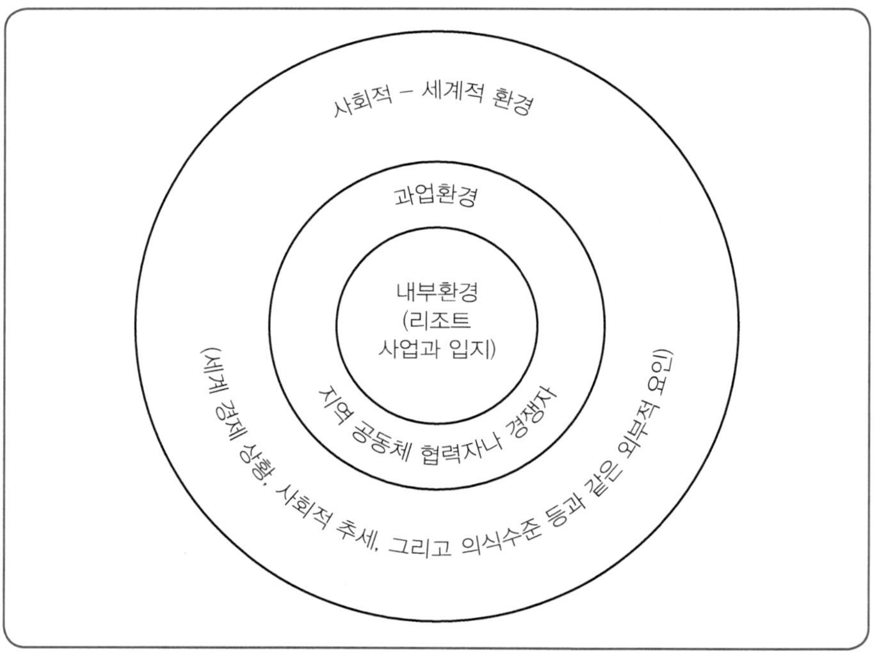

❖ 사회적/세계적 환경(societal/global environment)은 세계 정치, 주요한 세계 시장이나 사회적 추세 등의 외부 영향력으로서 바깥층에 제시되어 있다. 리조트 사업에 영향을 미치는 거대 척도로는 단축된 휴가 기간, 환경에 대한 지각 등과 같은 시장 추세가 있고, 세계 석유 가격(교통이나 경영비용에 영향을 미침), 정부규제(주중 노동 시간 규정이나 업무 규제 변화) 그리고 테러리즘(광고나 보험료) 등과 같은 경영적 주제 등이 있다.

리조트는 앞서 제시된 모든 환경에 의해 영향을 받는다. 어떤 것은 통제되거나 많은 영향을 미칠 수 있고, 또 다른 것은 그냥 지켜보고 있거나 이벤트를 유발시킬 수 있다. 내적이거나 업무 환경의 상호작용은 세계적 변화를 고려한 피드백으로 정기적으로 업데이트 되어진 전략적 경영 계획을 개발하기 위한 리조트 관리자와 지역 파트너의 협력을 포함한다. 상황(contingency) 계획과 위험 경영 전략은 평균수명의 증가, 그 어느 때보다 급변하는 사회 등의 환경에서 리조트가 성공하기 위한 수단으로서 자주 사용되어진다. 사회적/세계적 환경 하에서 리조트는 추세를 조사하거나 국가 또는 더 거시적 입장에서 자신들의 견해를 설명하기 위해 연합이나 로비 집단을 구성하여 위험 확산에 대응할 수 있다. 호주에서 열린 Tourism and Transport Forum은 추세 분석을 통해 관광 분야가 산업에서 경제 활성화에 기여한다는 점을 국가가 관심을 가져주기 위한 의도로 개최되었다.

## 2) 이해관계 당사자 분석

환경적 탐색과 관련된 것은 세 가지 환경 내에서 이해관계 당사자의 역할에 초점을 둔 분석이다. 이해관계 당사자 분석(Stakeholder analysis)은 관련 이해관계 당사자 집단 구분, 그들이 지닌 욕구나 우선순위 선정, 그러한 소망을 타당하거나 수익성이 있는 사업전략으로 통합 시키는 등의 3단계로 이루어져 있다. 이런 정보와 접근방법을 사용하는 리조트 사업은 더 나은 상생 전략을 개발할 수 있을 것이고, 더 많은 이윤과 지속가능한 협력을 유도하기 위해 세 가지 환경에서 그 리조트가 지닌 목표와 다른 이해관계 당사자가 지닌 목표를 결합시킬 수 있을 것이다.

사업에서 이해관계 당사자라는 용어는 직접적이거나 간접적으로 조직이 추구하는 목표에 의해 영향을 받는 집단이나 개인을 의미한다(Stoner et al., 1995: 63). 직접적인 영향력은 자영업자, 종사자, 고객 등의 내부 이해관계 당사자에, 게다가 현장 외(off-site) 종사자, 공급자, 이해관계 당사자. 그리고 특별흥미집단(special interest group) 등과 같은 작업 환경에서 외적 이해관계 당사자에 미치는 영향을 의미한다. 간접 영향은 그 사업에 직접적으로 고용되지 않았거나 의존하지 않는 지역공동체 구성원으로서, 환경적 또는 경제적 의사결정에 의해 영향을 받는 사업과는 상관없는 사람이나 지역공동체를 포함하고 있다.

사업이나 관광분야에 대한 연구에서는 각기 다른 상황에 처한 직접적이거나 간접적인 이해관계 당사자들에 대해 다루었다. 즉, 간접적 범주에 있는 어떤 이해관계 당사자 집단은 각 집단간 내적 일관성을 보증하기 어려워서, 구분하기 어려울 것이다(Murphy and Murphy, 2004). 초기 단계에서 직접적이거나 간접적 이해관계 당사자가 지닌 관심사가 무엇인지 아는 것은 리조트 개발에서 사업이나 지역공동체를 위한 비전을 제시해줄 수 있다. 리조트 사업은 이해관계 당사자의 몰입에 대해서 별 걱정을 하지 않는데 그 이유는 각 집단의 의견 선도자(공식적으로-또는 자칭)에서 나타나는 경험이 그 사업에 도움이 되거나 여러 가지 조언을 해주기 때문이다. 이것은 그 과정을 보다 관리 가능하게 만들고, 설정된 기획이나 협상 기법을 사용하여 협상을 원활하게 진행 시키는데 도움을 준다.

Murphy와 Murphy(2004)는 'Working Together'이란 장에서 갈등적 전략이 사업 장면에서 일상적으로 나타나는 게 아니고, 갈등적 아이디어가 다소 긍정적인 구성요소가 있기 때문에 굳이 회피할 필요가 없다는 점을 강조하였다. 갈등이 지닌 긍정적 특성은 다음과 같은 방식으로 연결 되어질 필요가 있다. 즉,

1. 더 나은 아이디어를 산출하라.
2. 장기적 관점에서 아이디어를 확인하고 해결하라.

3. 개인의 견해를 명확하게 하라.
4. 흥미와 창의성을 증진시켜라.
5. 새로운 접근방법을 탐색하라.
6. 상생(win-win)의 상황을 만들어라.

'중재나 조장 등과 같은 갈등을 다루는 한가지 방법은 지역공동체가 관심을 가지고 있는 관광과 관련된 주제에 대해 많은 약속을 하는 것이다. 시작에서부터 의미 있는(이해관계 당사자) 참여가 포함된 관광은 신뢰와 협동을 이끌어낼 수 있는 더 나은 조건이 된다(Murphy and Murphy, 2004: 369-370).'

### 3) 지속가능한 회계

이해관계 당사자는 사업 관리의 수요와 공급 구성요소를 합친 회계 체제를 위한 지속가능한 회계(Triple bottom line auditing)를 고려해야 하고, 이에 대해 더 잘 이해해야만 한다. 지속가능한(TBL: Triple bottom line)이란 용어는 경제적 자산, 환경의 질, 사업 분야에서 쉽게 간과하기 쉬운 사회적 정의 등과 같은 측면에 초점을 두는 것을 의미한다(Elkington, 1999: 70). 지속가능한 개발 전략을 추구하기 위해, Elkington은 사업이 지닌 전통적인 경제적 부분에 환경과 사회적 영향력을 결합시킨 형태를 제안하였다. 이것은 사업의 모든 부분에서 이윤을 가져다 줄 수 있는 고객과 이해관계 당사자에게 가치와 만족을 제공하기 위해 자연 환경과 지역공동체 구성원을 리조트 경영 사업에 포함시키는 것으로 사업이 잘 진행될 수 있음을 의미한다. 이런 접근방법이 지닌 핵심적 도구에는 지속가능성을 고려한 회계, 회계감사, 그리고 보고 등이 있다.

지속가능한 회계 절차는 전통적인 회계 방법에서 확장된 것으로, '총비용(full cost pricing)'이 이동된 것으로, 총비용은 상품과 서비스에 관련된 모든 비용이 내면화되어지고, 결국 가격에 반영되어진다는 것을 말한다'(Elkington, 1999: 93). 국립공원이나 역사적 유적 등의 '무료'의 공공재에 의존하는 것과 같이 현재 존재하는 가격이 없는 시장에서 제시된, '잠재가격(shadow pricing)'은 제안된 개발이나 변화의 청사진을 완성하기 위해 사용되어질 수 있다. 잠재가격은 척도와 정제되지 않은 방법이 만들어지고, 회계나 감사 과정에 들어가기 시작하는 부분인 환경과 사회적 영향에서 주로 나타난다. 그런 회계 보고는 내부 사업에 사업과 정부의 많은 영역에서 수요가 지닌 투명성을 반영하여, 지역공동체의 더 많은 관심을 유도하기 위해 확장될 필요가 있다.

관광과 리조트를 위한 지속가능한 회계는 장기간의 지속가능성과 지역 경제와 지역 공동체가 지닌 열망을 보다 성공적으로 통합시킨 논리적 단계일 수 있다. 관광에서 이러한 지속가능한 회계와 관련되어, Dwyer(2005)는 이 접근방법이 많은 잠재적 혜택을 지니고 있다고 언급하였다. 이것들은 다음과 같다. 즉,

1. 효율성과 원가절감(Efficiencies and cost savings).
   - ❖ 순환이나 재사용되는 물 등과 같은 소모적인 활동을 탐지함으로써 줄어든 경영비용
   - ❖ 만약 조직이 환경이나 사회적 제재 등에 대응적이라면, 잠재적으로 낮아진 순응 비용
   - ❖ 조직이 가치에 초점을 두고 장기간 존재했음을 보여줄 수 있는 유능한 직원의 유인과 유지
   - ❖ 그 조직이 환경과 사회적 측면에서 자격조건을 갖추었음을 증명할 수 있다면 재무관련 기관과 개인에게 허용된 자본에 대한 증가된 접근성
2. 개선되어진 마케팅 포지셔닝(Improved marketing positioning).
   - ❖ 브랜드 구축과 메시지에 대한 지원
   - ❖ 증가된 명성을 통해 창조된 가치
   - ❖ 보다 긍정적인 고객의 반응과 높아진 재방문율
3. 더 나아진 이해관계 당사자 관계(Better stakeholder relationships).
   - ❖ 직접적이거나 간접적인 이해관계 당사자에 대한 고려의 증가
   - ❖ 이해관계 당사자가 관심을 가진 주제에 대해 설명해줄 수 있는 경쟁적 우위의 제공

❖ 투명성이 있는 보고와 공공관계 증진

4. 개선된 전략적 의사결정과정(Improved strategic decision-making).

❖ 조직이 지닌 목표와 목적을 명확하게 구조화 시키라는 요구

❖ 의사결정자를 위한 우수한 정보제공의 증가

❖ 최고의 실행과 벤치마킹을 이용한 체계화와 제도화

❖ 이해관계 당사자 개입을 통한 위험 관리능력의 증가와 성과 탐지능력의 증진

❖ 의사소통 도구의 개발 지원

❖ 사업과 다른 조직 내에서 통합된 의사결정과정의 촉진

결국, Dwyer(2005: 91)는 'TBL은 세 가지 기본 영역에서 구분된 활동/프로젝트가 아니라, 지속가능한 조직과 사회에 대한 하나의 몰입을 반영하는 통합된 핵심원리'라고 설명하였다. 이것은 지금 검토해야 하는 목표이다.

### 4) 지속가능한 개발

지속가능한 개발은 모든 과정에 지속가능한 회계절차가 포함되어지고, 게다가 유사한 방법으로 미래 세대를 위해 충족되어져야 할 안정된 장기근속체제를 만들기 위해 더 많은 몰입을 필요로 한다. 이 개념에 대한 가장 일반적인 정의는 *Our Common Future*이란 주제 하에 개최된 Bruntland Commission Report 세미나에서 다음과 같이 기술되었다. 즉, 그들 자신의 욕구 충족을 위해 미래 세대가 지닌 능력에 타협하지 않고서도 현재 지닌 욕구를 충족시키는 개발이다(World Commission on Environment and Development, 1987: 43). (그림 2-2)에서는 관광에서 지속가능한 개발 목적의 시각적 제시가 지속가능한 회계가 지닌 목적과 어떻게 관련되어 있는지를 보여준다. 이것은 지속가능한 회계가 지닌 경제, 환경, 그리고 사회적 목적이 환경과 사회/지역공동체 목적과 조화되는 경제적 목표를 어떤 방식으로 개발함으로서 협동을 유도할 수 있는지 보여준다.

그리고 환경과 자원은 여러 가지 혜택을 얻을 수 있는 동등한 방법으로 개발되어져왔다. Murphy와 Price(2005)는 특히 관광산업에서 대부분을 차지하는 소규모 사업 경영 등에서 이 개념이 지닌 복잡성과 실행시 나타나는 도전들에 대해, 기술하였다. 이들의 주장은 Pigram(1990:3)의 다음과 같은 설명과 일치한다. 즉,

> 지속가능한 관광은 지속가능한 개발의 가시적 표현이 되기 위한 잠재력을 가진다. 지속가능한 관광개발은 아이디어를 행동으로 옮기는 효과적인 방법을 개발하지 않고서는 실제의 관광개발의 경우 정책적 옵션이 지닌 타당성이 저하될 것이란 사실을 가정하고 실행되어진다.

《 그림 2-2 》 지속가능한 관광 가치와 원리들에 대한 모형 (자료원: Hall, Jenkins, and Kearsley 1997–Murphy and Price, 2005: 175에서 인용됨)

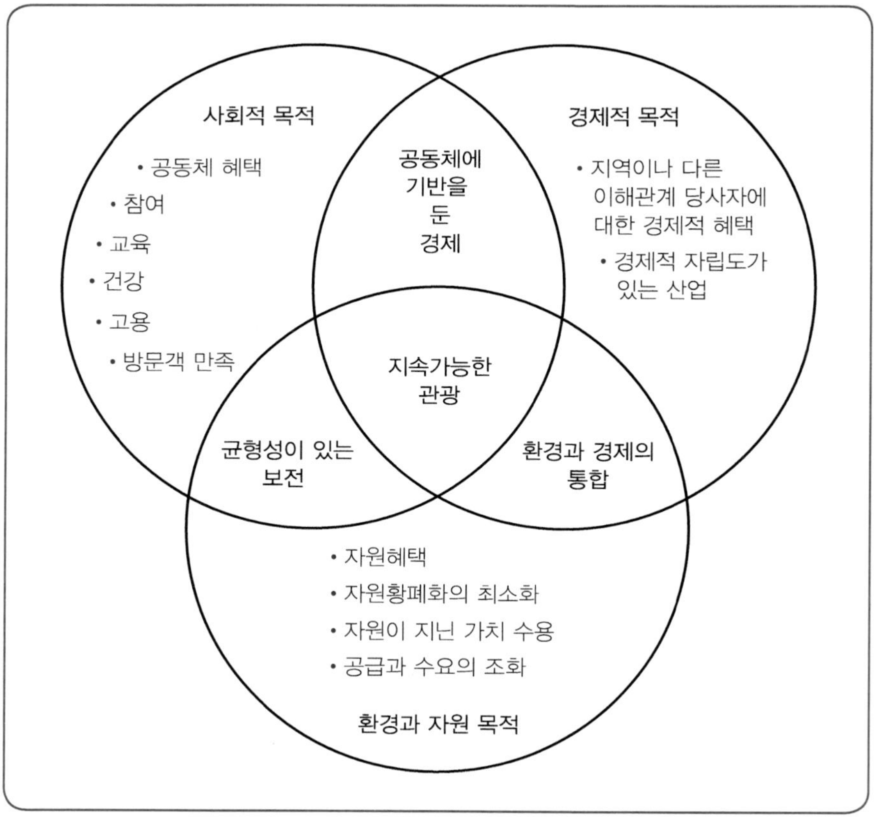

지속가능한 개발이란 개념은 비단 관광산업뿐만 아니라 모든 사업분야에서도 적용시켜야 한다는 압력이 증가하고 있다. 이런 문제를 해결하기 위해 Iansiti와 Levien(2004)은 다음과 같은 접근방법을 사용할 것을 제안하였다.

사업이 지닌 장기적 건전성에 대한 논의에서, Iansiti와 Levien(2004: 76)은 그것을 생물학적으로 유사하게 만드는 것이 유용하다는 점을 발견하였다. 왜냐하면, 기업, 상품, 그리고 사업 네트워크 기술은 마치 생물학적 생태계의 한 종(species)처럼 상호간 의존성이 복잡하게 얽혀있기 때문이다. 만약 이런 사업적 네트워크를 리조트에 적용한다면, 기업은 개인 사업 또는 리조트내의 한 부서를 나타내고, 상품이나 기술은 고객의 전반적인 경험에 기여하고, 여기서 Iansiti와 Levien이 제안한 일반적인 사업의 단계와 리조트 부문에서 성취될 수 있는 것 간에는 상당부분 유사점이 존재한다.

Iansiti와 Levien(2004: 72-73)은 건전한 사업과 건강한 생태계를 평가하는 중요한 세 가지 방법을 제시하였고 다음과 같다. 즉,

- ❖ 생산성(Productivity) : 건강한 생태계는 햇살이나 천연 광물 등과 같은 비(非) 생물학적 투입을 살아있는 결과물(유기체의 전집)로 바꿀 수 있다.
- ❖ 건전성(Robustness) : 생태계에 지속적으로 혜택을 제공해주기 위해서는, 마치 사업에서 예상하지 못한 기술의 변화 등과 같이 사업 환경에서 유발될 수 있는 혼란을 극복한 것처럼 반드시 환경적 변화에 대응할 수 있어야 한다. 건전성을 측정하는 가장 간단한 방법은 생존율을 살펴보는 것이고, 전세계에 기초를 둔 리조트는 시간경과에도 불구하고 중요한 사회적•경제적 변화에 적응할 수 있는 건전성을 구축해왔다.
- ❖ 틈새시장 창출(Niche creation) : 건강한 생태계는 다양성이 존재하고, 종(Species)의 다양성을 지원할 수 있는 능력을 가지고 있다. 사업은 또한 더 나은 조건에서 외부 충격을 흡수할 수 있는 다양성을 지니고 있다. 다양성을 평가하는 가장 좋은 방법은 새로운 기능 또는 구식의 틈새시장이

후퇴하는 시기에 맞춰 틈새시장이 지닌 가치를 창출하는 것이다. 이 장에서 제시된 두 가지 사례에서 그것이 리조트에 어떻게 적용되었는지 잘 알 수 있다.

앞서 제시된 세 가지 목적을 실행하는 가장 좋은 방법은 안정적이고 예측 가능한 일련의 공동자산을 제공함으로서 지역 생태계가 지닌 건전성을 증가시킬 수 있는 핵심적 조직을 만드는 것이다. Iansiti와 Levien(2004: 74)은 다음과 같은 제안을 하였다. 즉,

> 대체로 효과적인 핵심 전략은 두 부분으로 나누어진다. 첫째는 그 생태계 내에서 가치를 창출하는 것이다. 만약 핵심사항이 이것을 효율적으로 실행시키지 못하였다면, 구성원을 유인하거나 유지하지 못할 것이다. 두 번째는 그 생태계 내의 다른 참여자들과 가치를 공유하는 것이다. 여기서 중요한 사항은 만약 정기적으로 가치를 심화시켜 주지 않으면 결국 실패하게 된다는 점이다.

리조트 단지 내에서, 핵심적 조직은 스스로 가치를 창출할 수 있고, 부수적인 매력물과 지원 사업에서도 가치를 지닐 수 있는 주요 사업과 핵심 시설일수 있다. 만약 가치가 리조트 전체 시장에서 공유되지 못했다면, 그 사업은 실패하거나 핵심 상품이 지닌 다양성과 소구력이 저하 될 것이다.

생태계에 근거한 전망을 제시한 Iansiti와 Levien의 이론에서는 사업이 리조트 상황과 직접적인 관련성을 지닌다는 중요한 교훈을 다시 한 번 제시하였다. 그들은 리조트 단지와 리조트 관광목적지를 통합한 형태에서, 사업과 직접적인 통제 상실간의 상호의존성에 대해 설명하였다. 이것과 관련된 것은 Porter의 군집이론에서 제시된 것처럼(Porter, 1998), 새로운 경쟁 시장에서 우위를 선점하기 위해, 기술과 조직구성원이 지닌 사회적 자본을 결합시킨 혁신의 형태로서 이해되어지는 통합과정이다. 결국, 관련 사업 영역, 또는 하나의 전체로서 생태계

등의 영향이 고려되지 않은 하나의 조직은 사업경영에 있어서 관련된 실재 환경을 간과하게 되고(Iansiti and Levien, 2004: 78), 이것은 장기간 지속가능한 개발이 주는 이점을 인식하지 못하는 것이다.

### 요 약

이 장은 과거의 연구와 개념화가 지속가능한 개발 목표를 지닌 리조트 경영에 유용하게 사용될 수 있는 핵심적 이론과 기술을 어떤 방식으로 개발해왔는지를 잘 보여준다. 그중 하나는 문헌에서 중요한 사업적 관점 중 일부를 제시하였지만, 단순하게 이루어지지는 않고, 독자는 특정의 경영에 관련된 질문에 대한 대답이나 지침을 찾기 위해 흥미로운 문헌 등을 찾도록 자극되어졌다.

소수의 인용된 연구들은 리조트 관광목적지를 위해 예외적으로 Butler의 TALC 이론을 제시하였다. 이 이론은 리조트 사업 영역이 지닌 다양한 특성을 제시하였고, 지속가능한 개발접근방법을 채택함으로서 다양한 차원을 고려하였다. 이 이론에서 강조된 두 가지 중요한 경영적 개념은 이장의 끝 부분에서 사례연구로 다루어진다. 사례연구에서는 각각의 기법과 이론이 지닌 연관성과 유익성을 다루지만, 실제 세계에서는 교재에 제시된 개념을 모두 적용하여 증명하기에는 다소 부족한 부분이 있다.

이 책의 나머지 부분은 이러한 광범위한 경영개념이 지닌 보편성과 리조트 영역 내에서 특정한 주제나 책임감의 적용 가능성을 저해할 수 있다. Part 2에서 외부 도전에 대한 검증으로 시작하는 것은 Part 3에서 내부 도전과 경영전략을 검증하게 유도 할 수 있다. 이 책은 경영에서 가능한 모든 형태의 위험을 고려하여 미래에 대해 고찰하는 것으로 끝이 난다.

사례연구

### 환경적 탐색과 영국의 Butlins Holiday Resorts

환경적 탐색의 중요한 구성요소는 즉각적인 상황을 예견하는 것으로, 이는 사업 경영과 관련된 주제로서 외부의 사회적/세계적 환경 내에서 외부에서 오는 압력과 기회가 무엇인지를 검사하는 것이다. 미래의 개발에 직접적으로 영향을 미칠 외부의 압력과 이것이 지닌 의미는 반드시 이해되어져야만 하고, 사업에서 혜택을 얻기 위해서는 반드시 변경되어져야만 한다. Butlins Holiday Resorts는 설립자가 1930년대 사회적 동향을 사업에 아주 잘 반영한 성공적인 사례이다. Billy Butlin의 관찰과 그가 이러한 동향에 미친 영향력은 2차 세계대전 후인 1945년에 사람들이 리조트 사업에 대해 우호적으로 평가하게 만들었다.

Billy Butlin 경(卿, Sir)에 의해 영국에 설립된 Butlins Holiday Resorts는 지금은 Bourne Leisure Group의 한 부분이다. 최초의 리조트는 1936년 영국 Midland의 성장하고 있던 산업 도시들이 위치한 링컨셔 주(州)의 Skegness에서 개장하였고, 1938년 영국에서 사람들이 많이 살고 있는 Essex 주(州)의 Clacton에서 개장하였다. 비록 지금은 저렴한 경비로 리조트를 이용할 수 있지만(Nationmaster.com, 2005), 설립 당시에는 대량 관광 시장을 위해 잘 계획된 우수한 품질을 제공하는 리조트로 계획 되어졌었다. Butlin은 '호화로운 주말 캠프(Luxury Holiday Camp)'로써 Skegness 원형을 다음과 같이 기술하였다. 즉,

> ... 전기, 하수도 시설, 식당과 위락 시설, 영화관, 체육관, 끝부분에는 작은 폭포가 있는 꽃으로 영역이 구분된 수영장과 보트를 탈 수 있는 호수 등의 시설을 구비한 600개의 샬레에서 6000명의 사람을 수용하기 위해 계획됨. 땅에는 테니스 장, 볼링장, 녹색의 잔디를 깔아 크리켓을 즐길 수 있는 시설을 만들었다. (Butlin with Dacre, 2002: 105)

그가 사용한 용어인 캠프(camp)는 현대적인 의미에서는 상류층 계급을 위한 휴양 사업을 의미 하는 것으로, 캠프는 그가 이튼에 있는 백화점 직원으로 일할 당시 휴가를 즐기기 위해 방문했던 캐나다에서의 좋았던 캠핑 경험에서 유래되었다. 그는 영국에서도 젊은 노동자들이 캐나다에서처럼 위락을 즐길 수 있는 분위기를 만들기 원하였다.

Billy Butlin은 자신의 사업에 영향을 미쳤던 세가지 외부적 요인에 대해 설명하였다. 그는 '내가 생각했을 때 올바른 일을 적절한 시기에 할 수 있었던 것은 흔히 사람들이 말하는 운(luck)에 달려있고, 나의 holiday camp도 이에 해당된다.'라고 언급하였다(Butlin with Dacre, 2002: 118). 그는 자신이 성공할 수 있었던 이유를 다음과 같은 세 가지 속성 때문이라고 하였다. 즉,

❖ 1930년대 당시 해안을 따라 자동차 운행을 하거나 특히 캐러번(버스) 여행 등의 개발은 지역 대도시 산업 환경에서 벗어나 바다 전망이나 상쾌한 미풍이 불어오는 곳으로 이동하고 싶은 사람들의 욕구를 자극하였다. 즉, 이것은 우리가 지금 바다나 서핑, 그리고 모래사장 등으로 언급하는 곳이다. 이러한 접근가능성에서의 변화는 Butlin의 해변 리조트라는 새로운 개념이 성장가능성이 있는 외적 요인으로 인식되었기 때문에 가능하다. 그것은 사람들 대부분이 현대의 표준인, 오염된 도시에서 벗어나 신선한 공기, 운동, 그리고 즐거움 등과 같은 건강을 추구할 수 있는 해변이나 산책을 통해 휴식을 취하는 것 등을 중요하게 생각한다는 것을 의미한다.

❖ 1938년 영국 의회에서 모든 산업 노동자들에 대한 유급효과가 법적으로 제정되었다. 이것은 Butlin의 잠재적 시장 규모가 증가하는데 도움을 주었다. 1946년경에는 8백만 명의 노동자들이 유급휴가의 혜택을 받을 수 있었고, 해변으로 휴가를 즐기러 가는 선택을 할 수 있었다. Butlin 캠프는 수요에 의해 혜택을 얻을 수 있도록 하는 맞춤형이었다(Butlin with Dacre, 2002: 118). 게다가 Butlin 캠프가 지닌 긍정적인 외부적 요인으로서 그는 유급휴가가 지닌 장점과 종사자의 사기(morale)와 생산성에 기여하는 점을 의회 하원의원에 로비를 하여, 유급휴가가 법적으로 제정되도록 도움을 주었다. 하지만 모든 기회가 그렇듯, 이런 것도 한 가지만 붙잡을 수 있었고, Butlin은 그의 새로운 마케팅 주제에서 이것을 잘 설명하였다. '이러한 오래된 형태가 개선되어질 동안, 나는 다음과 같은 슬로건으로 캠프가 지닌 성격을 말하고자 한다. "Holidays with pay(돈을 받는 휴가를 즐기자): Holidays with play(놀이를 하면서 휴가를 즐기자): A week's holiday for a week's wage(그 한주동안 일한 대가로, 임금을 받고 휴가를 즐기자)" (Butlin with Dacre, 2002: 119).

❖ Butlin은 앞서 제시된 뜻밖의 행운이 주는 혜택을 전쟁 등과 같은 외적 요인에 의해 충분히 잘 이용하지 못하였지만, 그는 리조트가 지닌 미래에 대해 낙관적으로 생각하고 그것과 일치되는 계획을 세울 수 있는 능력을 지니고 있었다.

1939년 영국은 전쟁 중이었고, 2차 세계대전의 중요한 격전지 중 하나가 되었다. 전쟁과 관광은 조화가 되지 않지만, 전쟁이 종결된 후 그러한 끔직한 외적 요인이 미래에도 여러 가지 혜택을 제공해 주었다.

영국으로 군대가 이동하자, 대량의 군대를 위한 캠프가 필요하게 되었다. Butlin의 이미 만들어진 두 개의 캠프인 Skegness와 Clacton 리조트가 군인을 위한 캠프로 사용되었고, Filey에 건설 중이던 리조트는 영국의 국방본부로 전환되었다. Butlins의 경험과 인력은 정부가 다른 외곽지역에 육군 캠프를 짓기 위해 사용한 것보다 한 사람당 더 적은 비용으로 육군 캠프를 만들 수 있게 하였다. 그는 전쟁에 상당 부분 기여한 점에 대해 인정하였지만 다음과 같은 말을 하였다. 즉,

> '나는 군대와 중요한 계약을 하나 하였고, 전쟁이 끝난 후 60%의 비용으로 다시 그 캠프를 구매할 수 있었다. 이것에는 동의한다. 표면적으로, 그것은 Butlin 리조트를 위해서는 좋은 거래였지만. 종전 후 캠프가 어떠한 상황인지 전혀 모르기 때문에 사실상 하나의 도박이었다.'
>
> (Butlin with Dacre, 2002: 130).

이러한 계약 조건은 영국과 연합군이 전쟁에서 승리한다는 보장이 되지 않은 계약 당시에는 진술되지 않았다. 또한 정부가 잠재적 구매자를 위해 육군 캠프를 팔거나, 건물을 철거할 필요 없이 원래 소유주에게 돌려주거나 하는 등의 서로에게 도움이 되는 상황이 실제로는 축소되었다. Butlin의 입장에서는 이러한 계약조건은 도박이었지만, 전쟁후 영국에서 해변 휴가에 대한 수요가 팽창함으로 인해 더 낮아진 가격의 여러 개의 holiday 캠프가 생기도록 자극하였다.

이러한 세 가지의 외적 요인들은 Billy Butlin의 선견지명이 있는 사업적 관점에서 의해 잘 사용되어졌다. 그는 단지 동향만을 관찰한 것이 아니라, 정부와 로비나 협상을 통해 두 가지 요인이 잘 활성화될 수 있도록 적극적으로 지원하였다. 하지만 보다 중요한 것은 Butlin이 노동자들이 해변에서 주말 휴가를 즐길 수 있는 공간을 제공해 주었고, 이것이 전쟁후의 우울한 사회적 분위기에서 벗어나 긍정적인 미래를 내다볼 수 있게 하였다는 점이다.

### 호주의 Gold Coast와 관광지 수명주기

기존의 리조트와 리조트 관광목적지의 미래를 위해 계획을 세우기 위해서는 Butler의 TALC 이론에 대해 근거해 리조트 입지조건을 반드시 알아야 한다.

그러한 주기에 근거한 입지는 향후의 전략 기획을 세우는데 도움을 준다. 만약 리조트가 초기 개발단계에 있다면, 성장에 도움이 되는 다양한 옵션을 시험해 보아야 할 것이다. 만약 리조트가 침체기에 직면해 있다면, 리조트가 지닌 소구력을 다시 생성할 수 있는 시도를 하거나 획기적인 새로운 상품을 만들 수 있는 다양한 노력을 하여야 할 것이다. 하지만 어떤 방법으로 관광목적지를 TALC 곡선 상에 배치할 수 있을까? 이러한 의문에 대한 답은 지금은 고인이 된 Bill Faulkner 교수와 Sustainable Tourism Cooperative Research Centre 팀이 호주 퀸즐랜드에 있는 Gold Cost 리조트 관광목적지에 대해 실시한 연구에서 찾을 수 있다.

호주의 Gold Coast는 브리즈번의 남쪽에 있는 지역으로 호주에서 가장 큰 리조트 관광목적지로서, 여러 개의 작고 차별화된 공동체 센터가 있고, 40km에 걸쳐 holiday 리조트와 서핑을 즐길 수 있는 해변이 펼쳐져 있다(그림 2-3). 이곳의 기원은 1933년으로 거슬러 올라가고, 그 당시 서퍼들의 천국 공동체로 불렸고, 이 지역의 해안 영역에 대한 관광이 강조되기 시작하였다. 다양한 기업과 투자자들은 서퍼들의 해변 이외에도 내륙지역의 열대우림, 그리고 국립공원 등과 같은 그 지역의 자연적 매력물을 대신할 수 있는 테마 파크나 특정의 이벤트 등을 포함한 다양한 여가활동에 대해 많은 관심을 가졌다. 2000년경, Gold Coast City Council(골드 코스트 도시 자문의원회)은 Gold Coast가 호주에서 7번째로 큰 도시로, 호주에서 가장 빠르게 인구가 증가하고 있는 지역 중 하나라고 설명하였다.

새 천년의 시작에서, 어떤 지역 주민들은 Gold Coast 지역에서 관광을 주도하는 곳이 어디인지, 어떠한 방법으로 이곳을 지역의 젊은이나 은퇴자들에게 통합시킬 수 있을지 의문을 가지기 시작하였다. Faulkner가 Butler의 진화적 변화 지표를 적용시키려고 한때, 그는 특히 국제 시장에서 성장률이 저하될 것이라고 설명하였다(Faulkner, 2003). 다른 사람들처럼, Faulkner는 관광목적지의 발전 원인과 미래 기획에 도움이 되는 시장변화 등에 상세히 설명할 수 있는 방문객 수만을 고려하지는 않았다. 이차적으로 모든 방문객들은 동질적이고, 동일한 관심사와 행동 유형을 지닌다고 간주하였다. 결국, Faulkner는 방문객 수를 대신할 수 있는 성과 지표를 선택하였다.

《 그림 2-3 》 호주, 퀸즐랜드에 위치한 Gold Coast 리조트

〈표 2-1〉은 사업, 기반시설, 사회, 환경, 그리고 관료적 관련 요인들을 포함한 6가지 범주의 성과 지표를 제시한 것이다. 이러한 범주들과 범주들 간에 나타나는 개별적 변수들은 문헌(Cooper, 1990; Haywood, 1986), Gold Coast를 조사한 CRC 연구 등에서 도출되었다. 실제 연구가 진행됨에 따라, 확인된 어떤 변수들은 수집된 자료가 이러한 특성들을 반영하지 못하였기 때문에 사용되지 못하였다. 하지만 최초의 4가지 범주에서, Faulkner와 그의 팀은 어떤 특정 변수를 고려하여 Gold Coast가 지닌 상대적 위치 지표를 제공해주는 실제적이고 대체 가능한 방안을 밝혀낼 수 있었다.

Gold Coast에서 관광객의 유형이 변화하였다는 것을, Faulkner(2003: 42)는 과거 20년 동안 48%에서 75%로 증가한 모든 포괄적 관광(Inclusive tour)이 포함된 국제 시장에서 조직화된 대량 관광(Organized mass tourism)이 증가되었음을 보여주는 호주 국제 방문객 조사(Australia's International Visitor survey)를 증거로 제시하였다. 이것에 대해 그는 Gold Coast는 잘 알려져 있지만 최신의 경향을 반영하지 못하고, 호텔 숙박 가격은 이윤을 많이 내지 못하는 객실 수의 문제로 인해 객실당 공격적인 가격 인하 정책을 사용하여 유지되어지고 있다고 설명하였다.

반면 Faulkner(2003: 42-43)는 고객이나 지역주민의 인식 등에 의해 Gold Coast 지역이 지닌 물리적 상태를 통계학으로 나타낼 수 없다고 설명하였다. 게다가 관광목적지가 지닌 인공적으로 만들어진 매력물(테마파크)에 대한 심한 의존도나 컨벤션 영역에 대한 지나친 강조 등은 연구에 의하면 침제기의 징후일 수 있음을 경고하였다. 이러한 평가는 개발이 많이 이루어진 시기인 1970년대와 1980년대에 지역 도로가 심한 교통 혼잡을 겪었다는 것에서 입증되어질 수 있었다(Warnken, 2002).

사회적이고 환경적 영향력 측면에서, 정부나 행정기관이 Gold Coast에 대해 변화하고 있는 관광객이나 거주자 수요에 대해 어떻게 반응하고 있는지에 대해 Faulkner는 많은 정보를 제공할 수 없었다. 이것은 사회적이고 환경적인 수용력이 단순한 개념이지만 관련된 구성요소가 평가시 극단적으로 변화가능하고 논란의 여지가 많기 때문이다. 따라서 이것은 쉽게 적용 가능한 효율적인 평가방법을 사용한 하나의 느린 과정이다. 관광이 지닌 사회적 영향력 평가를 통해 Gold Coast 지역의 기획에서 야기되는 부족한 점을 해결하기 위한 시도가 있어

**《 표 2-1 》** 경기침체와 Gold Coast의 잠재적 관련성에 대한 지표

| 관광목적지 평가 지역/지표 |
| --- |
| 1. 변화하고 있는 시장<br>• 저 소득층, 저 경비 방문객과 당일치기 방문객의 증가<br>• 장기-휴가 시장에 대한 의존성, 단기체재 시장에 대한 인식 부족<br>• 대량(high-volume), 저 수익(low-yield) 포괄 여행 시장에 대한 강조<br>• 방문객의 체류 기간 감소<br>• 조직화된 대량 관광객 유형 증가<br>• 재방문여행객에 비해 최초 방문객의 방문 비율 감소<br>• 해외 여행객에 대한 저하되거나 제한된 소구력<br>• 높은 계절성<br>2. 새로운 관광목적지의 출현<br>• 새로운 관광목적지의 출현으로 인한 경쟁 심화<br>• 관광목적지는 유행을 따르지는 않지만 잘 알려짐<br>3. 기반시설<br>• 오래되고, 빈약한 숙박시설과 편의시설<br>• 그 관광목적지가 지나치게 상업화되거나, 복잡하고, 조악하게 되었다는 인식의 증가<br>• 관광산업의 과부화<br>• 방문객 수를 유지하기 위해 다각화된 컨벤션과 컨퍼런스<br>• 최초 방문지에서 사람들에게 대중성을 얻기 위해 만든 보다 자연적인 매력물 수를 능가하는 많은 인공적인 매력물<br>4. 사업적 성과<br>• 주요 관광산업에서 감소되는 이윤<br>• 관광사업 공동체에서의 신뢰성 결여<br>• 광고에서 탄력성 저하(광고 투자비 당 증가된 방문객수에서 낮아진 회수율)나 과정에서 탄력성 증가<br>• 전문가나 경험 있는 직원의 부족<br>5. 사회나 환경의 수용력<br>• 방문객 수준이 사회적, 환경적 수용력에 근접하거나 초과됨<br>• 리조트가 위치하는 지역 거주민들의 관광산업에 반대하는 비율이 증가됨<br>6. 기관 환경<br>• 지방정부의 재조직화는 상급 기관에서의 리조트 개발에 관련된 정치적 힘을 약화시킴<br>• 지방정부에서 증가된 경영 효율성과 기업 활동을 위한 수요<br>• 연구 자료의 부족 |

Note: 기존 자료에 근거해 Gold Coast에 적용시킨 지표들
자료원: Faulkner(2003: 41-42).

왔다(Fredline, 2002). Fredline은 지역 거주민 대다수가 지역의 관광에 대해 긍정적으로 느끼지만, 심한 교통 혼잡, 범죄, 그리고 불법적인 약물 남용 등의 문제가 관광으로 인한 것이라고 생각하기도 한다고 보고하였다.

점진적인 관광목적지 개발 곡선에서 이 지역이 어떠한 위치를 차지하는 가에 대해 정확하게 평가하는것이 어려움에도 불구하고, Faulkner와 그의 동료들은 새 천년이 시작되는 적절한 시기에 Gold Coast가 지닌 위치에 대해 명확하게 제시하였다. 그리고 다음과 같은 결론을 내렸다. 즉,

> Gold Coast는 세상의 다른 해변 관광 리조트에서 경험할 수 있는 것과 일치하는 침체기의 초기 단계의 징후가 나타나는 성숙한 관광목적지이다.

Faulkner와 그의 팀은 관광목적지에 대한 마케팅이 보다 포괄적인 관광목적지 경영 방식을 지향해야 한다고 주장하였다. 이것과 관련된 첫 번째 과제는 Faulkner(2003), Fredline(2002), 그리고 Warnken(2002)의 연구에서처럼 개발에 있어 미래지향적인 시각을 가지고 관광목적지를 지원해야 한다는 것이다.

## 연습문제

연습문제

1. 각 이론들이 지닌 목적이 무엇이고, 리조트 경영에서 그러한 이론들이 어떤 방식으로 도움을 줄 수 있을까?

2. 독신 성인 가정이나 동성 커플 등과 같은 새로운 생활주기를 추구하는 집단이 포함된 현대의 시장에서 가족 생활주기 이론을 리조트 경영에 어떻게 적용시킬 수 있을까?

3. 왜 환경적 탐색이 관광 경영이나 특히 리조트 경영에 적용되어져야 할까?

4. 지속가능한 개발의 기초에 근거한 경영에서 가장 중요한 문제 중 하나는 경영시 전략적 기획을 지원해줄 만한 단순한 기법을 찾는 것이다. Elkington의 지속가능한 회계가 이런 문제에 대한 적절한 답을 제공해줄 수 있을까?

5. Porter의 경쟁 우위 전략 이론은 세가지 중요한 구성요소로 이루어져 있다. 리조트 경영시 세가지가 모두 적용되어질수 있을지, 그리고 만약 그렇지 못한 상황이라면 당신이 강조하고 싶은 것은 무엇인가?

6. Butler의 관광목적지 진화 이론은 어떠한 이론보다 더 상세하게 목록을 범주화 시킬 수 있다. 이것이 리조트 경영주에 있어서 다른 것과 차별화된 점이 무엇인지 그 차이를 설명하고 논평하라.

7. 상품수명주기(PLC) 이론은 최고의 상품이 형편없이 끝날 수 있다는 것을 예언한다. 리조트 경영주는 이러한 숙명을 어떻게 극복하여 리조트를 지속가능하게 만들 수 있을까?

## 참고문헌

참고문헌


- Berry, L.L. (1995). *Great Service: A Framework for Action.* New York: Free Press.
- Butler, R.W. (1980). The concept of a tourist area cycle of evolution: implications for management of resources. *The Canadian Geographer*, **24(1)**, 5-12.

참고문헌


- Butler, R.W. (ed.)(2006). *The Tourism Area Life Cycle*, Vols. 1 and 2. Clevedon: Channel View Publications.
- Butlin, Sir B. with Dacre, P.(2002). *The Billy Butlin Story' A Showman to the End'*. London: Robson Books.
- Carter, B. and McGoldrick, M. (2005). *The Expanded Family Life Cycle: Individual and Social Perspectives*, 3rd edn. New York: Pearson.
- Consenza, R.M. and Davis, D.L.(1981). Family vacation decision making over the family life cycle: a decision and influence structure analysis. *Journal of Travel Research*, **20(2)**, 17-23.
- Cooper, C.(1990). Resort in decline- the management response. *Tourism Management*, **11(1)**, 63-67.
- Daft, R.L., Fitzgerald, P,A., and Rock, M.E.(1992). *Management*, First Canadian Edition. Toronto: Dryden Canada.
- Dwyer, L.(2005). Relevance of triple bottom line reporting to achievement of sustainable tourism: a scoping study. *Tourism Review International*, **9(1)**, 79-93.
- Elkington, J.(1999). Cannibals with Forks: *The Triple Bottom Line of 21st Century Business*. Oxford: Capstone Publications.
- Faulkner, B.(2003). Rejuvenating a maturing tourist destination: the case of the Gold Coast. In *Progressing Tourism Research - Bill Faulkner* (L.Fredline, L.Jago and C. Cooper, eds), pp. 34-86. Clevedon: Channel View Publications.
- Fredline,L (2002). *Social Impacts of Tourism on the Gold Coast*. Gold Coast Tourism Visioning Project 3.3. Brisbane: CRC for Sustainable Tourism.
- Gordon, J.R., Mondy, R.W., Sharplin,A. ,and Premeaux, S.R.(1990). *Management and Organizational Behavior*. Boston: Allyn and Bacon.
- Haywood, K.M.(1986). Can the tourism area cycle of evolution be made operational? *Tourism Management*, **7(3)**, 154-167.
- Hudson, S.(2006). Ski resorts: enjoyment versus environmental responsibility does there have to be a choice? In *Cases in Sustainable Tourism*(I.M. Herremans, ed.), pp.123-142. New York: Haworth Press.

- Iansiti, M. and Leviene, R. (2004). Strategy as ecology. *Harvard Business Review*, **82(March)**, 69-78.
- Kimes, S.E. (2003). Revenue management: a retrospective. *Cornell Hotel and Restaurant Administration Quarterly*, **44(4)**, 131-138.
- Lieberman, W.H. (1993). Debunking the myths of yield management. *Cornell Hotel and Restaurant Administration Quarterly*, **34(1)**, 34-41.
- Matzler, K., Hattenberger, G., Pechlaner, H., and Abfalter, D. (2004). Lifestyle segmentation, vacation types and guest satisfaction. In *Creating Tourism Knowledge* (C. cooper, C. Arcodia, D. Solnet and M. Whitford, eds), pp. 127-137. Referred Proceedings of the Council for Australian University Tourism and Hospitality Education's Brisbane Conference.
- Michael, E.J. (2007). *Micro-clusters and Networks*. Oxford: Elsevier.
- Murphy, P.E. and Murphy, A.E. (2004). *Strategic Management for Tourism Communities: Bridging the Gaps*. Clevedon: Channel View Publications.
- Murphy, P.E. and Price, G.G. (2005). Tourism and sustainable development. In *Global Tourism* (W.F. Theobald, ed.), 3rd edn, pp. 167-193: Amsterdam: Elsevier Butterworth Heinemann.
- Nationmaster.com (2005). Encyclopedia: Butlins. http://www.nationmaster.com/encyclopedia: Butlins. Accessed on 14 August 2005.
- Normann, R. (1991). *Service Management*. Chichester:John Wiley and Sons.
- Parasuraman, A., Zeithmal, V., and Berry, L.L. (1985). A conceptual model of service quality and implications for future research. *Journal of Marketing*, **49(Fall)**, 41-50.
- Pigram, J.J.(1990). Sustainable tourism policy considerations. *Journal of Tourism Studies*, **1(2)**, 3-9.
- Porter, M.E.(1985). *Competitive Advantage: Creating and Sustaining Superior Performance*. New York: Free Press.
- Porter, M.E.(1988). *On Competition*. Cambridge, M.A.: Harvard University Press.

참고문헌


- Ritchie, J.R.B. and Crouch, G.I. (2003). *The Competitive Declination; A Sustainable Tourism Perspective*. Wallingford, Oxon: CABI Publishing.
- Stahl, M.J. and Grigsbym D.W. (1992). *Strategic Management for Decision Making*, Boston: PWS-Kent.
- Stoner, J.A.F., Freeman, R.E., and Gilbert Jr., D.R. (1995). *Management*, 6th edn. Englewood Cliffs, NJ: Prentice-Hall.
- Thomke, S. and von Hippel, E. (2002). Customers as innovators: a new way to create value. *Harvard Business Review*, **80(April)**, 74-81.
- Vesper, K.H. (1996). *New Venture Experience*. Seattle: Vector Books.
- Warnken, J. (2002). *Tourist Facilities and Infrastructure Audit*. Gold Coast Tourism Visioning Project 2.2. Bris banse: C.RC for Sustainable Tourism.
- World Commission on Environment and Development (1987). *Our Common Future*. Oxford: Oxford University Press.
- Zeithaml, V. (1988). Consumer perceptions of price, quality and value: a means-end model and synthesis of evidence. *Journal of Marketing*, **52(3)**, 2-22.

# PART 2

# 리조트 경영에 대한 외부적인 변화

CHAPTER 3

# 변화하는 시장과 경쟁 상황

The business of resort management

## 1. 서론

Part 1에서는 리조트 경영주가 어떻게 장기간 새로운 시장 욕구에 대응했는지, 새로운 수요를 충족시키기 위해 새로운 기술이나 마케팅 기법을 사용하여 리조트 상품을 변형 시켰는지를 잘 보여주었다. 리조트 휴양지는 더 이상 부유한 엘리트만을 위한 특권이 아니고, 대량 관광 발전과정에서 많은 사람들이 선택할 수 있게 되었다. 시간이 지남에 따라 대량 관광객은 다양한 리조트 유형과 중요성이 부각된 특수목적(Special Interest) 관광 등에 의해 분산되어졌다. 하지만 현재의 소비자는 자유재량 시간과 소득을 소비하는 방법에서 상당한 차이를 보인다. 한 개인의 자유재량 시간과 소득변수를 고려할 때, 그들은 다양한 선택기회에서 최적의 것을 선택하려고 하고, 리조트 선택에는 모든 유형의 휴가와 위락 경험이 영향을 미친다.

계속적으로 성장하고 있는 휴양 산업에서 리조트가 시장 점유율을 유지하기 위해, 리조트 경영주는 소비자가 원하는 전망이 어떤 것인지, 그것을 현재의 리조트 사업과 관광목적지 패키지에 어떻게 통합시켜서 이익을 얻을 수 있는지 결정하기 위해서는 세계적인 과업 지향적 환경을 시험할 필요가 있다. Helber(1995: 105)는 하와이에서 리조트 개발 상담자로 일한 경험을 토대로, 리조트 경영주는 완공된 리조트 기반 시설의 개선, 환경정화, 그리고 인공적인 시설 개선 등과 같은 내적인 문제보다 점차 증가하고 있는 시장을 고려한 새로운 상품을 만드는데 더 초점을 두어야 한다고 주장하였다. 따라서 리조트는 변화하고 있는 수요 전망에 일차적으로 초점을 두고, 그 다음은 어떤 방법을 사용하여 관심 있는 집단에 이러한 새로운 수요를 전달할 수 있을지에 관심을 기울여야 한다.

이 장은 리조트를 위해 세계적 수요 전망이 지닌 중요성을 강조함으로서 계속 변화하고 있는 시장 상황에 대해 적절한 반응을 할 필요가 있고, 이러한 전망을 지닌 공급 상황에서 리조트가 과연 어떻게 적응할 수 있을지 보여준다. 이러한 모든 상황은 전 세계인의 자유재량 시간과 부의 증가로 인해 경쟁 시장에서 매일 나타난다. 과거 60년 동안 경제개발로 인한 자유재량 소득의 가공할만한 증가가 있어 왔고, 심지어 과거 10~20년 동안 중국이나 다른 아시아 지역에서의 급격한 성장에 의해 간과되어 왔지만, 수많은 중산층은 여전히 세계 시장에서 중요한 힘으로 부상하고 있다. 리조트 산업이 이러한 증가하고 있는 자유재량 소득을 증가하고 유지시키기 위해서는 다른 관광이나 비(非) 관광 관련 상품과도 경쟁을 해야 할 것이다.

## 2. 세계적 수요 전망

전 세계에 걸친 소득과 표준 생활수준의 증가는 Maslow가 자기규제의 목적을 추구하기 위해 필요한 조건으로 예측한, 자유재량 시간과 소득에서 기인한다. 이것은 특별한 수요에 대한 호기심을 반영하고, 구체화된 틈새 리조트 상품을 위해 세계 시장에서 수요가 창출되었음을 의미한다. 이러한 과정은 더 부유하고 더 여행경험이 많은 관광객뿐만 아니라, 보다 대담한 관광객들에 의해 더욱 빨라지고 있다. 이에 대한 좋은 예는 새로운 백만장자들이 단시간내 할 수 있는 우주여행에 관심을 가지고 있고, 이러한 수많은 부유층의 욕구를 충족시켜주기 위해 Richard Branson 경은 짧은 시간 동안 준 궤도(sub-orbital) 항해를 할 수 있는 Virgin Galactic 호를 만들었다. 새로운 휴가 형태나 레크레이션에 대한 흥미를 자극한 요인이 무엇이든, 리조트 산업은 소비자의 전망을 탐지할 필요가 있고, 현재의 리조트 구조 내에서 및 예전 시스템 내에서 변경 또는 변화되어져야 한다.

리조트 변화에 영향을 미치는 최근의 중요한 소비자 전망은 다음과 같이 제시되었다.

### 1) 새로운 기술

리조트의 양적 증가는 새로운 기술의 습득이나 그러한 선택과 연계된 휴양지에서 기존 기술을 개선함으로서 계속되어졌다. 기술과 관련된 가장 일반적인 리조트 형태는 스포츠에 기반을 둔 것으로서, 고객들은 그들의 기술을 발전시키기 위해 전문가나 숙련된 사람에게서 스포츠 기술을 배울 수 있다. 게다가 관련 교실이나 개별 클리닉은 고객에게 다양한 매체에 소개된 국제적 규모의 시설 등이 포함된 리조트 시설에서 실지로 배운 기술을 다양하게 활용할 수 있도록 해준다. 어떤 리조트의 경우는 가족 휴가객들을 대상으로 아이들이나 가족이 새로운 활동을 할 수 있는 기회를 제공해주기도 한다.

### 2) 모험과 위협

경이로움과 수많은 사건이 존재하는 세상에서, 어떤 고객은 일상의 고정된 틀에서 벗어나, 새롭고 신기한 경험을 하게 되고 이 과정에서 아드레날린이 분비되어진다. 이러한 모험을 좋아하는 고객들은 직접 그러한 모험을 찾거나 아니면 지역의 모험심을 제공해주는 관광 회사를 찾는 방법 등을 통해 난이도가 높은 모험 관광을 추구한다.

### 3) 휴식과 이완

바쁘고 복잡한 세상에서, 많은 사람들은 휴가기간 동안 휴식이나 이완(relaxation) 되기를 원하고, 최상의 서비스 기능을 제공해주는 리조트를 찾는다. 이 경우 리조트 경영주는 고객을 최상으로 극진하게 대하기 위해 다양한 서비스를 제공할 방법을 모색한다. 최고 수준을 지닌 직원들이 관심을 가지고, 극진한 서비스가 시작되고, 특별한 칵테일이나 코르동 블루 수준의 음식, 마사지 제공 등을 통해 서비스가 확장된다. 시설물은 최신의 위락, 체육시설, 스파, 가장 최신 형태의 객실, 욕실, 그리고 휴식을 위해 체류하는 동안 제공되는 매력적인 장소 등을 구비해야 한다.

### 4) 자극과 위락

자극과 어떤 새로운 것을 찾는 것은 모험적인 관광 기회에 의해 제공되는 것과는 별개로, 많은 활동들에서 찾을 수 있다. 어떤 자극과 위락을 찾는 고객들은 카지노 리조트에 이끌린다. 이곳에서의 주요 활동은 고객에게 즐거움을 제공해 주는 게임이지만, 대다수 리조트에서 게임은 지금은 최상의 식사나 최고 수준의 위락으로 대치되어지고 있다. Las Vegas는 이런 시장의 전형적인 예로서, 지금은 전 세계에서 많이 모방되어지고 있지만, 현재 Las Vegas 카지노에서 베팅으로 벌어들이는 수익은 반 이상으로 줄어들었다(The Economist, 2004a: 69). 동일 잡지에서는 게임 산업이 전 세계나 인터넷을 통해 증가함으로 인해 Las Vegas, Maccau, Sun City 등과 같은 거대 리조트가 있는 관광목적지들이 영향을 받고, 변화가 발생하였다고 언급하였다. 이런 과정은 최근 미국 의회가 은행이나 신용카드 회사 등이 인터넷 게임 회사에 체납처분을 도와주는 것을 금지시키는 법안을 마련하는 등에서 잘 알 수 있다(The Economist, 2006: 77).

### 5) 건강

인구가 고령화되어질수록, 서구 사회에서는 건강에 더 관심을 가지게 된다. 대부분의 정부에서 시행된 기존 건강 프로그램에는 수동적인 치료, 상담, 진단. 그리고 필요하면 수술 등과 같은 것 등이 있지만 예방적이지는 않았다. 그 결과, 성형 수술 등과 같은 대기적 수술적 절차와 대부분의 사람들이 추구하는 일반적인 건강과 관련된 프로그램을 제공하는데 필요한 민간부분의 지원을 얻지 못하였다. 이것은 리조트에서도 중요하게 작용한다. 건강과 관련된 관광산업은 저렴한 비용으로 수준 높은 의료적 처치가 가능한 태국, 싱가포르, 말레시아 등과 같은 동남아시아 지역에서 중요한 국제관광 상품으로 부상하고 있다. 이들 나라를 방문한 대다수의 외국인 의료 관광객들은 대부분의 시간을 의료 감독 하에 관련된 리조트에서 머무르고, 이 지역이 제공해주는 날씨와 문화를 즐기면서 보낸다. 1장에서 언급된 벨기에의 스파 타운은 2004년 4월에 재개장하여, 개장 첫해에는 실제 방문객수가 예상 방문객수를 초과하였다(Mawet, 2005).

### 6) 금전적 풍요와 시간적 빈곤

세계 경제가 개발되어지고 자유재량 소득이 증가함에 따라, 전문가들은 노동시간은 줄어들고 여가에 투자할 시간은 보다 많아지는 '여가사회'의 도래를 예언하였다. 하지만 현실은 그렇지 못하다. 대다수 사람들은 가외의 일을 하고, 가끔씩 일을 유지하기 위해 무보수로 일을 하기도 하고 기대된 라이프스타일을 유지하기 위해, 그리고 소비를 위해서 일을 하기도 한다. 그 결과, 경제적으로 개발된 지역에 사는 사람들은 금전적으로 풍요롭지만 시간적으로 부족한 생활을 영위하고 있다.

리조트 경영주는 관광객의 이러한 시간에 대한 압박을 잘 인식하고 있고, 관광객에게 편의를 제공해주려고 노력하고 있다. 리조트 경영주들은 즐거운 환경

하에서 가족들끼리 즐길 수 있는 기회나, 여가를 즐기는 동안 다른 사람과 만나거나, 리조트에서의 다양한 경험 등을 강조한다. 리조트 경영주는 주말 휴가나 주중 사업 모임이나 치료 등을 할 수 있는 장소로서 단기간 도피처로서의 리조트가 지닌 맞춤성을 강조하여 왔다. 이것은 영국의 Centre Parcs가 가족에게 초점을 둔 것에서 알 수 있듯이, 일반 대중에게 쉽게 접근하기 위해 많은 리조트에서 강조해온 방식이다.

### 7) 환경에 대한 인식

세계 인구가 증가하고, 환경오염이 심해지고, 지구가 온난화되어짐에 따라, 대다수 사람들은 우리가 지닌 자연환경에 대해 의식을 가지고 있고 고려하고 있다. 대다수 리조트가 경치가 빼어난 곳이나, 세계 문화유적지, 또는 국립공원 내에 위치하고 있어서, 관광객들의 환경에 대한 인식이 증가하고 있다. 리조트 경영주는 또한 환경보존에 대한 메시지를 전달할 책임을 지니고 있고, 일반인들에게 환경에 대한 책임 의식을 교육을 통해 알려 주어야 한다. 위락과 여가를 교육과 균형 맞추기는 힘들지만, 지속가능한 리조트가 되기 위해서는 반드시 환경교육을 고려해야 한다.

### 8) 개별 투자

많은 사람들은 직접적으로 또는 보험에 가입하는 방식으로, 미래 은퇴후의 삶을 대비하고 그들의 인생설계도내에 리조트 등과 같은 실재 자산을 포함시키기도 한다.

### 9) 이동성 리조트(Mobile resorts)

오늘날 대다수의 사람들은 세계 각지의 매체에 의해 제공되는 놀라운 경관이나 경험을 되도록 많이 하길 원한다. 그 결과 동일하게 선호되는 휴가 관광목적지로 가는 낡은 방식은 새로운 지역이나 경험으로 대치되어졌다. 이점에서, 어떤 새로운 것을 찾기 위한 리조트 유형은 개별여행(independent travel), 또는 이국적인 낯선 곳으로 이동시켜주는 리조트 등으로 변화되어졌다. 크루즈 선은 떠다니는 복합단지로서 고객이 잠을 자는 동안 다른 매력적인 관광지로 이동한다. 이런 유형의 리조트에서 고객들은 외국이나 낯선 문화에 흥미를 가지고 탐색하고, 크루즈는 그들에게 안전함을 보장해준다. 심지어 고객이 해안가로 가길 원하면, 소형 선박으로 고객을 모시고, 다중 언어 통역 가이드가 따라 다니고, 안전함을 보장해주기도 한다.

## 3. 세분화의 이점

이러한 특별한 흥미를 구분하거나, 개인 또는 한 집단으로 고객을 묶을 수 있는 가장 좋은 방법 중 하나는 세분화가 주는 이점을 사용하는 것이다. 세분화의 이점은 고객을 그들이 추구하는 상품이 제공하는 개별적 혜택에 근거해 특정한 군집으로 나누는 과정이다. 예를 들어 자동차는 호화로움, 속도, 엔진 효율성 등의 혜택 등에 의해 구분되고, 세분화는 고객의 욕구에 맞는 적절한 모형을 선택하게 한다. Morrison(1989: 154)은 세분화가 주는 혜택이 막강한 영향력을 가진다고 보았다. 이것은 어떤 사람이 하나의 서비스를 구입할 때 그것은 혜택이 주는 하나의 '묶음(package)'을 구매하는 것이고, 리조트에서도 확실하게 나타나기 때문이다. 하지만 자동차의 경우와 달리 리조트는 계절 변화에 맞는 다양한 활동과 광범위한 세분화 혜택을 고객에게 제공해줄 수 있어야 한다. 리조트의 실제고객, 또는 잠재 고객에 의해 추구되어진 주요한 혜택이 무엇인지 결정할 필요가 있고, 리조트 경영주는 고객이 지닌 주요 관심사를 충족 시키고, 만족시켜 줄 수 있어야 한다.

Kotler(2001: 148)는 가치를 고려하는 기업은 고객의 선호도에 맞는 혜택의 묶음을 생성할 수 있는 방법을 설명해야 한다고 주장하였다. 그는 다음과 같은

방법을 사용하면 고객의 입장에서 더 많은 혜택을 제공받았다고 느낄 수 있다고 주장하였다. 즉,

❖ 고객맞춤 서비스
❖ 더 많은 편의성 제공
❖ 더 빠른 서비스 제공
❖ 훈련, 지도, 또는 컨설팅 제공
❖ 부가적인 개런티 제공
❖ 하드웨어나 소프트웨어 도구의 사용
❖ 멤버십 혜택 프로그램 제공

그가 비록 이러한 제조 상품이 지닌 혜택에 대해 설명하였지만 이러한 혜택은 리조트의 모든 부분에 적용 되어져야 할 것이다.

앞서 제시된 리조트 산업에서 세분화가 가져다주는 혜택으로 묘사된 것 중 첫 번째와 마지막 것은 계속 관찰되어야만 한다. 리조트 산업이 표적 시장이 지닌 욕구를 잘 만족 시켜주기 위해서는, 고객의 눈높이에 맞는 상품을 제공하고, 표적 시장이 기대하는 혜택과 일치되는 서비스를 제공할 수 있어야 할 것이다. 고객이 바라는 것은 수동적인 경험일까 아니면 적극적인 경험일까? 그것은 단순히 체재 기간을 의미하는 것이 아니기 때문에, 리조트 내에서 구역 설정으로 인한 세분화로 발생할 수 있는 갈등을 최소화시키거나 방지할 수 있어야 한다. 멤버십 혜택 프로그램 측면에서 많은 리조트 경영주는 고객에게 체인이라는 망을 통해 충성도에 대한 보상을 제공해준다. 이런 유형의 프로그램은 고객이 다시 그 리조트나, 체인의 다른 리조트를 방문하게 만든다. 그러한 프로그램은 다양한 프로그램의 제공이라는 보상을 통해 고객이 다시 찾게 만들고 고객 수를 증가시켜, 결국 리조트 산업에서 성공하게 만드는 효율적인 방법이다(Kotler, 2001: 147).

세분화가 지닌 혜택이 리조트 수요 분석에서 중요한 도구이지만, 그것은 다양한 세분화 과정 중 하나이다. 리조트 휴가 프로파일과 관련된 논문들에서,

Morrison 등(1996)은 다양한 리조트 경험 유형에서 차별적인 집단 프로파일을 개발할 수 있었다는 사실을 밝혀냈다. 사회-경제적 프로파일, 여행 계획 특성, 활동 프로파일 및 제공된 혜택 등을 활용하여, 해변 리조트, 스키 리조트, 하계 컨트리 리조트(summer country resort), 그리고 카지노 리조트 방문객들 간의 차이를 알 수 있었다. 해변 리조트 휴가자들이 추구하는 혜택은 하계 컨트리 리조트 방문객들보다 활동 참여도에서 상대적으로 더 적극적이고, 카지노 방문객들은 휴식 이외의 자극이 추가된, 즐거움을 얻고자 하였다.

## 4. 공급 측면

시장 상황이 변화함에 따라, 관광산업분야에서 리조트 영역에서는 잠재적 고객의 선호도가 어떤 것인지, 어떻게 그들의 욕구를 최대한 만족 시킬 수 있는지를 계속적으로 탐지하여야 한다. 앞서 제시된 것처럼, 세분화가 지닌 이점은 고객 수요가 지닌 이점을 변화시키는데 초점을 두는 것이고, 고객이 다시 돌아오거나 다른 이들에게 강력한 구전효과를 발휘 할 수 있게 만족을 최대화 시킬 수 있도록 자극하는 것이다. 수요는 기술과 경영방법의 발전에 따라 변화되었고, 따라서 리조트 경영주는 관찰된 수요 변화에 보다 효율적으로 반응할 수 있어야 한다.

### 1) 시장세분화

리조트 방문 고객을 만족시킬 수 있는 중요한 방법 중 하나는 리조트를 표적으로 한 시장세분화이다. 성공적인 시장 세분화는 선택된 표적 시장이 다음과 같은 특성을 지니고 있어야 한다. 즉,

1. 확인가능성(Identifiable) : 그 집단은 개별적으로 유목화 될 수 있거나, 마케팅에 대한 신뢰를 정당화 할 수 있을 만한 관광객의 특성을 지니고 있어야 한다.

2. 측정가능성(Measurable) : 그것은 잠재관광객을 어떤 방식으로 세분화 집단에서 측정할 수 있을지를 뜻한다.
3. 지속가능성(Sustainable) : 세분화는 개별적으로 주의를 끌고 마케팅에 적용하기에 충분히 커야 한다.
4. 접근가능성(Accessible) : 세분화는 기존 촉진(promotion)과 표준적인 유통경로(place)를 사용하여 달성할 수 있어야 한다.
5. 이용가능성(Exploitable) : 세분화 집단이 지닌 차별적인 특성은 효과적인 방식으로 이용되어질 수 있어야 한다.
6. 내구성(Durable) : 차별적 특성에는 관심이나 연령변화, 공통된 특성을 지니고 있는 사람이 새롭게 포함되어져야 한다. 그리고 이러한 특성은 계속적으로 지속되어져야 한다.
7. 경쟁성(Competitive) : 리조트는 경쟁이 심한 시장 세분화에서 경쟁적 우위를 유지할 수 있어야 한다.

만약 그 리조트가 시장 세분화를 실현하거나 달성하였다면, 고객의 욕구가 더 잘 전달될 수 있도록 리조트 상품이나 서비스에 그것을 적용하여야 할 것이다.

### 2) 교통 기술 변화

리조트 발전에 기여하는 것 중 하나는 교통 기술이나 접근성의 개선이다. 훌륭한 항공노선은 국제 또는 국내 리조트 산업의 성장에 아주 중요한 역할을 한다. 보다 거대하고 효율적인 중추 노선에서 중추 노선(hub-to-hub)으로의 상업 항공 노선의 개발은 항공기를 이용한 여행의 가격을 줄여주었고, Airbus A380 같은 항공기가 도입되는데 일조를 하였다. 이와 유사하게, 주요한 국제 관문이나 국내 중추 공항과 가깝지 않은 리조트는 가끔 점-점(point-to-point: 저가 항공 노선에서 공통적으로 사용하는 항공 루트) 노선을 제공하는 항공사가 지닌 이점을 사용하기도 한다. 이것은 미국의 Southwest 항공, 유럽의 Ryan 항공, Easy Jet, 호주의 Virgin Blue, 그리고 말레시아의 Air Asian 등과 같은 항공사의 예산 문제에서 중요한 부분이다. 제 2의 공항을 연결함으로서 이러한 항공사들은 주요한 중추 항공사를 이용한 여객 이동이나 가장 가까운 국제적 중추를 통한 원거리 운송 등에 의존하던 것에서 벗어나, 해안, 산악, 그리고 농촌 지역 등으로 직접 승객을 이동 시킬 수 있었다. 이런 과정에서 교통 발전은 항공 요금을 인하시켰고, 시간을 단축하여, 관광객의 선택의 폭을 넓혀주었다.

### 3) 인터넷 마케팅

표적 시장의 확장에 영향을 미치는 중요한 도구는 인터넷의 발전이다. 인터넷은 고객들에게 직접적으로 판매 메시지를 전달할 수 있고, 웹캠을 통해 즉각적으로 정보를 공유할 수 있게 해준다. 이러한 매력적인 이미지와 판매 촉진은 직접적인 판매 증진으로 이어졌다. 게다가 커뮤니케이션을 통한 통제나, 가격면에서 높은 탄력성을 지닌 마케팅을 가능하게 해주었다.

### 4) 상품 기술의 진보

기술 진보는 리조트 경영주가 다양한 장면에서 보다 많은 나은 활동을 할 수 있도록 도와주었다. 기술 진보가 주는 중요한 이점은 제설기술과 빠른 속도를 내는 좌석 리프트 등이 구비된 스키 리조트에서 찾을 수 있다. 바다가 주는 매력물에 의존하는 리조트는 스쿠버 다이빙에서, 그리고 호주의 대(大) 산호초(Great Barrier Reef) 주변을 산책할 수 있도록 하는 고속정의 개발 등과 같은 기술적 진보에서 혜택을 받고 있다. 이와 유사하게, 스파나 건강관련 리조트는 전통적 장비를 대체할 수 있는 현대적 기계 등을 비치하여 의학이나 건강 진단 등에서 혜택을 얻을 수 있다.

### 5) 경영기술

고객과 리조트산업이 성공적으로 기술 발전을 이루기 위해서는 경영기술에서 발전이 수반되어져야 한다. 경영과 기술 교육은 사람들에게 기술적 투자를 어떻게 할지, 어떤 방법을 사용하여 다른 전통적인 시설에 성공적으로 접목시킬 수 있을지를 알려준다. 마케팅과 수익경영 개념은 인터넷 등의 기회를 기존 마케팅이나 판매 경영에 통합 시킬 수 있도록 도와준다. 환경적 기획은 환경에 대한 조심스런 사용이 어떻게 지속가능한 개발과 동시에 보전을 가능하게 하는지 잘 보여준다. 기술 구축은 새로운 기술발전이 가져다주는 환경적 영향을 최소화 시킬 수 있도록 변경되어져 왔고, 리조트 환경이 지닌 환경적 제약 요인을 현대 고객들이 지닌 기대와 통합시켰다. 이러한 경영기술들은 이 책의 Part 3에서 보다 상세하게 다루어 질 것이다.

계속적으로 변화하는 리조트 시장에서 성공하기 위해서 리조트 경영주는 그들이 선택한 표적 시장이 지닌 기대를 충족시킬 수 있는 기술적 진보와 경영기술에 초점을 두어야 한다. 그러기 위해서 리조트 경영주는 고객에게 단지 서비스 품질이 지닌 가치만을 제공하는 것이 아니라, 어떤 특별한 것을 제공하여 리조트 산업을 여행시장과 차별화 시키고, 고객이 지닌 자유재량(discretionary) 시간과 소득을 얻을 수 있는 수많은 대안을 가지고서 효율적으로 경쟁할 수 있다.

## 5. 경쟁

소비자들의 돈을 얻기 위한 경쟁은 매년 변화하고 치열해지고 있는 또 다른 부분으로서, 리조트 산업은 다른 관광산업이나 비 관광 산업 분야와 경쟁해야 한다. 이러한 경쟁 상황 하에서 혜택을 얻기 위해, 리조트 경영주는 앞서의 장에서 사용된 환경적 탐색과 경쟁 우위전략을 사용해 도움을 얻을 수 있다. 사회적이고 세계적인 환경에 대한 연구는 그 어느 때보다 여가 선택의 기회를 많이 가진 소비자들에게서 나타나고, 그 소비자들은 리조트에 대한 선호가 분명하다.

관광산업의 경쟁자 측면에서, 더 넓은 사회적•세계적 환경에서는 고령 인구가 증가하고 있고, 이들은 특별한 여행이나 안전에 대해 관심을 가지는 등의 편의성 추구와 연계된 여행을 선호하고 있다. 이것은 리조트 산업 개발에서 일반적으로 나타나고 있는 현상이다. 아시아에서 증가하고 있는 중산층은 2차 세계 대전 후 유럽이나 북미 지역에서 나타났던 국내여행에서 세계여행으로의 확대 등과 같은 여행 행태를 되풀이하고 있다. 이 경우 잠재적인 리조트 고객은 무수하게 많을 것이지만, 이들 동양인들이 지닌 리조트에 대한 흥미나 선호도는 상이한 문화적, 정치적 환경으로 인해 이전에 서구에서 나타났던 특성을 그대로 반복하지는 않을 것이다. 중국 해외 여행객들의 여행 선호도에 대해 예비 조사를 실시한 Chow와 Murphy(2007)의 연구에서는 중국인들이 하나의 동질적인 시장을 선호하지는 않는다는 결과가 제시되었다. 그들은 관광객의 국적이나 해외여행 경험 등에 달려 있는 여행 선호도에서 유의한 차이가 나타났다고 설명하였다.

앞서 제시한 것처럼 세계인구가 고령화되어지고, 자유재량 소득을 지닌 이들은 여행이나 리조트 관광목적지 등에 돈을 많이 사용하고 있다. 이것은 실재 자산(real rstate) 투자로서 리조트가 지닌 소구력이나 건강이나 은퇴 후 삶에 대한 관심 증가 등으로 인해 나타난다. 게다가 리조트는 하나로 묶인 안전함이 보장된 공동체로서 또는 안전함을 제공해주는 생각이 비슷한 개인으로 구성된 공동체란 사실 등이 고객들에게 안전하게 보호받고 있다는 느낌을 제공해준다.

비록 일반적인 전망이 리조트에 유리하게 작용하지만, 어떠한 쟁점은 리조트에 복합적인 영향을 미칠 수 있고, 리조트에 미치는 부정적인 영향력을 최소화시킬 수 있고, 잠재적 혜택을 최대화시키기 위해서는 보다 주의 깊은 전략적 경영이 필요할 것이다. 최근 발생한 석유값 폭등 등은 관광이나 리조트산업 등에 부정적 영향을 미쳤다. 2006년 세계 유가가 1배럴당 75달러를 기록하였고, 이것이 리조트 산업에 미치는 영향력은 유의할 것이다. 그리고 고객들은 여행을 가서 리조트에서 체류하고, 지역 교통 수단이 전기를 이용하여 자원을 절약 할 수 있는지, 아니면 석유에 의해 영향을 받는지 관심이 없다. 전략적으로 리조트 경영주는 사업시 석유가격에 의한 영향력을 고려해야 하고, 이것이 세계에 미치는 단기간, 또는 장기간 반응을 생각해야 한다.

하지만 리조트와 석유와의 관련성이 꼭 불안한 것만은 아니다. 미국 연방 준비 은행 의장인 Alan Greenspan에 따르면, 1차 석유 파동이후 석유 가격이 최초로 폭등하기 시작한 때는 1981년으로 이 시기의 석유가격은 1배럴당 평균 35.24달러 이었고, 이것은 현재의 1배럴당 평균 70달러인 것과 동등하다(Maiden, 2004; 8)고 한다. 결국 실제적 측면에서 석유 가격은 과거 15년 전 보다 많이 변화한 것이 아니고, 석유 가격이 지닌 실제적 비용은 다른 비용과의 관련성을 고려하여야만 한다. 만약 최근 석유 가격 상승과 기대된 미래에 대한 인식 증가로 인해 석유 비용이 괜찮다고 느낀다면, 리조트 경영주는 단기간 동안 후속 반응을 고려할 수 있다. 낮아진 에너지 효율성에 대한 대안으로는, 개인 자동차 대신 대중교통을 정비하거나, 객실에 환경 관련 카드를 비치하는 등의 활동을 함으로서 환경보전을 더 강조할 수 있다. 장기간 측면에서는, 예를 들어 최신의 저연비 비행기를 사용한 점-점(point-to-point) 서비스를 제공하는 저가 항공사나 에너지의 필요성을 최소화시킨 정책이나 상품을 개발하는 등과 같은 고객을 운송하는 교통 형태와 관련되어 있다.

미래 리조트 개발에서 나타날 수 있는 두번째 세계적 전망은 특별한 사건 이벤트나 여가 중심지로서 가정의 부상이다. 성수기때 리조트 외부에서 발생하는 특별한 이벤트를 다루는 것은 리조트 경영자가 그 사건을 리조트와 관련지어 수익을 창출할 수 있게 만들어야 한다는 사실을 의미한다. 어떻게 그런 기회를 잘 다루는지와는 상관없이 그러한 이벤트 자체는 수요에 좋지 않은 영향을 미칠 것이다.

특별한 사건을 기회로 잘 적용시킨 예는 1986년 캐나다 서부 지역에 있는 관광목적지인 캐나다 밴쿠버의 Victoria 지역에서 발생한 사건의 경우이다. Victoria에 있는 주요 호텔 매니저는 1986년 밴쿠버 인근 지역에서 개최되는 국제적 엑스포 행사가 여름동안의 사업에 미치는 영향력을 판단하여야 했다. 두 가지 가능한 결과에 직면했다. 엑스포가 리조트에 미치는 긍정적 측면은 국제적 엑스포 행사로 많은 개별여행자(FIT)들이 찾을 것이고, 관심분야를 보기 위해 먼 거리에서도 많은 사람들(특히 미국에서)이 행사장을 방문할 것이 확실하다는 것이다. 부정적 측면은 행사장을 찾는 방문객이 단지 Brithish Columbia를 오기 위해 행사장을 찾거나, 보다 더 먼 거리에서 오는 여행객들이 단지 돌아오는 지점으로만 행사장을 찾을 가능성이 있다는 것이다.

위의 경우, 리조트 매니저는 1986년 여름 엑스포가 개최되는 지역의 인근 관광목적지를 찾는 방문객들에게 더 많은 긍정적인 혜택을 제공하거나, FIT 시장에서 더 많은 객실을 팔 것인지, 아니면, 객실당 평균 수익률은 떨어지지만 객실 판매는 보장해주는 방법을 택할 것인지 결정하여야 한다. 리조트 매니저는 여름 시기 동안 여행 집단에 객실을 할당하는 비율을 높히고, 리조트를 여행일정표에 배치시키기 위해 행사가 개최되기 18개월 전에 이러한 결정을 하였다. 결과적으로 그가 옳았다. 그해의 더운 여름 날씨에도 불구하고 엑스포가 개최된 그 당시에는 어디가나 빈방이 없었다. 이러한 노력 덕분에 1986년 엑스포를 구경하기 위해 그가 소속된 호텔을 찾는 방문객 수가 급증하였다.

리조트는 단지 다른 리조트나 관광사업과 경쟁하는 것이 아니라, 소비자가 자유재량 소득과 시간을 사용하는데 관련된 비 관광산업과도 경쟁하는 비율이 증가하고 있다. 이 점에서 가장 큰 변화중 하나는 지역 기업과의 경쟁이다. 한 개인이 여행객이 되기 위해서는 먼저 반드시 자신의 집을 벗어나야 하고 자신이 정주하던 곳과 사회적 환경이 다른 제 2의 가정인 숙박시설에 머물러야 한다. 수영장, 테니스장, 위락 시설 등과 같은 시설을 리노베이션 함으로서, 소비자들은 자신이 사는 곳을 벗어나 그곳에 체재하면서 돈을 더 많이 사용하게 된다. 옥외 레크리에이션과 육상경기선수 등으로 국가적으로 유명한 호주인인 McDonald(2006)는 사람들이 제 2의 가정에 머물면서 전체 여가 시간의 반을 차지하는 하루 평균 4시간을 여가 활동에 투자한다고 설명하였다.

반면 호주에서, 가정은 단지 하나의 피신처가 아닌 위락이나 레크리에이션 센터로서 여겨진다. 영화관, 객실, 또는 전체 가족을 위한 여러 대 개인 컴퓨터 연결망을 제공하는 갤러리 등을 건설한 McMansion의 시공은 외출하여 사람을 만나거나, 쇼핑, 또는 영화관 등을 가려는 욕구를 감소시켰다. 비록 평균수량은 줄어들었지만, 정원을 가꾸는 비용은 증가하고 있다. 호주에서 정원가꾸기와 관련된 상품이나 서비스에 소비되는 비용은 1988/1989년 경우 호주 72억 2천만 호주 달러 정도이었고, 1998/1999년의 경우는 178억 호주달러인 것처럼 추정되는데, 이것은 과거 10년 동안 146.5%가 증가한 것이다(Veal and Lynch, 2001). 동일하게, 1998/1999 호주 가정에서 지출한 비용은 주로 수영장이나 조경 등에 호주 282억 4천만 호주달러 정도를 사용하였다(Veal and Lynch, 2001). 게다가 새로운 집을 짓기 위해, 대다수 사람들은 기존 건물에 이러한 새로운 현대 생활이 지닌 편의성을 추가하기를 원한다. 1999년 경우, 집을 소유한 호주인의 58%는 10년 이내에, 심지어는 27%는 2년 이내에 재건축할 의향이 있다고 나타났다(McDonlad, 2006).

가정에 대해 이렇게 많은 돈을 사용하는 이유는 각기 다르고, 그 효과가 크지만, 그들은 소비자로서는 다른 활동에는 돈을 적게 사용한다. 어떤 사람들은 안전을 최상의 가치로 여기고, 그들이 살아가는 실제 생활에서 상상할 수 있는 위험들로부터 자신이 보호받기를 원한다. 어떤 사람은 주택가격이 세상에서 자신의 가치를 증가시켜주는 것으로 믿기도 하기 때문에 하나의 훌륭한 투자 가치로서 집을 리노베이션 하거나 큰 규모로 짓기도 한다. 반면 어떤 사람들은 가족이 지닌 욕구나 요구가 무엇인지를 알기를 원하고 외부 세상이 지닌 다양한 형태를 탐색하기보다는 자신이 소속된 사회가 지닌 내면세계를 더 잘 이해하기를 원한다.

하지만 리조트 산업은 항상 소비자의 자유재량 소득을 쟁취하기 위해 현대 시장에서 경쟁을 해야 한다면, 기회나 관련된 상승효과를 계속 이어가야 하고, 그러기 위해서는 적응과 혁신을 통해 생존할 수 있어야 한다. 새로운 동반 상승효과를 얻을 수 있는 경우는 원거리 지역으로 사람을 운송하는 교통 영역에서 나타날 수 있을 것이다.

후속되는 관광산업 혁신을 위한 노력이 있을 것이고 그것은 아마도 우주여행과 관련된 것일 수 있다. 부유한 몇몇 사람들은 우주 왕복선을 이용한 우주여행 상품에 이미 예약을 해놓았다. 미국 기업이 진행하는 'SpaceShipOne'이란 상품은 최초의 상업적인 우주왕복선으로 명성을 얻었다. 그 기업은 'Virgin Galactic'이란 정기 우주왕복선을 처음 선보인 Richard Branson 경과 협약을 맺었다. Branson은 비행기 좌석 하나를 21만 달러에 팔았고, 3,000명의 부유한 사람들이 좌석을 구입하였다고 한다(The Economist, 2004b: 62). 하지만 이런 비용과 상관없이, 우주 여행객들이 얻을 수 있는 것은 무엇일까?

과거의 예들처럼, 운송 사업을 하는 기업들은 사람들이 관광매력지(예, 우주에 있는 리조트)에 갈수 있도록 해줄 것이다. 새로운 철도 기업은 북미지역의 서부 주들에 있는 예전 서부 개척시대의 프론티어 정신을 나타낼 수 있는 기념관을 개장한 새로운 철도 기업은 화물뿐만 아니라 사람들이 찾을 수 있는 매력성을 가지기 위해 철도망 주변으로 리조트를 건설하였다. 이 사례의 경우는 Yellowstone이나 Banff 국립공원 등이 지닌 유래에서 이해되어질 수 있다. 동일하게 유사한 기회는 이미 우주나 미래에 개발 대기 중인 미래의 우주 정거장에서 찾을 수 있다.

## 요 약

이 장은 리조트 산업이 계속적으로 변화되고 있는 사업적 환경을 지니고 있다는 것을 잘 나타내준다. 수요는 경제, 사회적-정치적 상황 의해 많은 영향을 받을 것이고, 리조트 경영주는 기술적 변화에 활용하거나 수준 높은 품질을 지닌 새로운 상품이나 서비스를 강조함으로서 이러한 변화에 적응할 필요가 있다. 세계 환경에서 경쟁하기 위해, 리조트 경영주는 차별성이 무엇인지, 고객이 기꺼이 리조트에 돈을 투자할 가치가 있는 것이 무엇인지, 그리고 표적 시장 고객을 어떤 방식으로 만족 시킬 수 있을 등에 대해 설명할 수 있어야 할 것이다. 따라서 리조트는 대부분 인간이 지닌 환경적 지각을 항상 시킬 수 있는 아름다운 경관을 지니고 있다.

이 장은 새로운 상황에 두가지 관련된 사례를 적용시켜 결론내릴 것이다. Billy Bultin

이 만든 최초의 holiday 캠프는 사람들이 많이 이용했던 잘 짜인 프로그램을 통해 사람들이 많이 방문한 곳이지만, 현재는 낡은 옛날 형태의 리조트로 잘 알려져 있었다. 변화되고 있는 사회와 시장 선호도에 적응하기 위해, Butlin은 리조트를 다시 재건축하였고, 구식에서 벗어나 새로운 이미지와 상품을 만들기 위해 노력했다. 크루즈 시장은 상대적으로 새로운 리조트 대안이지만, 소수 특권층 시장에서 다양한 틈새 상품을 지닌 일반 대중 관광 시장으로 변화하기에는 많은 노력을 필요로 한다.

사례연구

### ••• Butlins의 변화하는 시장 •••

당신이 대량 관광시장에서 최초의 리조트 경영주 중 한 사람일 경우, 그 시장에서 일어나는 변화에 관심을 가져야 생존할 수 있다. 이것은 1936년에 개장하였고 70년 후인 지금은 상이한 경쟁적 환경에 직면한 Butlins Holiday Resort에서는 중요한 교훈을 주었다. 독립경영형태로 운영되던 Butlin 리조트는 9개 리조트를 지닌 공개기업 방식으로 변화되었고, Bourne Leisure라는 복합기업의 일부가 되었고, 지금은 이 체재 하에서 각각의 상이한 여가 경험을 제공해주는 3개의 리조트로 운영되고 있다.

Butlins 리조트가 Billy Butlin 경(Sir)의 감독 하에, 개인적 사업에서 공개기업 형태르 변화되었을 때, 처음의 경영방침은 수정되고 변화되었다. Butlins 리조트가 지닌 최초의 생각과 사명은 다음과 같다. 즉,

> ... 음식제공 서비스를 받을 것 같지 않은 대다수 중산층의 가족들을 위해 영국의 변덕스런 날씨와 상관없이 즐거운 휴일을 보낼 수 있는 곳으로서 휴가 센터(holiday centre)를 개방하기 위해.
>
> (Butlin and Dacre, 2002: 29.)

Butlin경이 생각하고 있는 선구자적인 리조트에 대한 개념은 성공적이었고, Butlin 리조트는 잘 알려지지 않은 리조트 시장에서 명성을 얻게 되었다. 그 당시 리조트에서 사용한 컨셉은 대량 관광 시장이 아닌 잘 사는 부유층 엘리트를 위한 것이었다. 비록 많은 사람들이 영국의 여름 날씨가 지닌 변덕스러움을 잘 이해하지만, 그러한 악조건을 리조트에 적용시킨 사례는 거의 없었다.

성공적인 상품이 있음에도 불구하고 Butlin 리조트 경영주는 고객의 변화하는 취향이나 선호도를 잘 알고 그들에게 관심을 가질 의무가 있음을 느꼈다. Blly Butlin 경은 '나는 어떠한 중대한 의사결정을 하기 전에 사람들의 행동을 그들을 둘러싼 환경과 연결시켜 연구한다. 이것은 나의 성공에서 중요한 역할을 하였다'라고 주장하였다(Butlin with Dacre, 2002: 73). 이러한 사례는 지금도 여전히 고객과 활동을 잘 조화시킨 조절자로서 그리고 브랜드를 알리는 외교 사절의 역할을 유지하고 있는 Redcoat의 개발에서 알 수 있다. 나중의 증거들은 비평과 제안을 해주는 캠프 위원회에서 잘 보여질 수 있었다(Butlin with Dacre, 2002: 209).

70년의 세월동안, Butlins 리조트는 변화하는 시장 환경에 잘 적응해왔다. 1970년대, Butlins 리조트는 고객이 지닌 욕구가 더 세밀해지고, 고객이 자신의 방식으로 원하는 것을 얻으려고 하는 사실을 파악하였기 때문에, 캠프가 지닌 '강요된 즐거움의 분위기'를 줄이기 시작하였다(Butlin with Dacre, 2002: 163). 이러한 고객이 지닌 욕구의 정교화가 증가한 이유는 다양하고 많아진 휴가 경험에서 기인되어지고, 소비자가 더 많은 휴가지를 선택할 수 있게 되었기 때문으로, 이는 Butlins 입장에서는 경쟁자가 증가한 것을 의미한다. 모든 다른 사업과 마찬가지로 관광산업에서 한 개인의 성공은 다른 기업으로 하여금 경영방식을 모방하게 만들고, 소비자 입장에서는 더 많은 리조트에서 자신이 원하는 곳을 찾을 수 있는 기회를 제공해준다. 게다가 새로운 옵션은 기술의 증가를 유도하였고, 영국인들이 태양을 즐기기 위해 주로 가는 인기 상품인 지중해 여행 패키지가 증가한 것처럼 여행에서의 제약 요인이 감소되었다. 이러한 현상에 대해 Butlins 리조트는 리조트의 수를 줄임으로서 전통적인 시장을 철수하고, Skegness, Minehead, 그리고 Bognor Regis 등의 3개의 리조트만을 남기는 방식으로 변화에 적응하였다.

오늘날 Bourne Leisure 그룹은 3개의 Butlins 리조트를 '가족 위락 리조트(Family Entertainment Resort)'로 명명하였다(Butlins, 2003). 리조트는 모든 연령대에 맞는 활동과 위락 기회를 강조한다. 이 리조트는 고객들에게 다양한 교실과 클럽에서 레크레이션을 즐기거나 자신이 원하는 것을 배울 수 있는 기회를 제공하는 등 광범위한 활동을 제공해준다. 유머(Humor)는 위락 영역에서 여전히 중요한 요소이다. 각 리조트는 지금은 'Skyline Pavilion'이라 불리는 'baby millennium dome' 밑에 위치한 위락의 중심지가 되고 있다(그림 3-1). 이러한 파빌리온(pavilion; 대형천막) 아래서, 무대 행사, 바, 식당, 가게, 그리고 다양한 위락 활동 등이 이루어지고 있다. 신년, 할로윈 등의 특정한 날에는 계절에 맞는 장식을 하기도 한다. 이런 파빌리온 아래서 이루어지는 위락 활동은 팝 스타, 코메디언, 무용수, 거리 공연 등에 이르기까지 범위가 넓고 이런 활동들은 건축가 Bob(Bob the Builder), 발레리나 Angelina(Ballerina Angelina), 그리고 소방관 Sam(Fireman Sam) 등의 캐릭터에 의해 행해진다. 각 리조트 근처의 파빌리온에는 'Splash Waterworld'라는 놀이기구가 있다. 이러한 물놀이는 수영장, 워터풀, 그리고 수영장 조파기(파도를 만들어내는 기계) 등과 같은 물과 관련된 특성을 제공해주고, 이것은 인근 해안과 경쟁하기 위해 선택한 대안이다(그림 3-1).

Butlins의 기초 중 가장 중요한 구성요소는 편의시설이다. 이곳은 샬레(Chalet), 아파트먼트부터 호화스런 호텔 편의시설 등 다양하게 개선된 시설을 지니고 있다(그림 3-1). 호텔은 크루즈 선 처럼 보이게 설계되었고, 모든 객실에서는 바다 전망을 볼 수 있는 발코니가 구비되어 있다. 내부 디자인이나 가구들은 널찍하고 호화스런 주거 양식으로 배치되었다. 또한 식당 메뉴도 일품요리(à la carte) 메뉴 등으로 더욱 다양해지고, 식사 시간도 유동적이고, 셀프서비스 형식도 도입하였다.

모든 Butlins에서는 시장 상황과 소비자 기호가 극적으로 변화하였기 때문에 이에 맞춰 70년이란 시간동안 여러 차례 재건축과 브랜드에서 변화가 있어왔다. 하지만 현재의 브랜드는 기본적으로 Blly Butlin 경이 추구한 컨셉을 기본으로 브랜드 구축을 해왔다. 이 리조트는 여전히 영국에서 정기 휴가나 단기간 휴가를 가기를 원하는 영국인 가족들이 기꺼이 돈을 투자할 가치가 있다고 생각하게 만든다. 그곳은 가족 집단의 다양한 구성원들 모두를 만족시킬 수 있는 다양한 활동과 위락을 제공해준다. 즐거움으로 가득 찬 휴가를 위한 기회가 제공되지만, 리조트를 선택하는 것은 고객들이 기회를 어떻게 활용하느냐에 달려 있다.

《 그림 3-1 》 영국의 Butlins Resort, Bognor Regis

### ••• 크루즈 선(船) 시장(The Cruise Ship Market) •••

크루즈를 이용해 휴가를 보내는 방법은 과거 30년 동안 많은 인기를 얻어 왔고 배 자체는 떠다니는 리조트로 인식되어왔다. 크루즈는 여행하는 동안 배나 기항지에서 다양한 활동을 할 수 있는 저예산에서부터, 고급에 이르는 다양한 포괄(inclusive) 휴가 옵션을 제공해준다. 승객이나 고객들은 배 위에서 숙박, 음식, 위락, 그리고 운동 등의 다양한 활동을 할 수 있다. 만약 그들이 선상생활에서 벗어나고 싶다면, 다양한 문화나 풍광을 제공해주는 기항지에 내릴 수도 있다. 크루즈는 현장에서 필요한 모든 것을 제공하는 등의 리조트가 지닌 기능을 하기도 하지만, 고객이 원하는 외부 세계에 대한 탐색은 통제된 범위 내에서만 가능하다. 이 사업은 다수의 사람을 위한 비싸고, 안전한 형태에서 출발하였고, 더 많은 미래 고객을 위한 더 폭 넓은 다양한 관광 형태로 변형되어지고 있다. 이 과정에서 크루즈 선은 전통적인 육지에 근거한 리조트의 실제적 경쟁자가 되었다.

크루즈 선 경영과 리조트 경영이 지닌 유사성은 무수하게 많다. 고객들은 교통, 음식, 숙박, 그리고 어떤 부가적 비용을 추가하지 않는 포괄 패키지에 대한 경비를 지급해야 한다. 하지만, 리조트나 크루즈 선은 고객에게 부가적인 활동이나 기회를 감질나게 제공해준다. Berger(2004: 8)는 크루즈 선이 다음과 같은 부가적 활동을 제공한다고 설명하였다. 즉,

1. 기항지에서의 관광

   여행사를 통해 부가적인 수수료를 지급하고 사전 예약되어진다.

2. 알콜성 음료와 청량음료

   바(Bar)는 배에서 중요한 사회적 모임을 위한 장소로서 젊은이들에는 청량음료를 제공한다.

3. 게임

   Berger는 승객의 1/3이 게임을 하고 나머지는 구경한다고 설명하였다.

4. 예술품 경매

   Berger는 예술품 경매가 크루즈 선에서 할 수 있는 인기 있는 행사로서, 참여자가 지닌 부나 명성을 나타내준다고 말하였다.

5. 사진

사진촬영기회는 크루즈에서 기념품을 팔기 위해 제공하는 전문 사진작가에 의해 간과되어진다.

6. 미용실과 스파

이것은 크루즈에서 고객들이 시간을 보내기 위해 제공하는 가장 일반적인 옵션이다.

Berger가 언급한 활동이외에, 수영, 클레이 사격, 골프, 암벽 등반, 체육관에서의 피트니스, 마사지나 요가 등과 같은 위락 활동도 제공되어진다.

공급 측면에서도 많은 유사성을 찾을 수 있다. 크루즈 선은 음식의 질이나 양에서 유명하다, 하지만 Berger(2004: 5)는 크루즈 선이 규모의 경제를 위해, 그러한 정교한 식사를 제공하는 것이란 점을 지적하였다. 하지만 크루즈 선에서 제공하는 엄격하고 공식적 형태의 식사는 육지에 있는 리조트가 지닌 보다 자유롭고 탄력적인 식사형태로 변화되고 있다(Miller, 2002).

보다 많은 크루즈 선사는 방문하는 관광목적지보다는 제공하는 여행 형태에 근거한 브랜드 구축에 더 비중을 두고 있다. 게다가 Norwegian Cruise 선사(船社; Line)는 '자유로운 상류층' 을 나타내는 자유여행 방식을 강조한다. Carnival 선사는 가장 성공적이고 거대한 크루즈 기업으로서, '즐거운 항해(Fun Ship)' 나 '즐길 수 있는 수만 가지 방법(Million Ways to Have Fun)' 등과 같은 캠페인을 벌인다. 반면 Royal Caribbean 선사는 '일상에서 벗어나라(Get Out There)' 등과 같은 캠페인의 일부로서, 매일 배에서 암벽 등반을 하는 등의 모험을 주제로 하여 광고를 하였다(Kwortnik, 2006). 소규모 크루즈 선사에서 행하는 개인적 서비스는 테이블이나 선실 등에 배정된 특정의 승무원에 의해 높은 수준의 서비스가 제공되고, 더 큰 배에서는 단지 승객이 아닌 "고객"으로서 크루즈 탑승자를 대우하도록 '환대 교육'을 받은 승무원에 의해 서비스가 제공된다(Kwortnik, 2006: 293).

이러한 전망에 따른 결과 중 하나는 어떻게 크루즈 선사가 유사한 리조트와 차별화되었는지 잘 보여준다. Kwortnik와 Cruise Lines International Association(CLIA: 국제크루즈 선사협회, 2006)은 육지의 리조트와 비교해 크루즈 시장이 지닌 차별성측면에서 4개의 기본적인 시장 상품을 구분하였다(표 3-1). 확인된 네가지 범주는 각기의 크루즈 범주에 지불해야 하는 비용과 중첩된 것에서 알 수 있듯이 명확한 차별화 보다는, 하나의 초점을 강조한다. 다수의 범주들은 럭셔리(Luxury), 프리미엄(Premium) 급 등과 같이 크루즈 선이나 리조트에서 흔히 경험하는 유형을 강조하기도 하고, 아마존의 열대우림이나 북서항로를 통해 북극해로 가는 길을 재현해보는 등의 여행을 제공하는 곳도 있다. 이러한 두가지 극단적인 경험에서는 고객이 어떤 활동을 하거나 여행하는데 있어 호화롭거나 최상의 대우를 받기를 원하는 대량 시장이 있기도 하지만, 개별 고객에게 이 시장에서 제공해주는 것이 무엇인지 인지 시켜 줄 수 있는 범위 내에서 각 크루즈 선사가 포지셔닝을 위해 상품에 대한 브랜드를 구축할 경우 여러 가지 모험이 따른다.

《 표 3-1 》 크루즈 선사와 리조트 브랜드 포지셔닝

| 크루즈 선사 | 특성 | 리조트 |
|---|---|---|
| 호화로움 (Luxury): Cunard, Crystal, Silversea | 전통성과 포괄성 (1박당 한 개인당 $400 –$900) | 캐나다에 있는 샤토 리조트 양식, 국립공원내의 숙박시설 |
| 고급스러움 (Premium): Princess, Celebrity | 괜찮은 식사, 정교한 분위기, 풍부한 위락거리 (1박당 한 개인당 $250 –$450) | 주요 관광목적지나 스포츠 경기 등과 연계된 상류층을 위한 리조트 |
| 동시대 (Contemporary): Carnival, Disney, Norwegian | 대량 관광 시장의 플로팅 리조트, 좋은 먹을거리, 많은 활동 (1박당 한 개인당 $150–$300) | 가족단위 관광객을 위한 리조트 체인 |
| 관광목적지 (Destination): Windstar, Lindblad | 특별한 관광목적지, 매력적인 활동 (가격대가 다양함) | 해안, 스키, 문화 리조트 |

자료원: Kwortnik(2006: 288)

【표 3-2】 크루즈 시장에 대한 개관

| 입지/유형 | comment(논평) | 공급/시장 |
|---|---|---|
| 강, 운하, 호수 크루즈 | 입지에 따른 서너 개의 시장 | 소규모, 경 흘수선(輕吃水船: shallow-draft vessel, 수심이 얇은 호수나 강등을 운항하는 배)은 국내시장이나 연안으로 제한됨 |
| 특별한 관심사 (예) 항해, 교육, 탐험 | 세계 시장, 많이 차별화됨 | 특별한 목적에 의해 건조된 배, 전문가인 승무원, 차별화를 통한 시장 독점 정도 |
| RTW(Round the world: 세계일주) 크루즈 등이 포함된 장거리 해양 크루즈, | 단일한 세계 시장 | 세계를 대상으로 하는 전통적이고 호화로운 자원에 의존하는 대형 선박 |
| 확장된 페리 '미니 크루즈' | 내국인, 또는 서부 유럽에서 지역을 오고가는 크루즈 | 카페리 서비스와 연계된 상품 |
| 단기 해양 크루즈 | 미국인 대부분의 수요를 차지하는 세계시장. 입지, 캐러비안해 등에 의해 차별화되어짐 | 대량 관광 시장 크루즈를 위해 건조된 대형 선박 |

자료원: Bull(1996)

두 가지 휴가 형태가 많은 유사성을 지니지만, 리조트와 크루즈 간의 성장 형태는 상이하다. 오래되거나 많이 건축된 육지에 근거한 리조트는 과거 40년 동안 크루즈 산업보다 더 느리게 발전하였다. 크루즈 산업의 태동은 1958년 뉴욕에서 유럽으로 보잉 707 기가 처음 취항한후인, 1960년대로 거슬러 갈 수 있다. 대륙 간 승객의 급속한 감소로, 선적 회사들은 운송에서 휴가 여행으로 서비스를 재 포지셔닝 하였다(Kwortnik, 2006: 287). Berger(2004: 3)에 의하면, 1970년대에는 대략 50,000명의 사람들이 크루즈를 이용했고, 2001년에는 9억 8천명 만 명의 사람들이 이용한 것으로 나타났다. The International Council of Cruise Lines(ICCL: 국제 크루즈 선사 심의회)는

2010년경에는 대략 21억명의 승객들이 크루즈를 이용할 것이라고 추측하였다. 크루즈 산업이 2010년을 목표로 주요한 시장 세분화가 되고, 새로운 매력적인 리조트가 나타나지만 크루즈 산업은 호황을 누릴 것은 분명한 사실이다. 2005년 CLIA의 보고서에서는 2004년보다 6.9% 증가한 11억 8천만명의 승객이 찾은 것으로 나타났다(Karantzavelou, 2006b). Morrison 등(1996: 16)에 의하면, 세계 크루즈 산업의 80%정도가 미국에 근거를 둔 사업 연합이었고, 2005년 크루즈 시장이 14 억 명의 승객을 보유하고 있고, 만약 그러한 성장이 유지된다면, 2010년경에는 7%의 성장률에 도달할 수 있을 것이라고 설명하였다.

1,800개의 상이한 기항지를 제공해주는 CLIA와 150개의 다양한 형태의 전혀 새로운 크루즈 선이 2000년과 2006년 사이에 나타나고, 68개의 새로운 크루즈 선이 시장에 도입되어졌고(Karantzavelou, 2006a) 크루즈 산업이 성장하고 있다는 증거는 어디서나 찾을 수 있고, 대부분의 자료와 관심은 단기 해양 크루즈 시장에 쏠려있다. 하지만 Bull(1996)이 (표 3.2)에서 언급한 것처럼, 다양한 형태의 크루즈 산업과 크루즈/리조트 형태가 존재하고 있다. 강과 운하 크루즈는 유럽 시장에서 나타나는 특성으로서, 주로 라인 강이나 다뉴브 강 등과 같은 주요한 강들에서 아름답고 역사적인 수로를 통해 크루즈 여행을 할 수 있다. 그리고 중요한 운하에는 초기 산업혁명 시기의 유적이 남아 있다. 작지만 성장하고 있는 크루즈 산업의 세분 시장에는 이러한 고립된 체재 내에서 자연과 토착민들과 교감을 위해 주요 수로에서 북극해를 지나가나 상류로 항해하는 Lindblad Line과 같은 소규모 탐험형 크루즈 선 등이 있다.

2006년 소비자 동향에 관한 조사에서는 크루즈 산업 시장이 오래된 고전적 상품에서부터 리조트 시장과 많은 유사성을 지닌 보다 진보된 시장으로 변모하고 있음이 드러났다. 즉,

> 오늘날 크루즈 여행객들은 예전 어느 때보다 더 젊고 더 부유하다. 2006년 연구에서는 크루즈 이용객의 평균 연령이 49세로 나타났고... 평균 소득은 처음으로 10만 달러를 초과한 10만 4천 달러 이었다...크루즈는 모든 포괄적인 리조트(42%) 산업이나 친구나 친척방문(40%)을 앞지른 만족한 고객(45%)의 비율이 가장 높은 산업인 것으로 나타났다. (Karantzavelou, 2006c).

이 연구는 미국 인구의 17%만이 크루즈를 경험하였고 이것은 미래 크루즈 산업이 지닌 성장 가능성을 잘 나타내준다.

크루즈 시장과 리조트 시장이 상당 부분 유사하기 때문에, 크루즈 시장은 지금 육지에 근거한 리조트의 중요한 경쟁 상대이고, 계속적으로 변화하는 경쟁 환경에서 대표적인 성공 사례이다. 리조트는 이러한 새롭게 변화하는 리조트와 경쟁할 것인지 협동할 것인지 선택해야 한다. 경쟁을 선택할 경우 리조트는 소비자에게 인기가 있음이 증명된 크루즈 산업이 지닌 어떤 특성을 모방하여야 할 것이다. 즉,

- ❖ 인터넷이나 여행사와의 사용 빈도를 증가하여 더 많은 편의성과 더 쉬운 기획 과정을 제공해주어야 한다.
- ❖ 전체 포괄 패키지 가격을 제공함으로서 최종 영수증을 받고 고객이 놀라지 않게 하라.
- ❖ 아이들을 위한 프로그램을 개발하여, 부모들은 자신의 아이들이 훈련된 직원의 감독이나  관리 하에 안전한 환경에서 지낼 것이란 사실을 잘 알고 휴식을 취할 수 있다.
- ❖ 외국 방문객들에게는 관광 에스코트를 해주거나, 국내 관광객에게는 지역 안내나 지도를 제공하여 불편함을 최소화 시킨 상태에서 지역 관광지와 관광목적지를 방문할 기회를 제공해주어야 한다.
- ❖ 지역 문화나 장소에 대한 설명을 해주어서 보다 다양화된 상품을 제공해주어야 한다. (Morrison 등, 1996: 17에 근거하여)

현재 관광 시장에서 가장 높은 성장률을 보이는 시장 영역에서 많은 통합적인 기회가 존재할 수 있다. 크루즈 산업은 육지에 근거한 리조트가 지닌 이점과 연합되어 성장할 수 있다. 특히 어떤 크루즈 선사는 리조트 관광목적지와 연계되거나, 또는 선사 소유의 리조트를 건축하여 고객들이 보다 다양한 활동을 할 수 있는 기회를 제공하기도 한다. 크루즈가 인기 있는 기항지 프로그램을 보유하고 있고, 크루즈 경영주는 시간을 정하여 그런 관광지에 고객을 내려주거나, 지역 리조트와 계약을 맺어 제 2의 숙박 장소를 제공함으로서 고객들에게 더 많은 편의를 제공해줄 수 있다. 이러한 통합적인 형태의 방식은 이미 진행중이다. 예를 들어 Club Med는 크루즈 선이 입항하는 곳에 호화로운 형태의 리조트를 만들었고, Raddison Resort는 Diamond Cruise와 계약을 맺었고, Disney는 Florid에 근거한 크루즈 선사를 소유하고 있고, Royal Caribbean 크루즈 선사와 Hyatt International 체인은 고객의 메일 항목을 공유하고 있다(Morrison et al., 1996).

## 연습문제

1. 세계적인 수요 전망에 대해 확인하고, 그것에 대응하여 리조트를 전략적으로 개발할 수 있는 방안에 대해 논의하라.

2. 현대적인 가치 창출에서 세분화가 주는 혜택이 무엇인지 비교하고 대조하라.

3. 시장 세분화가 지닌 경영적인 요구사항에 보다 주의를 기울임으로서 인터넷 마케팅이 리조트 상황에서 어떻게 적용될 수 있는지 알아보라.

4. 현대사회가 지닌 다양한 위락적 진보(플라즈마 T.V. 컴퓨터 그래픽이나 시뮬레이션)가 리조트가 특별한 사건나 지역이 지닌 장소성(sense of place)을 어떤 방식으로 제시하게 만드는지에 대해 이야기해보라.

5. 리조트 산업 영역에서 성숙한 리조트(50년이나 그 이상 오래됨)를 나열해보고, 어떻게 그런 리조트가 변화하는 사회적 상황과 시장 전망에 적응할 수 있을지 논의해보라.

6. 크루즈 사업은 리조트 영역에서 급속하게 성장하는 산업으로서, 리조트경영주는 어떻게 경쟁자와 경쟁하고 조화를 이룰 수 있을까? 왜 그러한 선택을 하였는지 그 이유를 설명하고, 합리적인 제안이 가져다 주는 혜택에 대해 나열해 보라.

## 참고문헌


- Berger, A.A. (2004). *Ocean Travel and Cruising: A Cultural Analysis*. New York: Haworth Hospitality Press.
- Bull, A.O. (1996). The economics of cruising an application to the short ocean cruise market. *Journal of Tourism Studies*, **7(2)**, 28-35.
- Butlins (2003). *Butlins Student Information Pack*. Bognor Regis: Butlins Information Centre.
- Butlins ,Sir B. and Dacre, P.(2002). *The Billy Butlins Story 'A Showman to the End'*. London: Robson Books.

- Chow, I. and Murphy, P.(2007). Travel preferences for foreign destinations: evidence of Chinese outbound tour group tourists traveling to Australia. In Tourism- *Part Achievements, Future Challenges*. Refereed Proceedings of the Council of Australian Tourism and Hospitality Education (CAUTHE) conferences, Sydney 11-14 February, CD Rom.
- Cruise Lines International Association (2006). Cruise industry trends for 2006 - Cruise Lines International Association. *Travel Daily News*, January 16, 1-4, www.traveldailynews.com. Accessed on 17 October 2006.
- Healer, L.E. (1995). Redeveloping nature resorts for new markets. In *Island Tourism: Management Principles and Practice* (M.V. Conlin and T. Baum, eds), pp. 105-113. Chichester, UK: John Wiley.
- Karantzavelou, V.(2006a). Cruise industry trends for 2006 - Cruise Lines International Association. *Travel Daily News*, January 16, 1-4, www.traveldailynews.com. Accessed on 17 October 2006.
- Karantzavelou, V.(2006b). CLIA member cruise lines to see growth in 2005. *Travel Daily News*, January 16, 1-2, www.traveldailynews.com. Accessed on 17 October 2006.
- Karantzavelou, V.(2006c). A great potential for cruises. *Travel Daily News*, April 11, 1-3, www.traveldailynews.com. Accessed on 17 October 2006.
- Kotler, P.(2001). *Kotler on Marketing: How to Create, Win and Dominate Markets*. London: Simon and Schuster.
- Kwortnik Jr., R.H. (2006). Carnival cruise liens: burnishing the brand. *Cornell Hotel and Restaurant Administration Quarterly*, **47(3)**, 286-300.
- Maiden, M.(2004). Economy unlikely to rescue Latam. *The Age*, Ocotber 18, 8, 12.
- Maslow, A.H.(1970). *Motivation and Personality*, 2nd edn. New York: Harper and Row.
- Mawet, J.P.(2005). Director. Aqualis Spa, Belgium. *Interview*, September 27.
- McDonlad, S.(2006). *Metropolitan Parks in Melbourne: A Critical Analysis*

*of Factors Affecting Visitation by Regional Victorians*. Unpublished M. A. Thesis, School of Sport, Tourism and Hospitality Management, La Trobe University.

- Miller, L.(2002). Freestyle cruising: a clear alternative. *FIU Hospitality Review*, **20(2)**, 41-46.
- Morrison, A.M.(1989). *Hospitality and Travel Marketing*, Albany, NY: Delmar Publishers.
- Morrison, A.M., Yang, C.H., O'Leary, J.T. and Nadkarni, N.(1996). Comparative profiles of travellers on cruises and land-based resort vacations. *Journal of Tourism Studies*, **7(2)**, 15-27.
- The Economist(2004a). Gambling goes global. *The Economist*, October 2, 69-71.
- The Economist(2004b). Virgin territory. *The Economist*, October 2, 62.
- The Economist(2004c). Busted flush. *The Economist,* October 7, 77-78.
- Veal, A.J. and Lynch, R. (2001). *Australian Leisure*, 2nd edn. Sydney: Pearson Education Australia.

CHAPTER 4

# 계절성

## 1. 서론

계절(season)은 자연과 인간에게 공통적으로 영향을 미치는 중요한 요인이다. 계절은 비발디의 '사계(The Four Seasons)' 또는 차이코프스키의 '비창(Pathetique) 교향곡'에서 감동적으로 표현되고 있는 것처럼 그 자체로서 성장기, 성숙기, 쇠퇴기 그리고 동면기를 가지고 있다. 리조트는 변화하는 자연환경 속에서 사람들에게 다양한 활동형태를 제공하기 위해 조성되기 때문에, 리조트 경영주는 계절성이 지닌 중요성과 그것을 리조트에 어떻게 통합시킬지 잘 알아야 한다. 이 장에서는 리조트가 지닌 세 가지 경영방식에 초점을 두어, 변화하는 계절적 상황과 그 속에서 이루어지는 인간 활동에 맞는 리조트 상품을 잘 조화시키고자 하였다.

먼저, 스포츠나 레크레이션 활동을 통해 인간과 자연환경 사이에 나타나는 명확한 계절성에 대해 알아본다. 한때 모든 스포츠는 환경적 상황에 의해 고정된 계절성을 지니고 있었다. 예를 들어, 영국에서 가을과 겨울은 풋볼 시즌을 의미하였으며, 봄과 여름은 테니스와 크리켓의 계절을 의미하였다. 북미 대륙에서는 가을에 풋볼, 겨울에는 아이스하키와 농구, 그리고 여름에는 야구를 하는 것으로 인식되어져 왔다. 오늘날 프로 스포츠와 상업적 TV 방송이 이와 같은 계절적 형태를 왜곡시켰지만, 이와 같은 스포츠와 계절적 관련성의 핵심은 여전히 나타난다. 그리고 이러한 계절성은 특정한 스포츠나 관련된 위락적 취미활동을 다루는 리조트에서는 중요한 요인으로 작용한다. 자연적 주기나 상업적인 계절성 주기에 의해 영향받는 리조트에서는 사업적 기회를 최대화시키기 위해서 계절성 요인을 잘 관리하여야 한다. 예를 들어 어떤 스키 리조트에서는 때로 봄에 가장 많은 눈이 내릴 수도 있지만, 스키장 고객들이 이미 다음 계절의 스포츠나 달력상의 다음 위락 활동을 하기로 마음을 먹을 경우 계절성이 중요한 요인으로 작용한다.

이어서, 이 장에서는 야외 위락과 여가 활동으로 전문화된 리조트 등에서 특히 중요한 의미를 지니는 관광의 계절성에 관련된 일반적 주제에 대해 살펴보고자 한다. 리조트는 특별한 스포츠 또는 일정 유형의 스포츠 활동에 초점을 둠으로써, 특정한 활동을 제공하기 위한 기반시설이나 지원 시설 등에 많은 투자를 하여야 한다. 모든 투자가 원활하게 잘 이루어지게 될 경우, 계절이 끝나서 관광객 수가 급격히 감소하는 시기에도 훌륭한 사업적 성과가 나타나게 된다. 이러한 사업적 성과를 나타내기 위해서는 계절성을 확대하거나, 다른 스포츠나 사업적 초점을 자연스럽게 전환시킬 수 있는 다양한 경영전략이 필요하다.

마지막으로, 이 장에서는 계절성을 인간이면 거치게 되는 상이한 수명주기에 적용시키고, 어떻게 리조트가 변화하는 인간 상황을 잘 고려하는지 검토한다. 리조트 마케팅의 중요한 구성요인은 다양한 여가 상품을 중요도에 따라 배열하고, 효율적인 시장 세분화에 초점을 두어왔다. 하지만 인구의 고령화가 진행됨에 따라, 새로운 비(非) 여가시장(non-leisure market)이 급격히 부상하고 있다. 대다수 사람들은 리조트를 은퇴 후 생활 거주지, 또는 대안적 형태의 의료 지원이나 저렴하고 신속한 의료 서비스를 제공받을 수 있는 곳으로 여기고 있으며, 더 많은 건강 보험회사나 정부는 리조트를 의료서비스가 효율적으로 전달될 수 있는 장소로 간주하고 있다. 이와 같은 경향은 부동산, 의료 및 리조트 영역 간의 새로운 파트너십의 형성을 가능하게 하고 있다. 따라서 이러한 영역은 리조트가 지닌 건강성에 특히 초점을 두고 있고, 나아가 어떤 일부 국가에서는 리조트가 의료서비스나 은퇴자들을 위한 대비 장소로서의 역할이 증가하고 있다.

## 2. 계절성과 스포츠

스포츠는 일차적으로 많은 사람들이 즐기기 위해, 전문적인 경력을 쌓기 위해 참여하는 경쟁적인 위락 활동을 포함하고 있다. 이러한 활동은 일반적으로 계절성을 가지고 있고, 대중매체에 의해 스포츠 활동이 자주 노출됨으로써 많은 사람들에게 더욱더 관심을 받고 있다. 이러한 스포츠 활동에 대한 수요를 충족시키기 위해 일부 리조트는 선택된 스포츠 활동에 계절성 주기를 부여하여, 수요에 대비하거나 개발하는 데 몰입해왔다. 지구의 냉온대 지역에서, 스포츠 활동에 대한 수요는 여름 스포츠에서 겨울 스포츠로 이어지는 차별적인 계절적 형태로 나타났지만, 온난한 지역에서는 골프나 테니스와 같은 이른바 '여름 스포츠' 활동이 연중 가능하다.

특정 스포츠를 전문화 시키고자 하는 리조트가 국가 또는 국제적 수준에서 경쟁하기 원한다면, 스포츠 활동을 위해 필요한 적절한 기반시설, 지원 시설, 그리고 서비스 등에 대해 막대한 투자를 하여야만 한다. 스키 리조트의 경우 이는 상급자 및 초보자들을 위한 다양한 유형의 스키 슬로프를 조성하기 위해 막대한 양의 나무나 풀 등을 베어내야 하는 것을 의미한다. 지구가 온난화되는 있는 현 상황에서, 많은 리조트는 인공제설기로써 자연 설을 보강해야 하는 상황에 직면해 있다. 리조트는 주요 슬로프별로 배치된 인공제설기의 효과적 가동을 위해 안정적인 용수확보는 물론, 용수를 공급하기 위한 광범위의 배수관 시설

공사를 실시해야 한다. 성수기에 스키장을 찾는 많은 스키어들을 위해서는 빠르고 안전하게 이동할 수 있는 리프트를 설치하여 제공해야 한다. 슬로프가 최상의 상태를 유지하기 위해서는 짧은 겨울 낮 시간대를 피해 야간에 정기적으로 정리하여야 한다. 슬로프 운영시간의 연장을 위해서는 야간 조명등을 설치하여 밝혀주어야 한다. 또한 스키어들로 하여금 최상의 경험을 하도록 하거나 초보자에 맞게 지도할 수 있는 전문스키 강사들을 대기시켜야 한다. 만일의 안전사고에 대비해서는 일정 수준의 의료진이 대기하고 있어야 한다. 이와 같은 다양한 종류의 엄청난 투자와 노력은 골프나 테니스 리조트에서도 거의 똑같이 이루어지고 있다.

리조트나 시설을 대외적으로 노출시켜 스포츠가 열리는 시기 동안 경쟁력이 있는 이벤트 장소가 되기 위해 다양한 전문 스포츠 투어와 연결하기도 한다. 콜로라도 주의 Beaver Creek & Vail 리조트에서는 미국 Freesking Open이 개최되고, California 주의 Pebble Beach는 Professional Golf Association(PGA: 미국 프로골프협회) 투어의 중심지이고, 스코틀랜드의 St. Andrews는 BOC (British Open Championship: 영국 오픈 챔피언십)을 주요 이벤트로 유치하고 있다. 한편 호주 퀸즐랜드의 Coolum에서는 Hyatt Regency가 Australian Professional Golf Association(APGA: 호주 프로골프 협회)의 국내 챔피언십 경기를 개최하고 있다. 이와 같은 스포츠 투어 이벤트는 편리한 스포츠 관광리조트와 결합된 전문 스포츠와 일반 스포츠 간의 상징적 관련성을 강화시켜준다.

스포츠관광에서 증가하고 있는 경제적 중요성은 더 큰 중요한 관광목적지에서도 나타나고 있다. 호주의 멜버른은 도시 자체를 이벤트 도시로 차별화시키기 위해 노력하였고, 2006년 1월에서 3월 사이의 3개월 동안 호주테니스오픈(Australian Tennis Open), 포뮬러1그랑프리(Formula 1 Grand Prix), 그리고 커먼웰스게임(Commenwealth Games) 등의 이벤트를 유치하였다. 아리조나 주(州)의 Scottsdale은 지역 리조트가 골프와 테니스를 통해 명성을 얻었다.

174개의 골프코스, 세계 정상급의 리조트나 스파, 수많은 테니스코트와 코칭 스탭, 그리고 프로야구 봄 훈련 캠프 등을 정기적으로 개최하고 이 모든 것들은 그 지역의 눈부신 태양과 하늘 아래 제공되고 있다. 호주의 Gold Coasat는 시장에서의 소구력을 다각화시키고, 계절성을 분산하기 위해 연중 다양한 이벤트를 개최하고 있다. 대표적인 이벤트로는 Gold Coast Indy 자동차 경주대회, 호주 수상안전 경연대회(Australian Surf Life Saving Championships), 그리고 골드코스트 마라톤 대회 등을 들 수 있다.

하와이의 Honolulu에서는 지역의 관광수요를 다변화하고 비수기 방문객의 유치증대를 위해 스포츠시장에 대한 적극적인 참여를 결정하였다. '뛰어난 기후와 연중 가능한 야외활동 조건 및 아시아-태평양 지역 중심지로서의 위치 등은 Honolulu로 하여금 국내적, 국제적 스포츠이벤트 개최를 위한 최적의 자연조건을 갖춘 지역으로 만들고 있다'(Harris, 2004: 129). 이런 잠재력을 가지기 위해 Honolulu는 Waipio Pennisula Soccer Complex, Central Oahu Regional Park Tennis & Baseball Complex 등의 수많은 시설을 건설해왔다. 이 같은 현대적 복합적인 시설물들은 수많은 국내외 스포츠이벤트와 관광객들을 끌어들이고 있으며, 나아가 '오아후 주민들에게는 1년 내내 우수한 운동시설물을 활용할 수 있는 기회를 제공하고 있다'(Harris, 2004: 129). 요약하자면, 이러한 시설물들은 두 가지 목적을 지닌 투자로 이해할 수 있다 – 즉, 관광산업을 위한 경제적 자극제로서의 투자, 지역 주민들의 건강을 위한 사회적 투자의 목적 등이다.

스포츠관광 리조트는 지역 수준에서 개최되는 스포츠 활동에서도 사업 기회가 존재하기 때문에 국가적, 국제적 수준의 관광목적지에만 제한되지 않았다. 어린이와 십대 청소년들은 챔피언이 되기 위해 스포츠 활동에 참여하고, 이런 이벤트에 가족이나 친구 등과 같은 지원자들을 끌어들이기도 한다. 더욱 수익성이 좋은 스포츠 시장은 은퇴한 프로선수나 아마추어 선수들이 친구나 가족들과 같이 노년을 즐길 수 있는 '노인들을 위한 스포츠 이벤트'가 있고 이 시장은 현재 그 수가 증가하고 있다. 지역 공동체나 리조트는 이러한 유형의 이벤트 사회화와 스포츠를 결합하여 관광객을 유인해 토너먼트(tournament) 관광목적지로서의 이미지를 쌓기 위해 노력한다.

## 3. 리조트의 계절성

대부분의 관광이나 스포츠 활동은 고객이 만족할 수 있는 최적의 조건을 필요로 하기 때문에 날씨는 여행과 위락 형태를 결정짓는 중요한 요인이다. 대부분의 관광산업이나 스포츠이벤트는 참가하는 고객의 만족도 증진을 위하여 최적의 기후조건이 필요하다. 이는 Butler와 Mao(1997)에 의하여 계절성의 '물리적 요인'으로 설명되고 있다. 그들은 관광 내에서 계절성을 유발하기 위해 푸쉬(push)와 풀(pull) 요인중 일부분만을 사용하였다. 이들의 영향은 관광객의 휴양지 선택에 영향을 미치는 '사회·문화적 요인(social and cultural factors)' 으로 수정되었다. 이러한 두 가지 요인들의 결합은 다음과 같이 (그림 4-1)에 제시되어 있다.

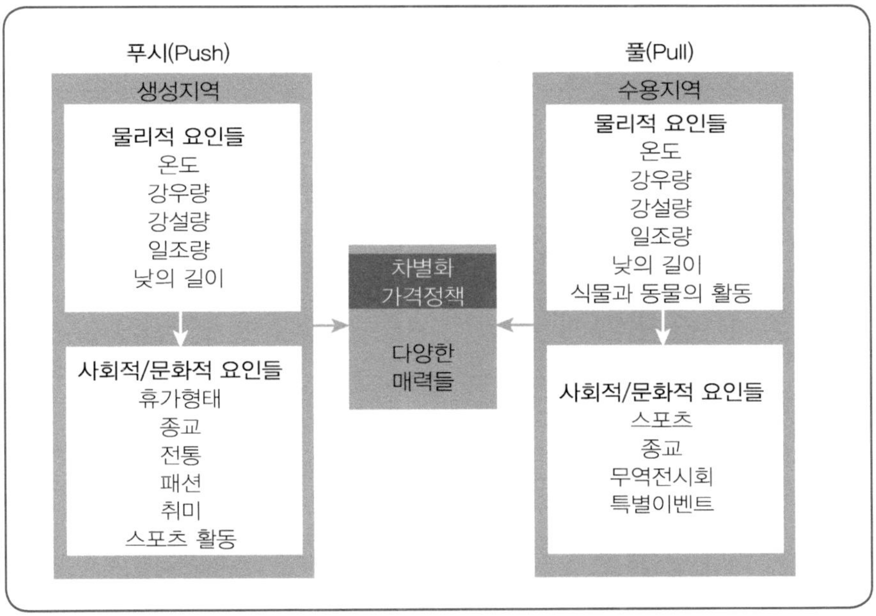


**그림 4-1** 관광산업에서의 계절성 요인 (Butler and Mao, 1997: 10)

《 그림 4-2 》 계절성을 위한 경영 전략 (Butler and Mao, 1997: 14)

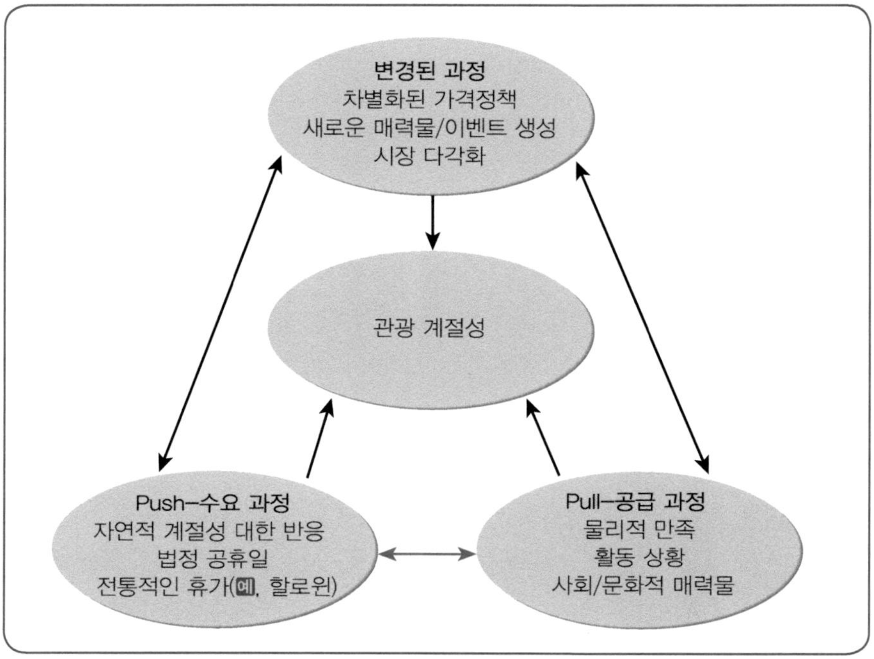


(그림 4-1)은 관광객의 거주지(생성지역)와 예상된 휴가 관광목적지(수용지역)를 고려해 관광객에게 영향을 미치는 물리적, 사회적/문화적 요인들을 제시한 것이다. 예를 들어, 해변 리조트에서 Push 요인은 관광객으로 하여금 자신의 거주에서의 좋지 않은 날씨 조건에서 벗어나 해변에서 휴가를 보내기로 결정하도록 자극한다. 반면 Pull 요인은 더 나을 것 같은 관광목적지의 리조트의 날씨 상황에 대한 지식을 포함한다. 휴가를 즐기기로 한 실제 날짜는 학교의 휴가나 전통적인 법정 공휴일 등과 같은 사회적이거나 문화적인 Push 요인에 의해 결정될 것이다.

어떤 방식으로 리조트가 규칙적인 계절성을 지닌 여행 형태에 영향을 미치는지는 Butler와 Mao(그림 4-2)에 의해 제시되었다. 이러한 원래의 push와 pull 요인이 지닌 특성은 지금은 수요와 공급과정으로 명명되었고, 계절성에 미치는 이들의 영향은 변화되고 있는 리조트 경영 과정에 합쳐졌다. Butler와 Mao에 의해 구분된 주요한 경영 전략 중에는 차별화된 가격 정책, 새로운 매력물과 이벤트 생성, 그리고 시장 다각화 등이 있다.

❖ 차별화된 가격정책

하나의 일반적인 전략은 수요와 공급법칙이라고 하는 경제원칙을 적용하는 것이다. 따라서 모든 가용자원이 총동원되는 성수기에 이용하게 될 경우에는 관광객은 프리미엄 가격을 리조트에 지불해야 할 것이다. 만약 사람들이 준성수기에 이용한다면, 다소 여유 있는 수용력과 보다 많은 선택의 기회로 인해 다소 인하된 비용을 리조트에 지불하면 된다. 관광객들이 비수기에 방문할 경우 리조트는 핵심적인 직원만을 유지하고, 일부 시설의 폐장을 고려하기 때문에 방문객들은 많이 할인된 비용을 지불하면 될 것이다.

❖ 비수기 매력물과 활동

어떤 리조트의 가장 주요한 매력물이 스키 등과 같은 상당히 계절성을 가진 것이라면, 그 리조트는 성수기 이외의 시기를 위한 대안적인 매력물을 개발해야만 한다. 스키를 대체할 수 있는 야외활동으로서는 골프, 하이킹, 산악자전거, 자연 탐조 등을 들 수 있으며, 실내 활동으로서는 축제, 컨퍼런스, 워크숍 등을 들 수 있다. 계절성이 높은 리조트가 지닌 목적은 성수기에서 준성수기로 계절성을 골고루 분포시키고, 가능한 한 사계절 상황에 적합한 매력물을 개발하는 것이다.

❖ 시장 다각화 전략

차별화된 상품을 개발하는 데 있어, 리조트는 스스로 차별화된 시장을 열어야 할 것이다. 이러한 시장 세분화는 성수기 방문객에 의해 사용된 것과 동일한 유형의 시설물을 사용하는 것일 수 있지만, 리조트 자체가 고객에게 더 많은 편의를 제공해주어야 한다는 차별화된 욕구를 가지기도 한다.

여러 가지 전략을 결합하여 계절성을 상쇄시킨 한 연구에서는 최상의 경영 반응이 나타났다. Owens(1994)는 캐나다와 미국 각각에서 59개의 '사계절 이용 가능한 리조트(all-season resorts)'에 대해 조사하였고, 다음과 같은 결과를 제시하였다. 캐나다의 사계절 이용 가능한 리조트는 여름철(44%)에 가장 높은 매출을 기록하였고, 겨울철(17%)에 가장 낮은 매출을 경험하였다. 미국 리조트의 경우는 여름철에 39%, 겨울철에 25%의 매출이 발생하는 것으로 나타났다. 게다가 대다수 리조트는 차별화된 가격정책을 사용하여 낮은 계절성으로 인한 사업 침체기를 여러 가지 위락 상품으로 다각화시켜 상쇄하였다. 스키슬로프는 여름철에 워터 슬라이드로 바뀌었으며, 악천후에 대비한 다양한 실내 활동 상품이 개발되기도 하였다. 대다수의 리조트, 특히 주요 대도시 주변에 있는 리조트들은 컨벤션이나 기업회의의 유치를 위해 장소성을 더욱더 강조하고 있다. 하지만 캐나다나 미국의 리조트를 이용한 방문객들은 리조트에 필요한 가장 중요한 경쟁력의 원천은 '서비스 우수성'이라고 답하였다(Owens, 1994: 30).

비수기 정책과 관련하여 Fernadez-Morales(2003: 944)는 스페인의 코스타 델 솔(Costa del Sol, 태양의 해변) 지역에서 시장 다각화의 영향에 관하여 연구하였다. 그 지역은 태양과 바다가 관광의 주된 상품이어서 관광산업은 계절성에 의해 막대한 영향을 받는다. 하지만 다양한 리조트 관광목적지는 계절적 성수기가 각기 다르다. 그는 연안(costal) 시장이 골프나 농촌 관광을 통해 계절성을 최소화시키려고 노력하는 반면, 그라나다의 내륙지방에서는 다양한 계절적 변동성을 최소화하기 위해 스키와 문화 관광이 첨가된 태양과 인근 해안 지역 상품을 제공하여 성공하였다고 보고하였다. 하지만 Fernadez-Morales는 사회적 관광에서 계속적으로 비수기가 나타나는 노령인구 시장의 비중이 점차 커짐으로 인해 장차 지중해 연안 리조트 목적지에서 계절성이 완전히 극복되기에는 어렵다고 느꼈다.

리조트 경영주들은 위와 같은 비수기 정책들을 실시하기 이전에 계절적 변동성이 얼마나 극심하며, 이 문제에 대해 어떻게 접근할 것인가에 대한 명확한 개념을 정립하고 있어야만 한다. 그 문제가 지닌 규모가 어느 정도인지, 그리고 어떻게 그런 상황을 개선할 전략을 잘 관리할 수 있을지 알아야 하기 때문에 회계적 관점에서 어떤 문제를 정확하게 측정하지 않고서는 그 문제를 해결할 수 없다.

경제학적 용어로 계절성은 어떤 체제 내에서 비효율성을 유발하는 최고점 문제(peaking issue)이다. Richardson(1971: 104)에 따르면 이와 같은 최고점 문제는 그것의 부하요인(load factor)을 검토하면 측정이 가능하다고 한다. 부하요인은 최고부하(peak load)에 대한 평균부하(average load)의 비율이며, 이는 어떤 체제 내에서 상대적 사용 효율성을 나타낸다. 이를 공식으로 표현해보면 다음과 같다.

$$\text{부하요인} = \frac{\text{월(月) 평균 방문객 수}}{\text{최고 성수기 월(月)별 방문객 수}} \times 100$$

이와 같은 공식에 의할 경우 예를 들어, 도시 운송체제의 경우 아침, 저녁의 러시아워 피크타임으로 인해 부하요인은 33%로 매우 낮은 수치를 보이고, 전력사용량은 75~80%의 최고 상태를 나타낸다. 식사 시간이나 슈퍼볼 게임의 하프타임 휴식시간 등과 같은 사건 동안에도 부하 요인값이 높다.

본 저자는 높은 계절성을 지닌 호주의 스키 리조트에서 리조트 경영 전공 학생들을 대상으로 이 공식을 사용하였다. 출판된 자료나 지역에 대한 정보를 사용하여, 필자가 도출한 부하요인 점수는 25~30%였다. 이는 그다지 놀랄 만한 수치가 아니다. 왜냐하면 지난 5년간 한 리조트에서 보고된 바에 따르면 스키시즌인 4개월간의 방문객이 평균 25만 200명이었던 것에 반해 나머지 8개월간의 방문객은 고작 13만 3천명에 불과하였기 때문이다. 이러한 결과는 스키 리조트들이 성수기 동안에는 방문객 확보를 위해 필사적으로 노력하고, 오랜 시간의 비수기 동안에는 거의 유령도시와 같은 상태로 지내고 있음을 나타내준다. 이것은 리조트가 눈이 필요 없는 상품이나 매력물을 개발하여 보다 효율적으로 운영되어야 함을 말해준다.

계절성을 해결하기 위한 접근 방법 중에서 Jang(2004)은 하나의 자산운용투자에 따른 장기적 목표와 위험 허용수준을 결합한 방법을 제안하였다. 리조트의 계절성을 관리하는 데 있어 장기적 목표는, 리조트 전반에 걸쳐 최고의 연간 수익을 가져다줄 최적의 상품구성을 도출해내는 것이다. 이를 위해서는 경영자들은 자신들이 수용할 수 있는 위험수준을 반영한 연간 수익목표를 설정하고, 그 설정된 수익을 가져올 수 있는 상품구성을 도출해낼 수 있어야 한다. 확보된 자료를 사용하여, Jang은 Markowitz 자산운용투자 모델의 응용이 상이한 위험부담 목표를 충족시키기 위해 어떻게 차별적인 계절성 시장을 구분하는지 보여준다고 설명하였다. 숙박객 수를 최대화하기 위해서 필요한 고(高)위험 전략의 경우, 투자와 위험은 가외의 위험 부담이 상대적으로 덜한 관광이나 쇼핑 등을 주로 하는 당일치기 여행객들에게 매력적인 저(底)위험 전략보다 투자 규모와 위험도가 훨씬 크다.

## 4. 리조트와 인간의 계절

리조트 경영주는 사람들이 그들처럼 나이들고 상이한 휴가 우선순위를 지니는 수명주기를 가지고 있다는 사실을 잘 알고 있다. 특정 스포츠에 집중하는 리조트는 특정 연령대에게 소구력(appeal)을 지니는 개별적 스포츠가 있고, 체제 내에 특정 연령 집단이 충분히 있는지 알기 위해 사용되는 연령피라미드(age pyramids) 등과 같은 인구통계학적 동향을 검사할 필요가 있다. 물론 연령이 수요를 결정하는 유일한 요인은 아니지만, 물리적 영향을 많이 받는 스포츠나 레크리에이션의 경우에는 연령과 높은 상관성을 지닌다. 리조트에서 행해지는 스포츠로서 연령과 강한 관련성을 가지는 것으로는 스키를 들 수 있다. 스키는 베이비부머 세대들과 함께 꽃을 피웠었다. 그러나 그 세대들이 은퇴하기 시작하면서 스키와 같이 강한 육체적 운동을 계속할 수 있는 사람이 거의 없어지게 되었다. 따라서 스키 리조트 경영주는 외국 관광객 또는 스노우 보더들을 위한 새로운 시장을 개척하기 위해 노력하고 있으며, 나아가 연중 가능한 매력물과 실재 자산 등과 같은 새로운 상품으로 다각화시키고 있다.

리조트가 스포츠관광 또는 레크리에이션 상품에 투자하고자 할 때, 세 가지 선택을 하여야 한다. 만일 어떤 스포츠가 특정한 활동분야와 연령대에 초점을 맞추고 있다면, 그 초점을 맞추고 있는 분야에서 고유한 브랜드 정체성을 확립하여야 한다. 그러한 전략은 그 리조트를 차별화시키는 데 도움을 줄 것이며, 나아가 최초의 참가그룹들이 자신들의 연령 주기에 따라 다른 스포츠 활동이나 상품으로 옮겨간다고 하더라도 향후에 그 스포츠에 관심 있는 개인에게 그 리조트가 최고라는 인식을 심어줄 수 있을 것이다. 또 다른 전략으로는 고객들이나 그 가족들을 위한 다양한 보완적 활동을 제공함으로써 리조트가 지닌 핵심적인 매력물이 지닌 소구력을 확장시키는 것으로, Hyatt Regency Coolum이나 호주의 Mt. Buller 스키 리조트의 등의 사례에서 찾아볼 수 있다. Mt. Buller 스키 리조트는 스노보드를 가지고 할 수 있는 활강(downhill)이나 자유활강을 첨가하였으며 눈썰매, 눈싸움, 눈사람 만들기 등과 같은 단순한 활동들을 추가하였다. 이러한 것들이 가능할 수 있었던 것은 호주에서는 산악지역에서만 눈이 내리므로 많은 호주인들은 그러한 활동들을 경험할 수 있는 유일한 방법으로 산을 찾고 있기 때문이다. 세번째 전략은 폭 넓은 연령대의 사람들을 수용할 수 있는 여러 가지 유형의 스포츠로 다각화시키는 것이다. 이것은 리조트 관광목적지에서 흔히 사용하는 방법으로 다양한 연령대의 사람들을 끌어들일 수 있는 연중 이용 가능한 시설을 활용하는 것이다. 캐나다의 BC(British Columbia) 주(州)의 중앙부에 위치한 Kamloops는 태양이 내리쬐는 좋은 날씨와 함께, 발달된 교통망 등을 적극 활용하여 스스로를 '시합의 도시(tournament city)'라고 홍보하고 있다. 도시는 어린이, 성인, 노인 등 다양한 연령대의 사람들을 위해 다양한 스포츠 시합을 개최하고 있으며, 관광수입의 상당부분을 그 시합의 참가자나 후원자들이 소비하는 돈에 의존하고 있다.

아무리 몸이 튼튼하고 스포츠에 열정적인 사람이라 하더라도 그 운동을 지속하거나 새로운 운동을 쉽게 시작하기 위해서는 자신의 몸에 대한 '정성스럽고 자상한 보살핌(tender loving care)'이 필요한 때가 오기 마련이다. 사람은 나이가 들수록 에너지를 충전하고 원기를 북돋우는 헬스 스파(health spa) 같은 것을 보다 자주 찾게 된다. 서구인들의 경우 노령화의 진행으로 인해 이와 같은 종류의 리조트 활동에 대한 수요가 폭발적으로 증가하고 있다. 뮌헨여가경제연구소(The Munich Institute for Leisure Economics)(2004)는 독일인들을 대상으로 이와 같은 현상에 대하여 설명하고 있다. 연구소는 2003년 한 해 동안 독일의 건강 관련 관광시장(health-related tourism market)에서 160만 명의 사람들이 250만 건의 장단기 여행을 하였다고 보고하고 있다. 이와 같은 거대한 시장은 이제 뚜렷한 4가지 유형의 하위시장으로 발전하고 있다. 그 중 가장 큰 시장은 '의료서비스 휴가(health care holidays)' 관광객 집단으로 2003년 한 해 동안 140만 건의 여행이 발생하였으며, 그 다음으로는 '건강 관련 휴가(wellness holidays)' 집단으로서 80만 건, '미용 휴가(beauty holidays)' 집단이 20만 건, 그리고 '노화방지 휴가(anti-aging holidays)' 집단이 1만 건의 순으로 나타났다. 이는 현재에도 매우 큰 수치라고 할 수 있지만 독일 인구의 노령화로 인해 2010년에는 전체 관광시장의 70%를 차지할 정도로 높은 성장이 예상되며, 따라서 미래에는 의료관광 시장이 가장 역동적으로 성장하는 시장이 된다고 할 수 있다.

Morrison(2005: 48)에 따르면 체재형 관광으로서 하나의 새로운 동향은 서구 의학과 결합된 통합적 스파요법(holistic spa treatment)이라고 하였다. 의사들은 가까이서 건강과 관련한 문제해결을 위해 도와주며, 대체요법자들 또한 옆에서 신체와 정신 건강을 치료할 수 있도록 도와주고 있다. 이러한 스파 또는 건강센터는 아름다움이나 정신적 건강 이외에도 건강에 초점을 둔 5성급 리조트에서 중요한 부대시설로 자리잡아 가고 있다. 5성급 호텔에서는 수영장이 필수적 시설이 되어가고 있지만, 직원의 배치와 수익성을 확보하는 것이 중요한 또 하나의 과제로 남아 있다.

스파와 의료 관광을 중요한 차별화요인으로 활용해 온 호주의 리조트로는 호주의 Whitsunday Islands에 있는 Daydream Island resort를 들 수 있다. 비타민 제제의 판매를 통해 부자가 된 리조트의 현재 소유자인 Vaughan Bullivant는 자신이 그리는 이상적인 리조트의 모습을 현실로 옮기기 위해 7500만 호주 달러를 들여서 공사에 착수했으며, 스스로 생각하기에도 그 일은 잘 한 것(Scott, 2004: 17)이라고 하였다. 그의 꿈은 리조트의 시설물들을 의료관광의 개념 위에 재설정하는 것이었다. 즉, 기력을 재충전할 수 있는 스파, 의료검진, 일상적인 야외 활동과 건강 식단 등을 제공할 수 있도록 함으로써 고객이 더욱 건강해지고 편안하게 휴식을 취했다는 느낌을 가지고 집으로 돌아갈 수 있도록 만드는 것이었다. Daydream 리조트의 스파는 방문객의 원기회복—세심한 건강진단과 교정과정—에 초점을 맞추고 있음을 홍보하기 위해 가까이에 있는 대산호초(Great Barrier Reef, 호주 북동해안을 따라 발달한 세계 최대의 산호초. 경관이 아름답고 다양한 해양생물이 서식. 1981년 유네스코 세계자연유산으로 지정)의 생명활동과 연결되어 있으며, 그 지역의 물을 사용하고 있음을 강조하고 있다. 이 스파에서는 자연요법(naturopathy), 아로마요법(aromatherapy), 수(水) 치료법(hydrotherapy) 및 마사지, 그리고 미용요법(beauty therapies) 등을 제공하고 있다. 또한 이 스파는 Daydream Island의 조용한 북쪽 지역에 위치하면서 개인 발코니와 바다 경관이 가능한 모두 16개의 개인 시술실로 구성되어 있다.

이와 같은 스파와 건강센터의 증가는 노령인구가 자신들의 건강문제와 더불어, 어떻게 하면 활동적인 라이프스타일을 가능한 한 오랫동안 유지할 수 있는가에 관심을 집중하고 있음을 반영하는 것이다. 지구상 많은 부분에서 이와 같은 관심사는 사람들로 하여금 리조트를 방문하게 하는 오래된 이유가 되고 있다. 일본에서는 전통적인 온천욕이 많은 리조트들의 핵심적인 매력물로 작용하고 있다. 일본에는 거의 3천개의 온천지역이 있으며 해마다 대략 1억 3천 7백만 여 명의 사람들이 온천시설을 이용하고 있다. 가장 으뜸으로 치는 온천리조트들은 군마 현(縣)의 Kusatsu 지역에 있다. 리조트는 도시 중심부의 수많은 나무로 된 송수관을 통해 온천수가 공급되고(그림 4-3), 그 온천수는 땅에서 분출될 때 섭씨 55℃로 상당히 뜨거우며, 송수관을 따라 서서히 식으면서 도시의 다양한 전통 료칸(일본의 전통 여관)으로 공급된다(Kusatsu, 2005).

많은 리조트에서 증가하고 있는 관광에 대한 관심은 일반적인 의료서비스나 수술 처치로 옮겨가고 있다. 의료서비스의 세계화에 큰 역할을 하고 있는 태국의 리조트에서는 태국이 특히 치과나 미용성형으로 유명하기 때문에, 해마다 많은 국제 관광객이 들어오도록 유인하고 있다. 외과적 치료를 위해 태국을 방문한 국제 의료관광객은 2002년 54만 명에서 2004년에는 110만 명으로 급증하였다. 이처럼 많은 방문객을 끌어들이는 힘의 원천은 양질의 의료서비스, 자국보다 싼 의료비용 및 짧은 대기시간, 고유문화의 경험이 가능한 리조트 등에서 비롯하고 있다. 태국 보건성의 대변인은 태국 의료관광의 장점을 들면서, 양질의 의료시술을 제공할 뿐만 아니라 다음과 같은 좋은 점도 있다고 강조하고 있다.

> "우리는 의료서비스와 스파요법에도 초점을 맞추고 있다. 우리는 우리의 차별화된 상품, 태국의 문화, 태국다움을 판매하고 있다. 우리는 이 지역에서 주요 경쟁국인 싱가포르와 차별화를 해나가고 있다. 싱가포르가 보다 서구적이라고 한다면, 우리는 태국과 서구 의학을 통합한 방법을 사용하고 있다."
>
> (Levett, 2005: 6)

태국 의료관광의 또 다른 이점으로는 추가적 가치의 제공이다. 예를 들어 치과수술 후 잇몸 마사지 서비스를 제공하거나, 휴가기간 동안 수술을 할 수 있도록 배려함으로써 수술 후 바로 직장이나 집으로 복귀해야 하는 경우에 비해 환자들이 편안하게 휴식을 취하면서 보다 빨리 회복할 수 있도록 도와주는 것 등을 들 수 있다.

《 그림 4-3 》
Kusatsu
온천과
여름축제

태국은 증가하고 있는 의료서비스 시장에서 국가적 역량을 기울이는 동남아시아 몇 개 국가들 중의 하나이다. Henderson(2004: 111)에 따르면 말레이시아, 싱가포르, 태국은 성장하고 있는 이 분야를 선도하고 있으며, 각국은 자국만이 지닌 독특한 강점을 적극 발휘해나가고 있다. 말레이시아는 의료검진과 입원에서 강점을 가지고 있다. 즉, 몇몇 호텔들은 건강진단과 그에 따른 담당의사에 대한 진료 등을 패키지로 통합하여 제공하고 있다. Sunway Medical Center는 Sunway Lagoon Resort Hotel과 협력하여 '휴식과 재미가 하나로 통합된 의료휴가(medical holiday)' 상품을 광고하고 있다(Henderson, 2004: 114). 싱가포르 정부는 "아시아의 의료서비스 허브"로서의 명성을 되찾고자 노력하고 있으며, 이는 2012년까지 1백만 명의 외국인 환자유치 목표설정 및 스파관광산업의 개발확충 등의 형태로 전개되고 있다(Henderson, 2004: 114). 태국은 미용성형수술과 리조트 관광목적지를 연계하는 전략을 추구하여, 방콕 지역뿐만 아니라 북부지역의 Chang Mai와 남부지역의 Phuket 등지에 의료서비스센터 개발을 추진하고 있다(Henderson, 2004: 115). 동남아시아의 의료관광에 관한 이 같은 조사에서 Henderson(2004: 117)은 미용과 중요도가 낮은 외과적 처치는 리조트에서의 여가활동과 패키지로 제공되고 있으며, 나아가 대체적 요법들은 휴가기간 동안 관광객들에게 옵션으로 받아들여지고 있다고 보고하고 있다. 서구 국가들에서 자국내 외과적 수술을 위한 대기자 리스트가 점점 길어지고, 그에 대한 관리비용도 점차 증가함에 따라 정부나 보험회사는 전통적인 병원체재보다 비용이 상대적으로 적게 드는 리조트를 그 대안으로 선호하게 되었으며, 그리하여 이제 이와 같은 의료서비스 리조트에서는 중요도가 높은 외과적 수술과 처치 또한 점차적으로 시행하고 있는 추세이다.

노령화와 그에 따른 은퇴는 사람들의 신체적, 정신적 능력의 퇴화속도를 느리게 하거나 서서히 이루어지도록 도와주거나, 고객이나 리조트를 위해서 하나의 다른 기회를 제공해주는 계기가 된다. 다수의 은퇴자들이 리조트를 이용하고자 하는 계획을 세우는 주된 이유는 '사는 집의 크기를 줄이고 어딘가 멋진 곳으로 이사하고 싶다'는 욕구가 증가하기 때문이다. 대도시에 사는 사람들은 자신들이 사는 집값이 많이 오른 덕분에 자산소득의 증대를 경험하였다. 그리하여 많은 사람들은 영구적 또는 계절적으로 목적지 리조트로 옮겨 갈 수 있는 기회를 가지게 되었으며, 그 곳에서 가끔씩 찾아오는 친구들이나 친지들과 함께 쾌적한 시설과 분위기를 즐기면서 살고 싶어 한다. 전 세계 리조트 관광목적지는 새로운 형태의 국제적 이동으로 묘사되는 은퇴 시장의 놀랄 만한 증가 속도에 부응하고 있다. 이러한 예로서 Gustafson(2002)에 의한 스웨덴 은퇴자들에 대한 조사를 들 수 있다. Gustafson(2002)의 연구에 따르면 그들은 여름을 자신들의 집에서 보내고 겨울은 스페인에 가서 보낸다. 이와 같은 사회학적 연구는 이러한 새로운 형태의 '유목민(nomads)'들이 관광객도 아니고 이민자들도 아니라는 것을 보여주고 있으며, 이들은 환영받든 그렇지 못하든 마치 계절적 이동 근로자와 상당 부분 유사하다. 만일 리조트와 그 지역공동체가 은퇴자에게 봉사하고 그로부터 수익을 얻고자 한다면, 이러한 새로운 유형의 세분시장 고객인 은퇴자들을 위해 새로운 전략과 상품을 개발해나가야 할 것이다.

## 요 약

이 장에서는 리조트와 계절성 간의 높은 연관성에 대해 설명하였다. 그것은 날씨나 국가공휴일 등과 같은 전통적인 관습적 행사 등에 의해 유발된 리조트의 계절성만을 의미 하는 것이 아니다. 계절성은 인간이 놀이나 즐거움을 얻기 위해 개발되거나, 인간성 자체가 계절적 특성을 지니는 것과 밀접히 연결되어져 있다. 스포츠는 일부 리조트가 핵심적인 스포츠나 그것을 계속 유지하기 위해 투자를 하여 스포츠의 계절성을 확대하였기 때문에 인간 생활에서 중요한 일부가 되었다. 사람들이 수명주기에 의해 살아가기 때문에, 인간이 지닌 욕구는 태어나서 죽을 때가지 충족되어져야 한다. – 스키 초보자 교실에서부터 주니어캠프, 성인들의 참여나 경쟁, 그리고 최종적으로는 신체기능을 유지하거나 치료 등에 이르기까지. 전문 직원이 있는 매력적인 환경에서 모든 것이 제공된 리조트는 가능한 한 오랫동안 기억되고, 아픔을 인내할 수 있는 한 승리를 얻을 수 있을 것이다.

사례연구

### ••• 스포츠 관광-호주, Cooloum의 Hyatt Regency •••
### (www.cooloumhyatt.au-hotels.com)

호주 Queensland 주(州) Cooloum에 소재한 Hyatt Regency 리조트는 스포츠를 이용하여 사업을 활성화시키고 자체의 명성을 높이는 것으로 유명하다. 그곳은 일년 연중 계속적으로 활동이나 이벤트가 개최되는 스포츠 리조트이다. Hyatt Regency는 연중 내내 휴가를 즐기려는 사람들에게 다양한 활동이나 계절에 따라 방문객들에게 상이한 활동을 제공해줄 수 있는 방법을 선택해왔다. 게다가, 중요한 사건은 그 리조트가 사람들의 인식 속에서 최상의 부분에 위치할 수 있게 하였고, 그 결과 추가적 예약도 유발되었다. 그 리조트의 시장수요의 거의 대부분은 내국인이므로, 호주의 시장에서 가장 효과적인 차별화요인은 스포츠라고 할 수 있다. 최근에는 Michael Crawford ('오페라의 유령'의 스타) 초청 이벤트와 같은 주요 콘서트를 개최함으로써, 주요 스포츠 이벤트 개최와 유사한 효과를 불러일으킨 바 있다.

Hyatt Regency 리조트는 퀸즐랜드의 인기 목적지인, 브리즈번에서 북동쪽으로 약 1시간 정도 떨어진 Sunshine 해변(Coast)에 있다. 인기 있는 관광목적지에서 5성급 리조트가 되기 위해서는, 휴가객들의 마음속에 뚜렷이 자리잡을 수 있어야 하며 연중 내내 그들을 유치할 수 있어야 한다. 이를 위해 그 리조트는 연중 내내 가능한 골프와 테니스를 핵심 스포츠로 강조하고 있으며, 특히 호주 프로 골퍼 협회 챔피언십을 유치함으로써 많은 골프 애호가들 사이에서 가장 높은 인지도를 형성하고 있다. 지명도가 높은 테니스 이벤트로 매년 개최되는 '호주 테니스 축제(Australian Festival of Tennis)'로서, 유명 연예인들이나 프로선수들이 참가하여 1주간에 걸친 토너먼트를 펼치게 된다.

골프 애호가들을 유치하고 즐거움을 선사하기 위하여 그 리조트는 모든 골퍼들에게 '자연 수로(natural waterways)가 있는 도전적인 특성을 띠고 있고, 수려한 환경'을 가진 챔피언십 코스에서 게임을 기회를 제공하고 있다. 이와 함께 그 리조트는 '260m에 달하는 전천후 드라이빙 레인지, 연습벙커가 옆에 붙은 칩핑 그린' 등을 갖춘 '골프 개선 센터(golf improvement center)'를 구비하고 있다. 또한 인상적인 클럽하우스, 골프샵, '골프 앤드 플레잉(golf and playing)'을 위한 프로레슨, 일일 무료 집단 골프클리닉 등을 제공하고 있다(그림 4-4).

⟪ 그림 4-4 ⟫ 호주의 Hyatt Regency Coolum

테니스 애호가들을 위해서는 '테니스 센터(Tennis Center)'를 만들고, 중앙에 플렉시쿠션(plexicushion)으로 된 코트 1개와 더불어 6개의 잔디코트를 제공하고 있다. 모든 코트는 야간경기를 위한 투광조명시설을 갖추고 있다. 싱글 또는 더블플레이를 위한 파트너의 선정은 지역의 등급체제(local grading system)를 통해 조정될 수 있다. 사교모임을 위한 테니스는 한 주 내내 가능하며, 프로 레슨 또한 가능하다.

다른 유형의 활동을 추구하는 사람들, 또는 일상에서 변화를 필요로 하는 골퍼, 테니스 선수들을 위해, 리조트는 태평양 해변에서부터 그 지역의 Mount Coolum의 우림지대까지 펼쳐진 부지를 보다 다양하게 활용하고 있다. 해변에 위치한 Beach Club에서는 탈의실, 수영장, 순찰대를 갖춘 파도타기 해변, 서퍼낚시(surf fishing : 파도가 몰아치는 해변에 서서 낚시를 하는 스포츠), 비치발리볼, 그리고 일반적인 일광욕 등이 가능하다. 열대우림 내에는 자연 산책로가 있으며, 리조트의 중앙에는 Camp Hyatt가 있다. 이 캠프는 12세까지의 어린이들을 위한 센터로서 자격을 갖춘 어린이지도 전문가들의 지도하에 미술과 공예, 연날리기, 카누타기, 음악, 해변활동 등 다양한 단체 활동을 실시할 수 있다. 이러한 서비스는 부모들로 하여금 낮 동안 자신들의 스포츠를 즐길 수 있도록 해주고, 저녁시간에는 아이들의 활동에 대해 서로 이야기를 나눌 수 있게 해준다.

Hyatt Regency가 가진 보다 중요한 유인요소 중 하나는 그 리조트의 태양스파(Sun Spa)이다. 이 스파는 '사치스럽고 여유롭게 즐기고자 하는' 고객들을 위한 것으로써, 헬스클럽에서의 피트니스와 체력단련도 또한 가능하다. 이와 더불어 25m 길이의 난방 수영장, 자연수 수영장, 피트니스 센터, 에어로빅과 요가 스튜디오, 미용실, 스쿼시 코트 등을 갖추고 있다. 또한 전문요원들이 마사지, 에어로빅, 요가 ........ 등을 제공하고 있다. 그 스파 비즈니스의 80%는 마사지와 뷰티트리트먼트, 그리고 특별한 서비스로는 머드목욕과 같은 이국적 요법 등으로 이루어져 있다.

야외 활동을 강조하는 한편으로 Coolum에 소재한 Hyatt Regency는 컨퍼런스와 미팅 비즈니스도 개발해왔다. 만일 고객들이 여러 가지 목적으로 그 리조트를 방문할 경우 객실요금을 보다 높게 책정할 수 있으며, 이는 나아가 계절적 수요 감소를 극복할 수 있는 좋은 방법이 되기도 한다. 그 리조트 비즈니스의 45%는 이제 5~600명 정도의 참가자로 이루어지는 미팅-컨퍼런스 관련업무로 구성되어 있다. 그리하여 리조트 전체를 예약한다든가, 광범위한 종류의 컨퍼런스 시설과 스포츠 및 휴식시설의 이용, 그리고 (도심지) 메트로폴리탄 센터에서의 유인시설물들을 이용할 때와 같은 산만함 대신 모두가 한 자리에 모일 수 있는 기회 등을 가질 수 있음으로써 대기업들로부터 좋은 평판을 획득해 나가고 있다.

이와 같은 스포츠와 휴식을 위한 패키지가 효과적으로 제공될 수 있도록 하기 위해 Coolum에 소재한 Hyatt Regency는 많은 부분을 유지하고, 확실히 하기 위해 전문 직원들로 하여금 5성급 호텔에서 요구되는 최고의 서비스를 제공할 수 있도록 많은 노력을 기울이고 있다. 구내의 모든 바닥은 언제나 청결을 유지하고 있으며, 50여명의 영구직원과 (사건과 계절성 활동을 위한) 함께 특별한 기간의 임시직 요원이 항상 배치되어 있다. 리조트의 규모가 대규모이면서 동시에 골프와 기타 야외 활동을 강조함에 따라 300여대의 운송장비들(트럭, 밴, 4륜차, 굴삭기 등)이 현장에서 움직이고 있으며, 따라서 3명의 풀타임 정비공들을 고용하고 있다(Holland, 2006). 그 외 스포츠 리조트에서는 고객들과 직접 교류하기 위해 많은 전문가들을 필요로 하는데, 특히 코칭과 스파 트리트먼트 부문이 그러하다. 이러한 전문가들은 각자의 영역에서 상당히 높은 자질을 갖추고 있어야 하며 아주 원활한 대인관계 기술을 가지고 있어야 한다. 일부의 리조트에서는 일정한 계약조건을 통해 그러한 전문요원들을 아웃소싱하는 경우도 있다. 이러한 경우에는 아웃소싱업체에 대하여 리조트 내에서 리조트의 시설을 이용하면서 그들 자신의 비즈니스를 운영할 수 있도록 허용하게 된다.

이러한 모든 것들은 스포츠 지향의 리조트들로 하여금 구성원 전체가 연중내내 다양한 서비스를 제공할 수 있도록 하는 바탕이 되고 있다.

### 기후 계절성 – 캐나다, 위카니니쉬 인 (www.wickinn.com)

Wickaninnish Inn은 4성급 리조트 호텔로서, 캐나다의 British Coloumbia의 Tofino 부근, 밴쿠버 섬의 서쪽 해안에 위치하고 있으며, Relais & Chateaux의 소유로 되어 있다(그림 4-5). 이곳은 캐나다 서부 끝자락에 위치하면서 성수기는 3월에서 10월까지이다. 이 기간 동안 방문객들은 북극으로 이동하는 회색고래를 관찰하기 위해 모여들고, 태평양 바다에서의 낚시와 같은 여름 활동을 즐기는 한편, 근처의 국립공원과 거친 야생의 자연경관을 즐긴다. 비수기는 약 4개월 정도로, 겨울철의 혹독함 속에서 영업을 해야 하는 시기이며, 야외활동을 강조하는 그 지역으로서는 이 시기가 중요한 도전의 기간이 되고 있다.

이와 같은 상황에서 리조트를 운영하였던 것은 Tofino의 바로 남쪽 바닷가 부지를 소유하였던 Charles McDiarmid와 그 가족이다. 그들은 다른 Tofino 거주자들과 함께 1996년 Wickaninnish Inn을 개장하였다. 처음 개장 당시에는 46개의 객실을 가진 포인트(Pointe) 빌딩을 건축하였으나, 이후 2003년에 30개의 객실과 스위트룸을 가진 비치(Beach) 빌딩을 추가로 건축하였다(McDiarmid, 2005). 포인트 빌딩은 바위로 된 곳 위에 위치하고 있으며, 삼면

《 그림 4-5 》 캐나다 British Coulumbia에 위치한 Wickaninnish Inn

에서 태평양(Pacific Ocean)의 경관을 조망할 수 있고, 뒤로는 오래된 숲을 배경으로 자리를 잡고 있다. 빌딩들은 지역의 자생 재료들을 활용하여 지어졌으며, 그 지역의 경관과도 조화를 이룰 수 있도록 설계되었다. 리조트의 주요 고객은 '사치스러우면서도 시골스러운 분위기'를 추구하는 사람들이다. 그리하여 '자연의 가장자리에서 솟아나는 전원풍의 우아함(Rustic Elegance on Nature's Edge)'을 제공하고 있다는 점을 스스로의 마케팅 강점으로 내세우고 있다.

최근까지도 Tofino 지역의 대부분의 고급 리조트들은 특히 날씨가 유난히 습하고 거친 1월과 2월의 겨울기간 동안 문을 닫았다. 그처럼 비수기로 인한 운영의 중단은 적절한 투자수익률을 확보하기 어렵게 하였고, 특히 신생 리조트들의 경우에는 이러한 어려움이 더욱 두드러지게 나타났다. 그리하여 McDiramid(2005)는 그러한 문제를 기회로 전환시키기 위한 작업에 착수하였다.

Wickaninnish Inn의 포인트 빌딩은 겨울 폭풍에 노출되는 것을 최대한 방어하기 위해 바위 위에 건축되었다. 모든 방들은 그림이 그려진 강화유리로 된 창문과 벽난로가 설치되었으며, 고객들이 태평양의 파도가 자기들 발아래 바위에 거침없이 부서지는 모습을 편안하게 앉아서 지켜볼 수 있도록 설계되었다. 메인 레스토랑 안에서는 자연의 거친 파도소리를 그대로 듣고 느낄 수 있도록 마이크가 외부에 설치되어 있으며, 각 객실은 발코니 문이 바다로 향하도록 만들어져 있다. 이와 같은 방식으로 Charles McDiarmid와 그의 Wickaninnish Inn은 비수기 동안의 새로운 성수기- 즉, 폭풍감상의 계절-를 창조해냈다.

이와 같은 폭풍감상의 계절은 그 전에는 아무도 방문하지 않던 기간을 새로운 인기계절로 탈바꿈시켰으며, Wickaninnish Inn과 지역 공동체에 성공을 가져다 준 주요 공헌요인으로 작용하게 되었다. 1월과 2월의 겨울기간 동안 문을 닫지 않고 개장을 함으로써 Wickaninnish Inn은 가을철에 비해서는 아직 뒤떨어지기는 하지만, 봄철과 비슷한 수준의 객실점유율을 유지하고 있다. 이와 같은 이례적인 성과에 대한 언론의 보도와 고급 여행 잡지를 통한 광고는 보다 광범위한 인지도와 관심의 확산을 가져왔다. 나아가 이와 같은 결과는 그 지역의 다른 고급 해변리조트들로 하여금 폭풍의 계절 운영방식을 똑같이 도입하도록 자극하는 계기가 되었다. 그러나 그 어떠한 리조트도 이를 처음 시도한 Wickaninnish Inn과 같은 장소적 이점과 의도한 대로의 설계적 성과를 거두지는 못했다.

### ••• 의료관광 - 네덜란드, 룸폿 바칸티즈 ••• (www.rpholidays.nl)

네덜란드의 Roompot Vacations은 가족지향 리조트 체인으로, 네덜란드 전역의 해변 및 지방공원에 소재한 자체의 통나무집과 샬레에서 휴가를 즐길 수 있도록 숙박편의시설을 제공하고 있다. 그 리조트는 1965년부터 지금까지 영업을 해오는 동안 네덜란드 사회와 여가시장에서 일어난 많은 변화를 목격하여 왔다. 보다 최근의 변화 가운데 하나는 네덜란드 정부의 새로운 의료서비스 정책으로, 이는 국가적 의료서비스 기금의 보다 효율적 이용을 위한 시도로써 쿠폰체제를 정착시키는 것이었다. 이러한 체제하에서 시민들은 자신들의 의료서비스를 위해 매년 일정 금액의 돈을 분배받으며, 그들은 네덜란드에서 공인된 의료시설이면 어디든 자유롭게 (가격이나 질적 측면에서) 가장 가치 있는 의료서비스를 찾아서 서비스를 받을 수 있도록 되어 있다. 이러한 가운데 Roompot 리조트는 의료서비스 서비스를 필요로 하는 네덜란드 사람들에게 가장 인기 있는 대안 가운데 하나로 부상하고 있다(Versluijs, 2005).

Roompot 리조트는 네덜란드 전역에 걸쳐 30개의 단지를 가지고 있으며, 지난 5년간 일부의 리조트 단지에서는 신장투석(dialysis) 서비스를 제공해오고 있다(Versluijs, 2005). 이러한 의료서비스는 해당 리조트 단지들에 있어서는 잉여시설에 대한 이용을 가능하게 하는 것이어서 대단히 매력적이었다. 즉, 신장투석은 일주일에 몇 번씩 이루어져야 하는 것이므로 신장투석을 위해 특별히 마련된 시설에 대한 수요는 항상 일정하게 발생하였던 것이다. 정부와 보험회사는 이와 같은 서비스를 적극 지원하고 있다. 왜냐하면 전통적인 병원체재보다는 리조트 환경하에서 보다 적은 비용으로 그러한 서비스를 제공할 수 있기 때문이다. 더욱이 환자들은 가정(home-like)과 같은 리조트의 분위기를 더 좋아하며, 전문 의료진과 항상 바로 접촉할 수 있으며, 또한 가족들이 언제나 방문할 수 있고, 식사도 제공을 받거나 스스로 조리할 수도 있다.

신장투석 서비스제공 경험축적과 의료서비스를 위한 정부의 쿠폰체제 도입은 Roompot 리조트로 하여금 의료서비스 부문을 추가적으로 확장하고, 더불어 새로운 입지로의 이전을 촉진하였다. 그리하여 의료서비스 부문을 전통적인 레저마켓과 통합하기 위한 새로운 개발 전략을 수립하기에 이르렀다(표 4-1). Roompot 리조트는 이와 같은 새로운 서비스를 단기 체재자들을 위한 여가·케어·치유 패키지(leisure-care-cure package)로 발전시켜 나갔다. 그러나 Roompot은 리조트가 가지고 있는 여가중심의 이미지에 부정적 영향을 미치는 것을 원하지 않았으므로, 이와 같은 패키지 플랜은 단지 각 리조트의 몇몇 헬스 방갈로 또는 외곽의 조용한 지역에 대해서만 적용시키고자 하였다. 그러한 가운데 Roompot은 신장투석 서비스를 넘어서서 안과수술, 성형수술, 고관절수술 서비스도 확대하여 제공하려고 하고 있다. 이러한 질병들은 모두 노령인구에서 흔히 볼 수 있는 것들이며, 2010년이 되면 네덜란드의 상당수 인구는 50세가 넘을 것으로 보인다. 그리하여 Roompot은 각 리조트마다 메디컬 팀을 만들고, 지역의 병원과 제휴하여 실제 수술이 이루어지고 수술된 환자가 회복되어 집중치료를 받지 않아도 되는 시기가 되면, 리조트로 옮겨져서 의료서비스를 받을 수 있도록 하는 계획을 가지고 있다.

《 표 4-1 》 Roompot 리조트 개발 전략

| 접근방법 | 과거 | 현재 | 미래 |
|---|---|---|---|
| 초점 | 환대 | 치료(Therapy) | 수술 |
| 중심사업 | 여가와 숙박 | 돌봄(care) | 치유(cure) |
| 구성요소 | 호텔<br>숙박시설<br>케어시설<br>레스토랑<br>컨퍼런스 시설<br>수영장<br>사우나<br>야외 레크리에이션 | 신체검사<br>스포츠 피트니스<br>스파<br>사우나<br>특수 다이어트<br>치료<br>침술 | 레이저 수술<br>치과치료<br>성형외과<br>미용(성형)외과<br>정형외과<br>방사선 및 X-레이<br>물리치료 |

자료: Versluijs and Nourens, Roompot Resorts, 내부보고서.

의료서비스 서비스의 일환으로 환자들에게 스스로를 돌볼 수 있는 방법과 함께 약을 적절하게 복용하는 방법에 대해서도 가르쳐주고 있다. 이와 관련하여 여타의 중요한 기관은 보험회사와 제약회사라고 할 수 있다. 그 회사들은 환자들이 수술 후 힘든 몇 주간을 잘 극복하고 약을 복용함에 있어서도 자립적인 자세를 가지도록 도움을 주는 데 특별한 노력을 기울이고 있다. (병원보다) 덜 제도화되어 있는 행복한 장소에서 가족과 건강전문가들의 도움을 받게 될 경우에는 그렇지 않은 경우보다 훨씬 더 높은 치료율을 보인다고 할 수 있다.

## 연습문제

1. 이 장에서 계절성은 일종의 '난관'으로 제시되고 있으나, 리조트에서는 일부 긍정적인 영향력을 가지기도 한다. 이러한 긍정적 측면은 어떠한 것들이며, 이들 요소들이 사계절 리조트 전략에서 어떻게 유지될 수 있는지를 논의하라.

2. 리조트에서 행해지는 유명한 스포츠 이벤트 중의 하나를 예로 들어, 리조트가 단기간의 미디어 노출을 1년간의 사업에 어떻게 접목시켜 나가는지를 분석해보라.

3. '가격 차별화 정책(differential pricing)'이 리조트의 소유자인 경영자 입장에서, 그리고 리조트의 손님인 고객의 입장에서 정당한 것인지 각각 평가해보라.

4. 당신이 알고 있는 리조트의 계절성 전략을 비판적으로 분석하고, 그러한 전략의 어떠한 측면이 가장 효과가 있는지, 그 이유는 무엇인지에 대하여 평가하라.

5. 가족수명주기(family life cycle) 이론의 관점에서 당신 가족의 휴가역사를 평가해보라. 당신 가족의 휴가역사가 그 이론과 얼마나 잘 맞는지를 분석하고, 당신 가족의 휴가역사 프로파일에서 '비수기(out-of-season)' 리조트 휴가의 기회를 얼마나 자주 가졌는지를 검토해보라.

6. 의료관광에 대한 관심이 증가하고 있는 상황에서, 국제적 또는 지역의 리조트가 이와 같은 이점을 최대한 활용하기 위해 어떠한 포지션전략을 취하는 것이 바람직할 것인가?

7. Jang(2004)이 실시한 Markowitz 자산운영투자모델을 이용한 예들을 이 장의 세 가지 사례연구와 관련지어 생각해보고, 각각의 사례에 대한 적용가능성에 대하여 평가해보라.

## 참고문헌


- Butler, R. and Mao, B. (1997). Seasonality in tourism; problems and measurements. In *Quality Management in Urban Tourism* (P.E. Murphy, ed.), pp. 9-23. Chichester: John Wiley and Sons.

- Butler, R. (ed.) (2006). Special issue on golf tourism. *Tourism and Hospitality Research*, **6(3)**, 167-238.
- Fernandez-Morales, A. (2003). Decomposing seasonal concentration. *Annals of Tourism Research*, **30(4)**, 942-956.
- Gustafson, P. (2002). Tourism and seasonal retirement migration. *Annals of Tourism Research*, **29(4)**, 899-918.
- Harris, J. (2004). *The Renaissance of Honolulu: The Sustainable Rebirth of an American City*. Hawaii: City and Council of Honolulu. Henderson, J.C. (2004). Healthcare tourism in Southeast Asia. *Tourism Review International*, **7(3/4)**, 111-121.
- Holland, M. (2006). General Manager, Hyatt Regency Coolum Golf Resort and Spa. *Interview*, January 4.
- Jang, S. (2004). Mitigating tourism seasonality: a quantitative approach. *Annals of Tourism Research*, **31(4)**, 819-836.
- Kusatsu (2005). *Kusatsu Onsen in Japan*. Kusatsu:Tourist and Commerce Section of Kusatsu Town Hall.
- Levett, C. (2005). Keep smiling. *The Age*, October 29, 6.
- McDiarmid, C. (2005). Managing Director, The Wickaninnish Inn. *Interview*, September 5.
- Morrison, A. (2005). Spa report - to infinity and beyond. *British Airways High life Magazine*, October, 46-54.
- Munich Institute for Leisure Economics (2004). Health care and wellness tourism of Germans until 2010. *Travel Impact Newswire*, 25 March, 3. imtiaz@travel-impact-newswire.com.
- Owens, D.J. (1994).The all-season opportunity for Canada's resorts. *The Cornell Hotel and Restaurant Administration Quarterly*, **35(5)**, 28-41.
- Richardson, H.W. (1971). *Urban Economics*. Harmondsworth: Penguin Books.
- Scott, L. (2004). Fanatasy Island. *The Weekend Australian Magazine*, June 26-7, 16-21.
- Versluij, C. (2005). Director Roompot Holidays, Netherlands. *Interview*, September 28.

CHAPTER 5

# 거버넌스

## 1. 서론

거버넌스(governance)란 정책을 수립하고 그 정책이 실현될 수 있도록 권위를 행사하는 것을 말한다. 관광 사업에 있어서 정책과 절차의 중요성은 관광 문헌에서 자주 언급되어져 왔지만(Elliot, 1997; Michael, 2006), 이는 주로 정치학적 관점에서 강조되어져 왔다. 즉, 이러한 문헌들에서는 정치적 거버넌스(political governance)가 관광개발과 경영에 미치는 영향에 대해 많이 다루었지만, 기업 거버넌스(corporate governance)에 대해서는 충분한 논의가 이루어지지 않았다. 이 장에서는 기업 거버넌스를 고려하여 그것이 리조트 개발이나 경영에 관련된 주제(issue) 등에 미치는 영향에 대해 알아보고, 더불어 정치적 거버넌스가 가진 중요한 구성요소 등에 대해서도 살펴볼 것이다.

어떠한 리조트 개발이나 경영에 있어서 중요한 주제는 누가 그 사업의 소유주이고, 특히 경영에 관련된 거버넌스 권한을 누가 가지고 있는지 등에 대한 것이다. 서구사회에서는 이와 같은 책임라인이 명확히 정의되고 있으며, 분쟁 발생 시 법정에서 해결될 수 있도록 허용하고 있다. 가끔씩은 여러 가지의 정부 기금이나 보조금은 특정 지역에서의 리조트 건설이나 운영을 위해 서로 다른 정부 기관들로부터 지원될 수 있다. 상이한 감독 기관으로부터의 허가는 리조트를 건설하거나 운영하기 위해 필요할 것이다. 리조트 개발허용과 운영 허가 등이 지닌 법적인 영향력은 대단히 중요하며 이것을 간과할 경우 처벌을 받을 수 있다.

이와 관련한 또 다른 주제는 어떤 리조트 사업시 자유보유권(freeholds: 세습 부동산의 자유보유권)이 아닌 임차권(leasehold)을 보유할 경우 중요한 자격과 법적 차이가 존재하기 때문에, 리조트 건설 시 토지의 소유권에 대해 고려해야 한다. 만약 리조트가 왕실소유 부동산이나 공공부지 위에 건립될 경우 관할권의 문제는 대단히 민감한 사안이 된다. 왜냐하면 리조트는 운영에 따른 상업적 이익도 중요하지만 그보다도 그 부동산 소유자의 기대와 요구사항들을 충족시킬 필요가 있기 때문이다. 공공부지의 경우 그 소유자는 정부일 수도 있지만, 많은 이해관계 당사자가 개입된 신탁 형태가 될 수도 있다. 이것과 관련된 또 다른 핵심적인 요인은 만약 임차 기간을 초과하여 토지개발을 할 경우와 관련된 임차 기간과 임차 절차에 관한 것이다. 만일 리조트 건립 대지가 사유지이며 직접 소유하고 있을 경우 그 소유자는 리조트를 훨씬 더 자유롭게 운영할 수 있다. 그러나 이 경우에도 그 소유자의 요구사항이나, 각 관련 행정기관의 일반적인 기획(planning)과 법적 요구사항을 따라야 하는 것은 물론이다. 리조트 기획과 경영을 할 때에는 반드시 다양한 유형과 형태의 거버넌스에 의해 제공된 기회와 제약 요인을 고려해야만 한다.

## 2. 기업 거버넌스

모든 사업의 경영주는 기업 거버넌스의 규칙과 기대 사항을 고려하여야 하고, 주식회사는 이해당사자(주주)들에게, 개인 회사는 은행에 대해 의무를 지켜야 하며, 모든 기업은 조세당국에 대한 의무를 준수하여야 한다. 리조트 사업과 관련된 기업 거버넌스의 주요 주제는 전체 리조트에 대한 것인지 아니면 리조트 내에서 특정 사업에 대한 것인지와 관련된 소유권과 경영 통제권 간의 분리에 관한 것이다. 리조트 사업이 공개적인 상장 기업이나 국제적 벤처 사업으로 성장함에 따라, 새로운 유형의 투자자가 투자나 연금 펀드 등과 같은 기관투자 형태에서 출현하였다. 이것은 리조트 경영주가 그 구성원들이 필요로 할 장기간의 안정적인 투자수익을 제공해주기 위해 상당한 금액을 리조트에 투자하기 때문이다. 이러한 것은 1년 동안의 리조트 경영의 우선순위가 투자자들이 지닌 장기적 목표와 완전하게 일치하지 않는 경우에 발생하기도 한다. 예를 들어, 리조트 경영주들은 고객들의 휴가경험의 질과 만족도를 높이기 위해 필요한 제품개발이나 인원충원에 투자를 하고 있다. 이와 같은 노력은 그 리조트가 보다 성공적인 관광 목적지가 되게 하고 리조트의 명성을 더 널리 알리는 결과를 가져올 수 있을 것이다. 그러나 이는 부동산의 매매나 장기적 자산가치의 상승에 관심을 가지고 있는 투자자들에게 있어서는 그다지 중요한 요소로 작용하지 않을 수도 있다. 반면에 리조트에 대한 소유권이 약한 경우에는 리조트가 지닌 실제 가치나 리조트 사업을 유지할 경우 동반되는 장점을 평가하는 것이 더 나을 것이고, 부지나 자산을 다른 대안적 용도로 이용하는 것에 더 많은 비중을 두어야 할 것이다.

다양한 수준의 소유권 유형에서 나타나는 거버넌스의 문제는 경영학문헌에서 여러 형태로 논의되어왔다. Dalton 등(1998)은 상호 이익을 가져올 수 있는 잠재적 소유권의 유형을 밝혀내는데 지금까지 '자원의존 이론(resource dependency theory)'과 '청지기 이론(stewardship theory)'이 매우 효과적으로 기여했다고 보고하고 있다. Daily 등(2003)은 스톡옵션, 재환매 프로그램, 국제적 소유지분(ownership choice) 등의 특별히 다양한 형태의 오너십 옵션에 대해 깊이 있게 고찰하고 있다.

관광산업에 관한 대부분의 거버넌스 문헌들은 경제에서 정부에 의한 정책적 간섭이 최소화 되어야 한다는 서구 정부의 자유 시장 철학(free-market philosophy)에 관련되어 있다. 하지만 일부의 리조트는 그러한 자유 시장 철학에 적용받지 않고, 다른 상황과 규정에 의해 운영될 수도 있다. Michael(2006)은 그의 책 '공공정책(*public policy*)'에서 모든 정치•경제적 상황에서 발생하는 다양한 유형의 기업체와 정부 사이의 역할 연계에 관하여 설명하고 있다. 오늘날 서구사회에서의 이 같은 철학은 자본주의 자유 시장 체제하에서 보다 효과적으로 서비스와 상품을 전달할 수 있을 것이란 신념에 기초하고 있다. 일부 국가에서는 스스로 충분한 수익을 창출하지 못하는 사람이나 '핵심 산업(key industry)'을 위한 안전망을 구축하고 있으며, 이를 사회적 또는 복지적 정치-경제 체제(political-economic system)라고 언급하였다. 또 다른 일부의 나라에서는 국가가 공산주의의 중앙 기획 통제 철학과 연계하여, 사람들에게 자원과 보상의 공정한 분배를 시행할 수 있다고 믿기도 한다.

자연스럽게 정치인들은 투표나 혁명 등에 의하여 자주 교체되며, 위에서 언급한 정치-경제 체제는 특징들이 서로 서로 섞여 원래의 순수한 모습이 거의 남아 있지 않다. 세계에서 가장 큰 정치-경제 체제인 중국은 이제 그러한 변환의 과정을 겪고 있으며, 그리하여 '과도기적 경제'라고 불리고 있다.

중국의 관광과 리조트산업이 지닌 소구력은 중국의 극적인 경제성장과 그 맥을 같이 하고 있다. Pine(2002)은 중국이 1979년에 '문호개방 정책(Open Door Policy)'을 실시한 이래 한 해 평균 관광객은 3천1백만 명에 달하고 있으며, 2020년에는 1억 3천만 명에 이를 것이라고 예측하고 있다. 2000년도 중국 내 호텔의 숫자는 10481개인 것으로 파악되고 있다. 그 중 상위 3개 호텔은 국영기업인 Jin Jiang International, International Corporations of Bass Hotels and Resorts(오늘날 Six Continents Hotels로 명칭 변경), 그리고 Shangri-La Hotels and Resorts 등이다. Pine(2002: 63-64)은 이와 같은 급속한 성장 속에서 '국가가 여전히 가장 강력한 오너십의 형태로 존재하면서 전체 호텔과 객실의 63%를 지배하고 있다'는 사실을 관찰하였다. 이와 같은 국가 소유권(ownership) 체제가 지닌 가장 중요한 문제는 '호텔 경영과 소유권의 분리 실패 및 국가자산의 효과적 통제가 이루어지지 못하고 있다'는 것이라고 지적하고 있다. 그러나 Tang 등(2006)은 더 심각한 문제가 사실은 기업 거버넌스에서 나타난다고 지적하였다. Tang 등(2006: 185)은 관광산업 연구자들과 경영진들 간의 암묵적 동의가 복잡하게 얽혀있는 소유권과 내부 체제, 불명확한 책임감과 의무, 그리고 불완전한 시장 경영 상황으로 인해 심한 갈등을 겪고 있는 정부 소유 호텔 등에서 발견된다고 하였다. 일부의 호텔은 정치가나 관료들이 보상으로 사용하는 정치적 성공의 상징으로 형성화된 정치적 꼭두각시에 불과하다. 반면에 다른 호텔은 관광시장의 요구에 대응하기 위해 노력하고 있지만, 사업적인 마인드를 가지지 못한 소유주에게 그들이 필요로 하는 것을 설명해야 하기 때문에, 변화하는 시장에서 어려움을 겪고 있다. 기업 거버넌스 형태를 취하고 있는 호텔들에서 나타나는 불명확한 목적과 책임감 때문에 많은 호텔들이 파산하였고, 호텔 경영주와 실제 소유권자인 국가 사이에 또 다른 관리계층이 추가되어진 형태로 국영 은행 체제에 넘어가고 있다. 요약하면, 소유권, 의사결정권, 통제권 및 잔여 청구권(residual claims) 간의 복잡한 관계는 근본적으로 적절한 기업 거버넌스가 가능하지 않음을 입증하였다(Tang 등, 2006: 187).

## 3. 기업의 사회적 책임

기업의 사회적 책임(Corporate Social Responsibility, CSR)은 기업과 정치적 거버넌스 간의 비슷하게 중첩되는 부분에서 점진적으로 나타나고 있는 개념으로, 경제활동에서 최소한의 간섭을 표방하는 국가들에 있어서도 이 개념을 고려하고 있다. CSR은 하나의 사업이 단순히 이윤을 창출하는 것보다 더 넓은 범위의 사회적, 환경적 책임을 가지고 있음을 나타낸다. 그리고 이러한 정책이 조직 내부에서 생성된 것이든 일반 대중의 비판이나 정부의 입법행위에 의해 형성된 것이든, 기업이 가진 사회적 책임에는 조직 내부의 환경을 벗어난, 지역(과제)이나 국가/국제적(사회–전 세계적) 책임도 포함되어야 함을 의미한다. CSR은 이른바 청지기정신, 환경적 탐색, 지역공동체의 관광, 지속가능한 회계(triple bottom line accounting), 그리고 지속가능한 개발 등의 개념에 근거하고 있지만, 기업의 사회적 책임은 기업 거버넌스를 중요하게 고려하는 만큼, 재정적 책임도 동반하여야 한다.

CSR은 '오늘날 기업의 역할과 책임에 관한 시민들의 의식수준의 향상과 보조'를 맞추기 위한 기업들의 필요성 증대에 따라 발전해온 기업 거버넌스의 주요 주제이다(Zadek, 2004: 125). 시민들이 세계 경제와 인권, 그리고 환경파괴 등에 대해 더 많은 정보를 습득함에 따라, 이러한 문제와 관련된 기업들에 대해 부정적 반응을 보여 왔다. Zadek은 NIKE나 여타의 기업들이 겪은 경험에 대해 검토하면서 기업의 책임은 명백한 하나의 길, 즉 일찍이 캐나다 기업들이 시민들의 증가하는 환경의식에 대하여 반응하였던 것과 같은 방식(Howatson, 1990)으로 나아가야 함을 강조하고 있다. Zadek(2004: 126-127)은 CSR이 조직학습과정의 일부분으로서, 기업들은 다음과 같은 다섯 단계의 학습과정을 거치게 된다고 제시하고 있다.

1. 방어적 단계 : 실행, 결과, 또는 책임 등을 부정함으로써 자신들의 명성에 대한 공격을 방어하는 단계
2. 순응단계 : 손실이나 법적 소송 등의 위험을 감소시키기 위해 기업운영 비용의 관점에서 (법적 준수와 같은) 순응적 접근을 취하는 단계
3. 관리적 단계 : 일상적인 운영 과정에 기업이 지닌 사회적 책임을 통합시키거나 핵심적인 관리 과정에 사회적 주제를 포함시킴으로써 장기적으로 수익을 얻어나가는 단계
4. 전략적 단계 : 사회적 주제와 연관된 기업의 전략과 과정의 혁신성을 조절하여 선발자 이익(first mover advantage)을 얻기 위해 장기적 관점에서 기업이 지닌 경제적 가치를 증가시키는 단계
5. 시민적 단계 : CSR에 광범위한 기업체의 참여를 유도하여, 집단공동체 행위를 실천함으로써 경제적 이득을 실현해나가는 단계

Zadek(2004: 127)에 의하면 이러한 묘책은 기업을 위해 특정한 주제에 대한

사회적 인식의 변화에 대해 믿을 만한 반응을 하게 하거나 예언해줄 수 있고, 다른 기업과 마찬가지로 리조트 사업에서도 똑같이 적용된다.

리조트에 있어서 CSR은 과거의 환경적, 사회적 관심사를 보다 통제적인 정책과 거버넌스 역할로 갱신하거나 통합시키는 수단이 된다. 그러나 기업이 그러한 정책을 사용하기 위해서는 그 정책이 신뢰할 만하고 기업의 전략과 운영과정 속에 완전하게 통합되어져야 한다. 시민들과 대중매체는 CSR의 필요성에 대한 경각심을 지속적으로 일깨우고 있으며, 리조트들은 그러한 사회적 요구에 부응할 수 있도록 적극 대처해나가야 한다. 이러한 주제와 관련되어 하나의 감시기능을 하는 단체로는 *Tourism Concern*(윤리적 관광을 주장하는 영국소재의 비영리단체)으로, eTN *Travel Wire News*(2006)에 따르면 이 단체는 1989년 설립된 이래 줄곧 기업의 사회적 책임을 주장하는 리조트가 지닌 단점들에 대해 이미 언급해 왔다.

## 4. 다양한 수준의 정치적 거버넌스

그 규모와 중요성으로 인해 리조트는 여러 수준의 정치적 거버넌스의 관할범위에 놓이게 된다. 상이한 책임감의 수준은 노동법이나 기획 당국 등과 같은 사례에서 중첩되기도 하지만 상위의 정치기관은 최종의 한도를 설정하기도 한다. 상이한 정책 수준으로 인해 혼란과 갈등이 발생할 경우, 법원은 관할권 분쟁(jurisdictional dispute)을 해결하기 위해 요청되어질 수 있다. 각 정치 거버넌스 수준별로 서로 다른 차이를 강조하기 위해서, 이 장은 다양한 관심사와 리조트 경영에 미치는 영향력을 설명하기 전에 정부 기관이 지닌 책임감에서 중첩된 부분을 세 가지의 개별적인 목록으로 나누어 논의할 것이다.

### 1) 국가 정부기관

국가 정부기관(National governments)은 리조트산업이 관광산업 내에서 그 중요성이 증가하고 지역개발에서 역할이 증대됨으로 인해, 리조트산업에 대하여 직접 또는 간접적으로 관여하여 왔다. 이 같은 관여는 다음에 제시된 몇 가지 거버넌스의 책임감 범위에 의해 확대된다.

리조트는 국제나 국내관광객을 유치하고 끌어들일 수 있는 수용능력을 가지고 있기 때문에, 국가수준의 관광계획에서 중요한 역할을 한다. 국제 방문객들은 그들이 국가경제에 가져다 높은 수준의 외화가득률 때문에, 오랫동안 국가수준의 관광 계획에서 주된 관심 대상이 되어 왔다. 개발도상국을 방문하는 국제 방문객들은 국제적 수준의 시설과 안전 및 합리적 가격을 제공하는 리조트 휴가에 종종 이끌릴 수 있다. 이와 같은 좋은 예는 멕시코의 Cancun이나 태국의 Phuket 섬에서 볼 수 있다. 이들 두 개의 고립된 해안 지역은 그 지역뿐만 아니라 국가의 이익을 위해 국제적인 리조트 시장을 겨냥해 개발되어져 왔다. 국가정부기관은 또한 자국 내 관광객을 국내에 붙잡아두기 위해, 잠재적으로 품질이 우수한 리조트가 있어야 함을 인식하고 있다. 오늘날 덜 안전하고, 더 많은 경비가 드는 세계적 환경하에서, 국내 리조트에서 내국인이 휴가를 즐길 수 있는 상품은 더 많은 가족단위 관광객에게 충분한 소구력을 지니고 있고, 그 결과 다른 나라로 외화가 유출되는 것을 감소 시켜줄 수 있다.

국제•국내 관광객을 유치하기 위해서는 국가 정부기관이 주요 리조트에 대한 마케팅 활동을 전개할 필요가 있으며, 이러한 활동은 종종 정부기관과 산업조직 간의 파트너십에 의해 수행되어지고 있는 경우가 많다. 이와 같은 국외•국내 캠페인에 포함되는 리조트 유형은 주로 Gold Coast(호주), Las Vegas(미국) 및 지중해연안(유럽) 등과 같은 주요한 리조트 목적지들이다. 그러한 마케팅활동은 관광객이 관광목적지에 며칠 동안 체류해야만 하는 특별한 이유를 이들에게 제공하기 위해, 스포츠 토너먼트나 축제 등과 같은 특별 이벤트를 개최하는 경우가 많다. 이와 같은 국가적 마케팅 캠페인에 포함되는 곳으로는 Uluru (Ayers Rock) 리조트로써 이곳은 호주 여행에서 반드시 들러야 할 중요한 목적지의 하나로 자리 잡고 있다.

국제적 관문은 외국관광객이 가장 많이 찾아서 수익률이 가장 높은 시점에서 결정된다. 따라서 국제공항으로의 접근성이 좋은 리조트는 독특한 이점을 갖게 된다. 이것은 호주 정부가 증가하는 북부 퀸즐랜드와 Great Barrier Reef 지역의 관광객들에게 서비스를 위해 Cairns 국제공항에 투자한 주요 이유이다. 공항은 항공 여행과 같이 장거리 여행을 위한 최상의 선택이기 때문에 국제 및 국내 휴가여행 산업의 성공에서 필수적인 요소이다. 공항 근처에 위치한 리조트는 더 많은 원거리 시장 접근성으로 인해 상당한 경쟁적 이점을 확보할 수 있을 것이다.

한 국가의 도로망은 관광객들을 리조트의 문 앞까지 편안하고 안락하게 도착할 수 있도록 하는 데 있어서 대단히 중요하다. 장거리 여행에 가장 강력한 영향을 미치는 도로유형은 일반적으로 프리웨이(freeway) 또는 유료고속도로(toll highway)라고 불리는 고속도로(highway)이다. 이러한 고속도로의 진입지점과 가까운 곳에 위치한 리조트는 공항에 대한 근접성과 마찬가지로 두드러진 입지적 이점을 갖게 된다. Lundgren(1983)은 캐나다의 Laurentian Mountain에 있는 스키 리조트가 오래된 철도와 도로망이 리조트의 주요 배후시장인 몬트리올 지역과 연결시켜주는 고속도로 체제에 의해 보완됨으로써 상당한 많은 이점을 얻고 있음을 제시하고 있다.

국가 정부기관은 주어진 책무의 하나로 탁월한 자연과 문화적 자산에 대한 보호를 오랫동안 해왔으며, 이러한 자산에 대해 보호가 잘 이루어진 지역은 그 자체가 리조트에 있어서 하나의 중요한 매력물로 작용한다. 탐험하고 즐기는데 며칠이 소요되는 국립공원은 아주 큰 매력물이기는 하지만, 자연을 보호할지 레크리에이션을 할 수 있는 시설물을 만들지 등의 이중적 책무로 인해 딜레마에 빠지기도 한다. 그 결과 리조트 관광목적지들은 미국의 Great Smoky Mountains 국립공원의 외곽에 위치한 Gatlinburg 처럼 국립공원 밖에 위치해야 하거나, 아니면 캐나다 Banff 국립공원 내의 Banff township(군구 郡區: County 아래의 행정구역단위) 경우처럼 공원 내에서 작게 구분된 지역 안에 위치해야 한다. 이와 마찬가지로 문화적 자산과 인접한 리조트들의 입지 또한 조심스럽게 다루어져야 한다. 리조트가 문화적 자산에 대한 조망과 접근을 관광객들에게 제공할 필요가 있겠지만, 그 문화적 매력물의 고유한 분위기를 흐리게 해서는 안 되기 때문이다.

외국인 및 국내 관광객을 유치하기 위한 국가 관광계획에서 리조트 개발, 리조트 마케팅, 접근의 편리성, 그리고 국가적 매력물 등을 모두 고려한 예는 싱가포르의 센토사 섬(Sentosa Island)의 개발에서 볼 수 있다. 작은 도시국가인 싱가포르가 그 국민들을 위한 주요한 레크리에이션 지역으로 센토사 섬을 따로 떼어 놓았던 것을 아는 사람은 거의 없다. 오늘날 센토사 섬은 안에는 내국인뿐만 아니라 외국인 관광객들을 유인하게 될 리조트를 포함해 대대적으로 섬을 변화시키고 있다. 이와 같은 변혁은 낮은 노동비용을 지닌 다른 아시아 국가들과의 경쟁이 치열해짐에 따라 전반적인 싱가포르의 경제개편의 일환으로 추진되고 있다. 이 같은 경쟁에 대응하기 위해, 싱가포르는 자체의 경제적 토대를 다각화시키고, 교육, 건강 및 여가 등의 부분이 그 지역에서 중추적인 역할을 할 수 있도록 그러한 서비스 영역을 강화시키고 있다.

서비스경제의 경쟁력 강화를 위한 싱가포르 정부의 이 같은 움직임의 대표적 사례는 센토사 섬에 대한 싱가포르의 사명(vision)에서 찾아 볼 수 있다. 여가 수익창출 활동은 물리적 구역계획(zoning plan)을 통해 그 섬 전체에 골고루 분포되어 있다. 일반적인 기획(planning) 구역과는 달리 이 계획구역은 모든 구역들이 그 섬의 다양한 여가활동 요소들을 고루 포함하고 있기 때문에 배타적이지 않다. 섬의 남쪽 부분은 'Beach Zone'으로 이곳은 편안한 해변의 휴식과 야외 레크리에이션 활동을 제공하고 있으며, 또한 Shangri-La Rasa Sentosa Resort Hotel과 그 부속시설들을 포함하고 있다. 섬의 중심부를 따라서는 'Green Zone'이 배치되어 있고, 이곳은 그 섬의 역사적 유물과, 제 2유형의 우림지역(rain forest) 내에 두 개의 챔피언십 골프코스가 위치하고 있으며, 다른 구역들을 구분하는 완충지로서의 역할을 하고 있다. 섬의 동쪽은 거주지역인 'Sentosa Cove'로, 고급스러운 해변과 거주환경을 완벽하게 제공하고 있다. 도심지역과 가장 가까운 북부지역은 'Entertainment Zone'으로, 주제공원과 모든 연령대를 위한 다양한 유형의 위락활동과, 그리고 해변 마을 및 명품 쇼핑센터와 레스토랑 등을 포함하고 있다.

센토사 섬이 다시 활기를 찾을 수 있도록 제안된 사업 중 하나는 카지노이다. 2005년 4월 싱가포르 정부는 싱가포르에 두 개의 카지노 빌딩을 허가했고 그 중 하나가 센토사 섬의 Entertainment Zone에 위치하고 있다. 그 카지노는 싱가포르가 관광과 사업을 위해 활력이 넘치고 역동적인 도시로 거듭나기 위한 방법으로 여겨지고 있고, 이들 카지노는 싱가포르 정부가 설정한 목표, 즉 향후 10년 동안 외국인 관광객 방문은 2배 증가한 1천7백만 명, 관광수입은 3배 증가한 300억 싱가포르달러 등과 같은 목표를 달성하는 데 도움이 될 것이다 (Henderson, 2006).

### 2) 주(州) 정부

주 정부(State governments)는 국가의 행정적 기획수립과 마케팅목표 등의 이 두 가지가 공생 관계를 형성하고 있기 때문에 밀접하게 연결된 파트너이다. 그 목표가 외국인 또는 내국인 관광객을 유치하는 것이든, 자연자원과 문화적 자원 보호에 대한 경제적 기준을 제공하는 것이든, 지역에 보다 많은 사업과 편의시설을 유치하는 것이든, 주 정부와 국가 행정부라고 하는 상위 두 개의 정부는 서로 협력하기 위한 많은 공통적 근거와 기회를 가지고 있다. 이와 같은 협력의 예로는 1970년대 캐나다에서 'Travel Industry Development Subsidiary Agreements(여행 산업 개발 부속 협약)'을 제정한 경우를 들 수 있다. 이런 관광산업 발전프로젝트는 연방정부와 주 정부의 공동으로 펀드를 마련하게 하였으며, 이로 인해 Whistler Resort Municipality(휘슬러 리조트 지방 당국)의 생성과 2010년 동계올림픽의 개최지가 될 스키리조트가 조성되었다(Montgomery and Murphy, 1983).

주 정부는 국가 정책이 주 자체의 개발 방향과 일치할 때, 그리고 리조트가 지역 개발에서 필요한 하나의 과정으로 간주되어질 때 국가 정책을 특히 열성적으로 지원한다. 점차 사람들과 사업이 국가의 대도시 주변으로 집중됨에 따라, 그 불균형을 바로잡을 필요가 있고, 그 중 하나의 방안은 지방 또는 시골지역을 레크리에이션이나 은퇴자들을 위한 지역으로 개발하는 것이다(Christaller, 1964; Peet with Hartwick, 1999). 관광이나 의료서비스, 리조트나 다른 서비스 부문이 지닌 노동집약성은 다른 기타 산업이나 이 지역으로, 더 많은 관광객을 유치할 수 있도록 편의시설을 개발하게 하여 지역의 성장을 촉진시킬 수 있다. 이것은 멕시코의 Cancun(Inskeep, 1991)과 프랑스의 랑그독-루시용(Languedoc-Roussillon) (Klemm, 1992) 등과 같은 전 세계에서 성공적인 지역 리조트 개발에서 경제적 합리성의 토대가 되어 왔다.

주 정부의 마케팅활동은 국가 마케팅캠페인을 종종 지원한다. 특히 그 캠페인이 방문객들로 하여금 나라 전체를 둘러보도록 장려하는 가운데, 주 정부에서는 자체의 개별적인 매력물을 부각시킬 수 있는 기회를 가질 수 있을 때 더욱 그러하다. 많은 경우에 이러한 캠페인은 잘 알려진 리조트 목적지뿐만 아니라 새로 생긴 리조트 업체에 대해서도 자신들을 알릴 기회가 된다. 이와 같은 캠페인활동을 통해 관광객의 지각 수준을 향상시키기 위해, 주 정부는 고객들이 추후 다시 찾거나 예약을 원할 경우에 대비해 '원스톱 쇼핑' 체제를 개발하기도 한다. 그러나 주 정부가 리조트 부문의 발전과 관련하여 가장 강력하게 영향을 미칠 수 있는 경우는 그 지역에 대한 사회기반시설의 개발이라고 할 수 있다.

개발과 사회기반시설의 입지는 리조트 산업 개발의 실행가능성에 중요한 영향을 미친다. 개별적인 리조트 상품을 개발하는 데 소요되는 비용은 리조트개발업자들에게는 상당히 부담되는 일이다. 따라서 이들은 고객을 리조트 문 앞으로 오게 하거나, 기본적인 서비스 능력, 수도, 그리고 쓰레기 처리장 등과 같은 시설을 갖추기 위해서 주 정부의 도움에 의존한다. 그 지역의 도로망은 방문객들이 리조트에 오도록 하기 위해서, 보다 안전하고 더 경치가 뛰어난 곳으로 갈 수 있게 하기 위해 필요하다. 또한 그 주에서 구축된 전기나 수도망을 사용하는 것은 리조트 자체적으로 폐기물 처리 시설을 개발하는 것보다 비용이 훨씬 덜 들게 해준다.

한 명의 성공적인 리조트 경영주는 항상 리조트개발 프로젝트에서 실제 착공단계에 들어가기 이전에 사회기반시설 체제를 비롯한 제반 지원을 항상 주 정부와 국가 행정부로부터 확실히 받을 수 있도록 해둔다. 예를 들면, 디즈니사(社)는 플로리다 주 의회가 일정한 조건에 대한 승인협정을 체결해주기 전에는 중부 플로리다 지역에서의 토지구매에 들어가지 않았다. 즉, Disney사는 주 의회에 대하여 인터스테이트(interstate) 하이웨이 I-4의 인터체인지의 주요 출입구에 위치설정, 자율적 자치제 형성과 운영권 보장, 지역토지 이용계획과 건축법 및 기타 지방정부의 책임에 관한 통제권 부여 등에 관하여 승인을 해줄 것을 요구하였다(Zehnder, 1975). 이와 같은 협상의 성공은 Disney사가 안건공원 리조트 컨셉트를 프랑스로 옮겨 갈 때에 재차 반복되었다. 리조트개발을 위해 디즈니의 모델이 확대됨에 따라 파트너의 필요성도 증가하였으며, 프랑스의 국가 및 주 정부는 실질적인 파트너가 되기 위해 적극적으로 나섰다. '사용하게 될 토지의 가격은 1971년도 농지가격으로 책정하여 에이커당 5천 달러로 특별히 평가하였으며, 이 가격은 향후 20년 동안 보장되었다... 프랑스 정부는 그 지역의 고속도로 체제를 개선하는 것으로 하였으며, TGV고속열차의 노선을 정부의 비용으로 확장해주기로 하였다 ... 또한 프랑스 정부는 프로젝트를 위해 Disney사에 $7억 7천만에 달하는 자금을 5년 거치, 7.85%라고 하는 특별히 낮은 이자율로 대여해주기로 하였다'(Flower, 1991: 208). 이러한 모든 것이 가능할 수 있었던 것은 바로 Disney사의 이름과 명성 때문이었다. 즉, Disney사가 중부 플로리다 지역의 과거 조용한 서비스 타운에 불과하던 올랜도에서 그랬던 것처럼, 유로디즈니랜드(오늘날 파리 디즈니랜드) 또한 쇠퇴해가는 시골지역의 경제를 똑같이 다시 살릴 수 있기를 바라는 희망에서 그 같은 사업이 실시되었던 것이다.

주 정부의 리조트개발에 대한 관심은 보다 적극적이고 우호적인 투자환경을 조성하는 능력 등을 포함한 다른 방법에서 잘 이해되어질 수 있다. British

Columbia에서 주 정부에 의해 창설된 태스크포스(task force: 특정 문제 발생시 이를 해결하기 위해 임시로 조직된 팀)는 이 지역의 투자, 발전 및 확장에서 장애가 되는 요인을 확인, 제거하고 리조트 개발을 촉진하기 위해 만들어졌다(BC Resort Task Force, 2004: i). 그 태스크포스팀의 연구와 조사 결과 주 전역에 걸쳐 다음과 같은 것들을 가져올 수 있는 리조트개발 전략이 제시되었다.

❖ 리조트개발을 위한 경제적 분위기 속에서 사업 성공에 대한 확신 증가
❖ 잠재적 리조트 개발자들을 위해 증가된 접근의 명료성
❖ 보다 예측 가능한 투자환경
❖ 국제 관광시장에 대한 노출 증가
❖ 과거 왕실소유 부동산에 대한 경쟁적 사용자 간의 갈등 감소
❖ 기존 시설물의 확장된(사계절) 이용

(BC Resort Task Force, 2004: 7)

이상과 같은 다양한 방법으로 주 정부는 자체의 관할구역 안에 있는 잠재적 리조트개발을 위한 중요한 '막후 파트너' 역할을 하고 있으며, 특히 주 정부가 리조트개발을 지역의 경제 및 사회발전과 연계시킬 때 그와 같은 역할은 더욱 중요하게 작용한다.

### 3) 지방 정부

지방 정부는 자신들의 정책에 그 지역의 상황과 정서를 반영해야 할 뿐만 아니라, 국가와 주 정부의 정책에 적용하는데 있어서도 책임을 지니고 있다. Hughes(1989: 15)에 의하면 '리조트가 지닌 핵심적 특성과 분위기는 그 지방 정부가 민간부문 활동에 영향을 미치는 방식에 상당한 정도로 의존한다.'고 한다. 지방정부의 거버넌스가 리조트개발에 정기적으로 영향을 미칠 수 있는 세 가지 영역은 지방건축법, 지방 주류면허법, 그리고 도박법률 등이 있다.

기본적 건축법은 국가 및 주 정부의 요구사항, 즉 안전과 보안에 대한 일반적인 기준을 반영한다. 이러한 건축법은 모든 개별적 건축 상황을 반영할 수 있도록 만들 수 없다. 따라서 기존의 건축법이 특정 상황에 적합하지 않을 경우, 통상 그 법에 대한 개정권을 가지고 있는 지방의회의 의결을 거쳐 개정될 수 있으며, 개정은 원래 그 법의 입법취지를 훼손하지 않는 범위 내에서 이루어질 수 있다. 지방 주류에 관한 법률과 운영시간에 관한 것은 많은 국가들에서 지방정부의 책임사항이나, 리조트와 같은 위락-레크리에이션 단지에 대해서는 (예외적) 특별 규정이 적용되고 있다. 일부 지역에서는 여전히 주류의 판매에 대하여 금지조치를 취하고 있으며, 이는 많은 리조트들에 대한 심각한 사회적, 경제적 타격이 아닐 수 없다. 또한 일부 지역에서는 운영시간에 대한 제한을 두고 있어, 특별히 주말이나 공휴일과 같은 경우에 연장운영을 하기 위해서는 정규적 요청에 의한 허가가 필요하다. 그 지역의 모든 리조트들에 대해서는 그들이 필요로 하는 지방 주류법상의 예외조치의 정확한 허용범위와 그러한 예외조치가 사업 활성화에 어떠한 영향을 미치는지 등에 관해 정확히 제시할 것을 요구한다.

도박규제에 관한 법률은 일반적으로 상위 수준의 정부기관에 의해 제정되지만, 법률의 통제를 통한 도박활동의 규제는 지방정부의 변화와 세계 경쟁의 증대로 인해 도전에 직면해 있다. 지금까지 국가들은 오랜 기간 동안 합법적 도박에 대하여 반대하는 입장을 취해 왔다. 그러나 사회적 관습의 변화와 불법적인 도박으로 인한 세수의 누출, 나아가 (도박을 허용하는) 인접 국가들의 영향이 반대 입장을 취하기에는 너무나 강력하여 이제 그들의 입장을 바꾸려고 하고 있다(Henderson, 2006). 세계적 수준에서는 규제가 어려울 뿐만 아니라 공식적인 도박업자들에 의해 운영되는 카지노 출입고객 수에도 영향을 미칠 수 있는 인터넷 도박이 증가하고 있다. 지역 수준에서는 행정당국이 운영시간이나 지불금의 상한선을 정하는 방법 등으로 운영상황을 규제할 권한을 가지고 있다. 미국에서 도박을 허용하게 된 가장 큰 이유는 원주민 보호구역에서 비롯되고 있다. 원주민 보호구역에서의 카지노 개발은 관련 시설, 식사, 위락 등 많은 부문에서 지역원주민들에게 고용과 수익증대를 제공할 수 있을 것이라는 바람에서 이루어져 왔다. 그러나 Hsu(2003: 229)에 의하면 '보호구역 내 원주민들에 의한 도박행위나, 원주민 기업으로서 도박 산업의 합법성에 관해서는 논란이 계속되고 있다'. 이와 같은 문제점에도 불구하고 분명한 사실은 도박 산업의 발전은 게임 시장의 경쟁을 증대시키고 있으며, 여행객들의 일부를 주요 도박 리조트 목적지에서 차단하고 있다는 점이다.

## 5. 복합적인 거버넌스의 수준

위에서 살펴본 것처럼 거버넌스에는 세 가지 주요한 수준이 있음을 명확히 알 수 있다. 그런데 거버넌스의 각 수준은 리조트 개발과 관련하여 각자의 주된 책임과 열의를 가지고 있지만, 한편으로는 상당 부분 중복된다는 것도 사실이다. 이와 같은 중복은 주요 리조트 목적지, 즉 오랜 시간에 걸쳐 발전해온 지역이든 주요한 개발이 계획된 지역이든, 이들을 개발하고자 할 경우에서 흔히 볼 수 있다. 전자의 예로는 와이키키의 역할을 고려한 Honolulu & Waikiki Improvement District(호놀룰루 & 와이키키 개선지구)에 대한 하와이 주(州)의 관여이다. 후자의 경우로는 대한민국 정부의 경주 개발에 대한 것으로, 이 지역은 문화적 뿌리에 대한 국가적 홍보를 위한 문화유산의 중심지이다.

하와이의 2005-2015 관광계획(www.hawaii.gov/tourism/program_planning. html)은 하와이 관광의 미래에 대한 공유된 사명으로서, 관광산업, 지역공동체, HTA(Hawaii Tourism Authority, 하와이 관광 당국), 및 기타 정부기관의 공동노력을 나타내고 있다(HTA, 2004). 그 계획은 하와이 주의 경제에 미치는 관광의 중요성에 대해 나타내고 있지만, 30년 동안의 지속적인 성장 이후인 현재는 침체국면에 진입하였음을 보여준다. 또한 이것은 경제적 목표의 달성과 하와이가 지닌 자연적, 물리적, 문화적, 그리고 인적 자원의 지속 가능성 간에 균형이 올바르게 형성되어지길 바란다면 보다 협동적인 기획 접근 방법이 필요함을 나타내고 있다. 이와 같은 목표를 달성하기 위해서는 2015년 하와이의 관광이 다음과 같은 사명을 지니고 있어야 한다.

❖ 하와이의 주민과 유산에 대한 존중
❖ 하와이의 자연과 문화적 자원에 대한 가치와 영속성 제고
❖ 모든 이해관계 당사자 사이의 상호존중의 형성
❖ 활력이 넘치고 지속가능한 경제의 지원
❖ 독특하고 기억에 남으며 풍부한 관광객 경험의 제공

(HTA, 2004: 6)

이와 같은 사명은 모든 이해관계 당사자와 핵심역할을 하는 주와 지역당국 모두의 협력과 협동 및 참여에 의해 실현되어질 수 있다. 전략적 계획이 정상적인 궤도로 운영될 수 있도록 하기 위해서는 몇 가지 핵심 성과지표들이 지속적으로 탐지되어야 한다. 이른바 '성공의 척도'로서 지표에는 관광객 만족, 관광객 지출, 주와 지역의 세금수입, 지역민의 정서 등에 관한 정기적인 측정이 포함된다.

이와 같은 주 전역에 걸친 전략의 실행에 있어서 Waikiki의 역할은 매우 중요하다. 왜냐하면 하와이 주에서 와이키키는 주요한 관광 목적지일 뿐만 아니라 관광객들이 Ohau 섬이나 다른 섬들을 여행하는 과정에서 종종 기착지로서의 역할도 하기 때문이다. 하와이 주(州)의 관광사명 관점에서 지속가능한 관광의 미래를 위해 호놀룰루 시 및 카운티는 와이키키 리조트 목적지를 대신하여 하와이 주의 새로운 관광계획이 중요한 역할을 할 수 있도록 협조적 역할을 다하고자 하였다. 위에서 언급한 다섯 가지 사명목표를 차례로 살펴보기 위해, 전 시장 Jerry Harris(2004)는 축약된 관찰과 표현으로 하와이 주의 관광계획에 대한 Waikiki의 현재와 미래의 계획된 공헌에 관하여 다음과 같이 설명하고 있다.

1. 하와이의 주민과 유산에 대한 존중

와이키키의 재생의 한 부분으로서, 그동안 부족들끼리 흩어져 지내왔던 하와이 원주민 가족들이 한자리에 모여 그들 조상들의 뼈를 경외심을 가지고

다시 안치하고 충분히 존중받을 수 있도록 하기 위한 기념관 건립계획을 논의하였다. 또한 보다 많은 관광객들에게 와이키키의 역사와 사람들에 관해 알 수 있도록 하기 위해, 역사적 정보를 담은 서핑보드 모양의 청동 표지판을 Waikiki 반도의 여러 곳에 선정하여 세우기로 하였다(그림 5-1).

2. 하와이의 자연과 문화적 자원에 대한 가치와 영속성 제고

와이(Wai)는 하와이 말로 깨끗한 물을 의미한다. 다시 채워질 수 있는 양 이상으로 우리가 물을 쓰지 않는 한 가지 방법은 물을 보존하고 소비나 낭비를 줄이는 일이다. 이러한 목표를 달성하기 위해 일련의 물의 보존과 재사용에 대한 프로그램이 마련되었다. 이와 같은 창의적 노력의 결과 오아후 섬의 오늘날 하루 물 소비량은 과거 수요량보다 훨씬 적은 2천만 갤런에 지나지 않고 있다.

관광은 지역주민들의 문화를 장려하고 존중해야 하며, 그 문화의 영속을 위해 노력과 자원을 지원해야 한다. 와이키키에서의 보다 많은 문화적 이벤트를 즐길 수 있는 기회를 제공하기 위해 역사적인 반얀 나무(banyan tree) 아래에 훌라 공연무대가 만들어졌다. 오늘날 관광객들은 토속적인 무용과 음악공연을 쿠히오 해변(Kuhio Beach)에서 매일 밤 즐길 수 있게 되었다.

3. 모든 이해관계자 사이의 상호존중의 형성

지난 6년 동안 우리는 이 섬의 사람들로 하여금 그들의 미래에 대한 공유된 사명의 창출과 실현을 위해 적극적으로 참여하도록 그들에게 권한을 부여(empowerment)하였다. 이와 같은 풀뿌리 민주주의에 대한 실험의 결과는 대단한 것이어서, 때로는 놀라운 성공을 때로는 실망스러운 실패를 가져오기도 하였다. 그러나 이와 같은 다소 번잡한 민주적 과정으로부터 도출된 것은 호놀룰루의 미래를 위한 새로운 지역기반의 사명이었다. 오아후 섬의 21세기 사명이 지닌 진정한 유산은 권한이 부여된 시민, 지속가능성에 대한 이해와 지식을 가지고 이 섬에서의 생활의 질을 개선하기 위해 헌신하고자

《그림 5-1》 하와이 와이키키의 문화유산 관광과 표지물들

하는 사람들이라고 할 수 있다.

4. 활력이 넘치고 지속가능한 경제의 지원

관광산업은 여러가지 틈새 시장으로 다양화 되어져야 하고, 이를 위해서는 생태 관광이 하나의 중요한 기회를 제공해 준다. 관광객들을 이 섬으로 유치하여 독특한 환경적 경험을 할 수 있도록 해주고, 이를 통해 환경 자산을 보호하고 가치를 높여가는 동시에 관광산업도 성장시킬수 있다. 이와 같은 정책을 실시한 가장 좋은 예는 하나우마 만(Hanauma Bay)의 경우를 들 수 있다. 그 곳에서는 용출된 화산봉우리가 풍부한 해양활동을 가능하게 하고 있는데, 생태학적 관리가 실시되기 전까지는 그 화산봉우리는 관광객들에게 대단히 위험한 존재였다.

5. 독특하고 기억에 남으며 풍부한 관광객 경험의 제공

전 세계 사람들이 하와이의 문화를 경험하고 원시적인 환경을 즐기기 위해 하와이를 방문하고 있다. 그러나 관광개발은 관광객들이 와서 경험하고자 하는 것들을 파괴하여 왔다. 호놀룰루의 원시적 환경은 손상되고 있으며, 사람들이 와서 즐기고자 하는 독특한 문화적 경험은 값싼 것이 되었고, 대량으로 생산되고 있다. 관광객들은 단지 모조품 속에서 정통성을 찾고 있는 것이다.

1990년대에 이르기까지 호놀룰루는 '하와이만의 장소성'을 잃어버렸다. 도시디자인, 경관, 문화적 유산에 대한 수년간의 무관심은 와이키키를 '미국의 어느 한 부분'처럼 만들어 버렸다.

Ohau 섬의 경제 회복 계획을 수립하기 위해서는 몇 가지 조치들을 취할 필요가 있었다. 계획의 첫번째 단계는 와이키키의 재활성화를 통해 핵심경제를 부양하는 것이었다. 두번째 단계는 우리의 관광기반을 다각화시켜 방문객들이 단지 와이키키에서의 경험보다도 더 많은 것을 우리 섬을 방문해서 할 수 있도록 하는 것이다. 그 도시가 표적으로 삼는 새로운 관광 시장은 스포츠관광, 생태관광 및 문화적/교육 관광 등이다.

건축, 도시디자인 문화 그리고 예술 프로그램 등을 통해 하와이가 지닌 장소성은 Waikiki로 관광객들을 불러들이고 있다.

Inskeep(1991)은 관광기획에 관한 내용을 포괄적으로 다룬 자신의 교재에서, 몇 개의 리조트 목적지에 대한 계획된 구상 및 성장과 관련된 복합적 수준의 정부기관의 관여에 대해 언급하고 있다. 그와 같은 정부의 관여는 처음 시작부터 의도적으로 지역발전과 여타의 목적들을 추진하기 위한 것이었다. 이처럼 복합적 수준의 거버넌스가 관여된 하나의 사례는 한국의 경주지역에 대한 개발을 들 수 있다. '다양한 중앙정부 기관과 경주관광공사, 그리고 세계은행이 부분적 관여한 경주 프로젝트에는 경주시 당국, 보문호수 및 몇 곳의 왕릉을 포함한 14개 지역의 역사적 유적지 등이 포함되어 있다'(Inskeep, 1991: 201). 그 프로젝트의 목적은 고립된 시골지역의 경제를 활성활 시키는 것뿐만 아니라, '신라왕조의 전통적 한국문화에 기반을 둔 국제적 리조트 도시를 건설하는 것이었다'(Inskeep, 1991:201). 이 과정에서 한국의 작은 국내 관광목적지에 불과했던 그 곳은 주요한 리조트 환경지역으로 변모하여 그 시골지역을 경제적으로 활성화시켰을 뿐만 아니라, 국가적 자존심을 드높일 수 있는 하나의 위대한 업적- 그 지역을 방문하는 수많은 수학여행 집단이 이를 증명하고 있다- 으로 자리 잡게 되었다. 이와 같은 리조트개발 지원을 위한 정부기관들의 복합적 기능은 일반적이며, 더구나 환경보전과 동시에 그로부터 어떠한 수익창출을 도모하고자 할 때 그러한 기능은 흔히 나타나고 있다.

## 6. 이중적 의무 상황(Dual mandate situation)

이중적인 의무(Dual mandate)를 띠게 되는 리조트나 상황은 국립·주립공원 체제의 관점에서 아주 흔하게 볼 수 있는 일이다. 정부는 공공자산인 자연환경에 대한 보호와 함께 그 지역에 대한 레크리에이션 접근기회를 제공할 책임 등을 동시에 지니고 있다. 이와 같은 보호와 접근이라고 하는 목표가 영원한 갈등관계에 있기 때문에, 이 둘 사이의 적절한 배합은 언제나 풀기 어려운 숙제로 남아 있다. 개발 찬성론자와 반대론자들은 각 사안에 대한 자신들의 입장에 따라 소유권 수탁자인 다양한 수준의 정부기관들에 대하여 심한 공격을 하기도 하였다. 이러한 상황은 세계적인 인구증가와 우주 등을 포함한 다양한 자원에 대한 수요증가 등의 압력 상황하에서 점차 자연 경관이 사라짐에 따라 더욱 심한 긴장 상태를 유발하고 있다. 리조트는 그 산업의 초기시대 이래로 개발자의 입장에 의해 문제가 되기도 하고 또는 해답이 되기도 하였다.

19세기 북미 서부의 주/지방에 철도가 개통되었을 때 사람들은 야생지역의 매력과 함께 그 지역이 지닌 관광산업을 위한 경제적 잠재력을 동시에 발견하게 되었다. 그 결과 웅장한 리조트호텔들은 새롭게 지정된 Banff와 Yellowstone을 비롯한 기타 국립공원 내에 들어서게 되었다(Stern, 1986). 이와 같은 리조트와 공원 간의 결합은 전 세계에 걸쳐 아프리카의 사냥보호구역에서부터 미국의 주립공원 리조트의 '사회적 관광', 그리고 기타 여러 나라에 이르기까지 계속되고 있다. 그러나 이와 같은 결합에 대해서는 언제나 논쟁이 이어졌다.

북미의 일부 연구자들은 야생보호구역이 자체의 구역계획이나 복합적 사용계획을 가진 플랜테이션 또는 농장의 경계선을 따라 관리되는 것보다는 더 광범위한 자연에 의한 발전 주기에 따라져야 한다고 주장한다(Chase, 1987). 또 다른 논자들은 만일 사람들이 국립공원에 대한 공공적 접근을 할 수 있는 권리를 가지게 된다고 할 경우 그들은 개척자와 같은 자기 독립적인 자세를 가져야 하며, 편안함이나 안락함을 기대하지 말아야 하며, 보행로가 잘 다듬어져 있어야 한다는 생각을 하지 말아야 한다고 주장한다(Sax, 1980). 그러나 북미대륙은 여전히 그와 같은 공간이나 정신으로 축복받은 땅이라고 할 수 있지만, 오늘날 국가재정과 개인의 이해관계가 중요한 시대에 그러한 이상이 실현되기란 매우 어려운 것이 현실이다. 미국에서조차도 야생지역이나 국립공원지역 내의 자연자원 사용에 대한 완전동결은 거의 불가능하다. 알래스카에서의 정기적인 오일시

추와 서부지역에서의 삼림 및 광산으로 인한 잠식이 그 좋은 예라고 할 수 있다. 또한 어느 누구도 시간을 서부개척시대로 되돌릴 수가 없으며, 관광객들이 공원에 일단 입장하게 되면 그들에게 '자기 독립적'으로 행동해야 한다고 말할 수 있는 사람은 아무도 없다. 왜냐하면 (공원 측에 대해서는) 방문에 대한 허용과 함께 '보호 의무'의 책임이 뒤따르기 때문이다. 만일 그러한 책임을 다하지 못할 경우 법원으로부터의 심각한 처벌이 내려질 수 있으며, 이에 대해서는 '위험관리'와 관련하여 다음 장에서 다루기로 한다.

리조트는 국립공원의 이중책임계획의 일부로 포함되어야 한다. 왜냐하면 초기의 철도건설에서 볼 수 있었던 바와 같이 리조트는 그러한 관리적 상황에 대처할 수 있는 실질적인 파트너가 될 수 있기 때문이다. 리조트는 그들의 구역 내에서, 공원의 자연보호 노력에 대하여 감사하고 지원하고자 하는 (즉, 자연보호 의식을 지닌) 고객유형에 대해서는 적합한 '보호 의무'를 제공할 수 있다. 그 고객들은 자신들에게 제공되는 그러한 특별한 대우에 대하여 기꺼이 비용을 지불하고자 하며, 이는 다시 공원의 자연보호활동을 재정적으로 지원하는데 도움을 주게 된다. 리조트 경영주들은 이와 같은 조건하에서 자신들의 발전방안에 대한 일정한 규제를 수용하고자 한다. 그러나 그렇다고 하더라도 일정한 수익을 낼 수 있다든가 (상업적 리조트기업일 경우), 아니면 적어도 이익도 손해도 없는 수지균형의 상태 (정부 공공 리조트기업일 경우)에서 운영할 수 있는 충분한 여지가 있어야 한다. 그래야만 리조트들은 공원이 추구하는 다양한 목표와 긍정적이고 가치 있는 관계를 형성하고 일정한 지침 내에서 운영해 나갈 수 있을 것이다.

이와 같은 공원 상황하에서 정부와 리조트가 직면하는 거버넌스 문제에 관한 사례는 호주의 알파인(alpine) 리조트개발을 위한 정부의 기획에서 찾아볼 수 있다. 다양한 유형의 이해관계 당사자들과의 장기간의 광범위한 협의를 거친 후, 빅토리아 주 정부는 앞서 언급된 많은 문제와 기회를 증명해줄 수 있는 알파인 리조트개발에 대한 전략을 수립하였다(Victoria, 2004).

Victorian Alps는 대분수령산맥(Great Dividing Range, 호주 동부 해안을 따라 뻗어 있는 길이 3,500km의 산맥)을 따라 해발 1,200m의 고도에, 넓이는 약 3,000$km^2$터에 펼쳐진 드넓은 지역이다. 그 광활한 지역 내에는 눈을 이용한 스포츠가 가능한 여섯 개의 봉우리 또는 고원들이 펼쳐져 있으며, 왕실소유가 대부분인 그 땅은 현재 공공이 소유권을 가지고 있다. 역사적으로 각 리조트는 서로 다른 기관에 의해 관리되어져 왔으나, 1997년 Victoria 주 정부가 Alpine Resorts Management Act(알파인 리조트 관리법)를 선포하여, 각각의 리조트를 위한 알파인 리조트관리 위원회를 설립하였다. 이들 각 위원회는 반드시 제한적이지는 않지만, 다음과 같은 기능들을 가지고 있다.

❖ 각 리조트를 위한 전략적 관리계획의 준비와 실행
❖ 리조트 내에 위치하는 왕실소유 부지에 대한 관리위원회로서의 역할
❖ 각 리조트를 위한 관광 및 마케팅전략의 개발
❖ 각 리조트를 위한 요금의 징수
❖ 각 리조트를 위한 투자의 유치

(Victoria, 2004: 45)

이와 같이 호주 Victoria 주(州) 내의 여섯 개의 알파인 리조트들의 사명은 다음과 같은 여섯 가지의 광범위하고 공통적인 문제들에 기반하고 있다. 그 여섯 가지는 다음과 같은 문제와 그에 대한 목표인 반응(response)으로 제시되어 있다.

❖ 기후변화 문제(Climate change issue) : 지구 온난화는 눈을 사용하는 모든 리조트가 지닌 문제로써, 특히 호주의 리조트들처럼 산악의 고도가 상대적으로 낮고 강설량이 불안정한 경우에는 더욱 심각하다.

* 반응(Response) : 특히 높은 고도에 위치한 리조트 경영주들은 기후변화가 리조트에 미치는 영향에 대해 사전에 대비할 수 있는 계획을 수립하여 눈

을 이용한 관광산업에 몰입할 것이다. 이것은 호주 내에서 비교적 눈이 드문 지역에서도 사람들이 즐거운 하루를 보낼 수 있도록 인공눈 제조 장비나 눈을 이용한 다양한 활동을 제공하는데 투자를 많이 하는 것을 포함한다.

❖ 리조트 이용과 방문유형(Resort use and visitation patterns) : 리조트 경영주들은 일차적으로 눈이 내려 관광객이 많이 몰려 혼잡하고 시설 이용가격이 비싼, 짧은 겨울 몇 달 동안에 초점을 두었다.

* 반응(Response) : 그 리조트는 겨울 및 비(非) 겨울 시즌 둘 다를 위해 높은 품질의 레크리에이션 경험과 안전한 접근가능성을 제공할 것이다. 이는 리조트 경영을 위해 눈이 오는 시즌 이외에는 산악이 지닌 매력물을 강조하거나, 호주 해변이 지닌 매력에 대한 대안책을 마련하는 등의 사계절 접근 방법을 개발하는 것을 의미한다.

❖ 개발 방향의 문제(Development directions issue) : 리조트는 위치하고 있는 지역 내에서 자연 경관에 대해 지속적으로 존중감을 지니면서 차별화되어지고, 소구력을 가질 필요가 있다.

* 반응(Response): 리조트는 지역적 특성과 차별적인 장소성을 지닌 매력적이고 생태적으로 지속가능한 산악 마을을 제공함으로써 방문객들이 지닌 경험을 향상시킬 수 있을 것으로 기대할 것이다.

❖ 활력이 넘치는 경제주체로서의 문제(Vibrant economic entities issue) : Alpine snow resort는 빅토리아 주(州)의 경제에 추가적으로 1억 2천 9백만 호주 달러와 3740개의 일자리 창출에 기여하였지만, 이것은 대단히 바쁜 몇 주간에 걸쳐 발생할 뿐이며, 그 해의 나머지 기간 동안에는 침체기에 접어든다.

* 반응(Response) : 각 리조트는 현재의 경제 활력의 수준을 향상시킬 특정의 기회를 확인할 수 있는 투자전략을 개발할 필요가 있다. 일부 리조트는 북

미 지역의 스키 리조트들에서 사용하는 부동산 모형을 모방하기 시작하였으며, 다른 리조트는 교육–스포츠–문화 활동의 기반을 구축하기 위한 노력을 시도하고 있다.

❖ 환경관리의 문제(Environmental management issue) : 원시적인 환경은 이들 산악지역을 그 주위의 삼림지역이나 농업지역과 명확하게 구분하여 주는 요소이다. 따라서 그 환경은 신중한 관리를 통하여 보호되어져야 한다.

* 반응(Response) : 리조트는 생태학적으로 지속가능한 틀 속에서 개발되고 관리되어야 한다. 이것은 증가되고 있는 인공설 제조에 대한 하나의 투자로써, 지나친 남용이나 오염으로부터 보호될 필요가 있는 그 지역 강의 수원지 등이 신중하게 관리 되어야 함을 의미한다.

❖ 공공부지 관리책임의 문제(Stewardship of public land issue) : 정부는 공공부지에 대한 관리책임과 다양한 사용자들이 그 공공 부지를 이용 가능하도록 만들어 줄 의무를 가지고 있다. 갈등적인 이해관계자들을 지닌 일부 정부기관에서는 그 공공부지의 관리를 위해, 주 정부에 의한 광범위한 정책적 지시에 의존하기보다는 직접적인 '현장(on–site)'접근법을 더 선호한다.

* 반응(Response) : 알파인 리조트 관리위원회는 정부기관과 이해관계자들에 대하여 지역관리의 중심체로서 역할을 하며, 지역의 입장과 감각으로 정부의 정책을 수행할 수 있을 것으로 기대되고 있다. 그 위원회는 지역공동체와 이해관계자 집단과 협력적으로 일하며, 공공재산에 대한 관리자로서의 역할을 수행하도록 하는 지침을 따르고 있다.

이상과 같은 거버넌스 체제 내에서 핵심적인 문제는 대지 소유권에 대한 것이다. 호주의 Victorian Alps와 같은 공공부지 지역 안에서도 개인 소유의 부지가 존재하고 있다. 또한 리조트 지역의 왕실소유 토지 안에도 최장 99년에 이르는 장기 임차계약을 확보하고 있는 사람들과 사업이 있다. 이와 같은 공공부지에 대한 침입이 있는 경우 정부의 권한과 의무는 사안에 따라 서로 다른 무게로 적용되어지고 있다.

## 7. 토지 소유권과 임대차

리조트가 자신의 토지 소유권에 대하여 완전 또는 부분적 통제권을 보유하고 있는지 여부는 리조트개발의 선택방안을 결정하는 데 강력한 영향을 미친다. 위에서 언급한 바와 같이, 리조트가 그 토지에 대한 완전하고 절대적인 소유권을 가지고 있는 경우라 할지라도 다양한 정부 규제법이나 지침으로 인해 개발방안의 선택에는 제한이 따르게 된다. 그러나 만약 리조트가 토지를 단순히 임차한 경우에는 상황이 더욱더 제한적일 수 있다. 이 같은 임차의 상황은 리조트가 왕실/공공 부지 안에 위치하게 될 때 흔히 발생한다. 그러한 토지는 정부에서 인정한 사람들이 소유하고 있는데, 그 토지에 대한 이용계획이나 리조트 같은 사업이 얼마나 오랫동안 보장될 수 있는지에 대해 종종 엄격한 조건이 뒤따르게 된다.

그 토지에 대한 접근과 이용은 일정기간 동안 그 리조트로 하여금 독점적으로 할당된 토지에 대하여 통제하도록 허용하는 임대차계약 기간에 의해 결정된다. 그 기간은 일반적으로 25년에서 99년까지이다. 임대차 기간이 길수록, 더 오랜 시간 동안 리조트는 초기 투자비용을 상환해야 하며, 투자에 따른 매력적인 수익을 획득할 수 있는 기회를 더 많이 가지게 된다. 나아가 임대차 기간이 길수록, 최초의 개발자가 다른 곳으로 옮겨 가고자 할 때 그 사업을 되팔 수 있는 가능성 또한 커진다. 그러나 리조트의 임대차계약이 길든, 짧든 그 임대차계약의 마지막 연도로 들어가는 종결기간이 있게 마련이며, 그 시기에는 원래의 소유자에게 반환되어야 하는 리조트 시설에 대한 증설이나 구매는 거의 발생하지 않는다.

공공부지에 대한 접근을 위한 임대차계약은 리조트가 정부재산에 대한 거래를 하고자 할 때 발생하는 협상과정의 일부분에 불과하다. 왜냐하면 그 외에도 관련된 개발조건이나 제한사항들이 많기 때문이다. 이러한 관련 제한요건들은 국립 또는 주립공원과 문화적 보전지역 등과 같이 환경적으로 민감한 지역일 경우에는 특히 더 많다. 만일 리조트가 고도가 높은 관광지역에 건립될 경우 리조트개발과 활동내용에 대한 엄격한 제한을 예상할 수 있으며, 그러한 제한은 리조트의 잠재적 수익성에 영향을 미칠 수 있다. 이와 같은 제한에는 통상적으로 민감한 환경에 대한 영향을 고려한 리조트의 규모와 높이, 주변 환경과 조화를 이룰 수 있는 건물유형, 지역 환경과 사회에 적합하다고 여겨지는 활동유형 등과 같은 규제가 포함된다.

## 요 약

이 장에서는 기업과 정치적 거버넌스의 문제에 관하여 검토하였으며, 그러한 거버넌스가 리조트개발을 위한 선택에 미치는 중대한 영향에 대해서도 살펴보았다. 기업 거버넌스 관점에서 사업의 다양한 이해관계 당사자들의 요구 사항에 대해, 그리고 하나의 공공 기업으로서 리조트 등에 대한 주요한 투자는 추가적인 투자를 포기한 투자자와 경영자 간의 분리성을 더욱 증가시킬 것이다. 정부가 리조트개발과 관련하여 강력한 미칠 수 있는 지역은 국립공원과 같은 공공소유의 토지이며, 이들 지역은 개발과 보전이라고 하는 정부의 두 가지 책무수행에 도움을 줄 수 있는 민간투자를 점점 더 많이 필요로 하고 있다.

이른바 '체험 경제(experience economy)'와 그 안에서 리조트의 잠재적 역할의 중요성이 증가함에 따라서, 보다 다양한 수준의 정부기관들이 리조트개발을 장려할 허용법안의 제정에 나서고 있다. 특히 전통적인 경제구조가 세계 경제와의 경쟁에서 어려움을 겪고 있는 지역에서는 더욱 그러하다. 리조트개발을 위한 정부의 정책과 재정적 지원은 리조트가 지역의 성장과 자신감을 자극할 수 있는 고용과 편의시설의 중심지로서 기능을 하기 위한 현대적인 변화 기관으로서 이용되었음을 잘 보여준다. 싱가포르 정부의 센토사 섬의 경제적 재생을 위한 노력이 이와 같은 접근과 사고의 좋은 예가 되고 있다.

이 장에서 거버넌스와 정책에 관해 결론 내리기 위해서는 다음과 같은 갈등으로 인해 초래될 수 있는 분쟁에 관한 하나의 사례를 살펴보는 것이 유익할 것이다. The *Economist*(2004) 잡지에 보고된 사례로, 미국 Vermont 주의 Killington에 있는 한 스키 리조트 타운이 자신의 고향인 Vermont 주를 탈퇴하여 이웃하는 New Hampshire 주로 옮겨 가겠다고 하였다. 그 이유는 '아무런 혜택이 없는 조세징수'에 대한 해묵은 갈등 때문이었다. 그 스키리조트 타운은 'Vermont 주에 한 해 세금으로 2억1000만 달러를 내고 있지만 혜택은 그것의 1/10 정도밖에 받지 못하고 있다'고 하면서 매우 화가 나 있었던 것이다. 이에 대해 *The Economist*는 주를 이동하는 것과 관련하여 잘 알려진 지역 사례가 있기는 하지만, 이 경우에는 그러한 이동을 성취하기란 어려울 것이라고 지적하고 있다. 왜냐하면 '그 지역의 주된 수입원을 제공하고 있는 스키 슬로프가 위치한 그 산을 버몬트 주가 소유하고 있기 때문이다' – 다시 말해서 가장 먼저 그러한 수익을 (그 타운에) 제공해온 것은 다름 아닌 (Vermont 주의) 공공자산이기 때문이다.

사례연구

### ••• 빅토리아, 알파인 리조트 •••

호주의 Victoria 주(州)는 다양한 이해관계자 집단과 국가과학연구그룹(national science research group; CSIRO)과 함께 Victoria 알파인 지역에서의 스키활동 지속가능성에 대하여 지구온난화가 미치는 영향에 관해 폭넓은 논의를 거친 후에 '알파인 리조트 2020 전략(Alpine Resorts 2020 Strategy, Victoria, 2004)'을 수립하였다. 이런 취약한 지역에서의 미래 스키 리조트의 개발과 관련된 이 문건과 발전방향 설정은 ARCC (Alpine Resorts Coordinating Council: 알파인 리조트 조정 위원회)와 ARMB(Alpine Resorts Management Boards: 알파인 리조트 관리 이사회) 등과 같은 기관에 의해 Victoria 주가 지닌 광범위한 영향력을 확인시켜준다. Tomsett(2006)에 의한 유럽과 북미에서의 스키리조트 개발경험을 훨씬 능가하는 권한수준은 (그림 5-2)에 제시되어 있다.

(그림 5-2)와 같은 복합모형은 호주 정부기관이 북미나 유럽 등에서 경험할 수 있는 것보다 스키 기업이나 다른 리조트 서비스 제공자의 행위에 대해 훨씬 더 많은 통제권을 가지고 있음을 보여준다. 따라서 이러한 복합모형은 중

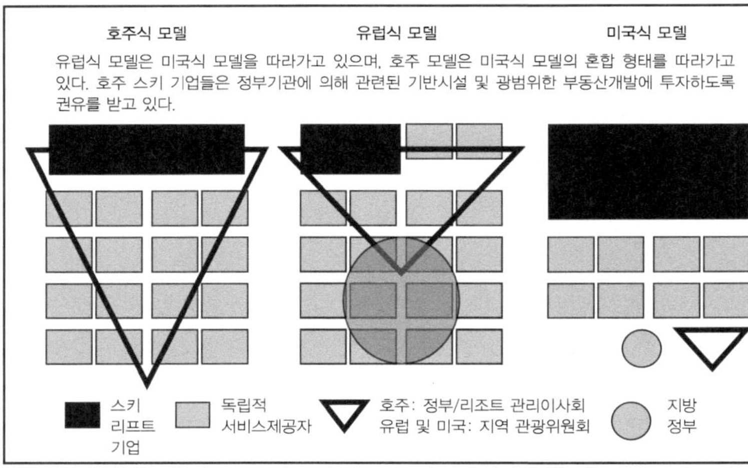


《 그림 5-2 》 세계 스키리조트 내에서 다양한 거버넌스 유형(Tomsett, 2006).

앙집권적인 기획과 통제가 어느 정도 수준에서 생성되어지를 아는 데 있어 중요하다.

알파인 리조트 조정위원회의 주된 역할은 개별적인 알파인 리조트 관리이사회가 계획을 세우거나, 전략을 실행하는 데 필요한 경영적 접근방법을 조정해준다. 각각의 개별적 리조트 개발에 대한 책임을 가지고 있는 것은 정부기관의 선임자로 구성된 관리이사회이다. 이러한 리조트는 알파인 생태지역 내의 3.5%만을 나타내는, 집중적으로 개발된 아주 작은 영역으로 이루어져 있지만, 나머지 지역에 대해서도 더 많은 생태학적 책임을 지니고 있다. 결국 전체 생태지역에 대한 통제를 계속하고, 하나의 통일된 알파인 마케팅 이미지를 나타내기 위해서는 이사회에 의해 그러한 리조트의 개별적 노력이 탐지되고 조정되어질 필요가 있다.

이 지역에서의 레크리에이션 수요에 대한 부응이라는 관점에서 볼 때 주요한 전략적 목표는 연중 활력이 넘치고 지속가능한 알파인 리조트를 건설하는 것이다(Victoria, 2004: 5). CSIRO의 조사에 따르면 높은 고도에 있는 대규모 리조트는 2020년까지 계속적인 인공제설의 도움을 통해 눈을 중심으로 하는 레크리에이션 리조트로 남아 있을 수 있을 것으로 보이며, 따라서 이들 리조트들을 보다 매력적인 곳으로 만들어 나가는 것이 과제로 남아 있다. 이러한 과제의 해결을 위해서 리조트들은 관광객 소비를 끌어들일 수 있는 높은 품질수준의 경험을 제공할 필요가 있으며, 전통적인 호주의 해변 관광객들의 일부를 산악으로 유치할 수 있는 여름 성수기전략의 개발 또한 필요하다.

자연보호라고 하는 관점에서의 전략은 개선된 환경관리와 청지기정신을 포함할 수 있어야 한다. 환경관리는 특정한 식물군과 동물군의 서식지와 같은 중요한 지역을 포괄하여야 하는데, 이러한 점은 이미 전통적으로 그러한 지역에서 가축을 길러온 목축업자와 갈등을 야기한 문제들이라 할 수 있다. 또한 수질관리는 가뭄에 취약하한 주변의 낮은 지역의 농장과 도시에 물을 공급하는 상수원 보호라는 문제를 포함하고 있다. 이와 더불어 이러한 자연보호 지역에 대한 청지기정신이라고 할 수 있는 전반적인 책임의식이 요구된다. 왜냐하면 '알파인 리조트와 주변 지역은 왕실소유이며, 모든 Victoria 주민들을 대신하여 관리되야 하기 때문이다'(Victoria, 2004: 34). 따라서 주정부는 미래 세대들이 이 지역을 이용 가능하도록 관리해나가야 할 의무를 지니고 있다고 할 수 있다.

이와 같은 레크리에이션과 보호라는 목표를 동시에 달성하기 위해서는 많은 자금이 소요되지만, 그 전략은 이와 같은 자금의 출처와 '그 리조트가 지닌 매력성에 대한 투자'를 위해 다양한 알파인 리조트 관리 이사회가 지닌 독창성에 대해 구체적으로 밝히지 않고 있다. 그렇지만 상위 정부기관과 민간부문은 이중적 책임 내에서 잠재적 상생효과를 강조하여, 이와 같은 전략적 목표 달성에 필요한 자금을 공급받기 위해 협동하기 시작하였다. 이와 같은 연합활동에 대한 촉매제로는 호주의 TTF(Tourism and Transportation Forum: 관광과 교통포럼)를 들 수 있다. 이 기관은 국립공원 내 또는 그 인접지역에서의 새롭고 수준 높은 리조트 개발이 가능하게 함으로써 정부와 민간부문 양쪽의 목표를 동시에 달성할 수 있도록 하는 공공-민간 협력체(public-private partnerships, PPPs)의 활성화를 촉진하고 있다. 이와 같은 *Natural Tourism Partnership Initiative*(자연과 관광의 협력 계획)를 통해 TTF는 '우리의 자연을 보호하기 위해 공원 기관이 가지는 경제적 능력을 향상시키기를' 바라고 있다(www.ttf.org.au). PPPs에 관하여 증가하고 있는 관심은 제6장에서 보다 깊이 있게 논의된다.

## 연습문제

1. 리조트 상황에서 민간기업과 정치적 거버넌스 사이에 발생할 수 있는 갈등에 대하여 생각해보고, 이 갈등을 긍정적인 협력관계로 전환할 수 있는 방법에 대하여 논의해보라.

2. 환경관리에서 청지기 이론(stewardship theory)에 대하여 검토하고, 그 이론이 지닌 타당성과 리조트 부문에 대한 적용가능성에 대하여 논의해보라.

3. 임의로 개발도상국 하나를 선택하고, 그 국가의 행정과 경제가 그 나라 리조트의 지속가능한 발전과 관리를 유지할 관광개발 정책을 어떻게 시행하고 있는지 검토해보라.

4. 만일 정부의 정책이 '국민을 위한, 국민에 의한 정부'가 되고자 하는 것이라고 할 때, 공공부지에 대한 정부의 책임을 민간부문과 어떤 방식으로 공유하는 것이 바람직하다고 할 수 있는가?

5. 리조트 개발의 현장에는 종종 지방정부가 있지만, 사실 지방정부는 그러한 사업을 진행하기에 매우 적은 수준의 자원을 가진 경우가 대부분이다. 리조트 매니저와 지방의회가 이 같은 상황의 타개를 위해 조화로운 협력관계를 형성해나가고자 할 경우 가장 바람직한 대안은 무엇인가?

6. 만일 당신이 지역 또는 국가적 리조트의 임차기간과 관련한 협상을 전개한다고 할 때, 그러한 협상을 위한 당신의 논리와 우선순위에 대하여 설명해보라.

7. 여름 해변의 휴가와 관련하여 이른바 '호주의 사랑'이라고 하는 슬로건을 내걸고 있는 빅토리아 주정부의 '알파인 리조트 2020 전략(Alpine Resorts 2020 Strategy)'에 대하여 비판적으로 평가해보라.

## 참고문헌


- BC Resort Task Force (2004). *Recommendations of the B.C. Resort Task Force*. Canada,Victoria, BC: Minister of State for Resort Development.
- Chase, A. (1987). *Playing God in Yellowstone*. San Diego: Harcourt Brace Jovanovich.

- Christaller,W. (1964). Some considerations of tourism location in Europe. *Papers and Proceedings of the Regional Science Association*, **12**, 95-105.
- Daily, C.M., Dalton,D.R. and Rajagopalan,N. (2003). Governance through ownership: centuries of practice, decades of research. *Academy of Management Journal*, **46(2)**, 151-158.
- Dalton,D.R., Daily,C.M., Ellstrand,A.E. and Johnson, J.L. (1998). Meta-analytical reviews of board composition, leadership structure, and financial performance. *Strategic Management Journal*, **19**, 269-290.
- Elliott, J. (1997). *Tourism: Politics and Public Sector Management*. London: Routledge.
- eTN (2006). Hilton"s claims of responsible development are a "greenwash". *Travel Wire News*, 1-3. news@travelwirenews.com. Accessed on 26 July 2006.
- Flower, J. (1991). *Prince of the Magic Kingdom*. New York: John Wiley and sons.
- Harris, J. (2004). *The Renaissance of Honolulu*. Honolulu: City and County of Honolulu.
- Hawaii Tourism Authority (HTA) (2004). *Hawaii tourism strategic plan: 2005-2015*. http://www.hawaii.gov/tourism/program-planning.html. Accessed on 8 August 2005.
- Henderson, J. (2006). Betting on casino tourism in Asia: Singapore"s integrated resorts. *Tourism Review International*, **10(3)**, 169-179.
- Howatson, A.C. (1990). *Toward Proactive Environmental Management: Lessons from Canadian Corporate Experience*. Ottawa: The Conference Board of Canada.
- Hsu, C.H.C. (2003). Social impacts of Native American Casino Gambling. In *Legalized Casino Gaming in the United States* (C.H.C. Hsu, ed.), pp. 221-232. New York: Haworth Hospitality Press.
- Hughes, H.L. (1989). Resorts: a fragmented product in need of coalescence. *International Journal of Hospitality Management*, **8(1)**, 15-17.

- Inskeep, E. (1991). *Tourism Planning: An Integrated and Sustainable Development Approach*. New York:Van Nostrand Reinhold.
- Klemm, M. (1992). Sustainable tourism development: Languedoc-Roussillon thirty years on. *Tourism Management*, **13(2)**, 169-180.
- Lundgren,J. (1983). Development patterns and lessons in the Montreal Laurentians. In *Tourism in Canada: Selected Issues and Options* (P.E. Murphy, ed.),Western Geographical Series, Vol. 21. Canada, Victoria, BC: University of Victoria, pp. 95-126.
- Michael, E.J. (2006). *Public Policy: the Competitive Framework* Melbourne: Oxford University Press.
- Montgomery, G. and Murphy, P.E. (1983). Government involvement in tourism development: A case study of TIDSA implementation in British Columbia. In *Tourism in Canada: Selected Issues and Options* (P.E. Murphy, ed.), Western Geographical Series, Vol. 21, pp. 183-209. Canada, Victoria, BC: University of Victoria.
- Peet, R. with Hartwick, E. (1999). *Theories of Development*. New York: TheGuilford Press.
- Pine, R. (2002). China"s hotel industry - serving a massive market. *Cornell Hotel and Restaurant Administration Quarterly*, **43(3)**, 61-70.
- Sax, J.L. (1980). *Mountains without Handrails*. Ann Arbor, Michigan: University of Michigan Press.
- Stern, R.A.M. (1986). *Pride of Place - Building the American Dream*. Boston: Houghton-Mifflin.
- Tang, F.F., Xi, Y., Chen, G. and Wang, R. (2006). Ownership, corporate governance, and management in the state-owned hotels in the People"s Republic of China. *Cornell Hotel and Restaurant Administration Quarterly*, **47(2)**, 182-191.
- *The Economist* (2004). Snowballing to freedom: A ski resort"s revolution against taxation. March 13, 37.

참고문헌


- Tomsett, P. (2006). *Stakeholder Analysis of Tourism Strategies: Case Study of Victorian Alpine Resorts*. Unpublished Ph.D. Thesis. School of Sport, Tourism and Hospitality Management, La Trobe University, Melbourne, Australia.
- Victoria (2004). *Alpine Resorts 2020 Strategy*. Melbourne: Department of Sustainability and Environment.
- Zadek, S. (2004).The path to corporate responsibility. *Harvard Business Review*, **82**, 125-132.
- Zehnder, L. (1975). *Florida's Disney World: Promises and Problems*. Tallahassee, Florida: Peninsula Publishing.

# PART 3

# 리조트 경영을 위한 내부적 도전과 전략

CHAPTER 6

# 기획과 재무관리

## 1. 서론

하나의 사업체로써 리조트가 최초의 사명을 달성하고, 지속가능한 재무적 기업이 되고자 한다면, 사업의 초기부터 내부적 문제와 도전과제들에 대하여 통제할 수 있어야 한다. 기획과 재무 간의 관련성에 관해서는 Gee(1996: 91)에 의해 명확히 정리된 바 있다. 그는 자신의 저서 중 기획과 개발에 관한 장에서 그 첫 문장을 다음과 같이 시작하고 있다.

> '리조트 기획과 개발에 관한 과정은 기본적으로 경제적인 것이고, 사회적이거나 환경적인 다른 목적들은 반드시 경제적 목표에 종속되고 통합되어야 한다.'

따라서 Part 3에서 시작되는 이 장에서는 먼저 기획과정에 대하여 검토하고, 어떤 방법으로 이런 결정적인 첫번째 단계가 성공 또는 재앙적인 재무적 미래 여건 조성에 영향을 미치는지 알아보고자 한다.

이런 맥락에서 기획과정(planning process)은 미래를 위한 행동이나 절차에 대한 하나의 도식(schema) 등과 같은 기획이 지닌 본원적(generic) 특성으로 언급된다. 꿈이 사명과 일치하듯, 개념화는 그 사명에 대한 물리적 형태와 환경적 상황을 조성하게 한다. 즉, 사업 관리 전략은 가능한 투자에서부터 최대한의 효과성과 효율성을 산출하도록 설계되었다. 반면에 외적으로 부과된 기업의 사회적 책임의 수용 또는 새롭고 보다 차원 높은 지속가능한 발전 기준의 설정 등이 포함 되기도 한다. 이러한 모든 것들은 기획과정 내에서 분리될 필요가 없는 독립적인 단계인데 그 이유는 사업 상황에서 재무적 문제의 관련성과 포함 가능성은 각 단계에서 반드시 고려되어야 하기 때문이다. 하지만 이것은 기획 체제 내에서 하나의 전체적인 구성요소로써, 단일 리조트 호텔시설이든, 복합 리조트 시설이든, 아니면 보다 규모가 큰 도시 리조트 목적지이든 관계없이 모든 수준의 리조트에서 다루어져야 할 요소들이다.

이 장에서 재무관리에 관한 논의는 리조트 개발과 관련한 지출과 수입의 관리를 의미한다. 여기서는 오늘날의 회계 원리나 절차에 관한 구체적 언급보다는 보다 거시적인 논의를 하고자 한다. 리조트 경영주가 그들이 가진 사명을 달성하는 데 소요되는 시간이 어느 정도이며, 개발의 다양한 단계별로 얼마나 서로 다른 재무적 문제들이 발생하게 되는가에 대해서 보다 중점적으로 다루게 된다.

## 2. 기획과정

기획과정은 각 리조트의 개발방향에 따라 세부적으로 달라질 수 있음을 인지할 필요가 있다. 주요한 차이에는 다음의 경우들이 포함된다. 즉, 리조트가 푸르른 야외지역에 위치한 것인지, 아니면 거주자들이 많고 요구사항도 많은 도심 복합지역의 한 부분에 위치한 것인지 등이다. 또한 개인이 소유하고 있는 것인지 아니면 임차된 것인지 여부이다. 그리고 그 리조트에서 행해지는 거버넌스 체제가 어떠한 것인지 등에 따라 기획과정에서 차이가 발생할 수 있다. 그렇다고 하더라도 각각의 모든 경우에 대하여 본원적인 기획과정은 여전히 똑같이 적용될 수 있다.

리조트의 개발상황은 한적하고 아직 개발이 덜된 야외의 시골지역인가, 아니면 복잡하고 발달된 도시지역 또는 그 중간 지역인가에 따라 달라질 수 있다. 이처럼 다양한 개발상황은 기반시설, 건축, 노동의 공급과 관련하여 서로 다른 비용구조를 가질 수 있다. 경제가 성장하고 있고, 낙관적 전망이 우세한 시기에는 미래에 대한 꿈이 개발과 관련된 재무적 문제가 지닌 실상을 간과하도록 만들 수도 있다. 호주의 주요한 리조트개발 시기였던 1980년대에는 '리조트 수요에 대한 비현실적인 기대와 리조트 투자원칙에 대한 부족한 이해 상태에서' 많은 리조트들에 대한 투자가 이루어졌다(Ernst and Young, 2003: 7). Tourism and Transport Forum of Australia(호주 관광과 교통 포럼)의 CEO인 Chris Brown에 의하면, 그 결과 '자만심에 찬 투자, 어리석은 기획, 지나친 경기낙관으로 인해 이익을 전혀 내지 못하는 상황으로 진행된 일부의 리조트개발'은 마침내 재산 위탁관리자의 손으로 넘어가고 말았다(Ernst and Young, 2003: 3). 호주와 그 어느 곳에서도, 그와 같은 리조트의 꿈을 이익이 발생하는 사업으로 전환시키는 사람은 흔히 두번째 또는 세번째 소유자들이다. 그들은 보다 현실적인 재무기획을 적용하고 그 이전 소유자들이 지녔던 시장에 대한 판단의 오류를 수정한다.

리조트의 기획과정에 관여하는 사람들이 단지 개발자나 소유자인 것만은 아니다. 왜냐하면 일반적으로 그 외의 다른 이해관계 당사자들이 있기 때문이다. 그러한 사람들 중에는 지역공동체의 구성원을 들 수 있는데, 그들은 도시지역의 이웃이나 주민일 수 있으며, 야생지역이나 전통적 지역에서의 이웃이나 원주민 소유자 일 수도 있다. 그들은 리조트로 인해 발생되는 고용이나 사업기회에 대하여 일반적으로 환영하지만, 한편으로는 지역의 경관이나 문화를 통합하는 개발이 세심하게 이루어지기를 기대한다. 또한 리조트 안에는 핵심적이거나 이차적인 사업장을 임대하여 운영하는 사람들이 있다. 그들은 해마다 임대비용을 낼 수 있고 공동 마케팅활동과 같은 의무를 다할 수 있을 만큼 충분한 사업의 수익성을 기대한다. 나아가 정부는 사회로부터의 기대와 책임감의 증가에 부응하기 위해, 언제나 세금기준을 높이기 위해(심지어 연체된 세금에 대해서도) 열심이다.

다양한 개념과 정책에 대한 기대와 제약 속에서 리조트사업의 이익목표를 달성함으로써 이해관계 당사자 집단의 요구를 충족하는 것은 기획수립자의 책임이다. 이를 위해 기획수립자들은 세 가지 유형의 기획수립 수단들을 사용해왔다. 그 수단들은 지역공동체의 목표와 열망을 반영하는 전략적 사명을 형성하게 하고, 적절한 토지이용 형태와 개발 유형의 파악을 통해 그 사명의 실행을 가능하게 한다(Dredge, 1999: 774). 기획수립 수단의 세 가지 유형은 과정적, 기능적, 규범적 수단 등이며 아래에서 이들 각각에 대해 논의하고 있다.

### 1) 과정적 수단

과정적 수단(process tools)이란 기획과정의 본질에 관한 것으로, 기획과 관련된 문제에 포괄적인 해결책을 제공할 수 있는 몇 가지 단계에 초점을 맞추고 있다. 리조트 개발의 관점에서 이 분야의 주요한 두 사람의 공헌자로는 Inskeep과 Gee를 들 수 있다. Inskeep(1991: 202)은 리조트 기획에 관한 통합적 형태의 로드맵(이 장에서 핵심 사항으로 강조)을 제공하고 있다(그림 6-1). 그림에서 보듯이, 첫번째 단계는 생산을 고려하고 있는 리조트 상품 유형을 결정하기 위한 시장분석(market analysis)을 실시하는 것이다. 만일 리조트 개발자의 생각 속에 충분한 소비자의 수요가 없거나 제한적일 경우에는 리조트개발 기획은 거기서 중단되어야 한다.

개념적 단계(conceptual stage)에서는 지역의 사업과 지역공동체와의 관계가 탐색되어야 하며, 개발 기획은 핵심적인 이해관계 당사자들과의 적절한 자문을 통해 도출되어야 한다. 이러한 과정을 통해서 본격적인 개발(development) 단계로 진입하게 된다. 이 단계에서는 대규모 프로젝트일 경우 통상 일련의 개발단계들을 필요로 한다. 즉, 다양한 유형의 재무기획이 확보되어야 하며, 부채상환

⟪ 그림 6-1 ⟫ 리조트 기획수립 과정 (Inskeep, 1991: 202)

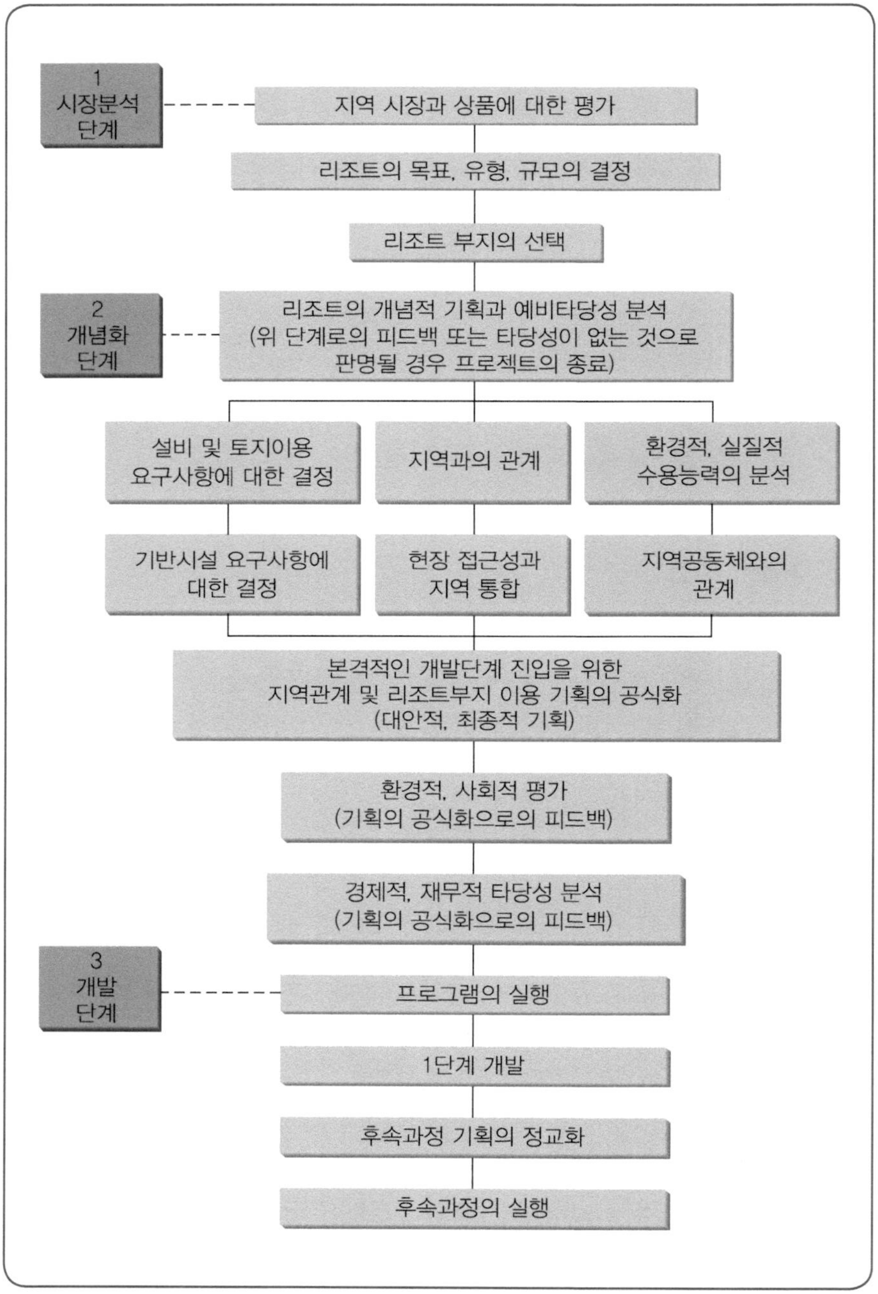

과 일정한 현금흐름을 유지하기 위한 다양한 유형의 수익창출 기획이 수립되어야 한다. 주어진 시간 동안 개발이 진행되어야 하지만, 애초의 기획에 대한 어느 정도의 수정은 불가피하며, 따라서 후속과정은 애초의 사명과 상당히 다른 양상을 띨 가능성이 상당히 크다고 할 수 있다.

Walt Disney World 건설을 위한 Walt Disney의 기획은 탄력적 기획이 지닌 중요성에 대한 좋은 예가 되고 있다. 애초의 기획에서 EPCOT는 소위 '미래 지역 공동체의 실험적 원형(Experimental Prototype Community of Tomorrow)'을 건설하는 것이었으며, Disney의 기술과 미래의 유토피아 도시를 만들기 위한 전향적 기획의 조화를 통합하는 것이었다. 그러나 불행히도 그와 같은 리조트 프로젝트 기획이 개발에 착수되기 전에 Walt Disney는 세상을 떠났으며, 따라서 그 기획은 주인공을 잃어버리게 되었다. 위와 같은 사명을 가졌던 EPCOT 대신에 Disney 경영진은 새로운 기회를 최대한 활용하여, Walt Disney World 안에 영속적인 국제 박람회장(International Exhibition)이라고 하는 제2의 테마파크를 개발하고자 하였다. 주요 대기업들과 선별된 몇 개 국가들과의 협력을 통해 Disney사는 최소한의 직접 투자만으로써 기술과 여행 테마파크를 건설할 수 있었다. Disney World의 최초 EPCOT에 대한 꿈은 잊혀지지 않고 있으며, '축하(Celebration)'–이상적인 도시환경을 창조하기 위한 간단한 메모로부터 기획되어진 새로운 타운–의 형태로 그 정신은 아직도 지속되고 있다.

한편 Gee는 리조트개발 과정을 명확하지만, 중복되는 다섯 개의 단계로 나타내고 있다(그림 6–2). 그 첫번째 단계가 *개념화, 기획과 시작(conceptualization, planning and initiation)*이다. 그는 리조트를 위한 최초의 아이디어는 호텔경영 회사, 공공 또는 유사 공공기관, 특수 이해관계 당사자 집단, 개발업자, (민간 또는 공공의) 자산소유자 등을 포함하여 상당히 폭 넓은 원천에서 비롯될 수 있다고 말한다. 이와 같은 최초의 집단들은 그 리조트를 위해 항상 똑같은 목표와 이미지를 가지고 있는 것은 아니며, 따라서 수시로 상당한 타협을 필요로 한다. 예를 들면, '장기적인 투자의 사고를 가진 사람들은 강력한 현금흐름 지향(주주

《 그림 6-2 》 리조트개발 과정의 단계 (Gee, 1996: 95)

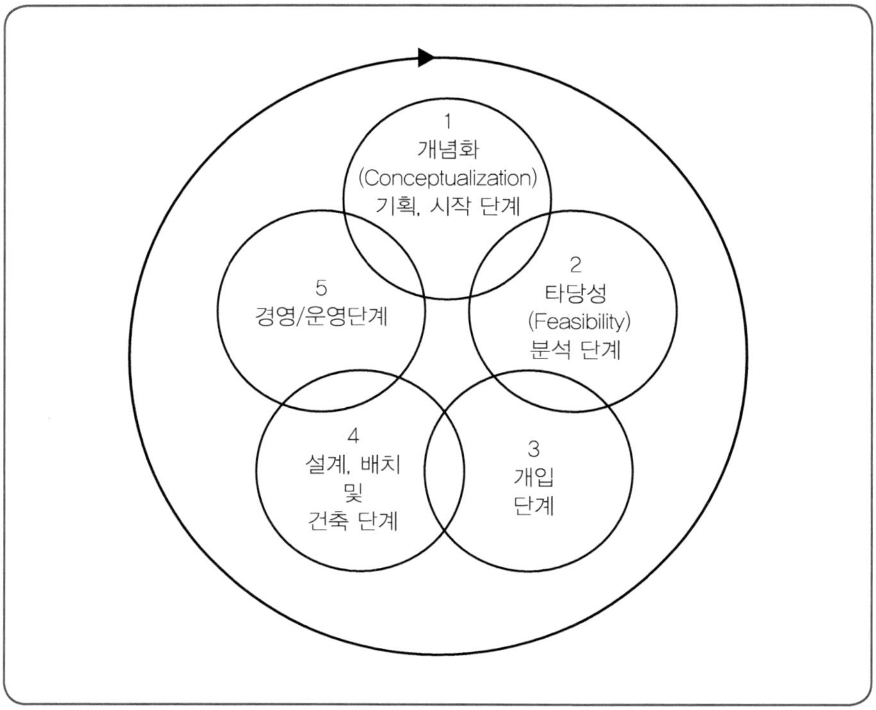


들에 대한 현금 배당을 포함)의 사람들과 종종 갈등을 일으킨다. 또한 일부의 사람들은 장기적인 세금 대피처로 생각하고 있는가 하면, 다른 사람들은 그 프로젝트가 완성되자 마자 팔아버리려고 생각하는 사람들도 있다. 나아가 소유자나 개발자들이 전문적인 기획 입안자들이나 설계자들을 무시하고자 할 때, 문제는 끊임없이 발생한다'(Gee, 1996: 95).

Gee는 이 첫번째 단계를 위해서는 장기간의 시간이 필요함을 강조한다. 왜냐하면 시간과 자원에 대한 투자는 대중들에게는 보이지 않으므로, 그러한 투자에 대하여 많은 사람들이 이해하지 못하기 때문이다. 현대적 리조트개발의 복잡성이라는 관점에서 보면, 그 규모와 구성요소에 있어 하나의 작은 도시를 만드는 것이라 할 수 있다. 그러므로 기획과정에서는 유료고객이 처음으로 도착하기 전까지 모든 구성요소들이 제자리를 잡을 수 있도록 각 단계별로 논리적 연속성을 가진 프로젝트순서도(flowchart)가 반드시 필요하다. 대형 프로젝트의 경우 최종 기획이 지방 정부당국에 의해 승인된다는 조건하에 필요한 부지를 구매하거나 또는 임차하는 것이 가장 바람직하다. 정해진 기간 안에 구매기획을 이행하지 못함으로 인해 수천 달러를 잃는 것이 기획에 대한 승인이 철회됨으로써 발생하는 수 백만 달러의 손해보다 낫기 때문이다.

두번째 단계인 *타당성 분석(feasibility analysis)*은 프로젝트를 추진할 것인지, 아니면 철수할 것인지를 판단하는 데 도움을 준다. 이 단계는 명확히 1단계와 연결되어 있지만, 평가가 진행되기 이전에 예비적인 상품 개발기획과 표적시장 세분화 작업은 이루어져야 하기 때문에, 이 단계는 2단계로 간주되어 왔다. 제안된 기획(공급 측면)과 시장(수요 측면)에 관한 가시적 측면은 높은 명성을 지닌 제3자에 의해 분석되어야 한다. 그리하여 프로젝트를 지금의 단계까지 이끌어 온 꿈은 객관적으로 명확해야 한다. 만일 그 타당성이 실망스러운 것일 경우 애초의 기획을 수정하거나 토지에 대한 구매나 조건적 협상을 거둬들여 철회해야 한다.

세번째 단계는 *개입(commitment)*의 단계로서, 모든 것이 공식화되어 가는 단계이다. 즉, 공식적인 협약과 법적인 서류들에 대한 서명이 이루어지고 등록이 되는 단계이다. 일련의 토지가 획득되고 토지이용 기획이 지방 행정당국에 제출되며 보다 적극적인 재무기획이 실천에 옮겨진다. 또한 이 단계에서 해안선 관리나 용수 권한, 쓰레기 처분권 등을 이용할 수 있는 경우에는 이에 대한 추가적인 승인을 얻기 위해 환경영향 신고서를 제출해야 한다.

네 번째 단계에서는 리조트의 *실질적인 설계(design), 배치(layout), 건축(construction)*을 실시하게 된다. 그 지역의 환경조건과 바람직한 이미지가 상당한 정도로 설계에 영향을 미친다. 지역적 구분과 건물 번호에 따라 이루어지는 리조트의 공간적 배치는 함께하는 공동 활동을 묶어주거나 서로 부딪치는 활동을 분리시킬 수 있도록 효과적으로 이루어져야 한다. 건축은 고객들과 콘도미니엄의 구매자들이 매료될 수 있도록, 그리고 많은 수의 사람들이 리조트를 방문해도 그 외관을 유지할 수 있도록 고품질로 시공되어져야 한다.

다섯번째는 *경영과 운영(management and operation)*의 단계이다. 이 단계는 리조트의 실질적인 개장과 운영이 이루어지기 전부터 실행되어야 한다. 이 단계에서는 공격적인 판매와 마케팅 캠페인, 인원의 모집과 훈련, 운송회사 등 공급업자나 파트너들과의 최종적인 마무리 계약 등의 일들이 이루어지게 된다. 또한 이 단계에서는 '경영자와 종사자가 모두 애초에 의도되었던 방식으로 리조트를 운영해야 하며'(Gee, 1996: 121), 초기의 사명과 기획을 현실화시킴으로써 차별화되고 매력적인 리조트가 될 수 있도록 노력해야 한다.

리조트개발 과정에서 고려되어야 할 수 많은 세부적인 사항들과 연관사켜 볼 때, 그것이 종종 몇 번의 우회와 실질적인 변경을 거쳐야 하는 긴 과정이라는 점은 그다지 놀랄 만한 일이 아니니다. 토지와 관련한 협상, 그 외 비용, 권리, 접근가능성, 변화, 자금조달 등의 문제들은 기회를 차단하기도 하고 열어주기도 한다. 그 최종적인 결과는 최초의 꿈과는 다른 것이 될 수도 있으며, 실질적인 첫 유료고객이 방문하기 이전에 많은 자금이 투입되어져야 하는 경우도 있다. 이와 같은 경우의 좋은 예로 Disney에서 Walt Disney World의 개발이 이루어질 때를 들 수 있다.

Zehnder(1975)는 Disney World의 개발경험에서 볼 수 있었던 바와 같이 리조트개발 과정에 관한 놀라운 설명을 하고 있다. 그는 오늘날 세계에서 가장 성공적인 리조트 관광목적지의 하나가 된 Disney World 개발 및 개장과 관련된 일들을 자세하게 이야기하고 있다. 그러나 개발과 관련된 일체의 내용들은 비밀리에 추진되었으며, 실질적인 개발에 착수하기 전 마지막 1분까지 협상이 진행되었으며, 그 결과 마침내 새로운 Disney의 자랑스러운 특별한 견본이 공개되었던 것이다. Walt Disney는 제 2의 테마파크의 부지로 구매력이 높은 동부나 중서부 지역과 가까우면서, 동시에 최초의 California Disney Land 테마파크 주위에서 나타나고 있는 것과 같은 기생적 발전으로부터 자신의 멋진 작품을 보호해줄 수 있는 그 입지를 원하고 있었다. 그리하여 그는 Disney Land에서 230에

이커(93핵타)였던 것과 대비하여(100배가 넘는) 27400에이커(11,089핵타)에 달하는 광활한 부지를 Florida에서 선정하였으며, 이는 그 당시 San Francisco의 규모와 거의 맞먹는 정도의 넓이였다.

그 부지의 대부분은 질이 낮은 목초지였으며, 그 중에서도 상당 부분은 늪지대였다. 그러나 그 지역에 대한 선택은 기본적으로 입지적 조건과 (저렴한) 구입가격에 바탕을 두고 있었다. 중부 Florida의 Orlando와 가까운 그 지역은 값이 비싼 해안지역과 멀리 떨어져 있었으나, 주요한 교통의 교차지점에 위치하고 있어서 중부 Florida 지역을 북부의 주들과, 남쪽의 Miami와 Florida Key, 그리고 Florida의 동부 및 서부 해안과 연결할 수 있었다. Orlando와 가까운 경계선 부근의 농장은 '에이커당 평균 $200 미만의 가격으로 구입되었으며' (Zehnder, 1975: 14), 그 가격은 그 당시의 실질적 농장가치인 것으로 추정되고 있다. 그러한 농장가치 수준으로 구입이 가능할 수 있었던 것은 실체가 없는 허위회사를 통해 조금씩 땅을 사들였기 때문이다. 왜냐하면 실질적 구매자의 정체와 구입 목적을 숨기고, 그 땅에서 새롭게 생성되는 가치를 예상하고 가격이 오를 것에 대비하기 위해서였다. 이와 같은 토지구입 과정은 Disney 프로젝트에 관한 어떤 공식적인 발표가 이루어지기 전까지 18개월이나 걸렸으며, 물론 그 동안 Orlando로 들어오게 될 '의문의 산업'에 대한 추측성 여론도 무성하게 일었었다.

Disney 기획에 대한 공식적인 발표는 1965년 9월 15일에 이루어졌다. 그러나 그 프로젝트는 여전히 계속 진행될 수 있을지 의문으로 남아 있었다. 그리하여 Disney사는 그 지역에 대한 그들의 거대한 기획을 진행하기 위해서 주와 지역의 협조를 필요로 한다는 것을 공표하였다. Disney 월드의 오픈 이전까지, Disney사는 인터스테이트 하이웨이 체제와 연결되는 고속도로의 건설이 필요함을 역설하였다. '왜냐하면 Florida를 방문하는 관광객의 80%는 자동차를 이용하여 오게 되며, 따라서 Disney World는 그러한 자동차 방문객이 없이는 불가능하기 때문이라는 것이었다(Zehnder, 2975: 48). Disney사는 중부 Florida의 관목과 늪지대를 초기의 매직 킹덤(Magic Kingdom) 테마파크와 EPCOT 및 주변 지원시설물들의 건설을 통해 매력적인 환경으로 변모시켰다. 이를 위해 Disney사는 자치적인 행정구역의 창설을 필요로 하였다. 이 자치적인 행정구역의 창설로 Disney사는 그들 자체의 높은 기준과 국제적인 시장 기준에 적합한 용수관리, 기반시설, 건물 등을 건설하고자 하였다. 그러나 이를 위해 Disney사는 정부 당국과 오랜 협상을 진행해야만 하였다. 1967년 5월 마침내 '19개월간의 협상 끝에 Florida의 Disney World는 현실로 되었다'(Zehnder, 1975: 108). 그리하여 Reedy Creek Improvement District(리디 크리크 개선 자치구)'이라고 이름 붙여진 그 지역은 Disney사 자체의 높은 기준에 따라 기반시설과 빌딩을 건설할 수 있었다. 이 뿐만 아니라, 지방채권 시장을 통한 우호적 재정지원으로 이득을 볼 수 있었으며, 주 당국으로부터는 저비용 주택건설 자금과 같은 지방도시 교부금을 받을 자격을 획득할 수 있었다.

그와 같은 매머드급 프로젝트는 단계별로 진행되었으며, 최초의 구상으로부터 40년이 넘는 오늘날까지도 공사는 여전히 진행 중이다. 최초의 개발 단계를 위한 마지막 기획은 1969년 4월에 공표되었으며, 그 후 수개월 동안에는 토지 정화작업, 늪지대 물 빼기, 땅 돋우기, 용수관리 기획 수립 등의 일들이 진행되었다. 이와 같은 일들은 막대한 비용의 테마파크와 지원시설들이 Florida의 우기 동안 홍수에 잠기는 것을 방지하기 위한 것이었다. '휴가왕국(Vacation Kingdom)'이라 이름 붙여진 그 기획은 200에이커(81핵타)의 인공석호(manmade lagoon)와 450에이커(182핵타)에 달하는 자연호수(natural lake) 주변을 따라서 추진되었다. 그리하여 500~700객실 규모의 5개 리조트호텔, 모노레일 수송망, 선박, 육상의 탈것, 골프코스, 롤러코스터와 위락 센터 등이 건설되었다. 일단 리조트가 모양을 갖춰나가기 시작하자 Walt Disney World는 6200명의 직원을 고용하여 훈련시킬 필요가 있었으며, 그 직원 중 5500명은 17~22세의 사람들이었다(Zehnder, 1975: 215). 이들을 위한 중요한 시설이 이른바 '배역(casting)'센터이다. 여기서 직원들은 자신들에게 주어지는 과업에 대한 훈련을 받고 Disney의 문화와 '정신(magic)'에 대한 교육도 받게 된다. 첫번째 고객의 방문이 이루어지기 전에 Disney World는 제3급 하수처리플랜트와 고체쓰레기 소각장과 같은 환경처리 시설물을 설치해야만 했다(Murphy, 1997). 모든 것이 제자리를 잡고 모든 사람들이 자신의 임무를 완수할 준비가 되었을 때, Walt Disney World는 1971년 10월 1일 드디어 개장을 하였다. 개장 첫 해에 'Disney World는 10,712,991명의 방문객을 유치하였으며, 총수익은 1억 3천 9백만 달러 정도였다' (Zehnder, 1975: 242). 이러한 실적은 그 프로젝트를 위한 8.5년이라는 준비기간과 거의 10억 달러(1970년 달러시세 기준)에 이르는 투자의 결과였다.

### 2) 기능적 수단

기능적 수단(functional tools)이란, 리조트 개발과 기능에 관한 방법을 설명하는 이론과 기법을 말한다. '주로 체제 이론에서 도출된 것으로서... 기능 이론은 인간행동과 정주형태의 구조(structure of settlement forms) 사이의 역동적 관계를 설명하는데 상당히 유효하다' (Dredge, 1999: 775). 기능적 수단에 관한 고전적 사례는 전통적인 해안 리조트 개발에서의 지형적 모델에서 볼 수 있다. 이들 리조트들은 철도역과 도로망을 통해 해안가와 지역에 접근할 수 있는 이중적 입지적 매력성을 지니고 있었다. 이 같은 (철도역과 도로망 등의) 센터들은 고객들을 위한 최대한의 편의성과 토지에 대한 최대한의 수익을 제공할 수 있는, 다양한 기능적 토지이용의 좋은 사례가 되고 있다(Pearce, 1989; Smith, 1992). 그 외 다양한 이론의 유형에 관해서는 제 2장에서 논의하고 있다.

리조트와 관련한 지형적, 수명 주기적 접근의 예는 Caribbean 지역과 캐나다에 관한 Jan Lundgren(1983)의 초기 연구에서 찾아볼 수 있다. Montreal 시의 북쪽에 위치한 Laurentian 산맥에 관한 연구에서 그는 이 도시의 레크레이션 활동의 배후지로 그 산 안에 위치한 리조트의 변화에 관해 다음과 같이 설명하고 있다. 즉,

- ❖ Laurentian 리조트들은 발전에 있어 안정적인 진화적 성장형태 대신에 급격한 전환을 경험하고 있었다. 이는 소비자의 레크레이션 선호도의 '급격한' 변화에 기인한 것이었다. 소비자들은 초기에는 겨울/여름 환경 속에서 여유로운 휴식을 취하는 것을 좋아하는 유형이었으나, 나중에는 알파인 스키나 스노모빌과 같은 적극적인 스포츠를 좋아하는 형태로 바뀌었던 것이다. 이와 같은 급속한 변화는 교통 기반시설에서도 나타났다. 즉, 철도는 지방도로로, 다음에는 고속도로로 대체되었으며, 이들 요소들은 리조트의 입지와 성공에 대하여 제각기 자체의 지형적 영향력을 미치게 되었다.
- ❖ 그리하여 Laurentian 자연적 경관의 여가적 효용성은 위에서 제시된 것과 같은 소비자 시장과 교통망의 변화와 더불어 변화하게 되었다.
- ❖ 전통적인 집중적인 여가형 토지이용과 토지가치는 시간이 지날수록 변화하였으며, 초기의 철도역 주변에 집중되어 있던 형태에서 외곽으로 점차 확산되는 형태를 띠게 되었다.
- ❖ 정부정책과 같은 외부적 힘 예컨대, 새로운 공원의 건설, 스노모빌 슬로프에 대한 지원, 개발지구의 지정 등은 시장에 상당한 영향을 미쳤다.
- ❖ 소유권이 개인에서 기업으로 이전됨에 따라 그 지역에 대한 인기는 더 증가하였다. '개인 소유는 점차적으로 기업과 왕실 소유로 대체되어 대규모의 상업적 여가 프로젝트에 대한 기업투자의 기회가 형성되기 시작하였으며, 이와 같은 소유권의 대전환이 발생함에 따라 이익이 발생하는 투자기회도 스스로 더욱 증가하게 되었다' (Lundgren, 1983: 122). 최근에는 Mont Tremblant의 서부내륙 지역에서 이와 같은 새로운 투자가 지속적으로 일어나고 있다.

### 3) 규범적 수단

규범적 수단(normative tools)은 제 2장에서 언급한 바와 같이 '인간적 가치와 정주형태 사이의 일반화할 수 있는 연결을 다루고 있다' (Dredge, 1999: 776). 규범적 수단은 인간행동의 '규범(norms)'을 설명하고 예측하고자 하는 이론들에서 비롯되었다. 이는 학문적 탐구의 정점이기는 하지만, '리조트 경영주들에게 있어서는 앞에서 논의한 수단들에 비해 종종 보다 애매한 측면이 있다' (Dredge, 1999: 776). 두개의 서로 다른 규범적 이론과 수단은 리조트사업 및 경영과 특별한 관련성을 가지고 있다.

도시 장소의 공간과 계층에 관해 설명하고 있는 '중심지 이론(Central place theory: 지역 내의 입지, 규모, 자연 및 공간화에 관한 이론으로, 소매입지의 지리적 문제에 관한 여러가지 개념적 기초 제공)'의 창시자 중의 한 사람인 Christaller(1964)는 그 이론을 레크레이션과 여가에 적용할 경우 발생할 수 있는 논리적 결과에 관해 논의하고 있다. 도시 중심에서부터 제공되는 재화와 서비스에 대한 국가적 수요를 유지하기 위해서는 시골지역의 소득을 발생시킬 수 있는 방법을 발견하여야 한다. 이를 촉진할 수 있는 핵심적인 방법의 하나로 Christaller는 시골지역의 레크레이션 자산을 이용하는 방안을 제안하고 있다. 그는 구체적으로 시골지역의 위락과 농업을 통한 소득을 주요한 도시 중심에서 그들이 필요로 하는 제품과 서비스를 구매하는 데 소비하도록 함으로써 소득의 연속적인 순환이 가능함을 제시하고 있다. 이와 같은 사고방식을 다수의 중앙과 지방정부에서도 명확히 가지고 있다. 각 지방정부는 시골지역에 새로운 산업과 활동을 유치함으로써 고용과 편의시설을 제공하고, 지역민들이 바깥 지역으로 이동해나가는 것을 억제하며, 새로운 방문객과 거주자들의 유입이 촉진될 수 있도록 노력하고 있다.

많은 지역에서 이와 같은 정책의 핵심은 리조트와 관련 부동산의 개발과 지원산업 부문에 대한 투자가 되어 왔다. 사실상 리조트는 성장의 축으로 이용되어 왔던 것이다. 캐나다는 이러한 정책을 'TIDSA(Travel Industry Development Subsidiary Agreements: 관광산업 개발 부속협정) (Montgomery and Murphy, 1983)를 통해 Wales는 SPARC(South Pembrokeshire Partnership for Action with Rural Communities: 농촌사회와 함께 법안을 마련하기 위한 남부 Pembrokeshire 파트너십)'를 통해 추구하여 왔다(Sharpley and

Sharpley, 1997: 38-39). 호주의 Victoria 주는 관광산업의 이득이 주 전역에 확산될 수 있도록 Melbourne 외곽에 관광개발을 촉진하여 왔으며, 리조트 개발을 위한 기회는 관광개발의 중요한 축으로 작용하였다. 제품개발이라고 하는 목표하에서 Victoria 주(州)는 상류층 시장의 요구와 기대를 충족시킬 수 있으며, 방문객들을 지리적으로 계절적으로 분산시킬 수 있는 제품의 개발을 원했다 (Victoria, 2002: 93). Victoria 주(州)의 10가지 주요한 상품 세분화들 중 특별한 다섯 가지는 다음과 같다.

❖ 음식과 와인
❖ 자연에 기반을 둔 관광
❖ 알파인/스키
❖ 골프
❖ 이벤트

위와 같은 모든 것들은 리조트 환경 하에서 충실히 제공될 수 있는 것들이다.

리조트를 발전의 중심점 또는 성장의 축으로써 지역경제 발전에 기여하게 할 경우, 리조트는 시골지역의 레크리에이션 기회에 대한 소비와 투자의 관심을 촉진하는 데 필요한 임계치 제공자로서의 역할을 할 수 있다. 이와 같이 시골과 도시를 호혜적인 경제적 파트너십으로 연결함으로써 리조트들은 Christaller(1964)가 구체적으로 제시한 바와 같이 소득의 순환과정을 완성하는 데 이바지할 수 있다.

관광개발에 대한 또 하나의 규범적 접근은 리조트의 개발과 기획을 실질적으로 추진하는 것에 초점을 맞추고 있었으며, 체계적으로 기획된 이른바 '휴양경관(vacationscape)'을 창조하는 것이었다. Clare Gunn은 자신의 저서인 *Vcationscape*(휴양경관)에서 개척적 작업으로 리조트 개발의 포괄적 설명과 규범적 모델을 제시하고 있으며, 이는 이상적인 리조트 경험을 위한 인간적, 물리적, 사업적 요구를 통합하고 있다. Gunn(1997: 67)은 리조트를 관광 목적지로 간주하고 있으며, 그러한 목적지는 다양한 요소 또는 구역(zones)의 결합으로 이루어져 있다고 주장하고 있다(그림 6-3). 이러한 요소들을 보면 다음과 같다.

❖ 매력물(Attraction complexes)

이것은 리조트 목적지의 '중추(backbone)'를 형성하며, 기본적으로 고객들을 방문하게 하는 원인으로 작용한다. 그러므로 고객들로부터 최대한의 공감을 불러일으킬 수 있어야 하며, 리조트의 기획과 개발을 가장 잘 반영하는 것이어야 한다. 리조트의 매력물이 하나이든, 여러 개이든, '주어진 자원을 훌륭하게 활용할 수 있어야 하며 방문객의 경험을 풍부하게 하면서 동시에 사업의 이익도 보장할 수 있도록 기획되어져야 한다' (Gunn, 1997: 60).

❖ 중심 지역공동체(Focal communities)

중심 지역공동체는 새롭게 편의시설과 지원시설을 기획함으로써 형성될 수도 있고, 그 지역에 이미 존재하는 서비스 지역공동체가 그대로 그 역할을 할 수도 있다. 그러한 공동체는 표적 고객들의 요구에 적합한 레스토랑, 위락 시설 등과 같은 일련의 편의시설과 서비스를 제공할 수 있어야 한다. 나아가 직원의 일상생활 요구도 같은 맥락에서 고려되어야 한다. 만일 '리조트가 고객의 요구와 거주자 (즉, 직원)들의 요구를 함께 고려하는 개발정책을 수행할 때, 그 리조트는 자신들의 기능을 보다 효과적이고 조화롭게 수행해나갈 수 있을 것이다' (Gunn, 1997: 63).

❖ 연결 통로(Linkage corridors)

연결통로는 다양한 유인요소와 중심 지역공동체를 서로 통합하기 위해 필요하다. 이 연결통로는 관광객들을 위해 효과적이고 매력적이어야 하며, 자연 환경에 대해서는 민감하여야 한다. 이들은 주변 환경을 압도하기보다는 보완할 수 있도록 시공되어야 한다. 이와 관련한 하나의 과제는 도로 표지판이다. 필요할 경우 그 표지판들은 설치가 되어야 하지만, 그 모양이 너무 두드러져 보이거나 튀어나오지 않도록 하여야 한다.

《 그림 6-3 》 리조트 관광목적지 구역 개념도 (Gunn, 1997: 67)

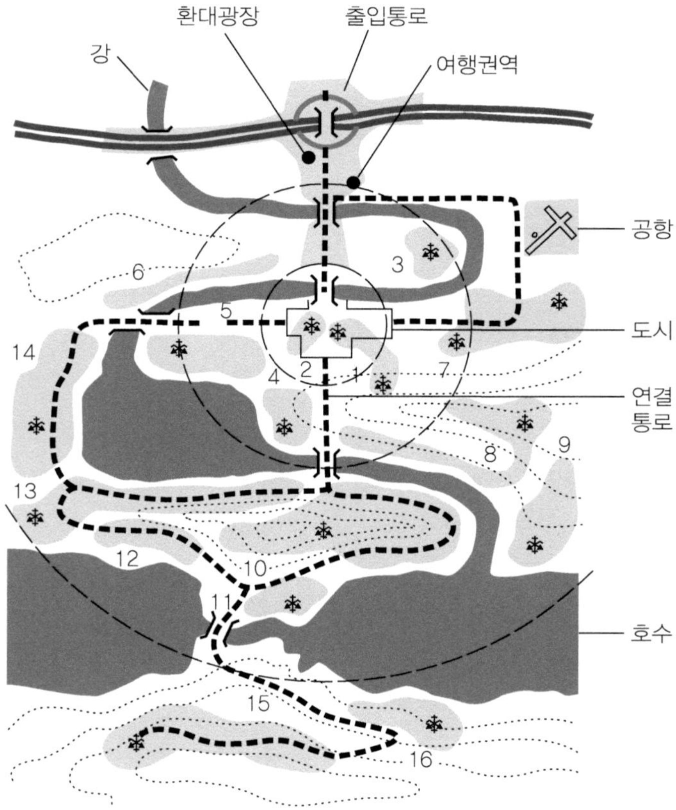


매력물

| | |
|---|---|
| 1 역사적 복원물들 | 9 휴가농장 |
| 2 위락, 집회 | 10 저밀도 휴가형 주택 |
| 3 도시야영 | 11 리조트 야영 |
| 4 리조트 호텔 | 12 단체 캠프 |
| 5 골프, 피크닉 마리나 | 13 중간 밀도 휴가형 주택 |
| 6 멋진 경관의 드라이브, 크루즈 | 14 고밀도 휴가형 주택 |
| 7 산업체 투어 | 15 야생지역 야영, 하이킹 |
| 8 멋진 경관의 드라이브, 전망이 좋은 곳 | 16 야생지역 리조트 |

❖ 교통과 접근가능성(Transport and access)

리조트 목적지에 대한 접근은 국내이든 국제적인 경우이든, 매끄럽게 연결되어야 한다. 고객들이 처음 비행기나 배로 도착하여도, 리조트에 대부분 자동차나 버스로 들어오게 될 가능성이 높다. 고객들의 편안한 접근을 위한 설계는 '구조적 공학기술을 넘어서서 방문객들의 기능적 욕구와 진입로에 대한 강력한 시각적 인상을 충분히 고려하여야 한다' (Gunn, 1997: 63). 이와 함께 영접장소인 공항, 역, 항구 등에서 방문객들의 안전과 편안한 접근을 도모하는 것도 필요하다. 또한 리조트 내의 하차 장소, 등록과 숙박 장소에 대한 안전하고도 편안한 접근이 이루어질 수 있도록 배려해주어야 한다. 이와 같은 교통과 접근체계는 각종 유인 요소들과 그것들에 다가갈 수 있는 정보 등 고객들의 개인적 요구를 반영할 수 있도록 기획되어야 한다.

결론적으로, Gunn은 '관광이 서로 연결된 부분들의 체제로 다루어지고, (고객과 리조트 모두의 관점에서) 바람직한 목표를 향한 진전으로 이해될 수 있을 때 매우 고무적인 결과를 가져올 수 있을 것'이라고 제언하고 있다(Gunn, 1997: 104).

이와 같은 관점에서 Dredge(1999)는 다양한 관광 매력물을 지닌 지역공동체와 구조적으로 연계된 통합된 형태의 관광목적지 개발을 제안하였다. 그녀는 그와 같은 접근방법이 하나의 단일한 관광목적지(리조트 호텔), 복합적인 관광목적지(통합된 형태의 리조트 단지), 도시와 해안 집단지구와 같은 관광목적지 등의 어떠한 곳에 대해서도 적용될 수 있음을 제시하고 있다.

## 3. 기획과 재무적 타당성

앞서 Dredge에 의해 제시된 세 가지 기획수단들은 기본적으로 서로 독립적인 목록이라고 하기보다는 특정 부분을 보다 강조하기 위한 것이고, 어떠한 하나의 수단도 모든 상황에 다 적용될 수 있는 것은 아니다. '기획수립자들은 이 같은 다양한 수단들을 여러 가지 단계에서의 기획과정에 대한 정의, 탐색 중인 문제의 묘사와 설명, 세심한 해결책의 도출, 바람직한 선택안의 정립 등을 위해 사용한다'(Dredge, 1999: 776). 사업적 관점에서 볼 때, 개발과정의 모든 단계와 모든 기획수단들에 대한 적용을 위해 필요한 하나의 요인은 재무적 타당성과 그로 인해 기대되는 결과이다.

제안된 사업 개발을 평가하기 위한 표준적 접근방법은 각각의 주요한 개발결정에 따라 기대되는 수익흐름의 정도가 달라질 수 있음을 인정하는 것이다. 그러므로 위험과 관련된 개연성은 각 가능한 결과들에 할당될 수 있다. 하지만 리조트 투자와 관련하여 위험이 발생할 개연성을 계산하는 것은 상품과 개발 그 자체의 본질상 대단히 복잡한 일이다. 리조트는 매우 개인적이고 눈에 보이지 않는 '휴가 경험(vacational experiences)'이라고 하는 상품을 판매한다. 따라서 금융기관들에게 있어서 리조트 상품이 지닌 각 개별 구성요소들의 장점을 측정한다는 것은 대단히 어려운 일이며, 그 상품이 소비자의 전반적 경험과 만족에 어느 정도 적합한 것인지 평가하는 것도 쉬운 일이 아니다. 리조트 개발의 단계는 오랜 시간을 필요로 한다. 그 기간 동안 내부적 요인 (목표시장과 건축비용)과 외부적 요인 (환율이나 경제주기)은 변화한다. 만일 '어떤 투자평가가 미처 적절하게 구역화 되지도 아니한 전원지역 현장이 완전히 개발되어 인가를 받을 때까지 발생할 수 있는 관리적 지연 가능성을 허용하지 않는다면, 그것은 지나치게 높은 수익률을 기대하는 결과에 이를 가능성이 크다(Stanton and Aislabie, 1992: 446)'.

Stanton과 Aislabie(1992)는 고급스러운 복합 리조트에 대한 자신들의 평가에서 다음과 같은 세 가지 공통적인 평가의 어려운 점을 제시하고 있다.

1. 리조트 특성이 지닌 특이성(Uniqueness of resort characteristics)

모든 리조트들은 상품과 이미지라고 하는 차원에서 각자 차별화를 시도하고 있으며 서로 다른 장소와 환경조건을 가지고 있으므로, 이 '특이성

(uniqueness)'이 고객수요에 대한 예측을 어렵게 만들고 있다.

2. 수요의 역동성과 비용의 불확실성(Dynamics of demand and cost of uncertainty)
   최초의 리조트 개발 기획과 개장 사이의 시간 간격과 그 이후의 리조트 수명주기의 불확실성은 관련 비용과 수익의 발생에 대한 추정을 어렵게 한다. '건축 기간이 길수록 최초의 수익발생을 수정해야 할 필요성 또한 증가하게 된다' (Stanton and Aislabie1992: 444).
3. 불확실성에 미치는 입지적, 제도적 영향(Location and institutional influences on uncertainty)
   시골의 전원지역이라고 하는 입지조건은 불확실성을 증대시킨다. 왜냐하면 그러한 입지조건은 관광객 방문 숫자나 관광객 지출과 관련하여 아무런 기록도 가지고 있지 않기 때문이다. 지방정부의 규제는 대부분 공사기간의 지연이라고 하는 비용을 발생시킬 수 있으며, 또한 부과되는 지방의 공공요금과 최소한의 기준들은 관할구역에 따라 상당히 다르다. '공사의 지연은 리조트 개발 프로젝트에 소요되는 비용에 추가적으로 5~10%의 비용을 더 발생시키는 것으로 평가되고 있다' (Stanton and Aislabie1992: 445).

이상과 같은 어려운 점들이 정기적으로 발생하고 있다고 하는 증거는 전 세계적으로 발견되고 있다. 투자수익의 평가와 관련한 문제점들에 대한 가장 세밀한 회계처리의 예는 세계적인 회계기업인 Ernst와 Young(2003)의 호주 리조트 시장에 대한 평가에서 찾아볼 수 있다.

Ernst와 Young은 리조트 개발자들의 통제영역을 벗어난 외부적 요인들이 개발에 중요한 역할을 하게 됨을 지적한다. 특히 리조트 개발과 그에 뒤이은 관광지 수명주기(tourism area life cycle, TALC) 단계들이 본격적인 시행되기까지 너무 오랜 시간이 걸릴 경우에는 더욱 그러하다. 그들은 1980~2002년 사이의 호주의 리조트 투자주기와 관련한 외부적 요인들의 긍정적, 부정적 영향에 관해 예시하고 있다.

❖ 1980년대 – 일본인들에 의한 투자

1980년대는 일본의 경제가 최고조에 이른 시기였다. 일본 정부는 국민들로 하여금 해외여행을 하도록 권장하였으며, 일본의 산업체들은 해외 자산을 다각화하거나 구매하는 데 여념이 없었다. 일본인들의 투자에서 매력적으로 보였던 사업으로는 리조트 부문이었다. '대부분의 리조트 개발은 매우 높은 자본비용 상태에서, 리조트 운영 수익을 고려하기보다는 부동산 투자수익을 목적으로 하는 외국계(일본) 자본의 지원을 받으면서 지역 기업 개발자들에 의해 추진되었다' (Ernst and Young, 2003: 83). 호주에서 이와 같은 개발은 몇 개의 국제적 수준의 럭셔리 리조트들, 예컨대 Sheraton Mirage Port Douglas, Hyatt Sanctuary Cove, Hyatt Regency Coolum, 그리고 그 외 하와이의 Pacific the Western Kauai Lagoons 등과 같은 리조트들의 건설을 가능하게 했다.

❖ 1989년 – 비행조종사들의 파업

1989년 호주 비행조종사들의 파업과 1990년대 초반의 경기침체는 특히 외딴 지역에 위치한 리조트들에 심각한 영향을 미쳤으며, 일부 리조트들은 위탁관리에 들어가기도 하였다. '채무불이행 사태로 인해, 호주의 주요 은행 그룹의 하나인 Westpac은 그 시기 호주에서 가장 큰 호텔 소유주의 하나가 되었다' (Ernst and Young, 2003: 83).

❖ 1990년대 중반에서 1997년까지 – 아시아인들의 투자

해외 투자자들, 특히 아시아의 투자자들은 위탁관리에 들어가 있던 리조트들을 떠맡는 조건으로 대단히 낮은 할인가격으로 구입할 수 있는 기회를 가지게 되었다. '1994년 Thakral Holdings Westpac 보유 호텔들을 구입함으로써 그 당시 호주에서 가장 큰 호텔 소유주가 되었다. 그리하여 1990년대 중반에는 호주 증권거래소에 몇 개의 호텔과 리조트의 트러스트들이 상장되기도 하였다' (Ernst and Young, 2003: 83).

❖ 1997년– 아시아 경제위험

아시아 전역에 걸친 갑작스럽고 드라마틱한 통화가치 하락으로 다수의 아

시아 투자자들은 자국에서의 사업을 유지하기 위해 보다 건실한 가치를 지닌 해외 투자자산을 팔기 시작하였다. 그리하여 다수의 리조트 호텔과 복합단지들은 직접적인 구매 또는 간접적인 신탁구매의 형태로 호주의 투자자들의 손으로 넘어갔다. '1990년대는 그 앞서 10년 전에 건설된 부동산들을 애초의 개발비용보다 상당히 낮은 할인가격으로 취득하는 시기로 기록되었다.... 그리하여 1990년대 후반은 이른바 자본적 도시와 휴일 목적지 양쪽에 대한 투자계층(strata-titled)의 부상이 두드러지게 나타나는 시기였다' (Ernst and Young, 2003: 84).

❖ 올림픽 이후의 시기

2000년 시드니 올림픽은 여러 기준에서 보았을 때 대단히 성공적인 대회였다. 그러나 그러한 투자는 종종 그 강도와 결과 면에서 최고수준을 나타낸다. 호텔 숙박시설의 새로운 공급은 올림픽 이후 수년간에 걸쳐 몇 몇 주요 시장에서 호텔 성과의 저하를 초래하였다. 또한 2002년 발리 폭발사고 이후 테러리스트의 활동은 고향인 태평양지역에도 영향을 미쳤다. 2002년 말까지의 호주의 객실 수를 기준한 상위 20개 거대 리조트들의 소유주들의 신상을 보면, 가장 큰 상위 3개의 리조트들은 호주의 증권거래소에 상장된 회사들에 의해 소유되고 있는 것으로 나타났다. 그렇지만 상위 20개 중 대부분은 여전히 일본인이나 아시아인들에 의해 소유되고 있었으며, 그 중 3개는 투자계층(즉, 자본적 도시와 휴일 목적지 양쪽에 대한 복합적 투자자)에 의해, 그리고 나머지 하나인 Daydream Island는 개인에 의해 소유되고 있었다.

이상과 같은 호주에 관한 연구에서 특별히 관심을 끄는 것은 그처럼 짧은 기간 동안 심한 변동 상황 속에서 리조트 투자 수익률은 어느 정도인가에 대한 것이다. 이와 관련하여 Ernst와 Young의 평가는 그다지 고무적이지 않다. 그들은 호주의 주요한 리조트 자산은 '호텔과 리조트 부문의 잠재력에 대한 그전 몇 십년 동안의 개발자와 투자자의 잘못된 인식을 증명하기라도 하듯이 최초의 개발

비용에 비해 너무나 낮은 할인가격으로 팔려나갔다 (Ernst and Young, 2003: 86)' 라고 보고하고 있다. 이것은 단지 호주의 리조트 시장에서만 볼 수 있는 유일한 현상이 아니며, (개발기획의) 꿈과 현실이 하나로 묶여야 한다는 사실을 시사한다. 그 현실이란 다른 어떤 요인보다도 지방의 호텔과 리조트에서 발생할 수 있는 높은 위험성을 반영할 수 있도록 높은 기대수익률(직접 수익)을 설정하는 것을 말한다. Ernst와 Young은 '고급의 CBD(central business district, 중심 업무 지구) 호텔'의 경우에는 8~10% 정도의 직접적 수익률이 발생 되어야 하지만, 지방의 호텔과 리조트의 경우에는 보다 심각한 시장 변동성에 노출되어 있기 때문에 12% 또는 그 이상의 직접적 수익률이 나타날 수 있도록 기획되어져야 한다고 강조한다. 이러한 수익률 목표의 타당성은 1995~2002년 사이의 호주의 리조트들의 수익률은 단지 2.7~8.14%에 지나지 않았음을 보고한 그들의 연구에서 입증되고 있다. 그들은 이상에서 논의한 기획과 개발단계에서 볼 수 있었던 여러 가지 실증적 결과로부터 몇 가지 적절한 교훈을 도출하고 있다.

리조트 개발과 투자의 관점에서 Ernst와 Young은 다음과 같은 문제들이 다양한 기획과 개발단계에서 설명되어야 한다는 것을 강조하면서, 이에 대한 추가적인 언급과 사례를 덧붙이고 있다.

❖ 입지 선정 단계(Site selection stage)

우수한 접근성과 강력한 차별화된 특성을 동시에 가진 아주 '뛰어난(excellent)' 입지는 극히 제한적인 숫자에 불과하다는 것을 인정해야 한다.

❖ 시장분석 단계(Market analysis stage)

프로젝트의 시작시점에서 정부 당국자를 비롯한 모든 이해관계 당사자들을 한자리에 불러 모아야 한다. 프로젝트의 사명과 타당성 분석에 대하여 모든 사람들이 명확히 이해할 수 있도록 해야 한다. 그러나 그 지역에 대한 방문형태와 선호도에 관한 정확한 자료가 결여되어 있을 수도 있다. 왜냐하면 국가와 주 정부의 자료설정이 좀처럼 지역수준으로까지 분화되어 있지 않기 때문이다. 이와 같은 국가와 주의 조사 자료를 보완할 수 있도록 핵심지역에 대해서는 그 부족한 자료를 메울 수 있어야 한다. 구체적인 수요의 동향과 미래에 대한 예측은 여전히 어렵고 많은 비용이 소요된다. 그러나 언론보도에 대한 주의 깊은 관찰과 (개발되어질) 상품의 탄력성에 대한 신중한 분석은 미래의 충격을 최소화시켜줄 수 있을 것이다.

❖ 승인단계(Approvals stage)

'지방의회는 종종 복잡한 기획안을 심의할 충분한 자원이나 전문가들을 가지고 있지 않으며, 또한 지역 공동체 특히 은퇴자 공동체는 리조트 개발에 대하여 강력하게 반대할 수 있다' (Ernst and Young, 2003: 89)는 점을 예상해야 한다. 새로운 리조트 개발은 엄격한 환경관련 법률과 지역 건축법을 따라야 한다. 이러한 모든 것들을 위해서는 광범위한 지역공동체와의 협의가 필요하다. 물론 이러한 것들은 '많은 시간이 소요되고 비용이 발생하는 일' (Ernst and Young, 2003: 89) 이다. 그러나 한편으로는 이러한 노력은 신용을 쌓고 비수기를 이겨내기 위해 지역의 고객기반을 구축할 수 있는 가장 효과적인 방법이다.

❖ 건축단계(The construction stage)

리조트 개발에서는 보다 넓은 공간과 우수한 자재를 사용하는 건물의 건축, 그리고 민감하면서도 어떻게 보면 가깝게 느껴지지 않는 환경문제의 요구 충족 등으로 인해 막대한 건설비용이 초래된다. 개발되지 않은 원거리에 위치한 부지는 기반시설의 공급비용이 엄청나게 비쌀 수도 있다. 이 단계에서는 영업개시 자금의 확보가능성도 주요한 압박요인으로 작용할 수 있다.

❖ 운영단계(Operating stage)

안정적인 운영상황을 확립하기 위해 필요한 시간은 통상 리조트가 표준적인 호텔들보다 3~5년 정도 더 길다.

❖ 다른 쿤제들(Other issues)

고립된 지역의 통합 리조트들은 그들이 대상으로 하는 특화된 시장의 소규모적 특성으로 인해 공급 변동성에 매우 민감하다. 그러한 리조트들은 교통이나 기반시설 사업으로부터의 '파생적(derivative)' 사업 단위라고 할 수 있다. 즉, 그 리조트들은 만일 기반시설이 제거되거나 교통관련 기업이 사업에 실패할 경우, 자립할 수가 없기 때문에 특히 위험도가 크다. 일반적인 계층 투자 개발의 발전에 따라 일부 리조트들은 휴가시장 지향보다는 부동산 지향적 성향을 강조하게 될 위험이 있다. 그에 따라 리조트를 특별하고 차별적인 것으로 만들어 나가기 위한 역량결집에 소홀할 수도 있다.

Ernst와 Young은 많은 리조트 프로젝트가 지닌 한계적 수익성과 그들이 직면하는 문제점과 도전 등을 고려하였고, 이것은 성공적인 리조트 경영과 특별함을 가져다 줄 수 있는 특성에 집중해야 함을 잘 보여준다. 다음 내용은 그 핵심적 성공요인들을 제시하고 있다.

- ❖ 시장의 수요에 대응할 수 있는 개념
- ❖ 리조트의 환경을 반영하고 차별적 특성을 강조하는 설계
- ❖ 확립된 수요와 경쟁자의 진입을 막을 수 있는 지역적 입지
- ❖ 교통 기반시설에 대한 접근성, 특히 원격지 리조트에 대하여 절대적으로 중요한 항공노선에 대한 접근성
- ❖ 개발을 위한 지역공동체의 지원
- ❖ 건설비용의 통제
- ❖ 리조트 운영의 순환적 본질을 이해하고 장기적 관점에서 대비를 해나가는 탄력적인 금융기관과의 파트너십
- ❖ 국립공원, 문화유적지 및 기타 매력물 등 보완적 시설과의 제휴
- ❖ 서로 다른 표적시장을 대상으로 하는 다계층 숙박시설의 개발을 통한 규모의 경제 창조
- ❖ 프로젝트의 실행가능성을 증대시킬 수 있는 잠재력 향상을 위한 토지, 거주지, 해양 및 소매시설 등의 통합적 복합 이용개발

(Ernst and Young, 2003: 91–92)

다음에서는 위에서의 내용 중 두 가지에 관하여 보다 상세하게 검토하기로 한다. 복합 이용개발의 경우는 콘도미니엄의 증가 또는 계층 투자자 개발(strata-titled development) 이 오늘날 리조트 파이낸싱의 중요한 요소가 되고 있다. 파트너 탐색의 경우는 경제의 새로운 부문으로 공공-민간 파트너십(public-private partnerships, PPPs)이 등장하고 있으며, 이는 정부(공공)부지 위에 세워지는 리조트 개발에 대한 잠재력을 증대시키고 있다.

## 4. 계층투자 파이낸싱(Strata-title financing)

계층투자 부동산과 리조트 개발 간의 연결 증가 현상은 1980년대 이후 더욱 두드러지게 나타나고 있다. 여타의 성공적인 상업적 경향과 마찬가지로 그 성공의 바탕은 고객의 요구충족에 있다. 그러나 이 경우는 리조트의 서비스를 다양화시키고, 신선한 것으로 만들어 주는 새로운 제품의 제공을 통해 다수의 리조트 소유자들의 요구 또한 충족시켜 왔다. 계층투자자에 의해 개발되어진 리조트의 가장 큰 시장은 베이비부머(baby boomer) 세대이다. '베이비부머들은 새로운 밀레니엄의 시기에 가장 소득이 높은 세대들이며, 윗세대에서 물려받는 엄청난 부의 수혜대상이기도 하다... 인구통계학적 관점에서 휴가용 주택(vacation-home)의 구매 숫자-미국의 경우-는 1977년에 330만호에서 2013년에는 500만호로 급증하게 될 것으로 예측되고 있다... (그리하여 놀랍게도) 스키 지역은 부동산 매매를 부추기는 편의시설 지역으로 탈바꿈하고 있다' (Clifford, 2003: 45).

Turner(1994)는 이와 같은 현상을 재무적 관점에서 탐구해온 사람 중의 하나이다. 그는 Whistler ski resort에 대한 특별한 연구를 통해 캐나다 콘도미니엄 시장을 분석해왔다.

콘도미니엄은 투자자 혹은 구매자, 그리고 개발자 혹은 리조트 소유자에 대하여 다양한 이점을 제공한다. Turner는 투자자에 대한 이점으로서 다음과 같은 점들을 들고 있다.

❖ 투자와 라이프스타일 기회

콘도미니엄은 소규모 투자자들로 하여금, 그러한 투자가 없었다면 기회가 부여되지 않았을지도 모르는, (리조트 투자) 시장에 대한 참여를 가능하게 해준다.

❖ 편리함과 안전성

대부분의 투자자들은 걱정이 없는, 즉 안전하고 편리한 자산을 원한다. 그들은 페인트칠하기나 잔디깎기 등 일상적인 번거로움으로부터 벗어나고자 한다.

❖ 투자의 이점

리조트에 투자한 각 단위세대들로 하여금 임대에 따른 공동부담을 하도록 함으로써, 소유자들은 운영에 따른 손실이나 이익을 나누어 가질 수 있게 된다. 임대 및 유지비용에 따른 세금감면, 부동산세, 모기지 이율, 감가상각 등에 대하여 공동부담이 이루어지고 이에 대하여 투자자들은 각자 일정한 금액을 분담하면 된다.

❖ 소유권의 안전성

투자자는 리조트 소유권에 대하여 상속재산으로서의 이점을 누릴 수 있다. 그리하여 각자 세금이 부과되고, 매매, 모기지(mortage), 유산증여, 임대 등이 자유롭게 이루어질 수 있다.

❖ 조세 회피

조세 회피(tax shelter)를 위해 일부 국가에서는 상당히 많은 숙박시설의 임대가 발생하기도 한다. 호주에서는 납세자들로 하여금 부과되는 세금액에서 영업 손실을 감하도록 하는 '역세금 조치(negative gearing)'를 실시하고 있다 (이러한 세금제도를 취하는 그 외 국가로는 캐나다와 뉴질랜드 등이 있다). 그리하여 그들의 손익분기점(break-even point)은 그들의 모기지 비용을 반드시 충당할 필요가 없으며, 그들은 세금 (공제) 수익으로써 그 손실을 보전할 수 있다.

리조트 개발자들을 위한 이점으로는 다음과 같은 점들이 있다.

❖ 이익 마진

이익은 가장 주요한 목표로서, Turner는 밴쿠버 근처의 주거용 콘도미니엄 개발의 경우 이익 마진을 10~12% 정도 기대할 수 있지만 리조트 개발은 종종 20~30%의 마진을 초래할 수 있다고 주장한다.

❖ 경쟁

대도시 콘도미니엄에서 낮은 수익률이 발생하는 이유로 콘도미니엄 주거시장의 경쟁을 들 수 있다. 그러나 리조트 상황에서는 한 사람의 리조트 소유자 또는 개발참여자의 제한 등으로 인해 경쟁이 거의 발생하지 않는다. 개발초기의 휘슬러는 두 개의 주요기업에 의해 주도되었으며, 매우 높은 비용발생, 짧은 공사기간, 노동조합 직무현장, 제한된 숙련노동자 집단 등으로 인해 경쟁은 제한되었다.

❖ 현금흐름

콘도미니엄 세대의 판매를 통한 (현금)자산의 초기 유입은 (금융업자들에 대한)보다 큰 레버리지와 다양화할 수 있는 기회(계절적 요구와 추가적 유인)를 개발자들에게 제공한다. 그러한 자산은 개발자들의 위험을 분산시키고 그들의 전반적인 투자 포트폴리오를 보다 안정적인 것으로 만들어 준다.

❖ 운영수익

계층투자 기업과의 경영계약의 추진은 추가적인 수익흐름을 가져온다. '공동임대(rental pool)' 방식의 활용은 비용발생 없이 추가적인 객실의 공급이 가능하며, 휘슬러의 경우 객실수입의 평균 40%가 공동임대에 의해 발생한다.

Turner는 일반적 기준인 85개 단위세대의 판매와 지역주민들에 대한 판매 수입 등을 기초로 하여 휘슬러에서의 콘도미니엄 개발을 위한 몇 가지 수익 시나리오를 제안하고 있다. 그에 따르면 '성수기 시장(hot market)'에서는 2백16만 달러 비수기 시장(falling market)에서는 1백57만 달러, 시즌 연장판매 및 공동임대 시장(deferred sellout and rental pool market)에서는 1백85만 달러의 수익 발생가능성을 예측할 수 있다. 이러한 세가지 시나리오 중에서 세번째 대안이 가장 현실적인 추론으로 간주되고 있다. 왜냐하면 '휘슬러가 리조트의 단위세대 판매의 약 70%를 밴쿠버라고하는 주요 인구밀집 지역에 의존하고 있지만, 가장 바쁜 겨울시즌 동안의 호텔 고객 중 지역주민들이 차지하는 비중은 단지 24%에 불과하기 때문이다' (Turner, 1994: 31).

## 5. 공공-민간 파트너십

공공-민간 파트너십(public-private partnerships, PPPs)은 비교적 새로운 투자유형이다. 이러한 유형은 기반시설을 위한 민간금융(Private Financing of Infrastructure, PFI) 이라는 이름으로 영국에서는 1990년대에 시작하였으며, 이제 이 같은 아이디어는 공공 부채의 증가 없이 기반시설과 교육, 병원 같은 핵심적 서비스 수준을 향상시키기 위한 목적으로 호주와 다른 국가들에서도 확산되고 있다. PPPs 프로젝트는 '정부에 의해 투자되고 운영되어져야 할 기반시설과 서비스 부문에 대하여 민간의 투자를 유치하기 위해 고안된 것으로써', 그것의 전반적인 목표는 다음과 같다.

- ❖ 장기적 관계형성에 의한 민간부문의 참여, 이를 통한 효율성의 제고, 투자자금의 보다 나은 가치 창출, 투입금액보다는 산출수익에 비례한 보상, 위험분담의 최적화 등의 추구
- ❖ 공공부문의 사람들에 대한 생애적(whole-of-life) 서비스 제공자로서의 역할개선
- ❖ 경제적 성장과 지역산업 발전의 촉진

(Australian Procurement and Construction Council, 2002: 1)

영국과 호주에서 PPPs에 대한 약 10여 년간의 경험의 결과, Australian Procurement and Construction Council(AP&CC: 호주 조달청과 건축 협회)(2002: 2-3)는 이 체제의 장점과 단점에 대하여 다음과 같이 밝히고 있다.

〈장점〉

❖ 제공되는 보조적 서비스의 효율성과 품질의 개선

❖ 혁신의 촉진

❖ 생애적 자산관리의 최적화

❖ 개발과 금융관리에 대한 보다 큰 탄력성 확보

❖ '동반자'적 환경하에서 체계화된 위험의 분산

❖ 보다 적절한 시간에 서비스 제공

〈단점〉

❖ 주요 이해관계 당사자들로부터의 폭 넓은 수용의 결여- 특히 노동조합과 일반적인 지역공동체 등

❖ 관할 행정구역 간 또는 담당기관 간의 일관성 결여

❖ 장기적 계약관계 형성으로 인한 미래 자금기획의 탄력성 제한

❖ 투자자금의 가치 평가 등과 같은 금융평가에 대한 지나친 의존

❖ 성과 명세서에 대한 신뢰도

❖ 거래비용과 시간기획

❖ 계약기간 동안의 서비스 필요의 변경

이상과 같은 검토에서 호주 조달 및 건설 위원회는 오늘날까지의 PPPs의 성과는 혼합된 것이라고 결론내리면서, 그러나 그 진행과정의 변질적 본질에 대하여 상당부분 비판의 입장을 취하고 있다. 이와 같은 유형의 기반시설 및 서비스 개발에 대하여 보다 큰 경험을 할수록 정부의 목표는 보다 더 자주 성취되고 있다고 생각하기 쉽다는 것이다.

다른 사람들은 이에 대해 보다 더 비판적이며, 사회의 기반시설 요구와 사회적 프로그램을 지원하기 위한 정부의 자산과 공공 부채(의 투입이)라고 하는 전통적인 체제를 선호한다. Fitzgerald(2006)는 AFS(Australian Fabian Society: 호주 페이비언 소사이어티)에 관한 설명에서, 'PPPs에 관한 긴 목록의 잘못된 신념(myths)'이 있다고 비판하고 있다. 그 중에서 몇 개를 보면 다음과 같다.

❖ PPPs는 부채를 피하기 위한 유일한 방법이다.
❖ PPPs는 비용이 적게 든다.
❖ PPPs는 책임을 분산시킨다.
❖ PPPs는 장기적 관점을 허용한다.
❖ PPPs는 주 정부로 하여금 (보다 발달된) 기술에 접근할 수 있도록 한다.
❖ PPPs는 복잡한 위험분석을 가능하게 한다.

호주 Victoria 주에서의 8개 PPPs에 대한 평가에서 Fitzgerald는 '나는 잘못된 할인율을 적용함으로써 발생한 모든 편익을 평가했다. 나의 평가기준으로 보면 할인율은 8.65%가 아니라 5.4%가 되었어야 했다. 추가적인 3%는 분산된 "시장위험(market risk)"을 기초로 할 때는 정당화될 수 있었다. 그리하여 나는 이러한 시장위험의 세부적 근거를 요구하였지만, 나는 아무런 실질적인 근거를 발견할 수 없었다' (Fitzgerald, 2006: 4) 라고 하고 있다. 이와 마찬가지로, Sheil(2002: 5) 또한 '발생한 비용 갭을 메우는 놀라운 기술은 사실은 "위험분산(risk allocation)"에 불과하다'라고 주장한다. 그는 또한 PPPs는 사실 '신성하지 못한 동맹(an un-holy alliance)'이 되어버렸다. '민간 컨소시엄은 항상 매우 안정적인 수익발생의 흐름을 추구하고 있다. 즉, 정부와 유사한 안정적 수준에서 위험부담을 안고자 하면서도, 수익률은 높게 가져가고자 한다'(Sheil, 2002: 8)라고 평가하고 있다.

PPPs에 대하여 보다 균형 잡힌 평가를 내리고 있는 사람은 John Quiggin이다. 그는 '호주의 주 정부들에 의한 PPPs 프로그램의 채택은, 냉정하게 말해서, 경험에서 비롯된 희망의 승리로 묘사될 수 있다... (이에 대한) 보다 우호적인 평가는 주 정부들은 과거의 실수로부터 많은 것을 배우고 있으며, 물리적, 사회적 기반시설을 제공함에 있어서 가장 비용효율적인(cost-effective) 방법을 모색하고 있다는 점이다... PPPs에 대한 비판적 또는 우호적 평가 양쪽 모두 나름대로 타당한 측면이 있다... (그러나) 결론의 핵심은 AFI/PPP 접근은 단지 특별한 경우에만 적용되어야 한다는 점이다'

(Quiggin, 2004: 60-61).

Quiggin은 PPPs와 관련한 두 가지 주요 문제 즉, 위에서 언급한 위험분산과 공공부문 비교측정에 관해 언급하고 있다. 그는 '위험은 명확히 밝혀져야 하며, 그런 후에 그 위험을 가장 잘 관리할 수 있는 참가자들에게 분산되어져야 한다' (Quiggin, 2004: 57)고 강조한다. 이와 관련하여 그는 또한 위험 평가와 분산을 가장 효과적이고 효율적인 방법으로 할당해야 하며, 건설단계와 운영단계는 서로 다른 위험발생 상황이므로 가능한 수요 변동성에 의거하여 운영자들 사이에서 위험에 대한 개별적 대응이 허용되어져야 한다고 주장한다. 기반시설 서비스에 대한 수요 변동성이 일정하거나 규칙적인 발생이 기대되는 경우, 이는 공공부문에 대한 수요위험라고 할 수 있다. 수요 변동성이 불규칙적일 경우, 그러한 위험은 민간부문 차원에서 다루어지는 것이 보다 적절하다고 할 수 있다. 전반적으로 PPPs를 통한 기반시설 서비스의 생산비용은 공공부문이 독자적으로 그 서비스를 생산하는 비용과 비교되어야 한다. 그와 같은 공공부문에 대한 비교측정은 투명하고 공정해야 한다. 그러나 과거 많은 경우에서 민간부문에 대한 위험비용이 일반적으로 적용되었으며, 그 비용은 실제보다 훨씬 더 큰 경우가 대부분이었다 (Quiggin, 2004: 57). 이 같은 경향은 앞에서 Fitzgerald(2006)가 제기한 바 있듯이 종종 비판의 대상이 되어 왔다.

그런데 우리가 Quiggin의 충고를 따른다고 할 때, PPPs를 실시하기에 적합한 '특별한 경우'란 어떤 것을 의미하는가? 그것은 아마도 경제적, 사회적 측면에서 이익이 발생할 수 있지만, 철학적 또는 재무적 기준에서 증가된 공공부문의 부채를 정당화하기 어려운 기반시설 또는 사회서비스를 개발하는 경우가 이에 해당한다고 할 수 있을 것이다. 구체적으로 기존의 국립 또는 주립공원에 대한 보다 큰 활용과 이용을 허용하는 리조트를 개발하는 경우 경제적 기회의 집중과 편의 시설 향상을 제공함으로써 지역성장의 축 역할을 할 수 있는 리조트가 특정 지역에 세워질 경우 또는 리조트가 건강체제의 연장선상에서 활용되고, 은퇴자 하우징이나 노인 보살핌 서비스 제공에서 중요한 역할을 하게 되는 경우 등이 이에 해당한다고 할 수 있다.

앞서 제시된 두가지는 종종 정부가 부지를 소유하고, 경제적, 사회적 (활용)목적은 가지고 있지만, 그 부지의 레크리에이션을 위한 잠재력은 충분히 인지하지 못하고 있는 경우에 해당한다고 할 수 있다. 이러한 경우는 그 목표를 보다 효과적이고 효율적인 방법으로 달성하는데 도움이 되는 민간부문(즉, 리조트 부문)과의 파트너십을 필요로 한다. 세번째의 경우는 서구사회에서 노령인구에 대한 건강과 일반적인 보살핌을 충분히 제공할 수 없는 세계적인 위험상황과 관련성이 크다. 정부는 이 같은 의료 서비스를 보다 효율적으로 제공하고, 이 분야에서 광범위한 운영경험을 지닌 조직과 협력해 나갈 수 있는 방법을 찾기 위해 안간힘을 쏟고 있다. 본 교재의 제4장에서 제시된 사례는 보다 공식적이고 일반적인 PPPs의 유형을 보여주고 있다.

이와 같은 아이디어들이 지닌 장점을 평가하기 위해서는 Quiggin이 주창한 바와 유사한 유형의 목적과 투명한 분석이 필요하다. 또한 위험에 대한 공정한 평가와 적절한 분산, 그리고 공공부문 단독 사업수행의 경우와의 비교 등이 이루어져야 한다. 이와 같은 접근은 관광과 레크리에이션 시설 개발과 관련한 Walker(1983) 및 전 세계의 사회적 관광정책과 관련한 Murphy 등(1985)의 연구에서 제시되었던 초기 형태의 파트너십에 대한 유용하고도 논리적인 진전을 제공할 수 있을 것이다.

## 6. 재무적 시사점(Financial implications)

Gee의 리조트 개발과정에 대한 다섯가지 단계는 각각 그 나름대로 필요한 재무적 요구사항들을 가지고 있다. 각 단계들을 원활하게 진행해나가고 최선의 재무적 상황하에서 개관을 맞이하기 위해서는 그러한 재무적 요구사항들을 신중하게 관리하여야 한다. 이것은 모든 유형의 리조트 개발에 적용될 수 있는 일반화된 과정이다. 그렇지만, 모든 리조트들이 그 전체 과정을 반드시 거칠 필요는 없으며, 특히 나중 단계에서 경영을 넘겨받는 – 때로 최초의 소유자가 파산을 선언하고 자신의사업과 꿈을 상실한– 경우에는 더욱 그러하다.

1. 개념화, 기획 및 시작 단계(Conceptualization, planning and initiation phase)

   리조트 개발을 위해서는 종종 상당한 규모의 대지를 필요로 하며, 최초의 아이디어를 실현하는데 필요한 시간으로 인해 바람직한 투자수익률(return on investment, ROI)을 거두는데 오랜 시간이 소요된다. 이 단계에서 개발에 필요한 대지를 완전히 구매하기 위해서는 막대한 자금이 투입되어야 하며, 그 꿈이 실현가능한 사업 제안이 될지 어떨지 아직 아무것도 결정된 바가 없기 때문에 실제로 상당한 위험이 따르게 된다. 이에 대한 해답은 (부지) 구매에 대한 옵션을 제안하는 것이다. 즉, 리조트 개발자들은 정해진 날짜를 기점으로 그 부지를 사전에 정해진 가격으로 모두 구매하겠다는 의지를 표명하고, 그에 대한 그들의 신뢰를 보여주기 위한 증거로써 환매 불가능한 예탁금을 제시하는 방법을 사용할 수 있는 것이다. 만일 그 부지가 정부의 소유로 되어 있고 팔지 않는 것일 때, 개발자들은 위에서와 같은 옵션의 방법을 모색하면서 장기 임차의 형태로 그 부지를 이용할 수 있다. 안정적인 투자수익률을 확보하기 위해서는 일정한 시간이 소요되어야 하므로, 이 경우에는 협상에 의한 자산 평가를 제외하고는 시간 경과에 따른 자산이나 대지 가치의 상승 기회가 거의 없다. 따라서 개발자들은 자신들의 투자금액이나 예상 가능한 수익률에 대비하여 상대적으로 (저렴한) 임차조건을 찾아야 한다. 은행들은 30년 남짓한 기간의 임차를 바라지만, 일반적으로 50~99년간의 임차가 가장 바람직하다고 할 수 있다.

2. 타당성 분석(Feasibility analysis)

타당성 연구는 두 가지 측면에서 수행될 수 있다– 즉, 시장과 공급 측면이다. 시장조사 회사(market research company)를 고용하는 것은 만일 대규모의 연구 표본을 필요로 할 경우 비용이 비싸게 들 수 있으며, 그들 중 일부 회사는 국제적인 기반을 가지고 있으며, 복잡한 조사 설계를 하는 경우도 있다. 공급측면의 타당성 분석에서는 제안된 개발기획과 관련된 비용 평가와 그 지역의 타 리조트 및 여행 대안에 대한 경쟁분석을 실시할 필요가 있다. 이 단계에서는 제안된 개발기획에 대한 상세한 비용의 분석이 수행되어져야 한다. 이 상세비용은 기존의 (시장)가격구조와 시장 타당성 분석에서 도출된 '지불의사'와도 비교 평가되어져야 한다. 이러한 비교 평가는 충분한 투자수익률이 발생될 수 있을지, 위험은 꿈을 현실로 바꾸는데 기여할 수 있을지 등을 나타내줄 것이다. Huffadine(1999: 7)은 '대출비용과 건설비용은 대단히 높아서 처음 3~4년간은 (전형적으로) 낮은 현금흐름으로 인해 이들 비용에 대한 상환기간은 매우 길다'라고 강조한다.

이러한 모든 일들은 수개월에 걸쳐 일어나며 상당한 자금이 소요된다. 그러므로 위와 같은 객관적 평가는 대단히 중요하며, 잠재적 금융 후원자들에게 제출될 모든 사업 기획에서 핵심적인 요소가 될 것이다. 그런데 이와 같은 타당성 평가는 가능한 한 은밀하게 진행되어야 한다. 왜냐하면 잠재적 리조트 개발자들은 자신들의 기획으로 인하여 경쟁자들이 경계심을 가지는 것을 원하지 않기 때문이다.

3. 개입(Commitment)

만일 타당성 분석에서 도출된 수치들이 긍정적일 경우, 리조트 개발자들은 세번째 단계인 개입단계로 나아가야 한다. 이 단계에서는 지금까지의 개발기획이 공개적으로 표면화되며 상당한 규모의 자금이 그 프로젝트에 투입되게 된다. 그러나 여기서 주의할 것은 타당성 분석은 결코 오류가 없다고 생각해서는 안 된다는 점이다. 타당성 분석의 모든 내용들이 미래를 정확히 예측하고 있는 것은 아니며, 그것에 대한 해석은 그것을 보는 사람의 주관적 관점– 즉, 낙관적 또는 비관적– 에 따라 달라질 수 있다.

이 단계에서 대규모 자금의 실행은 대지와 임차조건을 실질적인 구매와 계약으로 전환시키게 된다. 이 단계와 다음 단계에서 (부지의) 구입과 건설이 이루어지는 기간 동안 이자율이 높은 상태이므로 융자자금의 조달은 단기적인 것이 되어야 한다. 단기 자금을 빌려주는 사람들, 예컨대 개발은행이나 벤처자본가와 같은 사람들은 종종 리조트 개발자들로 하여금 '건설공사의 완료시점에서 장기융자의 형태로 전환할 수 있도록 사전 심의를 받을 것'을 요구한다 (Haffadine, 1999: 8). 이 시점에서 수익이 발생하기 시작하면, 개발자들은 일반적으로 25~30년간의 낮은 이자율의 장기 투자의 형태로 전환하도록 제안받게 된다. 그와 같은 자금지원의 원천은 매우 다양하여 은행, 부동산 투자신탁, 보험회사, 연금펀드 등이 있다. 오늘날 다수의 대규모 리조트들은 공공그룹에 의해 소유되고 있는데, 그들의 지분은 주요 증권거래소에서 거래되고 있다 (Huffadine, 1999).

4. 배치와 건축(Design layout and construction)

처음으로 고객이 방문하고 수익 발생이 시작되기 전까지는 리조트 건설을 위해 엄청난 (투자)자금의 투입이 요구된다. 이는 특히 시골의 전원 지역이나 외딴 지역일수록 더하다. 왜냐하면 개발자들은 기반시설 건설을 위해 상당한 투자를 해야 할 책임을 가지고 있기 때문이다. 이러한 투자에는 공항이나 항만과의 연결가능성을 고려한 도로망의 구축, 전기나 용수의 공급, 증가하는 무선통신 수요를 위한 설비의 설치, 액체 및 고체 쓰레기의 적절한 처리시설 등을 위한 비용이 포함된다. 이러한 모든 것들 중에 가장 중요한 것은 고객들을 실질적으로 유치하는데 필요한 실제 건물이나 유인시설이다. 모든 기반시설 중에서 가장 핵심적인 유인시설과 지원시설들은 의도하고 있는 리조트의 이미지와 잘 맞아야 하며 초기개발 비용을 보충하기까지 많은 오랜 시간이 걸리는 고급스러운 건축물일수 있다.

대규모 리조트 프로젝트에서는 첫번째 고객을 맞이하기 위한 시간의 지체를 최소화하기 위해 건설공사를 여러 단계에 걸쳐 나누어 진행하는 것이 바람직하다. 이것은 몇 단계에 걸친 개발과정을 허용할 수 있을 만큼 그 부지가 충분한 공간을 확보하고 있어야 한다는 것을 의미한다. 즉, 나중 단계의 건설로 인해 초기 단계에서 완공된 시설의 사업 활동이 최소한의 영향만을 받도록 공사를 실시해나갈 수 있어야 한다. 나아가 보다 빠른 현금흐름을 확보하기 위해서는 다양한 유형의 숙박시설을 갖추는 것이 바람직하다. 그리하여 점차적으로 대규모 리조트 개발에서는 호텔 숙박시설 이외의 다양한 숙박시설의 대안을 마련해나가고 있다.

Gee(1996: 114)에서 인용된 Laventhol와 Horwarth에 따르면, 리조트 호텔 객실(럭셔리 형)의 전형적인 건축비용은 1984년 기준으로 15만 달러~20만 달러 정도이며, 일부의 객실(스위트 형)의 경우는 30만 달러 정도가 소요되는 것으로 조사되고 있다. 이에 비해 Hamilton and Hayman Island 리조트의 건축비용의 경우 객실당 무려 1백10만 호주 달러가 소요된 것으로 나타나고 있다(King, 1997: 58). 이러한 수치를 전형적인 객실 건축비용과 비교해보면, 어째서 이들 중 몇몇 리조트가 재무적으로 어려움을 겪을 수밖에 없었던가를 쉽게 이해할 수 있을 것이다. 리조트 산업에서의 '경험법칙(rule of thumb)'에 따르면, 통상 객실 건설비용 10만 달러당 1박에 100달러의 요금을 부과하여야 한다(King, 1997: 58). 이상과 같은 수치가 조사된 이후의 실질적인 리조트 건설비용은 지속적으로 증가해왔을 것임에 틀림없다. 그리하여 경험법칙에 의할 경우 오늘날 많은 리조트들이 왜 그렇게 비싼 객실요금을 부과하고 있는지를 잘 알 수 있다.

5. 경영과 운영(Management and operations)

리조트의 개발을 위한 오랜 시간의 태동기를 감안하여, 다수의 리조트들은 이른바 '소프트 오프닝(soft opening)'을 하기도 한다. 이는 리조트가 완성되기 전에, 심지어는 1단계의 공사가 완성되기도 전에, 첫번째의 고객을 맞이하는 것을 의미한다.
이러한 운영방식의 이점은 조기에 수익의 흐름이 발생할 수 있도록 해주며, 리조트와 그 잠재력에 대하여 소문이 나도록 하고, 완전하게 고객을 맞이하기 전에 직원과 체제를 시운전해볼 수 있는 기회를 제공한다. 그러나 이와 같은 운영방식은 단점도 있다. 고객들에게 리조트에 대한 불완전한 이미지를 제공하며, 불완전한 서비스 제공으로 인한 할인가격 정책은 미래에도 낮은 가격에 대한 기대를 형성할 수 있으며, 리조트로 하여금 완전한 모습보다는 준비가 덜 된 상태에서도 – 왜냐하면 이는 마치 '무대의상을 입고 하는 총연습(dress rehearsal)'처럼 비치므로– 손님을 맞이할 수 있다는 생각을 가지도록 부추길 수도 있기 때문이다.
정기적인 할부금 상환을 위해 엄청난 규모의 예비 투자가 이루어진 리조트의 경우 현금흐름은 가장 핵심적인 해결과제이다. 이와 같은 상황하에서 가장 중요한 문제는 어떤 형태로든 사계절사업(year-round business)을 개발하는 일이다. 이를 위해서는 앞에서 논의한 바와 같은 계절성의 문제에 관하여 체계적으로 고찰할 필요가 있다. 이는 또한 1년 중 단지 몇 주간 정도의 사업만 가능한 리조트들로 하여금 살아남아서 번영할 수 있는 방안을 모색하도록 하는 하나의 도전과제가 되고 있다.
이 단계에서 리조트들은 그들의 자금 대출의 원천을 벤처자본가들이나 은행(이들은 종종 대출금에 대해 높은 이자율을 부과한다)으로부터 보험회사나 연금펀드로 바꾸게 된다. 보험회사나 연금펀드는 자신들의 고객에 대한 의무를 (안정적으로) 수행해나가기 위해 대출금으로부터 보다 적절하면서도 정기적인 수익발생을 추구한다.
새로이 개장한 리조트들은 경쟁적 리조트 시장에서 신속하면서도 실질적인 영향을 미칠 필요가 있다. 이는 이 단계에서의 주요한 예산항목은 주로 마케팅활동에 관한 내용으로 편성됨을 의미한다. 즉, 리조트들은 가장 강력한 메시지와 그 메시지의 전달을 위한 적절한 매체의 선정과 더불어 유통채널을 구축해나가야 한다. 이러한 활동은 리조트의 영향력을 확대하고 업계 내에서의 인지도를 증대시킴으로써 자신들의 상품판매에 기여하게 된다. 이뿐만 아니라 팸투어(familiarization tours)를 실시하고, 여행 도매업자, 운송업자, 목적지 마케팅조직 등과의 연계활동도 추진해나가야 한다. 또한 이 단계에서는 리조트들은 스스로 지역공동체의 좋은 이웃으로서의 역할 이미지를 강화해나가야 한다. 즉, 공공관계(public relations: PR)를 통해 지역경제 발전에 대한 공헌– 예컨대 일정한 기간 동안 리조트의 특정 부서별로 지역주민을 고용한 비율– 과 편의 시설 제공 등과 같은 활동을 알릴 필요가 있다. 이러한 의미에서 지역공동체는 지역의 파트너이자, 그 리조트의 옹호자로서 함께 배를 탄 사람들이라고 할 수 있다.

## 요 약

이 장에서는 물리적 기획과 재무적 관리의 고려사항들을 통합적으로 다루면서, 리조트 경영과 관련한 내부적 도전과제와 전략에 대하여 검토하여 보았다. 이들 물리적 기획과 재무 관리적 문제들은 서로 어떻게 조화를 이루며, 후에 리조트의 성공과 실패에 어떠한 영향을 미치는가를 중점적으로 살펴보았다. 기획과정에서 핵심사항은 리조트 개발의 꿈을 실질적인 현실로 변환시키는 것이다. 이를 위해서는 상당한 시간이 소요되어야 하며 다른 사람들과의 협력도 필요하다. 그들 중의 하나가 재무적 지원자이다. 잠재적인 재무적 지원자들에게 제출할 사업기획서를 탄탄하게 준비하는 것은 리조트 개발에 있어 대단히 중요하다. 그러한 기획 중에는 리조트의 사명, 목표, 재무적 담보 능력 등이 포함된다.

이와 같은 내용의 예를 들기 위해서 본 장에서는 세개의 사례를 검토하고 있다. 기획의 관점에서, Dubai의 경우는 중앙정부에 의한 기획– 미래를 위한 사명에 리조트 개발 부분을 포함하고 있다– 의 예를 제시하고 있다. 기획과 재무적 관점에서, 일본의 하우스 텐 보스(Huis Ten Bosch)의 사례는 꿈을 현실로 실행하기 전에 신중한 타당성 검토를 해야 할 필요성을 제기하고 있다. 재무적 관점에서, 민간 기업으로부터 자세한 자료를 확보한다는 것은 본질적으로 어려운 일이며, 또한 주요 공공 기업으로부터 관련된 세부자료를 얻어낸다고 하는 것도 종종 복잡한 일이다. 그러나 하나의 작은 공공기업인 스위스의 Grand Hotels Bad Ragaz는 성공적인 리조트는 어떻게 운영되어야 하는가를 보여주기 위해 연차보고서에 충분한 정보를 제시하고 있다.

사례연구

### ••• 아랍 에미리트 연합의 두바이 •••

Dubai는 걸프 만에 위치한 아랍 에미리트 연합 내의 하나의 도시이자 토후국이다. 주변의 다른 나라들과 마찬가지로 Dubai 또한 석유산출량이 풍부한 나라이다. 그러나 Arclike(2006: 10)와 Jenkins(2004: 4) 등에 의한 추정치에 따르면 현재와 같은 석유채취 속도로 봐서는 객관적인 석유매장량은 단지 앞으로 10~20년밖에 지속되지 못할 것이라고 한다. 이와 같은 상황이 이 도시국가로 하여금 비(非) 석유 기반 미래를 준비하고, 근대화와 경제적 다변화를 이끌어낼 수 있는 프로그램에 착수하도록 만들었다. 사실상 Dubai는 지난 몇 십 년에 걸쳐 석유에 대한 의존도를 감소시켜왔다. '1985년 석유는 국내총생산(Gross Domestic Product, GDP)의 구성 비율에서 절반에 못 미치는 실적을 보였으며, 1993년에는 단지 24%를 차지하였다. 2002년에는 17%를, 2010년에 이르면 단지 1% 수준으로 감소할 것으로 예상되고 있다' (Jenkins, 2004: 15).

이와 같은 다변화 전략의 중요한 부분은 관광개발이었으며, 그러한 개발 중에서 리조트 관광산업은 매우 중요한 부분으로 다루어져 왔다. Jenkins(2004: 6)에 의하면 '50년이 채 안 되는 기간 동안 Dubai는 하나의 작은 사막 부족국가(sheikhdom)에서 국제도시로, 그리고 중동에서 중요한 관광목적지의 하나로 발전되고 변형되어져 왔다'. Dubai는 겨울기간 동안 유럽으로부터 수많은 해변관광객들을 끌어들이고 있으며, 이란과 인도와 같은 단거리 시장으로부터는 사업과 쇼핑 관광객들을 유치하고 있다. 또한 유럽과 동남아시아 및 호주 사이에 위치함으로써 장거리 항공여행객들을 위한 경유목적지로서의 명성도 쌓아가고 있다. Dubai의 성공적으로 성장하고 있는 Emirates 항공은 '2012년까지는 세계에서 가장 큰 장거리 여객운송업체로서 British 항공과 같은 항공노선상에서 이 회사를 추월'하고자 하고 있으며, '140개가 넘는 목적지와 연계'하고 있는 거대하고 현대적인 국제공항을 가지고 있다(Arlidge, 2006: 10). 1982년과 2002년 사이에 Dubai의 호텔 수는 42개에서 272개로 급격히 증가하였으며, 또한 고가 명품시장의 중요성은 2002년 모든 호텔객실의 32%는 5성급 또는 그 이상의 호텔에 속하고 있다는 사실에서 잘 나타나고 있다(Jenkins, 2004; Laws, 1995). 오늘날 Dubai는 한 해 6백만 명이 넘는 방문객을 받아들이고 있는데, 이들은 주로 해양활동을 위한 해변 리조트호텔을 방문하는 여가관광객 또는 Dubai의 쇼핑센터나 다른 매력적 장소를 방문하고자 하는 사람들이다. 그리하여 Dubai는 관광시장의 규모를 2010년까지 1천 500만 명으로 증대시킬 기획을 가지고 있다.

Dubai가 달성한 이와 같은 변화의 방법은 다른 많은 리조트 목적지들에 있어서는 하나의 교훈이 되고 있다. Jenkins(2004: 8-11)는 Dubai의 관광관련 전략에 대하여 5가지의 핵심특징으로 정리하고 있다.

1. 관광객들에게 쇼핑을 주요한 유인수단으로 활용한다. 그리하여 매년 1월 중순에서 2월 중순에 이르는 기간 동안의 Dubai 쇼핑페스티발(Dubai Shopping Festival)을 최고의 프로모션으로 활용한다.
2. 상징적인 리조트호텔, 매력적 장소 및 시설의 건설을 통해 토탈 리조트 목적지를 창조한다. Dubai는 Bruj Al Arab Hotel이라고 하는 최초의 7성급 호텔을 건설하였다. 그것은 부풀어 오른 범선의 모양을 본떠 설계되었으며, 그 호텔에서 가장 비싼 스위트룸의 방값은 하루 밤에 25,000 호주달러이다. 세계 최초의 실내 스키리조트에서 방문객들은 1년 내내 다양한 기울기로 변하는 스키슬로프에서 스키를 즐길 수 있다. 이와 같은 모든 것은 Dubailan의 건설과정, 즉 주제공원과 마을, 쇼핑몰, 나아가 중동의 Disney World 건설의 구상 속에 포함되어 있다. 이와 함께 Dubai의 호주달러를, '6개 활주로를 가진 새 공항은 연간 1억5천만 명의 승객이 이용하게 됨으로써 세계에서 가장 큰 공항이 될 것이다'(Arlidge, 2006: 10-11).
3. 특정한 이벤트가 지닌 가치를 높이기 위해서는 다방면의 활용가능성을 지닌 Dubai의 시설을 이용하게 한다. 예컨대 그러한 이벤트로는 IMF (International Monetary Fund)나 세계은행(World Bank)의 회의와

같은 세계 최고의 국제적 컨퍼런스이거나 Desert Golf Classic과 같은 주요 스포츠 이벤트를 들 수 있다.

4. 고급 숙박부문의 수용능력과 다양성을 증대시킨다. 여기에는 특히 GCC (Gulf Cooperative Council: 걸프 협력위원회) 국가들을 겨냥한 아파트먼트 호텔, 그리고 인공으로 조성된 3개의 팜 아일랜드(Palm Island)와 함께 세계의 많은 나라들을 표현하기 위해 창조된 인공섬(man-made islands)의 집합으로 이루어진 The World 위에 자리 잡게 될 유명한 holiday homes 등을 들 수 있다. '지난주에는 Palm Jumeirah 위에 최초의 4백만 파운드의 남미 농장 스타일(hacienda-style)의 빌라가 완성되었으며, 이번 여름에는 7만명의 거주자 중 최초로 (축구선수) David Beckham의 가족이 입주하게 될 것이다'(Arlidge, 2006: 10). '99년간의 임차권의 부여와 외국인에 대한 거주비자 발급을 통한 부동산 시장의 개발은 UAE에 대한 장기체류 방문객을 유치하기 위해 처음으로 사용한 접근방법이며, 이는 여전히 논란이 되고 있는 문제로 남아 있다'(Jenkins, 2004: 8).
5. 이와 같은 대규모 개발을 뒷받침하기 위해 필수적인 기반시설 즉, 도로, (전기, 수도와 같은) 기반시설, 공항의 확장 등에 대하여 집중적으로 투자한다. 이 같은 기반시설은 다른 경제적 부문의 다양화, 즉 고등교육(학술적 도시), 의료(의료도시), 금융(국제 금융센터), 및 관광시설 등으로 파급되는 효과를 가져왔다. 변화에 대한 성공과 압박의 전형적인 신호는 도로정체와 대기오염의 완화를 위한 경전철 체제(light rail system)의 늦은 도입과 더불어 투자의 안전성과 외국인 근로자 처우에 관한 우려 등으로부터 비롯되고 있었다 (Arlidge, 2006: 11).

리조트 관광산업에 있어서 Dubai의 성공적인 다양화는 상당한 특별한 경쟁적 이점– 즉 자연적, 관리적 이점–에 의해 큰 영향을 받았다는 것을 이해할 필요가 있다. Dubai 발전에 기여한 자연적 이점으로는 풍부한 석유, 겨울철의 온난한 기후, 주요 유럽시장에 대한 근접성이라고 하는 지리적 입지, 장거리 항공여행 시장에서의 환승적 역할의 증대 등을 들 수 있다. '의심할 바 없는 사명, 지배가문(ruling family)의 기업가적 통찰력과 몰입' 등과 같은 관리적 의사결정 또한 Dubai의 발전에 중요한 역할을 하였다(Jenkins, 2004: 14). 그들의 탁월한 리더십은 투자자 친화적인사업 정책의 수립, 면세지역의 지정, PPP 개발모델에 대한 강력한 지원, Dubai를 관광목적지로서 차별화하기 위한 상징적 프로젝트의 착상과 수행능력의 발휘 등을 가능하게 하였다. 이와 함께 이 같은 이점들은 석유기반 경제에서 복합 서비스경제로의 자연스러운 전환을 가져올 수 있는, 상류층 고객을 겨냥한 목적지로서의 소구력 형성을 가능하게 하였으며, 또한 싱가포르의 장기적 성공에 버금가는 중동의 성공사례를 만들어내는데 이바지하였다.

### ••• 일본의 하우스 텐 보스 •••
**(http://english.huistenbosch.co.jp/about/index.html)**

하우스 텐 보스(Huis ten Bosch, HTB)는 일본 나가사키 현(懸)의 사세보 인근에 '네덜란드의 도시기획과 일본의 기술을 결합한 리조트타운의 건설'을 결정한 Yoshikuni Kamichika의 아이디어였다.

기본적인 개념은 일본의 국가적 고립시기(1600–1868) 동안에 Dejima라고 하는 작은 섬에 위치한 무역항을 통해 이루어진 네덜란드와의 지방차원의 교역을 기념하기 위한 것이었다. 1988년에 시작된 HTB의 건설(숲속의 고향, Home in the Woods)은 복구된 해변지역 위에서 네덜란드 전역에 걸친 수많은 역사적 기념물들(historic landmarks)을 모방한 17세기 네덜란드 도시를 복제하는 것이었다. 그리하여 1992년에 일반인에게 공개되었다(그림 6–4). 그 프로젝트를 위한 총 공사비는 25억 달러에 달했다. 하지만 불행하게도 이 놀라운 꿈은 사업의 성공을 가져오지 못했으며 HTB는 2003년 2월 파산관재인 제도(receivership)에 들어갔다. 주채권을 가진 은행은 총부채의 1/10에 해당하는 금액을 받고 금융회사에 사업을 팔아넘겼으며, 그 금융회사는 그 리조트의 재무적 및 경영방침에 대하여 구조조정에 들어갔다.

다음의 내용은 HTB의 CEO인 Daisuke Takeuchi가 2004년 7월 일본의 나가사키 현(懸)에서 개최된 APTA(Asia Pacific Tourism Association: 아시아 태평양 관광 협회)의 '세계화와 관광연구: 동과 서의 만남'이라는 컨퍼런스에서 행한 프레젠테이션의 내용이다. HTB 사업모델의 재구조화에 대한 책임을 지고 있는 금융회사의 구성원으로서 Takeuchi는 애초의 사업구상에서 무엇이 잘못

《 그림 6-4 》 일본, Huis ten Bosch 테마 리조트

되었는지, 그리고 두 번째의 소유주로서 그들이 어떻게 모든 것을 탄탄한 사업 기반 위에 되돌려 놓을 기획을 가지고 있는지에 대하여 상세하게 설명하였다.

무엇이 잘못되었는가?

Takeuchi는 그 리조트가 매우 아름다운 창조물이며 매력적인 관광목적지이며, 이는 그의 부인도 공감하고 있는 적도 있지만, 애초의 사업기획에는 근본적인 결함이 있었다고 강조하고 있다. 여기에는 다음과 같은 내용을 포함하고 있다.

❖ HTB는 사실상 주제공원이라고 할 수 없다. 거기에는 놀이동산과 같은 곳에서 볼 수 있는 탈 것들이 없었으며, 단지 매력적인 정원과 수변공원을 가진 재건된 네덜란드 타운이 주를 이루고 있었다. 따라서 이 독특한 리조트의 콘셉트를 특별히 분류하고 시장화하는 데 어려움이 있었다.

❖ 이 리조트는 일본이라고 하는 관점에서 볼 때 고립되어 있다고 할 수 있다. 왜냐하면 큐슈의 남쪽 섬에 위치하고 있으며, Tokyo Disneyland의 배후에는 30백만 명의 인구가 있는데 비해 단지 6백만 명의 지역시장 인구를 거느리고 있을 뿐이었다.

❖ 일본과 해외시장과의 운송연결은 몇 단계의 환승을 포함하고 있다. 예컨대 호주의 방문객이 도쿄의 국제공항인 나리타에 도착하게 되면, 도쿄의 국내공항인 하네다까지 2시간이 걸리는 버스편을 이용하여야 하고, 그런 뒤 나가사키 공항까지 2시간의 비행을 하여야 하며, 이어서 그 리조트까지 나가사키에서 1시간30분의 버스여행을 하여야만 한다. 결과적으로 일본 내에서만 모두 7시간여의 환승과 대기를 위한 여행을 하여야만 하는 것이다.

❖ HTB는 일본 시장에서는 친근하지 않은 개념인 장기 체재 리조트로서의 이미지를 형성하고 있다.

❖ 개발비용이 지나치게 과다하여, 감가상각율 또한 마찬가지로 매우 높게 발생하였다.

도전적 과제는 그 리조트에 대하여 상황악화적 요인들을 되돌리는 일이었다. 쇠퇴의 증거와 그 리조트의 재건을 위한 가능한 해결의 실마리는 (표 6-1)에 제시되어 있다.

《 표 6-1 》 HTB의 경영실적 (1996-2003)

| | 1996 | 2000 | 2003 |
|---|---|---|---|
| 총 방문객 수 | 3.8백만 | 2.93백만 | 2.15백만 |
| 외국인 방문객 수 | 331,000 | 221,000 | 199,000 |
| 외국인 비율 | 8.7% | 7.5% | 9.3% |
| 외국인의 유형 | | | |
| 타이완 | 248,000 | 124,000 | 67,000 |
| 홍콩 | 40,000 | 57,000 | 15,000 |
| 한국 | 33,400 | 30,300 | 109,300 |
| 중국 | 0 | 980 | 4950 |
| 투숙율 | 70.9% | 63.6% | 48.0% |
| 외국인 투숙비율 | 14.4% | 19% | 17.0% |

자료원: Takeuchi (2004).

미래는?

Takeuchi는 리조트의 미래에 대하여 낙관적이다. 왜냐하면 '현재의 경영실적은 이해할만 하기 때문이다.' 그러나 HTB는 가격정책을 넘어서서 다양한 대응책을 수립해나가고 있다.

❖ 파산관재인 제도가 취해진 이후의 리조트 자산의 대규모 가치절하는 금융회사로 하여금 경쟁적 가격수준에서 입장료와 객실료를 제공할 수 있다는 신념을 형성하여주었다.
❖ HTB는 리조트에 기존의 매력적 요인을 보완하기 위해 순회공연, 박물관, 쇼핑 및 국제적 레스토랑 등과 같은 위락적 요소를 추가하고 있다. 또한 공연이나 불꽃놀이 같은 야간 즐길 거리는 숙박체재를 증가시킬 것으로 예상하고 있다.
❖ 나가사키 공항으로의 직항을 유도함으로써 해외시장의 개척에 집중하고 있다. HTB는 일본이 현재 추진하고 있는 '아시아 인바운드 전략'을 최대한 활용하려고 하고 있다. 이를 통해 몇 년 내에 외래 방문객 수를 5백5십만~천만명으로 끌어올리기를 희망하고 있다.

❖ 중국은 주된 표적시장이 될 것이다. 그러나 비자와 관련한 문제가 존재하고 있다.

❖ HTB는 새로운 유인 패키지를 개발하고 있다. 그것은 골프와 허니문 패키지를 촉진하고, 현재 정부에서 규제하고 있는 베팅금액과 상금의 제한이 없는 진정한 의미의 카지노를 신설하는 것이다.

❖ 아시아 시장에 대한 큐슈지방의 매력을 소구하기 위해 지역의 관광조직과 협력해나가기를 바라고 있다. 이렇게 하여 그 리조트를 지역관광의 거점으로 개발해나가고 나아가 마침내 그 지역의 관광목적지로서 성장해나가기를 희망하고 있다.

이상과 같은 Takeuchi의 프레젠테이션 내용을 받아 보았을 때, 미래를 위한 상당한 열정과 과거에 대한 힘든 경험을 토대로 HTB는 회복의 초기단계에 있었다. HTB는 지방에 위치한 목적지로서의 접근과 차별화의 어려움을 계속 극복해나가고 있다. 17세기 네덜란드 도시경관을 그려냄에 있어서 그 리조트만의 일본/아시아적 독특성은 두드러진 차별적 요인임에 틀림없다. 그러나 시장이 원하는 것이 그 무엇이든 그것을 지나치게 많은 어려움이나 큰 비용의 발생 없이 해결해나가야 하는 것이 그들에게 남겨진 과제라 할 수 있다. 이 같은 과제는 여전히 숙제로 남아 있으며, 한편으로는 리조트사업에 있어 열정을 불러일으키는 중요한 부분이라고도 할 수 있다.

### ••• 그랜드 호텔 배드 라가지, 헬스·스파 앤드 골프 리조트, 스위스 •••

동부 스위스의 아름다운 'Heidiland' 지역의 Bad Ragaz에 위치한 Grand Hotel은 리조트 재무관리의 긍정적 사례를 잘 보여주는 리조트 회사이다. 그 리조트는 Glarner Alps 인근에 위치하고 있으며 라인 계곡 위쪽에 자리 잡고 있다. 그 리조트는 아름다운 환경 속에서의 건강과 평온함을 강조한다(그림 6-5). 그 리조트의 공공 재무보고서 (표 6-2)에 의하면 2004년의 순 총수익은 87억 5천만 스위스 프랑 CHF(스위스 프랑)로써, 이는 2003년의 85억 6천만 스위스 프랑에 비해 2% 정도 증가한 수치이다. 2004년의 이익과 순이익은 각각 8억 5천만 스위스 프랑과 2억 8천만 스위스 프랑으로 CHF로서 다소 감소하였으나, 이는 경쟁적 영업환경 속에서 여전히 만족스러운 수치이다.

《 그림 6-5 》 스위스, Grand Hotels Bad Ragaz

그 리조트는 인근에 '오늘날과 같이 바쁜 시대에 보기 드문 "고풍스러운(old fashioned)" 가치를 추구하는 고객들에게 즐거움을 줄 수 있는 5성급 및 4성급 호텔들을 가지고 있다. 또한 오래된 나무들로 가득한 넓은 공원부지, 정중하고 예의바른 종업원, 그리고 마음속의 평화와 평온을 위한 삶의 여유를 가질 수 있도록 해준다'(Grand Hotels, Bad Ragaz, 11 March, 2005 신문기사). 이와 같은 모든 것들을 충실히 달성하기 위해 그 리조트는 보유 중인 2개의 호텔에서 237개의 우아한 객실과 스위트룸, 온열목욕탕, 헬스클럽, 스포츠 훈련시설, 스위스 올림픽 메디컬 센터, 골프코스, 소규모 카지노 등을 제공하고 있다. 그 리조트는 스포츠 훈련 및 피트니스시설을 통해 유럽 전역에 명성을 쌓아 나갔으며, 몇 개의 국가 또는 프로 클럽 팀들을 시즌 전 또는 토너먼트 준비를 위해 유치하기도 하였다. 이 같은 유치의 성공적인 사례로서는 2004 유럽 축구 챔피언십을 우승한 그리스, 독일 축구 챔피언십을 우승한 Werder Bremen, 그리고 2005 유럽 축구 챔피언십 리그를 우승한 Liverpool 등을 들 수 있다.

《 표 6-2 》 Grand Hotels Bad Ragaz, 스위스

| | 2003 (백만) | 2004 (백만) |
|---|---|---|
| 수익 | CHF 85.6 | CHF 87.5 |
| 소득 | CHF 34.7 | CHF 34.1 |
| 세전 이익 | CHF 9.2 | CHF 8.5 |
| 현금흐름 | CHF 14.8 | CHF 14.9 |
| 연간 순이익 | CHF 3.5 | CHF 2.8 |
| 잔액 | CHF 225.7 | CHF 2001.3 |
| 자산 | CHF 76.7 | CHF 78.1 |

고객들에 대한 약속을 충실히 이행할 수 있는 사업 구조의 형성을 위해 리조트는 회사에서 제공하는 서비스유형에 따라 조직을 편성하고, 각 조직은 독립적인 사업부문으로 하여 사업부문별로 책임자를 배치하였다. 또한 이 사업부문들은 서로 연계되어 있으며, 회사의 CEO에게 직접 보고한다(그림 6-6).

이 리조트의 조직구조는 포터의 가치사슬(Porter's Value Chain)과 매우 유사한 것으로 유명하다. 사업체계는 재무적 보고를 위한 기능적 영역-Grand

Hotel, 위료센터, 골프코스와 클럽, 온탕스파 및 카지노 등을 포함-과 금융과 통제, 마케팅, 인적자원, 건물과 부지 등을 위한 관리적 영역으로 나뉜다. 보고의 수준에 따라 잠재적 이익센터 및 기능적 영역은 관리와 유지를 위한 지원영역과 명확히 구분된다. 그 결과 경영자와 주주는 리조트의 전반적인 재무적 성과에 각 사업부문이 얼마나 기여하였는가에 대한 명확한 평가를 내릴 수가 있다.

각 사업부문의 재무수익의 성과평가를 돕기 위해 리조트가 제공하는 서비스유형 중에서 핵심 사업부문에 대한 상세한 재무감사 체제를 구축하였다. 2003~2004년의 경우 그랜드 호텔 사업부문은 방문객 수는 증가를 보였으나, 숙박과 객실점유율은 감소를 보였다(표 6-3). 2004년에는 방문객 자료에 따르면 스위스와 독일을 넘어 유럽전역에서의 고객들이 증가하고 있으며, 활동량은 감소하고 있음을 알 수 있다.

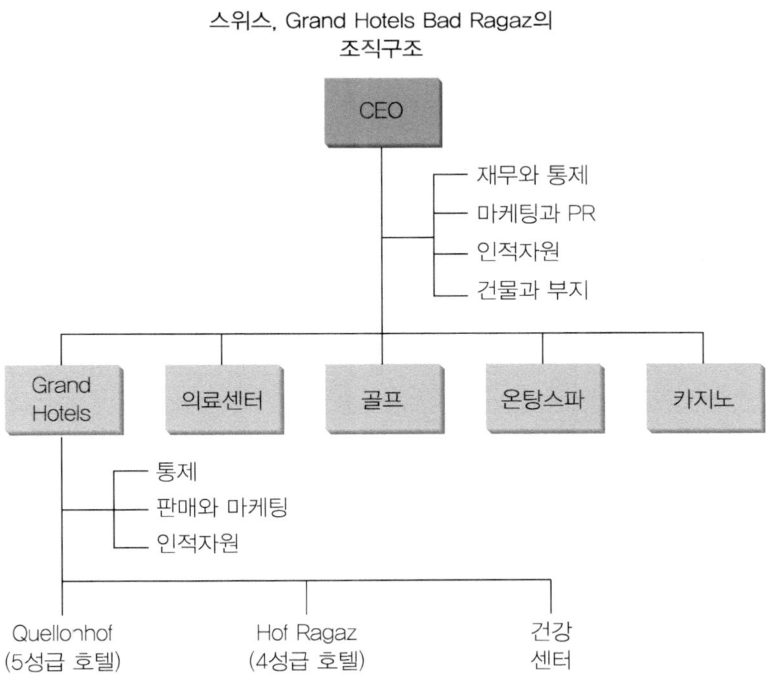


◖ 그림 6-6 ◗ 스위스, Grand Hotels Bad Ragaz, 조직구조
(Grand Hotels Bad Ragaz, Annual Report에 근거, 2004: 7).

한편 건강(Wellness) 센터는 방문객에 있어 실질적인 증가를 경험하였다. 호텔 투숙객과 일일 방문객을 통해 10,063명이 방문함으로써 사업의 양을 5.5% 증가시키게 되었다. 그러나 (표 6-4)에 나타나듯이 이와 같은 전반적인 증가 속에서도 '풀 마사지'와 같은 영역은 증가하였으나, '시아추(Shiatsu) 마사지'와 같은 영역은 감소를 보였다.

Grand Hotels Bad Ragaz의 전반적 사업 내에서의 각 사업부문에 대한 상세한 감사를 통해 경영층은 조기에 대중의 기호변화와 같은 문제점들을 발견해 낼 수 있으며, 제품믹스 또는 마케팅 전략에 대한 책임 있는 수정을 단행할 수 있다. 이와 같은 상세한 감사결과는 주주, 본 교재의 저자와 같이 관심을 가지고 있는 대중들에게 그 리조트의 재무적 건전성과 장래 전망에 대한 지침 등에 대한 명확한 이해를 할 수 있도록 도와준다.

❰ 표 6-3 ❱ 스위스, Grand Hotels Bad Ragaz 2003-2004의 고객 활동유형

| | 2003 | 2004 |
|---|---|---|
| 방문 (일일 방문객) | 20954 | 21726 |
| 숙박 | 96892 | 95046 |
| 객실 점유율 | 79.7 | 78.1 |
| 객실 수 | 237 | 237 |
| 종사자 수 | 1023 | 1020 |

❰ 표 6-4 ❱ 스위스, Grand Hotels Bad Ragaz 2003-2004의 건강 센터 고객 활동유형

| 활동 | 2003 | 2004 |
|---|---|---|
| 풀(Full) 마사지 | 3780 | 4255 |
| 부분 마사지 | 865 | 830 |
| 발 마사지 | 516 | 545 |
| 시아추(Shiatsu) 마사지 | 378 | 87 |
| 림프 절 마사지 | 324 | 363 |
| 스페셜 스파 | 3672 | 3423 |
| 개인 트레이너 | 0 | 460 |
| 필라테스 운동지도 | 0 | 44 |
| 다이어트 컨설팅 | 0 | 57 |
| 총 방문객 | 9535 | 10063 |

그러므로 이 리조트가 재무적 보고에 있어 투명성 상을 받은 것은 결코 놀랄 일이 아니며, 또한 조직구조와 감사체제의 시너지적 결합효과는 경영층이 변화에 대한 균형적 시각을 형성하고 기업의 가치를 극대화 할 수 있도록 하는데 많은 도움을 주었음은 당연하다고 할 수 있다.

## 연습문제



1. 당신의 삶에서– 예컨대, 대학에서의 학점취득 또는 자동차의 구매 등– 중요한 의사결정을 하고자 할 때, 이 장의 앞부분에서 제시된 기획의 단계들을 당신은 얼마나 잘 활용하고 있는가? 그 기획의 단계들을 한번 시도해보라. 그러면 그 기획단계들은 당신이 하고자 하는 일의 앞길을 밝혀 줄 것이며, 분명히 당신에게 도움이 된다는 것을 발견하게 될 것이다.

2. 리조트 기획과정에서 리조트의 (완전한) 개장 이전에 경영과 운영 단계(Management and Operation Phase)를 실행하는 이유는 무엇인가? 그와 같은 단계를 실행하게 될 경우 그것이 지닌 장점과 단점은 무엇인가?

3. Gunn(1997)은 리조트 목적지를 다양한 구성요소들이 상호 연계된 체제로서 개발할 것을 제안한다. 이 개념이 단일한 리조트호텔 또는 도심지 리조트 목적지에 대하여 얼마나 잘 적용될 수 있는지, 당신의 결론을 뒷받침해줄 실제 사례를 들어가면서 평가해보라.

4. Ernst와 Young(2003)의 1980~2002년 사이의 호주의 투자 주기에 대한 조사에서는 리조트의 소유권에 심각한 영향을 미칠 정도로 주요한 부(fortune)의 변화가 일어났음을 제시하고 있다. 한 국가를 임의로 선정해서, 지난 30~50년 기간 동안 이루어졌던 투자의 역사를 조사하고 Ernst and Young(2003)의 조사결과와 유사한 상관관계가 있는지를 검토해보라.

5. Quiggin(2004)은 PPPs의 위험요인은 수요변동성에 따라서 분산되어져야 한다고 주장한다. 이러한 논리는 리조트 부문에서 어떻게 적용될 수 있는가? 당신의 생각에 따라 다양한 유형의 리조트를 건설한다고 가정하고, 이 논리의 적용가능성에 대하여 고찰해보라.

6. HTB의 경영층은 새로운 재무기획은 이 리조트를 보다 활력이 넘치는 사업장으로 만들어 줄 수 있을 것으로 기대하고 있다. 이 리조트가 예상하는 국제적 시장수요의 관점에서 이 리조트의 상품과 입지는 얼마나 성공적일 것인가를 평가해보라.

## 참고문헌




- Arlidge, J. (2006). Dubai's building frenzy lays foundation for global power. *The Sunday Times*, May 21, Business 10-11.
- Australian Procurement and Construction Council (2002). *Discussion Paper: Key Issues on Procurement through Public Private Partnerships (PPPs)*. Deakin, ACT: Australian Procurement and Construction Council.
- Christaller,W. (1964). Some considerations of tourism location in Europe. *Papers and Proceedings of Regional Science Association*, **12**, 95-105.
- Clifford, H. (2003). *Downhill Slide*. San Francisco: Sierra Chub Books.
- Dredge, D. (1999). Destination place planning and design. *Annals of Tourism Research*, **26(4)**, 772-791.
- Ernst and Young (2003). *Resorting to Profitability*. Sydney:TTF Australia.
- Fitzgerald,P. (2006). PPPs - the next big thing or big mistake? *Australian Fabians*. www.fabian.org.au/1053.asp. Accessed on 11 August 2006.
- Gee, C.Y. (1996). *Resort Development and Management*, 2nd edn. East Lansing, Michigan: Educational Institute of the American Hotel and Motel Association.
- Grand Hotels,Bad Ragaz (2004). *Geschäftsbericht 2004*. Bad Ragaz, Switzerland: Grand Hotels, Bad Ragaz.
- Gunn, C.A. (1997). *Vacationscape: Developing Tourist Areas*, 3rd edn. Washington, DC:Taylor and Francis.
- Huffadine,M. (1999). *Resort Design*. New York: McGraw-Hill.
- Inskeep,E. (1991).*Tourism Planning:An Integrated and Sustainable Development Approach*. New York:Van Nostrand Reinhold.
- Jenkins,C.L. (2004). Overcoming the problems relating to seasonality: the case of Dubai. *Proceedings of Tourism: State of the Art II Conference*. Glasgow: Strathclyde University, CD Rom.
- King, B.E.M. (1997). *Creating Island Resorts*. London: Routledge.
- Laws,E. (1995). *Tourism in Dubai. Tourist Destination Management*, pp. 166-194. London: Routledge.

- Lundgren, J.O.J. (1983). Development patterns and lessons in the Montreal Laurentians. In *Tourism in Canada: Selected Issues and Options* (P.E. Murphy, ed.),Western Geographical Series Vol. 21, pp. 95-126. Canada: University of Victoria, BC.
- Montgomery, G. and Murphy, P.E. (1983). Government involvement in tourism development: a case study of TIDSA implementation in British Columbia. In *Tourism in Canada: Selected Issues and Options* (P.E. Murphy, ed.), Western Geographical Series Vol. 21, pp. 183—209. Canada: University of Victoria, BC.
- Murphy, P.E. (1985). *Tourism: A Community Approach*. London: Methuen.
- Pearce,D. (1989). *Tourism Development*, 2nd edn. New York: Longman.
- Murphy, P.E. (1997). Attraction land use management in Disney theme parks: balancing business and environment. In *Quality Management in Urban Tourism* (P. Murphy, ed.), pp. 221-233. Chichester: John Wiley and Sons.
- Quiggin, J. (2004). Risk, PPPs and the public sector comparator. *Australian Accounting Review*, **14(2)**, 51-61.
- Sharpley, R. and Sharpley, J. (1997). *Rural Tourism*. London: International Thomson Business Press.
- Sheil, C. (2002). The trouble with PPPs: an unholy alliance. *Evatt Foundation*. http://evatt.labour.net.au/publications/papers/51.html. Accessed on 11 August 2006.
- Smith, R.P. (1992). Beach resort evolution: implications for planning. *Annals of Tourism Research*, **19(2)**, 304-322.
- Stanton, J. and Aislabie, C. (1992). Up-market integrated resorts in Australia. *Annals of Tourism Research*, **19(3)**, 435-449.
- Turner, B. (1994). The valuation of resort condominium projects and individual units. *Journal of Property Valuation and Investment*, **12(4)**, 9-36.
- Victoria (2002). *Victoria's Tourism Industry Strategy Plan, 2002-2006*. Melbourne:Tourism Victoria.

## 참고문헌


- Walker, N.T. (1983). Partnership perspectives in tourism and recreational property development. *Tourism Management*, **4(1)**, 25-34.
- Zehnder, L. (1975). *Florida's Disney World: Promises and Problems.* Tallahasee, Florida: Peninsular Publishing.

CHAPTER 7

The business of resort management

# 리조트에서의 마케팅 쟁점

## 1. 서론

이 장에서는 그 고유의 특징과 문제점으로 인하여 리조트 마케팅에서 특히 강조되는 일반적인 관광마케팅이 지닌 특성에 대해 중점적으로 다룬다. 우선 장소 마케팅으로 시작을 하는데, 이것은 리조트가 하나의 완전한 관광목적지로 그리고 특이한 장소로서 스스로를 홍보하고 팔기 때문이다. 다음으로 리조트 경영주는 라이프스타일에 초점을 맞춰서 시간에 따라 변화하는 리조트 상품을 시장에서 내놓을 수 있어야 한다. 여기서는 어떤 방식으로 리조트 경영주가 계절성의 변화에 따라 각기 다른 종류의 장소와 상품을 마케팅 하는지 살펴본다.

대다수 리조트가 규모가 작기 때문에 리조트 마케팅에서는 리조트 상품을 시장에서 홍보할 효과적이고 효율적인 방법이 필요하다. 이것은 관광산업의 유통경로에 세심한 주의를 기울여 예기치 못했던 기회와 혁신적인 접근방법을 예리하게 포착할 수 있어야 달성되어질 수 있다. 또한 이 '효과적이고 효율적인 방법'은 지역의 동향을 가늠할만한 정기적인 모니터링을 필요로 하며, 또한 이러한 지역적 동향이 일반적인 영역에서의 동향과 맞아 떨어지는지 그리고 새로운 기회를 제시해주는지 살펴보아야 한다.

앞서 제시된 대다수 요소들은 브랜드구축(branding)을 통해 한꺼번에 달성할 수 있는데, 이것은 하나의 마케팅 도구에 불과했으나 점차 더 본원적인(generic) 경영 전략으로 진화해왔다. 브랜드구축은 더 이상 그저 사업에서 주입하고자 하는 이미지만을 고려하는 것이 아니라, 소비자가 특히 리조트 휴가 등과 같은 특별한 경험의 구매를 통해 얻기를 원하는 무엇인가에 대한 것이다. 나아가 소비자 지향적인 브랜드구축에서 최고의 성과를 얻어내려면 리조트 내에서의 모든 사업 간 업무 협조가 요구되며, 브랜드 메시지를 적절하게 제시하고 촉진할 수 있는 적절한 직원을 배치하여야 한다.

## 2. 장소 마케팅

앞에서 언급했던 바와 같이 초기 리조트는 고객을 유치하기 위해서 매력성을 지녀야 할 필요가 있고, 전체 리조트 패키지 상품이 반드시 소구력(appeal)을 지니고 있어야 했다. 리조트는 해변–산–또는 유적탐방 등의 방식으로 장소에 기반을 둔 상품을 판다. 심지어 주요 관광매력물은 규모에서 제한되거나 일부 구역에 집중되기 때문에 그것을 하나의 완전한 최종 관광목적지로 만들기 위해서는 지역 상황에 맞는 개발을 하여야 한다. 마케팅할 수 있는 상품으로서 장소가 지닌 중요성에 대한 최초의 언급은 Ashworth와 Goodall(1990)이 집필한 *Marketing Tourism Places*에서 잘 제시되어 있다. 이 책에서 Ashworth와 Voogd(1990: 6)는 다음과 같이 언급하였다. 즉,

> 관광 목적지는 의심할 여지없이 하나의 상품으로 취급될 수 있다. 이 목적지들은 논리적으로 관광 경험을 구성하는 여러 복합적인 활동의 소비지점이며, 궁극적으로는 관광 시장에서 홍보 기관이 팔고자 하는 어떤 것이다.

이 책에서는 나아가, 관광 장소를 파는 것은 관광 목적지와 관광객들이 단순히 생산된 상품들과 달리 취급되었을 경우에만 효과적이라고 말하고 있다.

리조트를 하나의 장소로 보고 논의할 경우 Goodall(1990: 66–68)은 리조트를 세계적 또는 국가적 시장의 광범위한 관광목적지 영역 내에 두었다. 관광객이 '관광목적지 영역의 기회 세트(Destination Area Opportunity sets)' 내에 있을 경우, Goodall은 잠재 방문객이 그들이 말하는 하부요소에 의해 그 리조트에 단체로 올 것이라고 말하였다. 즉,

1. 여러 종류의 교통수단을 이용한 접근가능성
2. 여러 가지 숙박 유형 : 예 풀 서비스 또는 셀프서비스
3. 표적시장 : 예 대량(관광 단체) 또는 개별여행(FIT: Foreign Individual Tourist) 시장
4. 방문객 특성과 동기부여에 의한 구체적인 세분화

《 그림 7-1 》 관광목적지 이미지의 구성요소 (Echtner & Ritchie, 1991: 6)

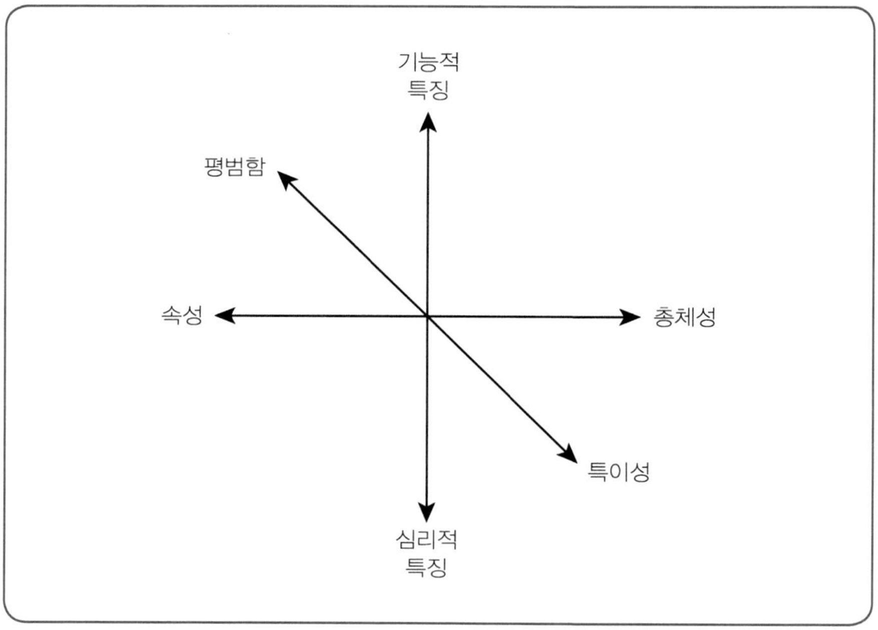

이러한 측면에서, Ashworth와 Goodall의 관찰은 Echtner와 Ritchie의 관광목적지 이미지 형성에서 다시금 확인되었다. 이들은 관광목적지(장소)의 이미지를 그 장소가 지닌 기능적이고 심리적인 특징이 혼합된 것으로 이해하고, 이러한 특징들이 그 장소가 지닌 개별적 특성에 대한 방문객의 지각적 탐색을 하나의 총체적 이미지 형성으로 바뀔 수 있도록 도와준다고 하였다(그림 7-1). 이 기능적이고 심리적인 특징에 있어서, 하나의 행렬(matrix)은 하나의 공통성을 지닌 연속체(continuum)상에 위치할 수 있는 하나의 관광목적지에서 생성되어질 수 있다. 이러한 연속체에서는 '아주 흔히 일어날 수 있는 장소'가 가장 범위가 넓을 것이고, 그런 상황에서 제공되는 차별적인 차별화 이점을 지닌 '특이성'은 당연히 경쟁이 아주 심할 것이다.

장소 마케팅(Place Marketing)은 관광목적지를 설명하고 리조트를 마케팅하기에 좋은 방법이다. 장소 마케팅은 단순한 상품 마케팅과는 뚜렷이 다른데, 왜냐하면 이것은 일반적인 상품 마케팅 이외에, 외적 과업환경과 그 장소를 조성하려고 하는 다양한 이해당사자들이 포함되기 때문이다. 이것은 Kotler 등의 *Marketing Places*(1993: 18-19) 란 책에서 잘 나타나는데, 이 책에서는 제조업 부문이 여전히 리조트의 장소 마케팅과 많은 연관성을 지니고 있는 것으로 제시되었다. Kotler 등은 장소 마케팅이 다음의 네 가지 활동을 유지해야 한다고 주장하였다. 즉,

1. 그 지역공동체가 지닌 특성과 서비스를 적절하게 혼합시켜 디자인하라.
2. 그 상품과 서비스의 현재 구매자와 잠재적 구매자를 위해 매력적인 유인가를 설정하라.
3. 그 장스의 상품과 서비스를 효율적이며 접근 가능한 방식으로 제공하라
4. 잠재적 사용자들이 해당 장소가 지닌 차별적인 이점이 무엇인지 확실히 인식할 수 있도록 그 장소가 지닌 가치와 이미지를 촉진하라.

이 네 가지 활동을 달성하기 위해서 세단계의 장소 마케팅이 필요하고, (그림 7-2)에 제시되어 있다.

《 그림 7-2 》
장소 마케팅 수준(Kotler et al., 1993: 19)

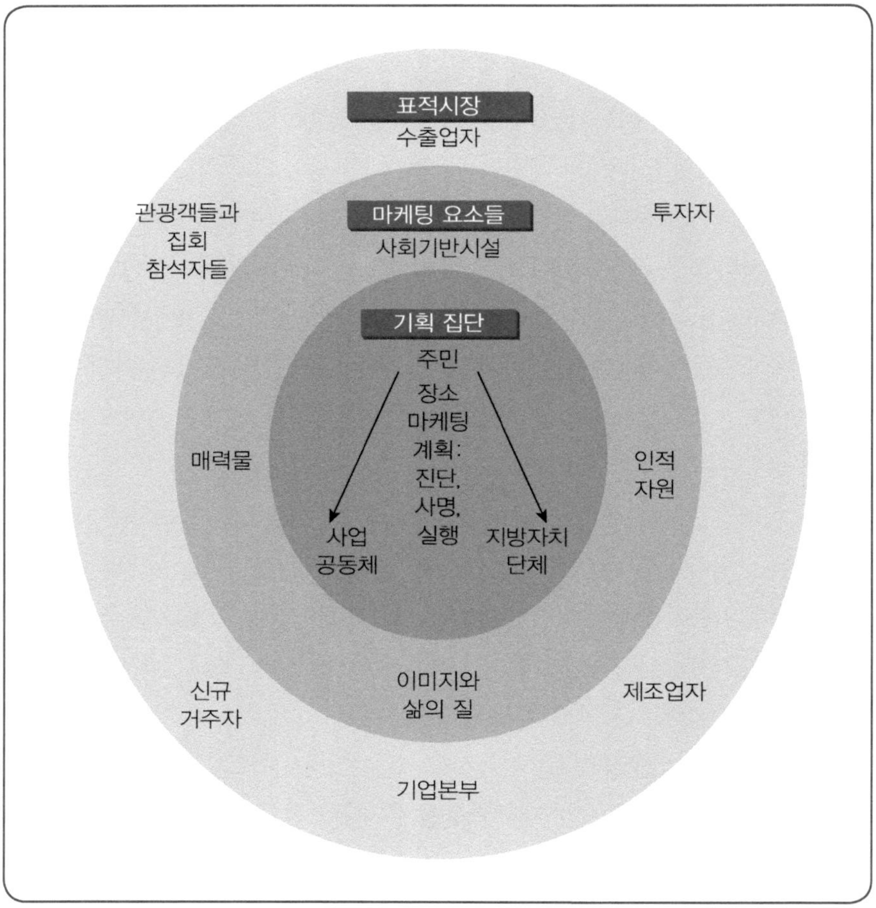


1. 지방 기획 집단(Local Planning Group)은 사업공동체, 지역 주민, 그리고 지역을 계획하고 활성화시키며 판매하는 지방공무원들을 나타낸다. Kotler 등은 도시나 주 등을 중요한 일차적 장소로 여기고, 이 세 집단은 리조트 호텔, 통합된 형태의 리조트 복합단지, 또는 더 넓은 리조트 관광목적지 등에 대해 이해관계가 얽혀져 있다.
2. 장소를 판매하는 것은 단지 그 지역만을 고려하는 것이 아니라, 규모가 더 큰 공동체를 염두에둔 마케팅 요소(marketing factor)를 필요로 할 것이

다. 도로와 공항 같은 하위 기반 시설은 장소(place)/리조트(resort)로 고객을 유인하기 위해서 필요할 것이다. 이와는 달리 장소가 지닌 이미지나 매력물은 그 장소/리조트에 대한 브랜드 이미지와 조화되어져야 하고, 더 넓은 범위내의 지역 주민과 정부는 당해 장소/리조트가 홍보될 수 있도록 지원해주어야 한다.

3. 거시적 안목으로 볼 때, 표적시장은 세계 시장에서 관광객을 유인할 수 있는 장소/리조트가 될 수 있다. 리조트 경영주는 판매 상품에 부동산적 요소가 포함되어 있을 경우 관광객이나 새로운 거주자들에게 가장 많은 관심을 가질 것이다. 제조업에서처럼, 리조트도 수출로 수익을 얻는다. 생산업이 수출과 기본적 수익(그 도시의 새로운 수익)을 확보하여 지역 경제와 삶의 질을 향상시킨다면, 관광산업과 리조트 산업은 방문객들의 소비로부터 기본적 수익을 올리는 수출 산업으로서 기능을 한다.

장소 마케팅은 주변 지역의 특성까지 포함한 총체적인 측면으로 관광 목적지를 마케팅 해야 하는 것의 중요성을 시사 할 뿐만 아니라, 다양한 이해당사자와 주주들 간의 더 활발한 협조를 필요로 한다는 것을 보여준다. Buhalis와 Cooper(1998)는 목적지 마케팅에 있어서 '경쟁 대 협조'의 문제를 제기하고, 이들은 모든 유형의 관광산업이 관광객 유치와 흑자 달성 그리고 더 통합적이며 경쟁력 있는 상품을 만드는 것에 집중할 수 있게 하는 것이 중요하다고 언급하였다. 그들은 그 과정에서 중소기업을 고려하는 것이 중요하다고 강조하는데, 이것은 리조트 구역 내에서 우세한 기업과 부서들이 중소 사업자들과 의미 있는 동업 관계를 구축하는 것을 의미한다. 그리하여 마케팅 프로그램과 통합 상품으로부터 더 많은 최종적인 수익률을 얻을 수 있다. 통상적인 시장 환경에서 이런 협력의 좋은 예로는 Porter의 군집이론(Cluster Theory)을 들 수 있다.

## 3. 군집이론 마케팅

Porter는 산업의 선발자(first-mover)가 지닌 혜택이든, 자연적 자원이 풍부해서든 간에 세계적으로 유명해진 많은 산업들이 최초에 지닌 경쟁적 이점을 잃어버렸지만, 이러한 초기 이점들이 다시 경영상의 이점으로 바뀌었기 때문에 여전히 세계시장에서 우위를 점하고 있다고 언급하였다. 이러한 새로운 혜택은 하나의 공통적인 이유에서 군집(Clustering)을 이루거나 함께 모임으로서 촉진되어졌다. Porter(1998: 199)는 군집(cluster)을 '특정한 상황에서 상호 연관된 기업이나 관련 기관이 지닌 지리적 근접성이 공통성과 상호보완성에 의해 연결된 것'이라고 규정한다. 당신이라면 리조트에 대해서 이보다 더 나은 설명을 생각해낼 수 있겠는가? 특히 Porter(1998: 205)는 계속하여 '하나의 군집으로서 기업과 기관을 이해하는 시각은 마케팅과 같은 공통 분야에 있어서 위협이나 왜곡된 경쟁 또는 소모적인 견제 없이 협동과 상호 증진을 도모하여 기회를 얻기 위해서이다.'라고 설명하였다.

군집이란 지리학적으로 인접한 사업체들이 그들의 공통적인 입지로 고객을 유인하기 위해 협동적으로 노력하는 것을 의미하고, 반면에 개별 경쟁업체는 자신의 특정한 사업에 고객을 불러 모으기 위해 경쟁한다. 이것은 리조트나 다른 관광목적지에서 이상적인 것으로 여겨지는 것이다. 만약 사업이 그 군집 내에 있는 관광목적지 군집이나 개별 사업을 최대한 노출시키기를 원한다면, 관광목적지를 먼저 팔고, 사업을 그 다음에 팔라는 마케팅 주문을 기억하고 있어야 한다. 하지만 보다 효율적인 군집이 되기 위해서는 관광목적지 마케팅 조직 간의 마케팅 협력 전략 그 이상의 것이 필요하다.

군집은 지속적인 경쟁 이점을 제공함으로써 개별 사업이 지닌 경쟁 역량을 증진시켜야 한다. Porter(1998: 213)에 따르면, 이것은 세가지 방법으로 달성될 수 있다. 즉,

1. 구성사업(constituent business) 단위가 지닌 생산성을 증진시켜라.
   이것은 산업과 연관된 연구 센터나 지방 교육 기관에 의해 부과되어진 공동 시장이나 경영 연구에 의해 촉진되어질 수 있다.

2. 혁신을 위해 구성 사업이 지닌 역량을 증가시켜라

이것은 R&D(Development & Research: 연구 & 개발) 조직을 만들기 위해 기부금이나 또는 세금에 의해서이든 정부의 지원에 의해 보조되어질 수 있다.

3. 혁신을 지원할 수 있는 새로운 사업 형태를 자극하고, 군집을 확장 시켜라.

지방 정부와 산업은 기업형 환경이나 그 군집이 표현하고자 하는 이미지를 분명히 함으로서, 새로운 보완적인 사업을 자극할 수 있다.

경쟁력을 배가시키기 위한 세가지 노력은 구성사업, 지원 기관, 지방 그리고 중앙정부 모두의 효과적인 동업자 관계를 포함해야만 하고, 이 구성원들은 변화하고 있는 시장 환경에서 하나의 군집이 지닌 소구력과 반응성을 증가시킨다는 공통의 목적을 가지고 협동한다. 군집 이론이 마케팅과 개발 전략에 있어서 전도유망한 이론이기는 하나, 대부분의 개념화와 이에 대한 연구는 서비스 산업보다는 생산 부문에서 이루어졌다. 이 이론은 2장에서 다뤄진 바와 같이 바뀌고 있으나, 군집 지향적인 마케팅 접근방법과 그것과 연계된 더욱 새로워진 브랜드 구축 개념을 개발하는데 있어서 경쟁적 이점을 촉진하기 위해 더욱더 많은 연구가 이루어져야 한다.

## 4. 상품이 지닌 강조 사항의 변화

리조트는 새로운 소비자들의 취향, 기술, 그리고 이것을 그들의 상품과 마케팅 믹스에 통합하여 시대에 따라 변화하고 살아남았다. 로마와 중세시대에는 주로 육체적, 정신적 건강 등을 강조하였고, 후에 리조트는 이러한 부유한 엘리트층의 취향에 맞춰, 사치스럽고 조용하거나 사교의 장으로서 기능을 하였다. 북미지역은 야생 속에서 목가풍의 저택을 짓거나(Stern, 1986), 영국의 경우 Bath와 Brighton에 있는 궁정을 본뜬 리조트를 들 수 있다. 최근 리조트의 경향이 대량 관광으로 초점이 맞추어짐에 따라, 리조트 상품은 개인적 활동과 위락에서의 많은 변화를 강조하고 있다(Butlin and Dacre, 2002; Rothman, 1998). 이러한 강조사항은 스포츠, 모험, 공연관람, 라디오, TV 등으로 옮겨졌다. 앞서 제시된 것처럼 지금은 매우 다양해진 리조트 시장에서 개인의 라이프스타일과 노년 인구의 증가로 인해 건강에 초점을 두고 있다.

상품과 고객이 달라진 만큼, 촉진 분야에서도 강조 사항이 달라졌다. 옛날에는 입소문과 왕족이나 신흥 부르조와 등과 같은 의견 선도자에 의해 영향을 받았다. 대량 관광 시대에, 리조트는 대중의 영향력과 대중매체의 힘에 의해 달라졌다. 19세기 북미 지역의 야생 리조트(wildlife resort)는 서부 지역의 주나 지방정부에서 철도가 보급됨으로서 증가하고 있는 매체의 영향력을 대신한 포스터나 연설가에 의해 많은 영향을 받았다. 20세기에는 먼저 유명 신문사가 중요한 정보의 원천이 되었고, 후에 잡지, 라디오, TV 등으로 대체되었다. 상당히 시각적인 경험인 경우, 리조트 경영주는 사진을 찍어 마케팅을 하는 것을 선호했다. 전문가에 의해 형성된 이미지를 통해 자신의 상품(리조트)이 지닌 웅장함과 짜릿함을 선보이고, 또한 점차 유명인사와 연계한 광고도 늘어났다. 이러한 현대의 유명 인사들은 과거의 여론 선도자와 같은 역할을 하며, 그들의 유명세와 경험을 그 상품에 대한 보증으로 연계시켰다. 대다수의 사람들은 직접적으로 리조트의 장점을 나열하는 것보다는 이런 방식을 더 신뢰한다. 오늘날 가장 최근의 리조트 상황은 인터넷이나 웹캠을 통해 잠재적 구매자의 집으로 전달되어질 수 있다. 그 리조트가 지닌 주요 매력물이나 시설은 인터넷을 통해 시각적인 정보로 고객에게 전달되고, 이러한 가장 최근의 상황은 서퍼나 스키어들을 설득할 때 많이 사용된다.

리조트 상품과 그것과 연계된 촉진(promotion)의 계속적인 변화는 라이프스타일 경험을 강조하는 현대에서도 찾아볼 수 있다. Pine과 Gilmore(1999)는 '체험 경제(experience economy)'의 개념을 소개하며, '경험은 개개인을 사적으로 엮어주는 하나의 사건이다(Pine and Gilmor, 1999: 12)' 라고 주장했다. 이렇게 함으로써 그들은 표준적인 상품이나 서비스 그 이상으로, 복제될 수 없는 유일하고 개인적인 경험을 제시한다. '경험 자체는 만져서 알 수 있는 것은 아니나, 사람들은 리조트 안에 내재된 가치인 행복한 기억 때문에 리조트에서 하는 경험을 아주 소중하게 여긴다(Pine and Gilmor, 1999: 13)'라고 주장한다. 이에 대해 저자들이 제시하는 주된 예로는 Wlat Disney World 리조트가 그곳을 방문한 가족에게는 행복했던 것으로 기억된 공통의 경험을 한 곳으로 남아 있다는 것이다.

이러한 경험들은 더욱 더 라이프스타일 추구나 Maslow(1970)의 욕구위계 단계 중 최고 위에 있는 자아실현과의 관련성을 증가시켰다. 이것의 예로는 Kurosawa가 쓴 좋은 리조트 호텔의 요건에 관한 신문기사에 제시된 것이 있다. 그녀는 '테러와 불확실성이 판치는 세계에서' 가정이건 리조트에서건 실내에 틀어박힌(cocooning) 생활을 하는 것에 주목해야 한다고 설명하였다.

> 여행의 최신 추세는 높은 산지에서의 트레킹이나 힘겨운 오지를 탐방하는 것이 아니다 – 여행의 최종 목적지로서의 호텔의 등장이 바로 오늘날의 동향이다... 요약하면, 경관을 감상하는 것은 유행이 지났고, 아름답고 아늑한 '거주형 호텔(residential hotel)'의 시대가 온 것이다.
>
> (Kurosawa, 2006: Travel-11)

Kurosawa는 계속하여 전 세계의 리조트들에 대해 서술하며, 객실들이 일종의 성지(sanctuary)가 되었다고 말한다. 즉, 호텔 바와 클럽 역시 '틀어박히는(Cocooning)' 경험이며, 이것도 하나의 최종 목적지로서의 기능을 하고 있다. 즉, 여성의 내실에는 사치 품목이, 화장실에는 전 세계인들이 많이 사용하는 비누와 로션이 비치되어 있다. 달리 표현하여, 많은 소비자들은 일신의 편안함(creature comfort)과 안전함을 제공하는 라이프스타일이나 스스로를 어린 아이처럼 애지중지할 수 있는 환경을 찾고 있는 것이다.

라이프스타일 세분화는 리조트의 특정 고객 집단과 그들의 만족수준을 증가시키기 위해 더욱더 많이 사용되어지고 있다. 더 많은 리조트 경영주는 특정한 라이프스타일을 추구하는 휴가 관심 집단을 구분하고 서비스하려고 노력하고 있다. 현재 '라이프스타일' 상품은 이국적이고 에로틱한(멕시코의 Desire Resort) 범주에서부터, 미식가들을 위한 (Raffles Hotel and Resorts' Doc Cheng and Jaan operations) 호텔, 그리고 사치에 중점을 둔(Luxury Life style Hotels and Resorts) 호텔까지 다양한 유형이 있다.

## 5. 계절성에 따른 마케팅 변화

리조트의 계절성에서 가장 중요한 과제는 변화하는 계절성에 맞춰 리조트가 가진 이미지를 변경시키는 것이다. 계절이 바뀔 때마다 리조트 경영주는 일반 대중들에게 이전과는 다른 차별화되고 소구력을 지닌 새로운 특성과 기회를 제공하고 있다고 확신시켜주어야 한다. 이런 재이미지화(re-imaging)의 필요성은 제조기업의 경우, 신차 모형의 도입으로 생산라인이 새롭게 바뀌어야 하는 경우에만 적용된다. 반면, 계절성이 있는 리조트의 경우는 그러한 변화가 1년에 최소한 1회 이상 발생하고, 이러한 변화는 대개 상이한 촉진메세지에서 극적인 변화를 강조해야 한다. 이것은 북쪽과 남쪽 위도에 위치한 해변 리조트와 스키 리조트 등에서 잘 예시되어 있다.

열대 지역 밖의 해변 리조트는 계절과 기후 변동이 크고, 따뜻한 여름에는 해변, 바다, 및 야외 활동을, 추운 겨울에는 고요한 자아성찰과 '상쾌한' 바람을 내세운다. 이처럼 현저히 다른 상품을 두개의 매우 다른 시장에 촉진하는 것은 많은 유럽과 북미 지역의 해변 리조트가 당면한 마케팅 딜레마이다. 여름에는 젊은 가족과 야외활동에 중점을 맞추고, 겨울에는 노년층과 각종 회의/집회 시장에 초점을 두어 실내 활동과 사교모임을 강조한다.

영국의 Blackpool은 여름에는 해변과 야외활동을, 그리고 해변과 관련된 위락 등의 대체물을 제시하는 전통적인 해변 리조트이다. 그 이외의 시기에는 여름 시즌을 가을 시즌으로 확장하여 차별화된 새로운 마케팅에 중점을 두게 된다. 그 예로 유명한 'Blackpool Illumination'은 9월과 10월에 열리는 행사로, 6마일에 이르는 해안선을 따라 불빛과 레이저가 밝혀지며 수많은 관광객들을 끌어들인다. 또한 Blackpool은 비수기에 실내 시설을 강점으로 홍보하는데, 이는 컨퍼런스나 상품교역전 등의 행사를 비수기에 개최하여 레스토랑이나 소매상을 활성화시키는 방안이다. Blackpool은 다른 성숙(mature)한 해변 관광목적지처럼, 대형 카지노 개발 등과 같은 것을 강조하여 그 지역의 이미지와 마케팅을 변화시키려고 노력하고 있다. 이 지역은 Las Vegas와 맞먹는 대형 카지노 유치 경쟁 대열에 참여했으며, 성공한다면 또 다른 이미지 변신을 시도해야 할 것이다(Blackpool Citizen, 2006).

스키 리조트의 경우도 비슷하다. 겨울 스포츠가 주는 짜릿한 이미지를 광고하다가, 이후에는 아주 다른 속성을 가진 광범위한 활동과 명소를 강조해야 한다. 스키 시즌에 젊음과 즐거운 분위기를 강조하는 것과는 달리, 산악 리조트는 몇 달간 아주 다른 스포츠 활동으로 촉진하거나, 아니면 정적이고 평화로운 자연 환경으로 스스로를 재포장해야 한다. 사람들로 하여금 스키 리조트가 스키 시즌이 아닌 때에도 방문할 만하다고 느끼게 하는 것은 마케팅에서 어려운 부분이다. 이것은 해변에서 휴가를 즐기는 등의 전통적인 여름 활동이 지닌 경쟁력 분석과 산악 지역에서의 적절한 매력물이나 눈이 오지 않는 계절에 대한 이미지를 개발 하는 등의 그 지역의 상황에 대한 조심스런 시장 분석을 필요로 한다. Banff 리조트 마을에서 골프와 야생 관광 그리고 미술 문화 활동이 여름 수요를 확보할 수 있었던 것을 보면 알 수 있듯이 이러한 마케팅은 가능하다.

대다수 리조트 관광목적지가 지닌 계절적 특성은 다른 계절과 연관된 상이한 상품에 초점을 둔 계절별 마케팅 캠페인을 필요로 한다. Shaw와 Williams(1997)는 1970년 이후 영국의 많은 해변 리조트들이 쇠락한 것에는 다양한 원인이 있다고 말한다. 그들은 이것이 비단 문화적 교역과 지중해로의 자유로운 이동이 가능해진 외적인 요인에만 있는 것이 아니라, 더 전략적인 상품 개발과 마케팅의 부재가 원인이라고 보고 있다. 이런 면에서 그들은 리조트 마케팅에 대한 논의에서 논리적 시작점으로서 리조트의 관광 상품을 사용한 Gordon과 Goodall의 관찰을 인용하였다. 즉,

> 관광상품은 많은 기관의 상품이 다양하게 결합되어져 있고, 이 점에서 다른 부문보다 그 특성이 불분명하다. 본질적으로 관광상품은 다양한 활동들, 리조트나 편의 시설이 지닌 특성들, 관광객 스스로에 의해 공급된 원천 등이 결합되어져 생겨난 다양한 경험을 포함하고 있다. 리조트 경영주는 경쟁리조트와 차별화될 수 있는 그 리조트만의 고유 상품을 개발하여야만 한다.
>
> Shaw and Williams(1997: 9)에 의해 인용되어진 Gordon과 Goodall의 서술

영국의 대다수 해안 리조트처럼 더 뚜렷한 계절상품을 제공하거나 연관된 촉진 활동을 하는 계절성을 지닌 리조트는 차별화된 계절적 상품을 구분하거나 연중 내내 사업이 잘 되도록 할 수 있다.

이러한 상품을 차별적이고 적절하게 시장 세분하기 위해서는 앞서 제시된 Gordon과 Goodall의 언급을 강조하거나, 경쟁적 이점을 지닌 리조트 브랜드를 구축하는 것에 관심을 기울여야 한다.

## 6. 브랜드구축

브랜드구축(Branding)은 일종의 확인 과정으로서, 복잡한 시장에서 판매자가 경쟁자로부터 그들의 특별한 사업을 차별화시키도록 도울 수 있는 상품이나 서비스를 구분하는데 사용되어진다. 이 브랜드구축 과정에는 몇 가지 뚜렷한 구성요소가 있다. 각 요소는 소비자가 상품 구매를 결정할 때 그 상품이 하나의 즉각적인 준거(reference)가 되도록 도와준다. 가끔은 하나의 상품이나 사업은 우세한 위치가 되어 상품 그 자체가 브랜드이름으로 인식되어지는 경우가 있다. 예를 들어, 스카치테이프(Scotch Tape)나 셀로 테이프(Cello Tape)는 전 세계인들에게 접착제의 대명사로 인식되고 있다.

'브랜드명(brand name)'은 중요한 마케팅 캠페인이 성문화되고 전환된 브랜드 구축 과정의 일부로서, 소비자의 마음속에서 하나의 준거점(reference point)으로 작용한다. 리조트의 경우 Shangri-la Resorts, Club Med, Butlins 등과 같이 견고하게 형성된 브랜드명은 자신만의 특정한 리조트 경험을 전달할 수 있다. 브랜드의 일부인 브랜드명, 로고는 하나의 상표로서 판매자가 브랜드 이름과 주요한 상품을 파는 배타적인 권리를 법적으로 보호해주는 장치가 된다. 만일 그 상표를 적극적으로 지지하고 보호하지 않는다면, 브랜드가 마구 남발되어 고유의 가치를 잃어버리게 될 것이고, 이것은 Disney와 같은 기업이 그들의 상표나 브랜드 이미지를 보호하기 위해 많은 노력을 하는 것에서 잘 설명되어질 수 있다. 디즈니의 가족에 초점을 둔 사업 개발이나 과거의 투자는 유사하게 가족에 가치를 두는 리조트를 포함해 법적인 보호 없이도 다른 기업들에 의해 쉽게 모방되거나 변형되어질 수 있게 되었다.

de Chernatony와 McWilliam(1990)의 연구는 많은 상품들이 두 가지 차원의 브랜드 이미지(brand image) – 기능성(Functionality)과 대표성(Representationality) –를 가지는 것을 보여준다. 기능성은 브랜드가 소비자에게 주는 기능적 이득을 뜻하는 것이며, 대표성은 브랜드가 그 사용자에 대해서 말해주는 어떤 것을 의미한다. 리조트 휴가지를 선택하는 맥락에서도 두 가지 차원이 모두 고려되어야 할 것이나, 소비자들이 지닌 성격과 외적인 단서(external cues)를 어떻게 해석하느냐에 따라 달라질 수 있다. De Chernatony와 McWilliam은 두 가지 차원에 대하여 다른 경영적 강조 사항을 언급하였다. 만약 어떤 사업에서 소비자가 어떤 지방이나 지역 리조트에서 했던 것처럼 기능적 차원을 강조한다면, 그 리조트는 상품 연구와 개발에 초점을 두어야 할 것이다. 반면 고객이 대표성을 많이 고려한다면, 소비자의 라이프스타일이나 그 브랜드가 지닌 상징적 의미를 소비자에 전달하거나, 그것을 상대적인 준거집단(reference group)에서 인정받을 수 있게 하기 위해 의사소통에 더욱 관심을 기울여야 할 것이다. 따라서 원거리 시장에 의존하는 국제적인 리조트는 고객의 이상적 삶에 대한 견해를 잘 반영해야 한다. 이런 리조트는 이국적이며(열대지역 섬), 도전의식을 제공하고(챔피언십 코스), 가족 단합과 위락(테마파크와 해변 리조트) 혹은 극적인 자연의 아름다움(국립공원) 등을 강조해야 한다.

브랜드구축에는 앞의 장들에서 살펴보았던 몇 가지 문제점들을 극복할 수 있도록 도와주는 요소들이 있다. 이것은 브랜드구축이 하나의 상품이나 리조트를 다른 것과 차별화시키는 마케팅 도구로서만의 역할을 하는 것이 아니기 때문이다. 브랜드구축은 이제는 진정으로 경쟁적인 이점을 생성할 수 있는 하나의 경영 도구로서 인식되어진다(Middleton and Clarke, 2001). 고객에게 제공되는 상품과 서비스의 수준이 어떤 것인지 초점을 두고, 이러한 목적을 충족시킬 수 있는 전체적 경험을 할 수 있는 준비를 갖춘 사업은 고객에게 부가적인 가치를 제공해줄 것이고, 다른 경쟁자에 비해 더 나은 위치를 선점하게 도와 줄 것이다.

경영 도구로서의 브랜드구축이 제공하는 이점 중 하나는 이미지 명료화(image clarification)이다. 모든 리조트는 고객들의 마음에 뚜렷하고 매혹적인 이미지를 형성해서 해당 시장에서 돋보일 수 있어야 한다. 게다가 시장세분화를 할 수 있는 소구력을 지닌 속성을 선택함으로서, 그 리조트는 상품 제공, 직원 기술, 조직화 구조 등을 통해 핵심적 가치를 개발하고, 내부 경영자를 고려해서 그 상품이 지닌 브랜드 이미지 형성에 영향을 미칠 수 있다. 이런 방법으로, 상품 경험은 선택된 이미지를 대치할 수 있게 모든 사람의 힘에 의해 형성된 이미지를 지원할 수 있다.

선택된 이미지와 밀접하게 관련된 것은 해당 사업이 소비자의 마음속에 어떤 위치를 차지하고 있는지를 나타내는 포지셔닝(positioning)이다. 브랜드는 사람들에게 그들이 추구하는 혜택을 제공해주는 상품과 경험 이미지를 제공해 주어야 한다. 사업이 지닌 중요한 속성을 정의함으로서, 리조트 경영주는 리조트가 고객에 의해 어떻게 비교되는지, 고객의 마음속에서 경쟁상품과는 어떤 점에서 차이가 나는지 알 수 있다. 따라서 효과적인 포지셔닝은 표적 고객의 관점에서 상품과 서비스를 차별화시키는 것이다(Horner and Swarbrooke, 1996: 153).

Dibb 등(1994)은 (표 7-1)에서 포지셔닝 계획을 수립하기 위한 접근방법을 제시하였다. 6 단계는 경쟁 상품을 제외하고, 그 상품이 지닌 일련의 이미지를 선택하는 과정이고, 결국 그런 선택된 이미지는 표적 고객이 바라는 것과 조화된다. 이것은 전통적인 마케팅 믹스의 4P를 활용하여 이루어질 수 있다.

이미지를 형성하고, 사업에서 성공을 거둘 수 있는 포지셔닝을 하기 위해서는 특히 다양한 구성요소로 이루어진 경험 상품이 있는 리조트의 경우 패키징(packaging) 상품의 개발이 필요하다. 리조트 내의 개별 부서는 고객의 기대에 부응하기 위해 개별적으로 그 리조트가 지닌 브랜드 이미지나 포지셔닝을 형성해야 한다. 이것은 리조트 호텔과 같은 하나의 단일 시설에서 쉽게 이루어질 수 있지만, 브랜드 이미지를 촉진하고 목적을 달성하기 위해서는 각 기능과 부서가 협동해야 한다. 업무는 리조트 기능이 통합된 복합단지 혹은 리조트 목적지로 확장될 때 더 복잡해지는데, 이때 내적인 경영 조정뿐만 아니라 구성원들 간의 협력이 더욱 필요해진다.

◖표 7-1◗
포지셔닝(positioning) 계획의 수립

1. 당해 사업과 관련된 시장 분야를 규정하고 측정하라.
2. 표적으로 삼을 분야를 정하라.
3. 표적 분야가 구매시 기대하고 우선시 하는 것이 뭔지 알아봐라.
4. 그들의 필요와 기대에 특별히 부합하는 상품을 개발해라.
5. 표적 분야에서 인식되는 것에 따라서 경쟁 상품과 사업의 지위와 이미지를 측정하라.
6. 당해 상품을 경쟁 상품으로부터 차별화할 수 있는 이미지를 고르고, 그 고른 이미지가 표적 시장 분야에서 기대하는 바와 부합하도록 하라.

자료원: Dibb 등(1994)에 의해 인용된 후, Horner와 Swarbrooke(1996: 153)에 의해 재인용.

Horner와 Swarbrooke(1996)는 브랜드구축과 패키지 간의 관련성에 대해 언급하고, 이들의 상생효과를 개선시킬 수 있는 여러 가지 방안을 제시하였다. 먼저, 디즈니 리조트가 그러하듯, 사업 환경에서 끊임없이 브랜드명과 로고를 참조하는 것을 들 수 있다. 다른 방안으로는 6장에서 언급되었듯, 매력적이고 개방적인 입구를 만들어, 관광객들이 들어설 때 그들이 일상의 세계를 떠나 마침내 약속된 휴식과 여가의 공간으로 들어섰다는 사실을 실감나게 해줄수 있다. 또 다른 조직과 사업을 협력업체나 파트너로 삼아 리조트를 팔거나 고객을 유치하는 것에서 협력이 요구된다. 이처럼 협력 관계를 통해 리조트를 홍보하고 수익을 올리는 것은 리조트는 물론 주변 지역에도 좋은 영향을 끼칠 것이다.

브랜드구축이 지닌 장점은 마케팅이 더 집중적이고 효과적으로 이루어져, 브랜드구축이 지닌 효율성이 확대되고, 결국 다른 경영 부문에도 영향을 끼칠수 있다는 것이다. 성공적인 브랜드구축은 고객의 충성도를 확보하고, 표적 시장 분야를 선점하여 반복적 방문 혹은 체인점으로의 방문을 유인할 수 있다. 이것은 고객 한 명당 소요되는 마케팅비용을 줄여줄 뿐만 아니라, 브랜드명을 계속적으로 사용하거나 고객에게 인지 시킴으로서 관련 기업들에게 재정적 혜택을 가져다 줄 수 있다(Seaton and Bennett, 1996: 343). 뿐만 아니라 Seaton과 Bennett는 성공적인 브랜드는 경영자로 하여금 그의 목표와 목적을 더욱 뚜렷하게 직원들에게 전달하여, 표준화된 운영 체계와 직원 훈련을 가능하게 해준다고 설명하였다. 마지막으로 어떤 연구자들은 완전히 통합된 브랜드 방침이 위험관리를 도울 수 있다고 주장한다. Middleton과 Clarke(2001: 133)는 '브랜드구축이 예측할 수 없는 외적 요인에 대한 중장기적인 취약성을 감소시켜준다...브랜드가 대중의 인식에서 차지하는 확고한 포지셔닝과 그 브랜드와 관련된 특정한 특성 때문에 위험을 극복하는 시간이 더 짧아질 것이며, 가격 경쟁이나 주식 시세의 일시적인 하락에 대한 회복력을 강화시켜줄 것이다'라고 주장했다.

브랜드구축에 대한 관심이 고조되는 와중에 이에 대한 우려의 목소리도 있다. 브랜드는 고객을 섬기기 위해서 존재하는 것이지, 그 반대편이 되어서는 안 된다는 것이다. Rust 등(2004)은 브랜드 경영이 항상 고객 중심이어야 효과적이라고 설명한다. 즉, 경영진은 고객의 이권을 강조해야지 브랜드의 이권을 더 강조해서는 안 된다는 것이다. '오늘날 대부분의 기업들은 그들 브랜드를 강화하는 것(세계적으로 알려진 브랜드 순위에서 어디쯤을 차지하고 있는지 등에 초점을 두는 행위 등)에 관심을 두고, 그렇게 하면 사업 수익도 늘어날 것이라고 한다. 그러나 기업이 오랜시간 동안 번영을 이룩하기 위해서는 고객의 삶의 가치에 관심을 두어야 한다. 그것은 기업이 고객과의 평생 거래를 통해 얻는 순수익이다(Rust et al., 2004: 112).' 이 순수익은 바로 기업가가 고객의 이권을 염두에 둔 것이며, 고객의 삶의 주기와 라이프스타일이 바뀌면 브랜드 역시 그들을 위한 새로운 브랜드를 다시 창조하는 한이 있어도 그 변화에 적응할 준비를 갖추어야만 한다. 이것은 Honda가 초기 고객들을 위해 Honda라는 브랜드가 지닌 특성인 신뢰성과 효율성을 바탕으로 한 성공적인 삶과 부유함을 나타내주는 Acura line을 제작한 것에서 잘 나타난다. 브랜드의 진정한 가치는 그것이 고객에게 어떤 의미를 가지느냐이지, 그 기업이 스스로의 차별화된 역량이 무엇이라고 생각하는지에 달린 것은 아니다. 리조트 경영주가 고객의 충성도와 평생 동안 장기적으로 거래관계를 구축하고자 한다면, 그들이 여러 고객들의 의견을 경청하고 다양한 패키지 상품과 브랜드 이미지를 그들의 전체적인 상품 내에서 개발해낼 준비가 되어있어야 한다.

## 7. 서비스 마케팅과 경영

브랜드구축은 리조트가 브랜드가 지닌 약속을 지켜낼 때에만 유효할 것이다. 날씨와 같은 변수 등은 경영주의 능력 밖의 일이지만, 관광 상품은 직원들이 제공하는 서비스, 즉 감독관에서 웨이터, 수리공에서 설거지 용역까지 이르는 모든 직원들이 제공하는 서비스의 질에 상당부분 의존하게 된다. 하나의 브랜드명을 촉진하고자 하는 사업은 일정한 표준, 물품 공급 배달 체계와 질적 담보 프로그램을 확보하여 투자에서 최대의 이득을 볼 수 있다. 총체적 입장에서 경영을 하기 위해서는 브랜드명과 기업에서 추구하는 이상을 지원해주고, 그 사업이 지닌 핵심 또는 말단 영역이 그 브랜드에 대한 촉진을 통해 고객이 경험할 수 있는 다양한 상품과 휴가 상품을 동시에 생산할 수 있다는 것을 보증해주어야 한다.

만약 리조트가 표적 고객들의 기대치를 만족시키고자 한다면, 광범위한 서비스 개발과 조정이 필요할 것이다.

마케팅 연구의 개척자인 Berry와 Parasuraman(1991: 5)은 '판매되고 있는 핵심(core) 상품 자체가, 사업 성과이기 때문에, 서비스의 질은 서비스 마케팅을 하기 위한 기초이다'.라고 언급하였다. 이러한 성과를 바탕으로 어떤 직원(감독관이나 웨이터)은 무대에서 일하기도 하며, 어떤 다른 직원(수리공이나 설거지 용역)은 후방부서에서 일한다. 하지만 어떤 방식으로 그러한 성과가 성공적으로 이루어지는지 알고, 직원의 결근, 지각, 고객의 특정 요구 등과 같은 상황에 어떻게 대응할지를 준비하여야 할 것이다. 이것은 Berry(1995)의 '*On Great Service*'에 언급된 바와 같이, 사업을 운영할 경우 경영주는 리더십과 권한위임에 대해 관심을 가져야 함을 의미한다. 즉,

- ❖ 상품 전달에서 개인적 관여(involvement)를 역설하라(고객의 휴가 경험 등에 있어서).
- ❖ 신뢰성을 강조하라(고객과 대면하는 종사자에게 진실의 순간〈MOT: Moment of Truth〉을 다룰 수 있는 권한을 위임하기).
- ❖ 서비스 부문에서의 리더십을 기를 수 있도록 격려하라(매일 다른 사람들과 상황을 조율하는 것의 재미를 강조하며, 양편의 상황에서 최선의 협의점을 찾아내는 것을 배우도록 한다).
- ❖ 적절한 사람을 승진시켜라(미래의 직원과 임시직을 훈련시키기 위해 동기부여된 경험 있는 중요한 직원을 보유하기 위해).

따라서, 리조트경영주는 어떤 것에 특히 관심을 가지고 있고, 경쟁이 심한 관광시장에서 차별화된 점을 고객에게 부각시키길 원한다면, 집중적인 내적 마케팅을 기반으로 외적 브랜드 마케팅에 대해 지원을 할 필요가 있을 것이다. Ritz Carlton Hotel Company는 이런 접근 방식의 좋은 예이며, 인간관계를 다룬 장에서 사례 연구로 제시되어 있다.

서비스 마케팅과 리조트간에 증가되고 있는 연관성은 각기 다른 나라에 포지셔닝하는 두가지 유형의 리조트 서비스에 대해 제시한 보고서에서 확인 할 수 있다. 첫번째는 한국의 제주도에 관한 것으로, '천혜의 환경, 맑은 바다 그리고 특이한 문화적/역사적 경관(Khan and Su, 2003: 118)' 으로 알려진 이 섬은 많은 아시아인 커플들이 신혼여행 장소로 선호하고 있다. Khan과 Su는 제주도가 표방하는 생태관광을 함께 고려하기 위해서 유명한 SERVQUAL 척도(Parasuraman et al. 1988, 1991)를 사용하여 한국인 방문객들의 제주도 방문에 대한 기대를 분석했다. 그들의 ECOSERV 척도는 원래의 SERVQUAL과의 연관성이 확인되었는데, '확신성'(Assurance)이 한국인 관광객들이 가장 중요하다고 생각하는 서비스 가치이고, 그 다음 순으로 '가시성'(Tangibles), '신뢰성'(Reliability), '반응성'(Responsiveness), '생태-가시성'(Eco-tangibles), 그리고 '공감성'(Empathy) 등의 순으로 나타났다. 환경적으로 적절하고 안전한 설비나 시설의 존재로 언급되는 새로운 요소인 생태-가시성은 생태관광에서 강조하는 리조트의 입지에서는 기대된 것만큼의 결과가 나타나지 않았다. 그러나 이 결과는 Parasuraman 등에 의해 서술된 원래의 다섯 가지 차원이 지닌 중요성을 확인시켜주었다.

두번째 사례는 콜로라도 주의 로키산맥에 위치한 Estes Park의 리조트 공동체에 관한 것이다. 이 리조트의 여름 사업은 몇 년간 침체 상태였고, 지역 단체에서 실시한 '현황에 대한 연구'에서는 '고객에게 질적으로 우수한 서비스를 전달하는 과정에서 생기는 장애'가 가장 큰 문제라는 것이 밝혀졌다(Thomas, 2002: 380). 이 연구의 주된 특징은 단순히 문제를 규명하는 것뿐만이 아니라 해결방안을 제시하는 것이었다. Estes Park의 연구에서는 일관성이 없는 서비스가 고객 서비스 훈련 프로그램의 결여, 서비스 종사자의 성의 없음, 그리고 신규 고객이나 재방문 고객을 유인할 하나의 중요한 마케팅 도구나 수단으로서 고객 서비스가 지닌 중요성에 대해 잘 알지 못하는 등의 결과에서 유발되었다고 확신하였다. 그래서 제시된 해결책은, 해당 공동체가 고안하고 실행하게 될 'Smile Above'라는 관광객 본위의 서비스 캠페인이었다. Thomas(2002: 389)는 이 연구와 실행 접근 방법이 수익 창출과 시장에서 우위를 획득할 수 있게, 고객 서비스 행동연구자들을 고용하여 이해관계 당사자들이 지역 공동체와 관련된 공통적인 주제에 대해 같이 참여할 수 있도록 도와준다고 설명하였다.

## 요 약

이 장에서는 리조트가 지닌 차별화된 특징이 어떻게 다른 방식의 마케팅으로 이어져야 하는지 증명했다. 리조트경영주가 고객을 유인하기 위해서는 그들은 장소 마케팅 등 주요 명소뿐만이 아니라 주변의 전체적인 리조트 공동체 이미지를 강조하는 방식으로, 장소성(sense of place)에 역점을 두어야 한다. 리조트 공동체 내에서 협력과 동일한 목표를 강화하기 위해서는 관광산업이 정부, 지역공동체 리더들과 교육기관들과 협동하여 상생 효과를 낼 수 있다는 군집 이론이 지닌 주요한 특징을 채택하여야 한다.

리조트는 계절에 따라 상품이 지닌 소구력이 변화되어질 때, 리조트 마케팅에서도 변화가 이루어져야 한다. 대다수 경우 마케팅은 일차적으로 성수기에 맞춰 진행되어지고, 비수기에는 이차적이고 혁신적 시장에 맞춰 개발되어진다. 마케팅에서 계절성에 균형을 더 잘 맞추기 위한 방법 중 하나는 마케팅과 경영전략 이 두 가지를 모두 브랜드 구축에 이용하는 것이다.

이 장은 리조트 마케팅이 지닌 상이한 두 가지 측면으로서 끝을 맺는다. 리조트 관광목적지로서 성공적으로 브랜드 구축이 된 첫번째는 Nevada주의 Las Vegas이다. Las Vegas 단지는 사막 한 가운데 오아시스 마을에서 도박과 위락 이라는 이미지로 브랜드구축이 된 곳으로, 역사가 Hal Rothman의 말에 따르면 이런 브랜드구축 과정이 마케팅이자 경영 도구로서 발전되어온 방식을 볼 수 있다고 한다. 두번째는 British Columbia주의 Whistler 등과 같은 통합된 리조트 복합단지이다. 이 부분에서는 리조트 마케팅이 유의미하고 성공적으로 촉진되기 위해서는 정확한 자료가 필요함에 초점을 둔다. Whistler에서는 다른 스키 리조트들과 같이 사계절 리조트로 발전시키기 위한 논의에 중점을 두고 있으며, 주기적인 조사들에 따르면 그러한 목표를 성공적으로 달성해왔다고 한다. 성공에서 중요한 구성 요인은 전체 방문객수 뿐만 아니라 동향과 고객 행태를 정확하게 측정하기 위해 방문객이나 사업을 계속적으로 탐지하는 것이다.

사례연구

### ••• 미국, Neveda 주의 Las Vegas •••

역사가인 Hal Rothman은 Neon Metropolis라는 그의 책에서 Las Vegas의 세계적 입지가 다져진 것은, 바로 위락과 관광에서 쾌락적인 법칙에 입각하여 지어진 사막 도시를 혁신적인 방법으로 재정 지원하는 방법을 찾았기 때문이라고 한다. '초라하고 보잘것없는 작은 오아시스 동네'라고 조직폭력배 Meyer Lansky가 불렀듯이, 그리고 편리한 교통수단이나 냉방시설도 없어서 (Rothman, 2002: 3) Las Vegas를 관광도시로 만들기 위해서는 외부로부터 스폰서가 필요했다. 즉, Las Vegas는 그 자체를 스폰서들과 관광객 두 부류 모두를 위한 관광 목적지(장소)로서 촉진해야 했던 것이다. Rothman(2002: 3)의 견해에 따르면 Las Vegas는 전형적인 20세기 도시로, '이 도시가 지닌 매력성은 2차 세계대전 후에서부터, 마케팅과 경영 수단으로서 브랜드 구축을 사용하여 성공한 1975년 이전까지는 저하되었다.

1945년 이후로는 철도와 군사기지와 관련된 초기 그리고 소규모 개발이 Benjamin 'Bugsy' Siegel의 도착과 체계적인 도박의 도입으로 인해 빛을 보지 못하게 됐다. 비록 Lansky와 그 동료들이 Las Vegas를 도박의 거점으로 고려하고 있었다고는 하나, 'Siegel은 플라밍고 호텔에서 Las Vegas의 카지노 등으로 거점을 전환시키기 위해 도박과 마피아 두목이라는 지위를 사용하였다(Rothman, 2002: 10).' 비록 Siegel이 새로운 경제적 활동의 공헌자이기는 하지만, 이 모든 것은 조직폭력단의 인수 조합이 없이는 불가능했을 일이다. 2차 대전 이후의 개발 지구로서의 경쟁에서 Las Vegas와 같이 작고 별 볼 일 없는 도시는 표준적인 자원과 은행, 채권, 주식 시장과 같은 자금 조달로서 살아남지 못했을 것이다. Las Vegas는 다른 방법으로 개발 모형을 지원해야 했고, '남부 네바다에서는 자원 부족이 극심해서 거의 모든 사람이 범죄로부터 온 자금을 눈감아줬다...누구든 돈만 있으면 투자자로서 인정해주었고, Benny(Bugsy) Siegel 역시 예외가 아니었다'(Rothman, 2002: 12).

조폭과 연관된 자금은 오로지 도박을 통해야 했다 – 60년대 후반에는 Howard Hughes(영화 '에비에이터' 의 주인공)가 등장했으며, 주(州)의 도박 규제법이 확실히 변화되었다. Hughes가 카지노 사업에 발을 들인 것은 법인으로서의 지위를 인정받는 계기가 되었다. '사회적 지위와 부가 있는 사나이가 약한 지방정부의 동의하에서 합법적인 단체를 운영하는 것은 어려운 일이 아니었다 (Rothman., 2002: 21)', 그래서 그는 그의 펜트하우스 지역에 있는 사막여관과 다른 카지노들, 텔레비전 방송국, 주거지 개발지역과 개발되지 않은 수천 에이커의 땅을 사 들였다. 그가 거의 마쳐갈 때쯤, '이 거물은 그 주(州)의 도박 수익의 1/7에 이르는, Las Vegas에서의 1/4, 그리고 Strip에서 발생한 수익의 1/3 이상을 차지하게 되었다'(Rothman, 2002: 20). Hughes는 이 과정에서 주(州)의 도박법이 1967년 Corporate Gaming Act(기업 도박 법률)에 상정되었을 때 현저히 바뀐 덕을 본 것이다. 이 법안은 '각 주주들이 도박 규제 위원회의 배경 조사를 거쳐도 되지 않도록 하였다.... 그 법안의 통과는 기업 자본이 흘러들어오도록 하였고, 도박에 거는 돈은 더 많아지게 되었다. 기업들은 이제 새로운 자본의 생성지인 Las Vegas에서 투자를 할 수 있게 된 것이다'(Rothman, 2002: 21).

Corporate Gaming Act는 미국의 재계 인사들이 도박과 관광이라는 새로운 돈벌이에 접근하기 위해서 로비를 한 덕에 이루어진 것이기도 하다. 60년대 후반에는 Las Vegas 지역은 대중적으로 수용되고 또한 인기 있는 오락으로 자리 잡았으며, 또한 전쟁 후 경제 회복을 한 고속도로 및 건설업체들이 새로이 투자할 적합한 장소가 되었다. 법이 개정된 것은 기업이 주주들의 전과 내역을 검사해볼 필요 없이 바로 주주들의 자금을 도박 산업에 투자할 수 있는 환경이 마련된 셈이다.

1970년 Hilton 사(社)는 플라밍고 호텔과 국제 카지노 리조트를 매입했다. 'Hilton의 등장과 Las Vegas의 엄청난 성공과 함께, 1976년 163개 호텔 체인점의 수익 중 43%가 Las Vegas 지점에서 나왔다. 합법적인 자금으로 이용이 가능해진 덕분이었다(Roadman, 2002: 22)'. 이러한 증거와 힘, 법안 개정에 따른 새로운 자유는 조폭들의 자금이 아닌 더 공신력 있는 금융업자들에게서 지원을 받게 된 것이다. 이것은 더 많은 카지노와 리조트를 생성시키기도 했지만, 그 개발 과정의 양상을 바꾸는 것에 일조했다. Rothman(2002: 24)의 관찰처럼, '한번 자본이 주류로부터 흘러들어오기 시작하면, 그러한 매력물 역시 주류들의 입맛에 맞게 형성되게 된다'. Las Vegas는 중간 정도의 가격에 고급스러운 경험을 약속한다. 즉, 이제 모든 중산층에게 그 가격을 약속할 수 있는 것이다.

점차 도박의 명소라는 낙인이 희미해지고, 전쟁이 끝난 후 Las Vegas라는 도시를 Disneyland와 같은 매력물과 동급으로 다루려는 경향이 증가되었다. Sin City는 이러한 고객들의 욕구에 부응하는 덜 비도덕적인 장소로 여겨졌다.

Las Vegas의 Disneyfication(문화제국주의의 일종으로 상품, 정신노동자 등 모두 분야를 디즈니 테마파크와 유사하게 만들려는 경향) 행보는 기업이나 개인이 더 확대된 가족 중심 시장을 목표로 고객을 유도하기 위해 투자를 증가시킬 때, 과거 도박 산업 설립시 불건전한 것으로 인식되던 도박을 정화시키는 과정에서 나타났다. 그 하나의 징표는, 'Gaming'이라는 용어가 더 이상 불건전한 것으로 인식되지 않는다는 것이다. 두번째로는 '체험 경제'(experience economy)의 수용 또는 Rothman(2002: xiii)이 말한 것처럼 '상품들이 더 이상 차이가 나타나지 없을 때, 다른 기업과는 다른 특별한 경험이나, 치열한 시장에서 가장 흥미로운 이야기를 제공하여 경쟁에서 승리할 수 있다.' 오늘날 Las Vegas에서 판매되고 있는 경험은 매우 흥미롭다. 과거 문명의 흔적을 보여주는 호화로운 리조트 카지노는 관광객들을 그 거리로 불러들이고, 흥미진진한 쇼, Hoover 댐과 Grand Canyon이 있는 사막 지역을 둘러볼 기회, 그리고 대도시의 교통 체계가 형성되기 이전에 생긴 철도 등과 같은 요인 등도 그러하다(그림 7-3). Las Vegas에서 제공하는 것 중 학술적인 의미에서 진짜(authentic)인 것은 거의 없지만, '가짜 해변과 리조트가 관광객들을 사로잡는 시대에 Las Vegas는 어떤 다른 장소보다도 더 진정성을 가지는 것으로 보인다(Rothman, 2002: 34)'.

Rothman(2002: 38)에 따르면, '도시의 조작가능성이 이 모든 것을 가능케 한다. Las Vegas는 아직 하나의 고정된 정체성이 확립되지 않았다... Las Vegas에서 현실인 것은 하나도 없고 당신은 그것을 알고 있다...Las Vegas는 하나의 대본이다. 당신이 쓰고, 그걸 현실화하기 위해 돈을 지불하고, 그리고 당신이 그 극본대로 하고 싶은 대로 하는 것이다'. 이 역사가가 자신의 고향인 도시에 대해 이입하여 평하는 것은 바로 고객위주의 브랜드구축이 지닌 본질을 보여준다. Las Vegas는 세계적인 도박과 위락 관광목적지로서의 브랜드이미지를 구축했지만, 기본적으로 관광객들이 지닌 자신만의 환상을 이 기본적인 이미지와 체계에 투사하도록 배려해줄 뿐이다. 이것은 Las Vegas로 하여금 고

《 그림 7-3 》 Las Vegas의 전경

객이 원하는 것이 무엇인지 알고, 고객 맞춤화된 매우 개인적 경험이 되도록 해준다. 이러한 성공의 증거는 그 탁월한 고객유치 실적과, '1997년의 도박 이외의 소비가 Las Vegas의 전체 수익의 52%를 차지하였고, 그 수치가 점차 증가된 것에서 잘 나타난다(Rothman, 2002: 39)'.

### 캐나다, BC주의 Whistler

Whistler는 그 지역의 매력물을 스키시즌 이외의 시기에도 효과적으로 강조했으며, 이러한 접근방법은 그 리조트가 사계절이 지닌 영향력을 골고루 분산시킬 수 있었다. 골프 코스, 하이킹 그리고 호수 등과 같은 자원을 마케팅 함으로서 그 리조트는 여름 몇 개월 동안 자연관광을 중심으로 한 야외 레크리에이션 활동을 주로 실시하였다(그림 7-4). 또한 이곳의 전체적인 평판을 성수기나 비수기 사이의 기간에 회의나 세미나를 유치할 수 있는 매력적인 곳으로 인식하게 만들었다. 이곳을 찾는 관광객 수는 지난 5년간 여름 관광객 수가 겨울 관광객 수를 넘어섰으나, 여전히 객실 예약과 수익은 겨울에 더 몰려있다(표 7-2).

【표 7-2】 휘슬러의 계절별 관광객 수

| | 관광객 수 추산 | | | 야간 객실 점유율 | |
|---|---|---|---|---|---|
| | 여름 (5월-10월) | 겨울 (11월-4월) | 합계 (3월-4월) | 여름 (%) | 겨울 (%) |
| 2000/2001 | 1158029 | 907650 | 2065679 | 40 | 60 |
| 2001/2002 | 1224437 | 849540 | 2073977 | 39 | 61 |
| 2002/2003 | 1075087 | 872671 | 1947758 | 42 | 58 |
| 2003/2004 | 957270 | 862764 | 1820034 | 39 | 61 |
| 2004/2005 | 1169448 | 837054 | 2006502 | 43 | 57 |

자료원: Tourism Whistler

보통 관광객 수를 보여주는 표를 볼 때에는 다소 주의할 필요가 있다. 왜냐하면 개방된 사회와 자유 시장에서 모든 방문객을 합산할 수는 없기 때문이다. 그러나 Whistler의 경우 위 표는 신뢰성 있는 '관광목적지 방문객 출입 추정모형'(Kelly et al. 2006)을 만들기 위해 많은 노력을 기울였기 때문이다. Kelly

등(2006: 8)은 이러한 수치들이 Whistler 리조트 경영주가 어떤 방법으로 이곳을 방문하는 사람들이 지닌 특성과 수에 대해 알기 위해, 체계적이고 포괄적인 방식으로 방문객에 대한 정보를 얻을 목적으로 의도적인 투자를 하였는지 잘 보여준다고 하였다. 다음에 제시된 것들에서 자료를 수집하여 소기의 목적을 달성했다. 즉,

《 그림 7-4 》 캐나다, British Columbia에 있는 Whistler의 하계 시즌

❖ 야간에 판매된 객실, 평균체류일, 한 객실당 평균 사람수 등을 추정하기 위해 월별 호텔 총계

❖ 관광객이 어떤 숙박시설을 이용할 것인지, 당일 방문인지, 일행이 몇 명 있는지, 그리고 체류일이 어느 정도인지 등에 대해 알아보기 위해 방문객에게 매일 설문조사하기

위 자료로부터 간단한 프로그램은 방문객 수와 일일 평균 방문객 수를 집계할 수 있다. 이 모형으로부터 나온 수치가 (표 7.2)에 제시되어 있다. 그 모형이 지닌 타당성을 시험해보기 위해 휘슬러 관광업체는 지난 9년간 이것을 스키 티켓 판매율(상관관계 0.93), 전체 골프라운드(0.93), 그리고 교통 혼잡도 집계(0.87) 등의 다른 사업 지표들과 비교해왔다. 이처럼 확고한 상관관계를 보여주는 결과를 들어, 저자들은 그들이 확고한 관광목적지 방문객 출입 추정모형을 개발했다고 결론 내린다. 그리고 이 시스템이 더 널리 이용될만한 가치가 있다고 주장한다.

Whistler가 보유하는 이러한 수치와 정보의 질은 마케팅에서 주요한 강점이다. 왜냐하면 촉진 캠페인의 성공을 위해 확실한 정보를 제공할 수 있으며, 고객의 행태와 시장 동향 파악에 좋은 참고자료가 될 수 있기 때문이다.

## 연습문제

1. 왜 장소 마케팅이 다른 관광 사업보다 리조트 관광목적지에서 더 중요한가? Porter의 군집 이론이 어떻게 장소마케팅의 개발을 촉진시킬 수 있었는지 설명하라.

2. Pine과 Gilmore의 '체험 경제(experience economy)'는 리조트 경영주로 하여금 자신들이 휴가 경험을 팔고 있다는 것을 알려준다. 리조트들은 어떤 방식으로 체험 경제를 이용하여 그들의 고객들에게 의미 있는 경험을 하게 해줄까?

3. 당신이 당신 나라의 실존하는 해변 리조트의 목적지 마케팅 CEO라고 가정하자. 이곳은 계절별로 관광 사업이 크게 달라지는 곳이어야 한다. 1년 단위로 당신이 이 리조트 목적지를 마케팅 하는 단계를 설명하라. 그리고 당신의 제안을 그 리조트의 실제 방침과 비교하라.

4. 브랜드구축의 여러 요소를 논하고, 그 요소들이 당신이 택한 리조트의 경영 전략에 어떻게 적용될 수 있는지 증명하라.

5. de Chernatony와 McWilliams의 브랜드 이미지 형성에 대한 2차원적 기술과 (표 7-1)에 제시된 Echtner와 Ritchie의 관광목적지 이미지 차원과 비교하고 대조하라.

6. 더 많은 관광목적지들은 리조트 매력물로서 도박을 소개하려고 하고 있다. Las Vegas의 경우로부터 그들은 마케팅에 있어서 어떤 교훈을 얻을 수 있으며, 조직폭력이 도움이 될 것인지 장애가 될 것인지 설명하라.

## 참고문헌


- Ashworth,G. and Voogd, H. (1990). Can places be sold for tourism? In *Marketing Tourism Places* (G. Ashworth and B. Goodall, eds), pp. 1-16 . London: Routledge.
- Berry, L.L. (1995). *On Great Service: A Framework for Action.* New York: Free Press.

- Berry, L.L. and Parasuraman, A. (1991). *Marketing Services: Competing Through Quality*. New York: Free Press.
- Blackpool Citizen (2006). Resort on list of 27 for super casino. www. blackpool/citizen.co.uk/display.var 725867.0. Accessed on 14 April 2006.
- Buhalis, D. and Cooper, C. (1998). Competition or co-operation? In *Embracing and Managing Change in Tourism* (E. Laws, B. Falkner and G. Moscardo, eds), pp. 324-346. London: Routledge.
- Butlin, Sir B. and Dacre, P. (2002). *The Billy Butlin Story 'A Showman to the End*. London: Robson Books.
- de Chernatony, L. and McWilliam, G. (1990). Appreciating brands as assets through using a two-dimensional model. *International Journal of Advertising*, **9**, 111-119.
- Dibb, S., Simkin, L., Pride,W.M. and Ferrell,O.C. (1994). *Marketing Concepts and Strategies*, Second European Edition. London: Houghton-Mifflin.
- Echtner,C.M. and Ritchie, J.R.B. (1991).The meaning and management of destination image. *Journal of Tourism Studies*, 2(2), 2-12.
- Goodall,B. (1990). Opportunity sets as analytical marketing instruments: a destination area view. In *Marketing Tourism Places* (G. Ashworth and B. Goodall, eds), 63-84. London: Routledge.
- Horner, S. and Swarbrooke, J. (1996). *Marketing Tourism, Hospitality and Leisure in Europe*. London: International Thomson Business Press.
- Kelly, J.,Williams, P.W., Schieven, A. and Dunn, I. (2006). Toward a destination visitor attendance estimation model: Whistler, British Columbia, Canada. *Journal of Travel Research*, **44(1)**, 1-8.
- Khan, M.M. and Su, K.D. (2003). Service quality expectations of travelers visiting Cheju Island in Korea. *Journal of Ecotourism*, **2(2)**, 114-125.
- Kotler, P., Haider,D.H. and Rein, I. (1993). *Marketing Places*. New York:The Free Press.

- Kurosawa, S. (2006). Please do not disturb. *The Weekend Australian.* March 6-7, Travel-11.
- Maslow, A.H. (1970). *Motivation and Personality*, 2nd edn. New York: Harper and Row.
- Middleton,V.T.C. and Clarke, J. (2001). *Marketing in Travel and Tourism*, 3rd edn. Oxford: Butterworth-Heinemann.
- Pine II,B.J. and Gilmore, J.H. (1999). *The Experience Economy*. Boston: Harvard Business School Press.
- Parasuraman,A., Zeithaml,V.A. and Berry, L.L. (1988). SERVQUAL: a multiple item scale for measuring consumer perceptions of service quality. *Journal of Retailing*, **64(1)**, 12-40.
- Parasuraman, A., Zeithaml, V.A. and Berry, L.L. (1991). Refinement and reassessment of the SERVQUAL scale. *Journal of Retailing*, **67(4)**, 420-450.
- Rothman, H.K. (1998). *Devil's Bargains: Tourism in the Twentieth-Century American West*. Lawrence, Kansas: Kansas University Press.
- Rothman, H.K. (2002). Neon Metropolis. New York and London: Routledge Rust, R.T., Zeithaml, V.A. and Lemon, K.N. (2004). Customer-centered brand management. *Harvard Business Review*, **82(September)**, 110-118.
- Seaton, A.V. and Bennett, M.M. (1996). The *Marketing of Tourism Products: Concepts, Issues and Cases*. London: International Thomson Business Press.
- Shaw, G.T. and Williams, A. (eds) (1997). *The Rise and Fall and British Coastal Resorts*. London: Mansell.
- Stern, R.A.M. (1986). *Pride of Place - Building the American Dream.* Boston: Houghton-Mifflin.
- Thomas, D.F. (2002). The impact of customer service on a resort community. *Journal of Vacation Marketing*, **8(4)**, 380-390.

CHAPTER 8

# 환경과 입지 관리

## 1. 서론

리조트와 환경은 고객과 경영주의 의식 등과 불가분의 관련성을 지닌다. 리조트와 리조트를 둘러싼 환경의 이러한 강력한 연관성은 Shaw와 Williams (2002)가 해양(costal), 산악지역(alpine), 그리고 혼합된 환경을 구분할 수 있는 관광 리조트 개발의 유형을 서술한데서 비롯되어졌다. 이에 우리는 몇 가지 환경과 관련된 범주를 더할 수 있을 것이다. 일례로 '사막' 유형을 들 수 있다. 이는 Palm Springs, Arizona, Las Vegas, Nevada 등의 리조트가 개발되면서 새롭게 추가된 유형이다. Ayres Rock, 달리는 Uluru라고 불리는 중앙 호주의 리조트와 UAE의 두바이 역시 마찬가지이다. 이런 방법으로 우리는 전원 리조트를 그 지역의 자연 경관이나 전통 양식으로 규정짓는 방법을 찾아볼 수 있다. 세계적인 와인 생산지나 유럽의 위풍당당한 저택과 같은 곳 중에는 이미 리조트화된 곳들도 있다. 관광산업에 우주정거장이 도입되어진다면 가까운 시일 내에는 '우주'란 범주가 새로 생기게 될지도 모른다. 리조트를 개발하기 위해, 환경과 리조트간의 연관성은 리조트가 하나의 관광매력물이 되기 위해서는 부서지기 쉽고, 민감하고, 때로는 위험한 환경을 주의 깊게 잘 관리하고 다루어야 하는 것에서 찾을 수 있다.

모든 리조트와 환경 관련 사안에서, 리조트는 리조트를 둘러싼 환경적 자산을 통해 스스로 차별화되어질 수 있다. 때때로 자연 그 자체는 관광객을 유인할 수 있는 중요한 매력물이고, 국립공원 지향 리조트에서 종종 나타나는 것처럼 자연에 대한 이해와 즐거움을 최대화 시킬 수 있는 교육을 통해 세심하게 잘 다루어 져야 한다. 때로 자연환경은 스포츠나 스키, 골프, 래프팅 등의 레크리에이션에 참여할 수 있는 기회를 제공하는데, 이런 활동을 지속적으로 유지하고자 한다면, 그런 활동에 적합하도록 환경을 적응시키고 유지시켜야 한다. 그러나 대부분의 경우 환경은 휴식장소, 수영장, 심지어는 카지노 등과 같은 리조트의 다른 활동을 하기 위한 하나의 배경으로서의 기능을 한다. 스포츠 등 활동적인 요소로 활용하지 않더라도 여전히 자연환경은 리조트 이미지 형성에 시각적이고 물리적으로 중요한 요소이며, 조심스럽게 관리되어질 필요가 있다. 따라서 리조트 경영에 있어서 경영주는 자연환경을 염두에 두고 다양한 활동과 고객의 흥미에 적합한 경영을 하여야 할 것이다.

자연환경에서 중요한 요소는 리조트 내 건물의 설계, 건물 설계와 풍경이 조화로운지의 여부, 그리고 그 지역공동체가 어떻게 이러한 자연환경을 다루는지 등의 문제이다. 건물과 다른 건축물들은 색다른 모양이어야 함과 동시에 자연경관과도 어울려야 한다. 건축물들은 고객들을 유인할만한 만큼 매력적이어야 하고, 운영하기에 효율적이어야 하며, 해당 리조트가 지닌 재미적 요소를 강조한다면 개발할 필요가 있다. 리조트의 경우 그 지역에서 나는 재료나 전통적인 건축양식을 혼합하여 건축함으로서 그 지역의 경관과 전통에 통합되려고 하는 시도가 꾸준히 늘어나고 있다.

매력적인 자연환경과 건축물 그리고 고객의 즐거운 경험을 위해서는 지속가능한 자원 전략이 필요하다. 리조트의 장기적인 발전과 지속성을 위한 재정적 기반을 마련하기 위한 전략을 뜻한다. 지속가능성(sustainable)은 환경적 측면 뿐만이 아니라 고객에 대한 소구력이나 이해에 대한 것으로서 리조트가 장기적으로 개발되고 지속되기 위해서는 건전한 재정적 뒷받침이 이루어져야 한다. 이 전략은 다양한 관련 이해당사자들, 특히 표적고객들에게 소구할 수 있는 뚜렷한 사명을 포함할 것이다. 즉, 리조트가 지닌 구조와 활동이 환경과 잘 통합되어져야 할 것이고, 개발과정에서 환경이 불가피하게 변화되어질 것이기 때문에 리조트 주변과 지역의 환경을 잘 탐지하고, 그리고 명확한 사명 진술과 지속가능성을 고려하여 부정적인 영향력을 통제할 수 있어야 할 것이다.

## 2. 리조트의 지속가능성

Brundtland는 *'Our Common Future(우리의 공동된 미래)'* 라는 보고서에서 경영목적을 설명하면서 일반 사람들에게 지속가능한 개발(sustainable development)의 가능성에 대해 언급하였다.

그 보고서가 나온 이후에 이런 경영 목표를 달성하는 것에 대한 다수의 회담이 열렸고, 그중 유명한 것은 1992년 Rio de Janerio에서 개최된 UNCED(United Nations Conference on the Environment and Development: UN 환경개발회의) UNCED에서의 세계 각국 정상들의 회담이다. 이 회담은 *Agenda 21*에 대해 합의했는데, '지속가능성이란 바로 모든 생명체가 품위를 잃지 않고 생명이 축복받는 안전하고 공정한 세계를 말한다'(UN, 2002). 당연히 이처럼 야심차고 어려운 목표는 그 발표 이후로 성패를 거듭 맛봤다. 성공적인 부분으로는, 세계적으로 자연에 대한 인식을 각성시키고, 대기업들로 하여금 보다 더 친환경적인 방침을 따르도록 만든 것이다. WTTC(World Travel and Tourism Council: 세계여행관광위원회)가 개최하는 Green Globe 시상식 (Green Globe, 2006), 그리고 많은 관광 업체들이 자율적으로 준수하는 친환경적 방침(Murphy and Murphy, 2004:170-172)을 예로 들 수 있다. 관광부문에서 심각한 실패를 들자면, 주로 중소기업에서 일어나는 일로, 학술지와 정부의 보고서 내용을 이러한 작은 기업들에서는 실무적인 절차로 옮기기 힘들다는 점이다(Murphy and Price, 2005).

### 1) 리조트를 위한 지속가능한 개발이 지닌 이중성

리조트는 하나의 사업으로서 개발 되어야 하므로, 리조트 복합단지나 재벌업체 일부로서의 리조트 사업은 보존성과 지속가능한 개발이 지닌 다른 측면을 고려하여 어떻게 복합적인 사업 개발을 할 수 있을지 반드시 학습해야 한다. Lewis와 Green은 지속가능한 개발을 포함한 전략적 기획에는 리조트 기획가의 장기적 목적과 리조트 사업이 지닌 기업적 특성이 계속적으로 균형을 이루는 것도 포함되어 있다고 설명하였다. 그리고 이 두 부분은 서로 근본적으로 상이하다. 즉, 기획가가 미리 결정된 목적을 달성하기 위해 자원을 통제하거나, 통합하고, 할당한다. 반면 기업/사업가들은 계속적으로 혁신, 통찰, 그리고 예측할 수 없는 역동적인 변화 등을 기꺼이 수용함으로서 나타날 수 있는 기회를 계속적으로 탐색하고자 한다(Lewis and Green, 1998: 141, 142). 이 두 가지 다른 접근방법은 (표 8-1)에 나와 있으며, 그 접근방법이 리조트의 지속가능한 개발 정책과 관련이 있음을 알 수 있다.

《 표 8-1 》 기획과 기업가적 접근방법의 비교

| | 기획 접근방법: 합리적 경영 | 기업가적 접근방법: phase-shift management |
|---|---|---|
| 경영 사명 | '객관적' 시각에 근거 | '주관적' 시각에 근거 |
| 시간 범위 (Time horizon) | 장기적 목표와 전략적 사명 | 개인이 지닌 장기적 사명과 함께 단기적 수익 추구 |
| 개발 과정에서 통제 소재 (locus of control) | 개발 자원에 대한 탐색과 규제/이익집단의 참여 | 개발 과정의 탐색과 영향력 행사/개별적 이해당사자 (Personal Stakeholding) |
| 의사 결정 | 합의에 의해서 | 독자적으로 |
| 자원 관리 | 공개적인 자원 배분 | 비공개적인 자본 축적 |
| 사업/리조트 진행 | 반복적 | 불연속적 |

자료원: Lewis and Green(1998: 144).

기획과 기업가적 접근방법이 지닌 명확한 차이점 중 하나는 각기 다른 시간 범위를 들 수 있다. 리조트 사업에 있어서, 장기적 사명과 목표가 일반적으로 지속가능한 개발 목적과 일치되지만, 리조트가 지닌 계절성 또는 연간 성과와 주주들에게 돌아가는 이윤 등에 대한 단기간 기록도 고려해야만 한다. 소득과 이윤 창출이 궤도에 올랐다면 사명과 목표를 계속 추구할 수 있겠지만 소득과 이윤이 부족하다면 사업은 다른 이윤을 창출하기 위한 선택방안을 마련하여 일단 살아남아야 할 것이다.

상이한 두 가지 의사결정 접근방법은 리조트 기획에서 두 가지 구성요소를 차별화시키는 또 다른 요인이다. 리조트 기획가는 계속적으로 지원을 받을 수 있는 지속가능한 개발 계획을 수립하기 위해 리조트 외부에서 이에 관련된 다양한 이해관계당사자들의 동의를 구한다. 기업 경영주는 다양한 경험이나 조언을 들을 수 있지만, 결국 사업의 성패는 그들의 의사결정과정에 달려 있다. 이것은 임원급 관리자들이 보수의 상당부분을 성과급으로 표현되는 보너스로 받는 이유이다.

따라서, 전체적인 리조트 사업 개발 과정은 두가지 다른 시각으로 볼 수 있다. 기획가는 Butler의 관광 영역 수명주기 이론에서 제시된 것처럼, 거시적이면서 장기적 입장에서 리조트 사업 개발이 지닌 연속적인 동향을 파악할 수 있어야 한다. 하지만 주주나 채권은행에 정기적으로 발전 상황을 보고해야 하는 기업가들은 개발을 하나의 불연속적인 단계로 이해한다. 어떤 해에는 실적이 좋지만, 다른 해에는 기업의 실수와는 상관없는 형편없는 실적이 나올 수 있기 때문에, 경영주는 개발 사명을 연기시키거나 전체적으로 재평가를 해야 할 수도 있다. Lewis와 Green은 이에 대한 예로 1980년대에 유럽 스키 관광지에서 있었던 강설량의 저하 등과 같은 외부적 영향력을 들었다. 기획가들은 눈에 대한 의존성을 줄이기 위해 다양한 겨울 관광활동을 점차 증가시키는 등의 장기적이고 적극적 방법으로 문제를 해결하려고 노력하였다. 대조적으로 스키 관련 경영주들은 인공눈이나 이전에는 이용하지 않은 구간을 스키장으로 개방 하는 등의 단기적이고 적극적 방법으로 문제를 해결하려고 노력하였다.

### 2) 혁신적인 계획

기업가적 사업 접근 방법이 공식적인 기획접근방법과는 항상 다를 것이나, 예상외로 둘 간의 협력이 가능할 수도 있다. 만일 기업가가 지속가능한 개발과 같은 전략이 지닌 장기적 혜택에 대해 안다면, 개별적 기획과 경영 절차가 통합되어질 수 있다. 이것은 바로 많은 기업과 사업체들이 사업이 지닌 자산 가치를 만회하기 위해 장기간 비용을 통제하거나 마케팅을 평가함으로서 보존과 지속가능성에 대해 접근하는 방법이다.

Howatson(1990)은 Conference Board of Canada(캐나다 컨퍼런스 이사회)에 제출된 보고서에서 대부분의 캐나다 기업이 진보적인 환경적 경영방법을 택하고 있으며, 세계 시장에서 이윤을 유지하기 위해 우선순위와 정책을 사용하고 있다고 설명하였다. 그는 보고서에서 환경 경영에 있어서 보다 적극적인 태도를 취해야 하고, 그러한 접근 방법이 기업의 사회적 책무를 다할 수 있게 해줄 뿐만 아니라 기업에게 최선의 고객맞춤형 운영 절차를 시행할 수 있게 도움을 준다고 주장하였다. Howatson은 Arthur D. Little 사(社)의 '기업의 환경적 경영' 조사 보고서를 인용하여, 기업이 환경과 지속가능한 개발을 하는 데에 있어서 취할 수 있는 세 가지 접근방법을 제시한다.

- ❖ 방법 1 : 언제든 발생 가능한 환경문제나 방해가 될 만한 문제에 대한 적극적으로 접근하기
- ❖ 방법 2 : 잘 조성된 체제로 법규에 대응하거나, 규제에 적합한 프로그램을 만들어 확실하게 하기
- ❖ 방법 3 : 어떤 문제가 발생하거나 한계를 명확하게 구분하기 전에, 위험이나 규제를 예측하기 위해 단순히 순응하는 것보다 공격적으로 접근하기

Howatson은 환경과 지속가능성에 대한 인식으로 인해 대부분의 캐나다 법인들이 방법 2를 택한다고 한다. 그러나 그는 법인들이 기업을 통제할 수 있는 좋은 기회를 놓치고 있다고 하며, 더 적극적으로 사업을 하지 못할 경우 방법 3

으로 옮겨, 환경 자체를 그들의 기업 문화의 일부로 받아들이라고 충고한다.

일부 리조트 기업들은 이미 그러한 적극적인 접근방법을 채택하여, 장기적인 측면의 지속가능한 개발 방법에서 다양한 방식으로 많은 혜택을 얻고 있다. 지속가능한 개발과 관련되어 Vancouver에서 개최된 Globe '92 회담과 관련된 책에서, Hawkes와 Williams(1992)는 '관광에 있어서 최선의 환경적 실행'에 대해 리조트와 관련된 일련의 긍정적 사례에 대해 제시하였다.

Canadian Pacific(이제는 Fairmont) 호텔과 리조트에서 강조한 친환경 전략 중 하나는 그 기업의 종사자에게 일과 포괄적이고 성공적인 환경적 프로그램이 연관됨으로서 나타날 수 있는 혜택에 대해 강조하였다. 그것은 3R에 대한 것으로서, (쓰레기 줄이기(Reducing waste), 재활용(Recycling), 자원의 재사용(Reusing materials)), 등으로서 이는 잠재적이고 실질적인 장기적 비용 절감, 직원들의 지지와 기업의 이미지 개선으로 이어졌다. 호주의 Great Barrier Reef Marine 공원은 리조트 경영주가 어떻게 공원 관계자들과 연계하여 상호간 지속가능한 개발을 할 수 있었는지 보여준다. Great Barrier Reef Marine Park Authority(대 산호초 해양 공원 위원회)는 쉽게 훼손되는 Great Barrier Reef(대 산호초)의 개발과 보호 이 둘간의 균형을 조절하여야 하는 어려운 과제를 맡았다(Kelleher, 1992: 54). 이 공원에서는 이 두 가지의 모순적인 목표를 네개의 구역으로 범주화시킨 구역설정(Zoning) 과정을 통해 어려운 과제를 해결할 수 있었다. 즉,

1. 보호 구역(Preservation Zone)은 사실상 모든 사람의 출입이 금지된 곳이다.
2. 과학탐사 구역(Scientific Research Zone)은 오로지 과학적 연구를 위한 목적으로만 이용할 수 있다.
3. 해양 국립공원 구역(Marine National Park Zone)은 과학적, 교육적, 그리고 레크리에이션을 위해 이용하기 위해 개방된다.
4. 일반 이용 구역(General Use Zone)은 일부 상업적 또는 레크리에이션 목적의 낚시를 위해 개방된다.

그리고 그것은 경영주가 레크리에이션과 관광 활동 등에 의해 경영이 잘 되어가고 있는지 주기적으로 검사하고 그 영향을 평가할 수 있도록 도와준다. 이런 방법으로 공원기획가와 관광 관련 경영주들의 연합은 'World Conservation Strategy(세계 환경보호 전략)에 명시된 원칙들을 실지로 이용한다'(Kelleher, 1992: 58).

이러한 노력의 대부분은 일반 대중에게 이러한 정책과 노력을 펼치고 있다고 관심을 끌기 위한 마케팅이 아니었다면 평가절하 되었을 것이다. 더 많은 리조트 사업과 관련된 관광부서는 스스로를 친환경적인 기업으로 소개하고 있다. 또한 친환경에 대해 관심이 있을 경우 환경적 질적 수준과 실행 내역에 대해 인증해주는 체제에 가입을 하기도 한다. 그러나 이런 인증 과정의 일부는 아직 초기 단계로 부적합한 면이 있으며, 일부는 신뢰도가 떨어지므로 더 엄격한 탐색 과정이 필요하다.

## 3. 지속가능한 개발 원칙의 적용

지속가능성과 개발에 대해 다양한 관점에서 논의가 있었지만, 대다수 사람들은 이 두 가지 힘이 동전의 양면처럼 하나로 합치거나 통합된 형태로 조화되어질 수 있다고 생각한다. 여기서 직면하는 중요한 과제는 단순한 학술지나 정부 보고서에서부터 실제의 관광자원과 지역공동체에 대한 전략적 경영으로 개발의 범위를 넓혀가는 데 있다. 이러한 과정 중에는 조직 행동이나 평가를 표면화 시키거나, 사람을 적절하게 다루거나, 그 개념을 활용하는데 있어 의문시 되는 학문 등과 같이 평가에서 어려움이 존재한다. 지속가능한 개발을 위해 제시되고 실행된 기법으로는 CC(Carrying Capacity : 수용능력), LAC(Limits to Acceptable Change : 허용 변화 한계), VIM(Visitor Impact Management : 방문객 영향 관리) 그리고 EF(Ecological Footprint : 생태발자국) 접근방법 등이 있다.

### 1) 수용능력(CC)

Barkham(1973: 218)에 의하면 'CC(Carrying Capacity: 수용능력)는 단순하게 보이는 용어이지만 뜻이 난해하고 정의하기 어려운 개념' 이다.

개념은 단순하다. 리조트 환경의 각 영역은 너무 많은 방문객에 의해 그 지역이 훼손되기 전에, 방문객 수를 조절할 수 있다. 해당 영역이 훼손되기 시작하는 시점은 CC의 한계점으로, 그 지점을 넘어설 경우 환경 스트레스가 나타나고, 결국 환경 훼손으로 이어지게 된다.

CC 개념은 더 자세히 검토해볼 경우 사실 아주 복잡하다. 이용 수준과 영향력 간에는 직접적인 상관관계가 없고, 최소한 두 가지 차원이 작용하고 있다. 물리학적으로 지역의 자연 환경에 영향을 미칠 수 있으나, 관광 측면에서는 고객과 변화하는 상황에 대한 그들의 반응을 고려해야 한다. 일부 고객들은 특히 그 환경에 직접적으로 참여하는 사람들의 경우는 환경의 변화에 상당히 민감할 것이다. 반면 후방에서 자연을 즐기거나 이용하는 사람들은 환경 변화에 덜 민감하고 잘 알아차리지 못한다. 따라서 리조트 경영주는 리조트 상황에서 환경이 지닌 물리적 상황뿐만 아니라, 고객의 인식을 고려해 경영을 해야 할 것이다.

마지막으로, '정의와 측정'의 문제가 남아있다. 물리학자이든 혹은 행태 과학자이든 그 누구도 CC에 대한 정확한 개념이나 측정방법을 제공해줄 수 없다. 생물학자의 경우 CC는  토양구조 등과 같은 물리학적 특성, 서식 동물이나 관광객 등과 같은 이용자 유형, 그리고 상이한 기후 조건을 지닌 계절성 등에 의존하는 등과 같이 상황에 따라 상이할 것이다. 방문객들의 태도나 의견을 이해하려는 행태학자의 경우 방문객 유형, 연령대 그리고 사회적 규범에 따라 가변적일 것이며, 그 측정 방법도 방문객의 정신적 작용을 이해하기 위해 어떤 기법을 이용하는가에 따라 달라질 것이다.

CC의 다차원적인 특성은 WIlliams와 Gill(2004)에 의해 확실하게 서술되었고, Glasson 등(1995)에 의해 발전되었다. Glasson과 동료들은 CC를 수용능력 연결망, 혹은 수용능력 웹 등으로 기술하고 CC가 세 가지 차원을 지닌다고 기술하였다. 특히 이 세 가지 차원은 변화가능하고, 보다 주관적이고, 그리고 질적 측면으로 연결된 견고하고, 객관적이고, 양적 차원 등을 포함한다고 설명하였다(그림 8-1). 보다 객관적인 차원은 그 지역의 경제적, 물리적, 그리고 생태학적 구조를 포함한다. 보다 주관적인 관점은 방문객 만족도, 지역공동체의 수용도(community tolerance) 그리고 정치적 행정을 들 수 있다. 각각의 차원은 그 지역의 지속가능한 개발을 조성하거나 촉진하기 위한 장기적 목적과 관련된 지점에서 응용되거나 특정한 영역에서 경영시 고려되어져야 한다.

《 그림 8-1 》 수용능력 웹 (Glasson et al., 1995: 52).

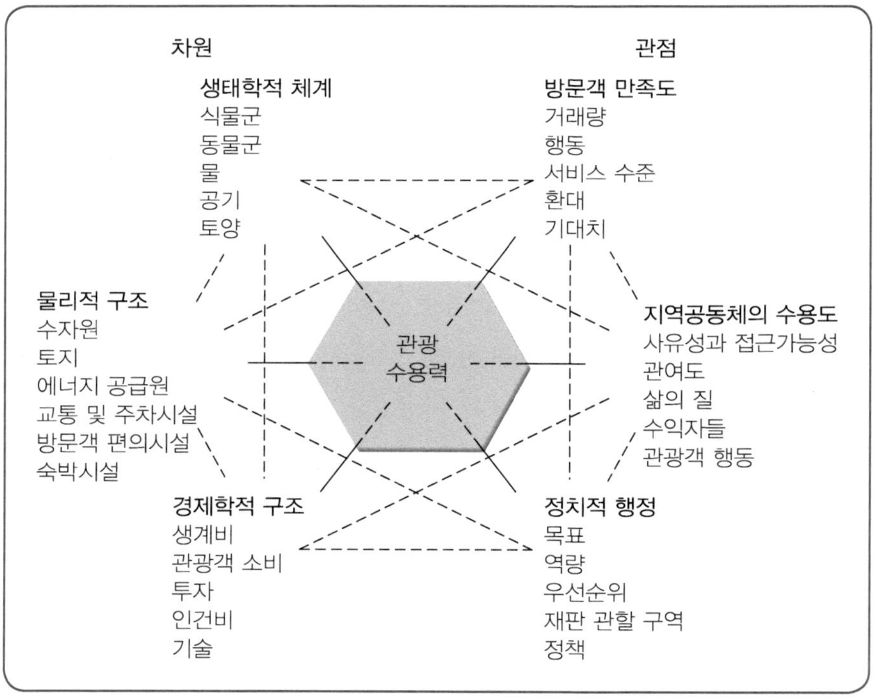


CC에 대한 다차원적인 해석은 그 개념과 측정 방법을 더 복잡하게 한다. 먼저, 우리는 평가하기 전에 어떤 학자의 CC를 골라야 하는지 결정해야 한다. 그것이 기획가, 사업가, 아니면 고객의 관점에서 물리적 환경에 대한 진술인지를 알아야 한다. 게다가 이런 범주에 속하지 않는 사람도 항상 고려해야 한다. 이러

한 모든 것을 고려한 각 변인들은 그 변수가 무엇을 뜻하는지, 그리고 상이한 입지, 목적, 그리고 휴가 우선순위 등의 변화에 따라 달라질 것이다. 이런 구성요소들이 지속가능한 개발에 방해가 된다는 점을 보여주기 위해서, WTO(World Tourism Organization: 세계관광기구)와 UN에서 현실적인 지침을 제공해주었다.

'*What Tourism Managers Need to Know*'란 WTO의 가이드에서, Consulting and Audit Canada(캐나다 컨설팅 & 회계, 1995)는 CC를 지속가능한 관광의 핵심 지표로서, 사회적 효과, 폐기물 관리 그리고 다른 지표를 함께 이용할 것을 권유했다. 하지만 그런 충고는 '리조트의 환경자산과 건축물의 수용능력이 지닌 양적, 질적, 그리고 민감성 등을 모두 고려한 복합적인 측정방법을 개발하는데는 제한적이다'(Consulting and Audit Canada, 1995: 15). UN의 'Guidelines on Integrated Planning for Sustainable Tourism Development(지속가능한 관광을 위한 통합적 기획에 대한 지침서)'는 CC를 '환경에 불필요한 손상을 미치지 않고서 관광 시설과 편의시설 등을 최대한 활용하여 접대할 수 있는 최대한의 관광객 수'(United Nations, 1999: 113) 라고 표현했다. UN은 한 지점에서는 관광의 방향이 제시되지 않은 이용을, 다른 상반된 한 지점에서는 규제없이 관광 할 수 있는, 특정한 환경이나 입지에 대해 적절한 이용 강도를 제시한 하나의 연속체(continuum-척도를 의미)를 만들 것을 권고하였다. 하지만 상세한 기술이나 측정방법이 없다면, 경영을 하기 위해서는 그러한 척도를 만들어야 한다.

Inskeep(1991: 352-354)은 관광 기획가의 선두주자로, 환경 영향을 측정하는 부분에서 생기는 이런 차이를 메우기 위해 노력하였다. 그의 '환경 영향에 대한 기본적 모형'은 환경 관리자들이 지속가능한 개발을 하기 위해 CC 접근방법을 이용할 때 생길 수 있는 어려움을 나타낸다. 그는 발생 가능한 부정적인 환경 영향의 체크리스트를 작성할 것을 제안한다. 체크리스트는 대략 이러한 항목을 포함할 수 있다. 즉,

❖ 대기오염

❖ 지표수 오염

❖ 지하수 오염

❖ 소음공해

❖ 쓰레기 폐기 문제

❖ 식물군과 동물군에 대한 훼손과 파괴

❖ 토지 이용과 순환 문제

❖ 보행자와 평상시 그리고 피크타임의 교통 체증

❖ 건물 설계, 풍경, 간판 등의 심미적 문제

❖ 역사적, 고고학적, 그리고 다른 문화적 구역의 훼손

❖ 산사태의 발생

❖ 지진이나 허리케인 등 자연 재해로 인한 피해

Inskeep은 상기에서 제시된 체크리스트에서 나온 개개 특성이 지역과 리조트에 맞춰서 작성되어야 한다고 보며, 지역 환경에 대한 영향을 등급표에서 평가해야 한다고 언급하였다. Inskeep은 공기 청정도, 지하수질 그리고 도로 교통 등과 같은 예에서 이런 접근방법을 이용하였고, 이것은 정부의 보고서 같은 기존의 자료를 이용한 양적 자료를 개발하기 위해 이용되어질 수 있다. 그러나 지역 상황이 정기적으로 발간되는 정부의 통계 보고서에 포함되지 않는 경우가 있기 때문에, 대부분의 경우 이런 정보는 리조트 개발자들과 경영주들에 의해 수집되어질 필요가 있다. 풍경이 지닌 아름다움과 자연자원이나 문화자원에 대한 훼손 등과 같은 특성들 때문에, 질적 판단이 필요할 것이다. 그런 객관성은 이해관계당사자들간에 우선순위가 다르고, 그런 요인들을 평가하기가 정말 어렵기 때문에 다소 저하되어질 수 있다. 이러한 분류가 지닌 가치는 Inskeep의 평가 행렬이 '영향 없음' 에서부터 '심각하게 영향 미침' 등의 환경적 결과를 기대할 수 있기 때문에 이것을 이용하여 매겨져야 한다. 이러한 scalar 분류(scalar classification: 수량적 분류)에는 미리 정해진 기준이 없으며, 사실 지역이나 리

조트 개발 상황에 따라 달라질 수 있다. 따라서 과학적이고 객관적인 CC분석을 하기 위한 모든 시도는 측정과 해석에서 어려움이 나타나게 된다.

관광이란 상황 하에서 CC는 Queensland Park and Wildlife Service (personal communication, 2007)에서 직접적으로 적용되었다. 이 기관은 공원 상황과 이용에 대해 일반적으로 수용가능한 표준이 특정한 상황이나 경영 기획에 의해 결정되고, 이러한 상황에 대해 수용 가능한 미래 상황의 개념과 부지 평가에 대한 인식이 정밀하게 측정되어진다고 보고하였다(Queensland Park and Wildlife Service, 2007: 3). 그러나 그들은 기존의 레크리에이션 활용도가 공원 내부에 미치는 영향력을 유지할 수 있을지 결정하기 위해 '공식적인 판단' 체제를 만들려고 노력하였다. 그들은 초기에 언급된 레크리에이션 CC와 Inskeep의 기획가적 접근방법에 이어, 공원 내에 있는 관광객이 자주 찾는 주요 장소를 대상으로 한 '지속가능한 방문객 수용능력' 평가 과정을 고안하였다.

Queensland Park and Wildlife Service는 지역의 물리적, 사회적, 경영적 준거를 1(매우 낮음)에서 10(매우 높음)까지의 다양한 지표를 이용해 채점할 수 있도록 했다. 전체적인 평균 점수는 이런 지표들로부터 계산되었고, 또한 현재 활용 상태를 지속할 수 있는지 평가하는 것에 이용되었다. 10점에서 평균 6점 이상의 점수는 방문객의 활동을 보다 지속가능한 수준으로 유지시킬 수 있는 경영활동이 필요함을 나타낸다. 이러한 평가방법은 가장 유용할 것 같은 경영활동이 어떤 것인지를 잘 알려준다. 그것은 이 지역으로 관광객을 더 많이 수용하거나, 아니면 지역의 상태를 보강하여 방문객들의 활동으로 인한 영향에서 빨리 회복시켜야할지 보여준다. 다른 선택방안으로는 그 지역으로 접근 가능성을 변화시키거나, 통행증을 발급하거나, 또는 아예 폐쇄시켜서 방문객 수를 줄이는 방법이 있을 수 있다.

### 2) 허용 변화 한계(LAC)

CC개념 연구시 필요한 과학적 엄격성은 대안적 경영 구조가 필요한 실생활에서는 이루어지기 어렵다. Stankey 등(1985)은 미국 국립공원을 다용도로 이용할 수 있는 방법을 찾는 과정에서, CC 구조의 계산과 적용이 이해관계당사자의 인식과 관련되어져 있음을 알았다. CC를 기초로 하여, 이용 수준과 영향력 간의 정밀한 예측가능성을 설정하도록 노력하는 대신에, Stankey(1985) 등은 다음과 같은 더 현실적인 접근방법을 제안했다. 즉,

- ❖ 그 관광목적지에 영향을 미칠 것 같은 활동을 평가하라,
- ❖ 허용 가능한 변화 수준이 어느 정도인지 미리 합의해놓아라,
- ❖ 해당 리조트를 정기적이고 체계적으로 탐색하라,
- ❖ 만약 허용 가능한 정도를 넘어설 경우 어떤 조치를 취할 것인지를 결정하라

이것이 LAC(Limits to Acceptable Change: 허용 변화 한계)의 기본으로, 〈표 8-2〉에서 9단계 절차로 제시되어 있다.

세가지 중요한 경영적 개선이 LAC를 통해서 이루어진다. 첫째, LAC는 자연환경에 대한 인간의 어떤 간섭도 자연을 영원히 바꿀 것이며, 변화의 기관으로서 묘사된 관광산업에서도 마찬가지이다. 따라서 중요한 것은 변화를 어느 정도까지 수용할 것인가이다. 그리고 리조트 경영에 있어서는 어떠한 지역 환경의 수준과 변화 유형이 리조트가 지닌 사명을 지원해줄 수 있는지 알아야 한다. 둘째, 환경이 단순히 자원 원천이나 물리적 상황이 아니라는 인식이다. 즉, LAC는 경제적이고 사회적인 상황에다가 정치적, 행정적 결과물을 더한 것이다. 정치적 요인은 의심할 여지없이 산림 자원 정책의 변화에 반영될 것이나, 정부의 정책과  다양한 지향점은 관광 산업 그리고 리조트 투자 환경에 큰 영향을 미친다. 경영적 영향력을 인정하는 부분은 LAC와 밀접하게 관련되어 있다. 왜냐하면 대부분의 경영결정은 어떤 방법으로든 파급력 있는 성과를 내기 때문이다. 경영 방

향이 정해지고 실행된 이상 리조트 전반에 영향을 끼칠 것이므로, 경영은 리조트 환경 전체에서 아주 활발한 영향력을 행사할 것이라고 보아야 한다. 셋째, 이러한 구조는 경영의 네가지 기능을 축약한 것이다. LAC는 다양한 이해관계 당사자 집단에서 투입과 리더십을 찾아내게 한다. 기획 과정에서는 이해관계 당사자들이 지닌 다양한 사명을 진술한다. 그리고 각기 다른 용도의 토지 이용과 활동영역을 조직화시키기 위한 지침서를 제공해준다. 탐색의 과정에서는 정책적 변화를 통제기능에서 과정으로 변화시킨다. 전체적으로 이것은 지속가능한 개발 목적을 효율적으로 달성할 수 있는 하나의 포괄적인 경영 과정을 나타낸다.

불행히도, LAC접근방법은 두가지 제약으로 인해 유용하게 쓰이지 못한다. 첫번째로는 CC와 마찬가지로, 수용능력 웹상에 있는 모든 측면들에 대한 세부적인 정보수집이 어렵다. 결과적으로 보편적인 '질적 기준'이 독단적으로 이용되어 버리는 불상사가 나타나거나, 아니면 그 수준이 낮을 경우 장기적으로 누적되는 영향력을 규명할 수 없어질지도 모른다는 것이다. 두번째로, 지역공동체에서 유의한 의사결정력을 지닌 다양한 이해관계당사자 집단을 포함시키는 것은 타당하고 바람직한 일이지만, 관련된 개발업자나 사업경영주의 입장에서는 시간이 지연되고, 더 많은 비용을 지불하게 만드는 것이다. 다양한 전략과 과정은 갈등보다는 협동분위기를 조성할 수 있도록 기획 과정에서 개발되어졌다(Murphy and Murphy, 2004). 하지만 그러한 접근방법이 지닌 시간과 비용은 수용 가능한 변화와 지속가능한 개발의 구성요소에 대한 평가가 그 지역공동체 구성원들에게 꼭 필요한 단계로 이해되고 허용되어야 한다.

Needham과 Rollins(2005)의 연구는 각각 다른 이해관계당사자 집단이 수용가능한 기준을 찾는 과정에서 발생할 수 있는 어려움과 발생 비용에 대해 설명하였다. Whistler 산악 지역에 산재한 스키리조트를 대상으로 여름기간 동안 조사한 연구에서는 '최소한 수용 가능한 상황'에 있어서 집단들 간 의견 차이가 극심하다는 것을 발견했다. 이것은 협의된 상태의 공통된 기준이 필요하고, 협동적인 기획 기법이 고려해야 한다는 것을 보여준다.

《표 8-2》 효과적 경영을 위한 네 가지 기능을 지닌 LAC 기획과정

1. 사안과 관련된 것을 정의하라 – 리더십
   - 경제적
   - 사회적
   - 환경적
   - 정치적/기관 내의 제약
2. 기회의 유목을 정의하고 기술하라 – 리더십
   - 원천(정보원)
   - 사회적 측면
   - 경영 측면
3. 자원과 사회적 상황을 나타내는 지표를 선택하라 – 기획
   - 경제적
   - 사회적
   - 환경적
   - 정치적
4. 기존 자원과 사회적 상황을 구분하라 – 기획
   - 현재 상태의 지표
   - 표준적인 데이터베이스
5. 기회 유목이 지닌 기준을 구체화하라 – 기획
   - 수용가능하고, 관찰 가능한 평가 한계
6. 대안적인 기회 유목 할당을 확인하라 – 조직화
   - 용도
   - 지역
   - 기간
7. 경영활동을 확인하라 – 조직화
   - 직접적
   - 간접적
8. 대안적인 관리활동을 평가하고 선택하라 – 통제
   - 비용 대비 이윤
   - 합의 도출하기
   - 경영 역량
9. 실행과 탐색 – 통제
   - 기준에 비교해보기
   - 경영 전략을 그에 맞게 조절하기

자료원: Stankey 등(1985)

### 3) 방문객 영향 관리 (VIM)

VIM(Visitor Impact Management: 방문객 영향 관리)은 물리적인 환경이나 장소에 맞춰졌던 초점을 관광객에게 돌린다. VIM은 리조트 경영에서 많은 관심을 받고 있는 경영도구로, 일차적인 관심사는 향후 지속가능한 개발을 유도하기 위해 환경이 지닌 건전성과 매력물을 유지하는 범위 내에서 즐거움을 줄 수 있는, 고객과 환경간의 상호작용 경험에 있다. VIM은 환경과 직접 접촉하고, 영향을 미치는 관광객이 지닌 특성을 잘 이해할 필요가 있음을 보여준다. 이 과정은 관광객과 환경간의 유동적인 관계를 보여주는 것으로, 모든 관광객들이 각기 다른 경험을 찾고 있다는 것을 보여준다. 환경은 서로 다르고, 관광객의 수뿐만 아니라 계절성과 관광객의 우선순위에 따라 관광객이 지닌 저항력과 스트레스 수준이 다를 것이다.

활용과 그 영향력 간의 관계가 선형적이지도 동일하지도 않을 것을 고려해, 다섯가지의 중요한 상호관련성 원칙이 다음의 예에서 제시되어 있다(Glasson et al. 1995: 59-61). 즉,

- ❖ 주변 환경과 방문객/지역주민의 경험 간에 예측 가능한 반응이 없다.
- ❖ 대부분의 영향력은 이용자 밀도에 직접적인 선형적 상관관계를 보여주지 않는다.
- ❖ 다양한 상황에서 상이한 집단 간에는 허용수준이 다르게 설정되어 있다.
- ❖ 일부 활동은 그 활용의 강도와 방문객 특성에 의해 서로 다른 영향을 받을 것이다.
- ❖ 관광객의 영향력은 특정한 지역이나 계절성이란 변수 등에 의해 달라졌다.

이러한 변인들 간의 관련성을 탐색하기 위해서는 해당 지형과 관광객에 대한 현장조사가 필요하며, 이것에는 단순히 관광객의 수만이 아니라, 지역주민 대비 방문객 숫자, 체류일, 활동유형, 식물과 동물 군에 미치는 스트레스 상황 등이 포함된다. 그리고 이를 통해 왜 이것을 선택했는지, 결과에 미치는 영향 등을

알 수 있다. 이런 자료와 분석 수준에는 시간, 자원, 그리고 기술 등이 소요되지만, 이처럼 직접적인 현장조사를 통해 수많은 경영 목표를 달성할 수 있다. 고객이 하는 신체 언어와 서로 주고받는 충고 등은 그 리조트가 고객의 기대를 얼마나 잘 충족 시켰는지 보여준다.

VIM 조사와 경영 도구는 다양한 장소에서 적용되어질 수 있다. 대개는 정부 차원에서 레크리에이션 활동과 동식물 보호 모두를 균형 있게 발전시킬 수 있는 국립공원 상황에서 응용되어져 왔다. 하지만 인구 밀도가 높은 도시 지역에서도 가능한 일이다. Glasson 등(1995)은 영국의 Oxford에서 그 도시를 방문하는 방문객과 지역 주민의 기대를 증가시켜 경영 전략을 달성할 수 있도록, 방문객 활동 유형과 분포를 조사하기 위해 VIM 기법을 이용하였다. Canestrelli와 Costa(1991)는 '퍼지 선형계획법 모형'(fuzzy linear programming model: 퍼지 계수를 사용하여 부정확하고 모호한 자료를 모형화하는 방법)으로 Venice의 사회경제적 CC를 계산하기 위해 역사적 중심지인 성(聖) 마르코 광장(St. Mark's Square)에서 알아보기로 했다. 그들이 측정한 25,000명의 일일 방문자 CC는 주기적으로 초과되었으며, 성수기일 때는 200,000명까지 달했다. 그래서 Venice는 관광객의 기대와 만족 수준을 고려하고, 역사적 건물의 마모와 홍수로 인한 범람 위험으로부터 문화유산을 보존하기 위해 노력하고 있다. 사실 베니스는 'Venice Card'를 도입하여 사전 예약제와 유연한 요금제 등을 통해 과도한 수요를 제한하는 방안을 취하고 있다.

결론적으로 VIM 기법은 두 부류의 지속가능한 개발 전략을 제시한다 – '확고한' 부류 그리고 '유동적인' 부류가 그것이다. '확고한' 부류는 해당 구역과 도시에 접근하는 것에 있어서 물리적이거나 경제적인 제한을 포함한다. 너무 많은 관광객들로 인해 지역 및 명소를 폐쇄하는 것은 가장 극단적인 조치이고, 경영적 관점에서 볼 때 재난이라고도 할 수 있다. 수익과 평판을 동시에 잃게 되기 때문이다. 접근용이성은 과도한 관광객 이용의 주요한 원인이므로, 그것을 제한하는 것이 '확고한' 부류에서 취할 수 있는 가장 가시적인 조치이다. 입장료와 입장

시간을 제한하는 것이 그것이다. '유동적인' 부류는 행태와 선택을 조율하기 위해 조율된 기획과 마케팅을 포함한다. 기획 측면에서, 인지도가 낮은 활동과 명소를 개발하고 선전하여 관광객을 더 많이 유치할 수 있다. 이것은 마케팅 요소를 포함하게 되는데, 고객들로 하여금 성수기때 이러한 '새로운' 옵션들을 경험해 보도록 설득하는 것이다. 저자의 개인적인 경험으로는 그런 시도들이 딱히 성공적이지는 않았다. 왜냐하면 리조트, 국립공원 혹은 도시는 기획과 마케팅 모두를 이용하는 것을 잊어버렸기 때문이다. 따라서 Glasson 등(1995: 154)이 말하듯, '"유동적" 이고, "확고한" 조치들은 서로 배타적이지 않다'. 종종 이들을 함께 활용해야지만 지속가능한 개발을 달성할 수 있고, 상황에 따라 그 둘의 비율을 바꾸는 융통성을 보여야 할 것이다.

### 4) 생태발자국(EF)

지속가능한 관광의 새로운 지표는 여행 구성요소가 지닌 배타성과 지역성에서 기인하는 측정상의 약점을 보완하기 위해 제시되었다. EF(Ecological Footprint: 생태발자국)는 '자원 소모와, 특정 지역의 제한된 인구가 관련된 생산 지역에서 필요로 하는 폐기물 정화능력(waste assimilation)을 계산하기 위한 회계 도구이다(Wackernagel and Rees, 1996; 9).' 그리고 Hunter와 Shaw(2007)는 그것이 지속가능한 관광산업을 위한 주요한 환경지표가 될 것이라고 주장한다. EF는 화석 연료로 인한 이산화탄소의 배출, 수(水) 자원 낭비와 공해, 그리고 어떤 활동을 위해 도로나 건물을 건설하기 위해 생산적인 토지를 훼손하는 등의 교통과 관련된 영향 비용과 더불어, 한 개인이 사용하는 에너지, 식량, 원자재 등의 이용률을 계산하는 것이다. 관광 측면에서 Hunter와 Shaw(2007: 55)는 과거의 지속가능성에 대한 미시적인 관점이 '세계적 관점에서 자연 자원의 이용자로서 관광 활동에 대한 인식'이 실제보다 덜 중요시하게 여겨졌다고 느꼈다. 특히, 리조트에서 고객이 개입된 상황에서 자원 소비나 공해 등이 환경에 미치는 영향을 전혀 고려하지 않았다. Hunter와 Shaw는 이동 구역(transit zone: 관광객이 사는 정주지와 관광목적지 간의 거리와 이동 형태 선택)이 항공 여행을 포함한 국제여행에서 전체 EF 중 50%에 달한다고 설명하였다.

Hunter와 Shaw(2007: 49)는 '전체 관광 EF'는 이동 구역과 관광목적지 지역에서 유발되어질 수 있는 두 가지 구성요소로 이루어져야 한다고 제시한다. 이 두 가지 요소에서 1인당 환경 비용을 계산하는 것은 관광객이 자신이 살던 정주지에서 벗어나 휴가지에서 지불한 환경비용을 평가할 동안, 관광객의 원 주거지에서 발생할 수 있는 평균적인 환경 비용을 뺌으로서 응용되어질 수 있다.

이런 계산은 복잡할 것이며, 대부분의 리조트 경영주에게는 능력 밖의 일이지만, 거시적 안목에서 관광객 방문으로 인해 유발되는 환경 비용을 무시할 수는 없다. 세계가 점차 온실효과의 심화, 물 부족, 오염, 그리고 자원이 고갈되어감에 따라, 경영주들은 세계가 지닌 물리적 건전성을 보호하기 위해 노력해야 한다는 사회적 압박에 시달릴 것이다. 그 중에서 관광과 리조트산업은 대부분의 경우 항공 여행에 의존하고, 대다수 사람들이 자유재량 활동이라고 간주하기 때문에 특히 관심의 대상이 될 것이다. Howatson(1990)의 조언을 따라, 지금은 리조트 경영주들이 보다 더 적극적이고, 지속가능한 지표를 개발하여 미래의 환경 정책에 이끌려가기보다는 주도해나가려는 노력이 필요한 시기이다. 그러나 이런 지표들은 전체적 경영 구조내의 일부여야 하며, 그런 면에서 다소의 변화가 필요하다.

## 4. 경영의 대안적 옵션들

지속가능한 개발과 함께 운영관리 기술을 개발하기가 힘든 점을 미루어보아, 대안을 제시하려는 노력은 계속되고 있다. *성장관리(Growth Management)*는 Gill과 Williams(1994)에 의해 리조트에서 대안적이고 실용적인 개발 관리로서 제안되었다. 그들은 '성장관리의 핵심은 결과를 완화하는 동시에 얼마나 성장이 지닌 이점을 잘 포착하는 것이냐'에 있다. 즉, 본질적으로 성장관리는 체계적인 영향관리전략이다'(Gill and Williams, 1994: 213).

Gill과 Williams는 경영 관리 계획을 리조트가 지닌 목표인 성장과 개발을 유도할 수 있는 하나의 방법으로 인식하였다. 대부분의 경우 리조트는 사명이란 구조를 제공하기 위해 토지이용 기획 관리에 의존하고, 토지이용 기획 관리는 구역제(zoning)와 밀도관리(density controls)를 통해 사명이 지닌 원리들을 포괄적인 계획에 삽입하는 것을 의미한다. 점차 이런 계획은 이용 가능한 주택공급, 지역공동체 시설, 그리고 지하주차장이나 풍경 같은 시설이나 편의시설을 제공하기 위해 국가재정으로 유인가를 제공하거나 없애버리는 등과 같은 일반적인 투자전략에 의해 대치되어졌다.

Gill과 Williams(1994: 214)는 '기존의 기획 접근방법과는 차별화된 성장관리는 두 가지 중요한 특성이 있다'고 생각하였다. 첫째, 성장관리는 이해관계 당사자 간들의 합의를 도출하는 역동적(dynamic)인 접근방법이다. 둘째, 이것은 그 목적을 달성하기 위해 필요한 *실행기제(implementation mechanism)*를 포함한다. 그들은 위 두 가지 요점을 미국의 Aspen과 캐나다의 Whistler를 예로 들어 설명한다.

Aspen에서 지방정부는 경직된 명령형 계획을 대중적인 의사소통과 지역공동체의 합의를 유도할 수 있는 상황으로 변화시켜왔다(Gill and Williams, 1994: 215). 이것은 일부 발상과 변화를 사람들이 인정하도록 하였다. 예를 들어, 지역공동체 개발의 초점은 주민과 관광객의 필요 간 균형을 유지하는 것이나, 리조트의 새로운 성장전략은 공공시설이나 서비스에 의해 효율적으로 지역 주민이나 관광객에게 제공될 수 있는 지역 개발에 주로 관심을 두고 있다. 종사자의 숙소는 그들이 축적된 점수에 서열을 매겨 개발제안을 함으로서 개발 경쟁 체제에서 벗어난 예외적인 것이다. 이 점수는 설계, 에너지 효율성뿐만 아니라, 종사자의 주택 공급, 공공시설 분배 등과 같은 지역공동체가 지닌 욕구를 충족시키는 방향으로 전환되어진다. Whistler에서는 종사자들이 이용 가능한 숙소를 만드는데 더 많은 노력을 하고 있고(9장의 Whistler 사례연구), 어떤 icetimes은 덜 개발된 그 지역의 거주민을 위해, 이해관계 당사자들이 가진 시각을 더 개방적으로 그리고 암묵적인 동의를 형성하기 위해 계획되어졌다.

총체적으로, Gill과 Williams는 성장 관리 접근방법은 덜 제한적이며 보다 인간적인 접근방법으로, 그 지역공동체 구성원들이 (그림 8-2)에 제시된 관계에 따라 자신들의 미래를 포괄적이고 협동적 방향으로 계획하거나 통제할 수 있게 하였다. 이 그림은 성장을 관리하기 위해 몰입을 한 상태로, 이 책에서 언급된 성공적인 리조트 개발을 위한 구성요소들이 지닌 중요성에 대해 제시하였고, 이를 통해 지속가능한 개발이 지닌 환경적, 경제적, 및 사회적 기능이 훼손되지 않음을 보여준다. 먼저, 이 그림은 리조트가 지닌 '장소성'을 보호하는 것이 중요함을 재차 강조한다. 즉, 그것은 리조트가 표적을 둔 시장에 특히 소구력을 지니기 위해 수요 관리를 촉진해왔음을 보여준다. 그리고 확인된 환경적 영향이 지닌 중요성이 상업적 관심사나 지역공동체의 우선순위를 고려해야 한다. 이러한 실용적인 모든 차원은 성장의 기획과 관리에 대한 지침서를 생성하고, 때때로 '비(非)성장' 선택(option) 방안이 최고의 선택임을 보여줄 수 있다.

《 그림 8-2 》 성장 관리 기획 사안 (Gill and Williams, 1994: 219).

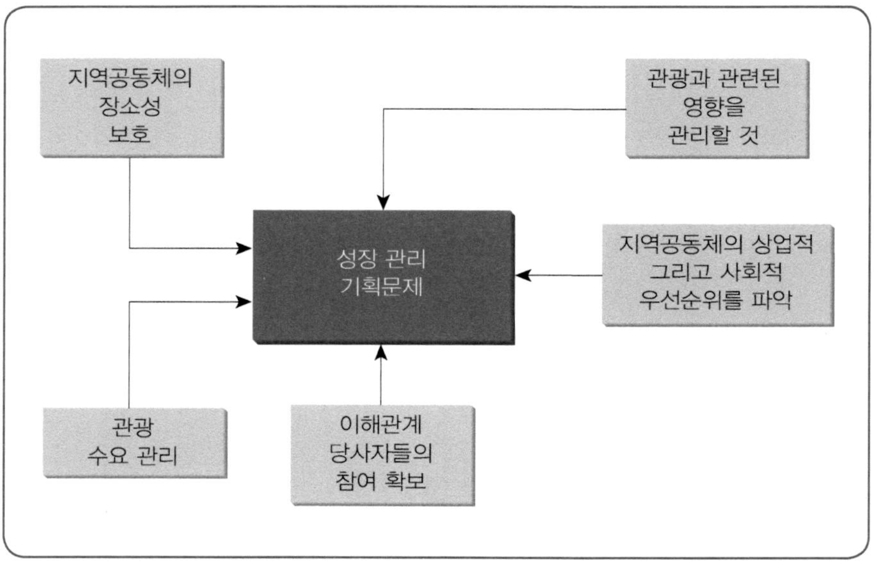

Gill과 Williams의 제안이 성장 관리(growth management)를 통한 지속가능성을 이룩하기 위해 사회적인 접근을 강조하는 것에 반해, Flagestad와 Hope(2001)는 *'지속적인 가치 창출(Sustained Value Creation)'*을 강조한다. 그들은 사업을 운영하거나 하나의 관광목적지를 다루는 것 간에는 밀접한 관련성이 있기 때문에, 전략적 관리이론을 기업이나 관광목적지까지 다양하게 적용시킬 수 있게 개발하여야 한다고 주장하였다. 이들의 이론은 2장에 수록된 Porter의 경쟁 우위 이론(competitive advantage theory)과 겹치는 것이다. 그러나 그들은 이 두 가지가 완전히 동일하지는 않으며, 하나의 기업과 관광목적지간에는 경계의 문제와 효율성의 해석 문제 때문에 차이가 나타난다고 본다. 따라서 그들은 어떤 관광목적지에서 전략적 성공을 위해 지역공동체, 이해관계 당사자, 그리고 사업의 목표가 결합된 상태를 반영하기 위해 '지속가능한 경쟁 우위'라는 말 대신에 '지속가능한 가치 창출'이란 용어를 사용하는 것이다(Flagestad and Hope, 2001: 450).

눈(Snow)과 관련된 리조트에 대한 연구와 관광경영 평가에서, Flagestad와 Hope는 유럽 리조트들이 '지역공동체 모형'을 강조하여 개발했으나, 북미 리조

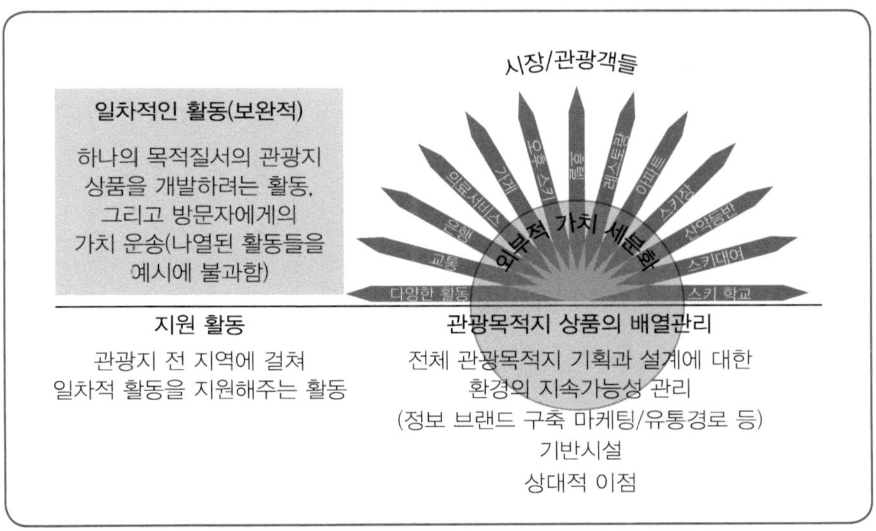


《 그림 8-3 》
겨울 스포츠 관광목적지가 지닌 가치의 부채꼴 (Flagestad and Hope, 2001: 455).

트들은 '기업형 모형'을 강조했다는 것에 주목했다. 두 대륙의 리조트는 모두 지속가능한 경쟁적 위치를 차지하기 위해 노력하고 있지만, 서로 다른 접근방법을 사용하고 있다. Flagestad와 Hope는 이 두 가지 접근 방법이 모두 Porter의 연구에 기반을 둔 대안적 접근방법을 이용하여 성공할 수 있으리라고 봤다.

그들은 Porter의 가치 사슬 모형(Value chain configuration)이 리조트의 '가치 창출'과는 잘 맞지 않는다고 본다. 왜냐하면 리조트는 연속적인 생산 공정 과정이 없기 때문이다. 따라서 그들은 '가치 부채'(value fan)라는 새로운 변수를 만들어 전체 구역을 포괄하는 여러 행정적 기능을 통해 지역과 리조트 활동에 대한 개개인의 관심사를 강조한다(그림 8-3).

전략적인 관리 접근에 이런 가치 부채를 통합하기 위해서는 두 가지 과제가 필요하다. 첫번째로는 관광목적지의 *관광 상품 믹스 모형(tourism product mix configuration)*의 관리이다. 적절한 상품을 혼합 배치하여 고객의 기대치를 충족하고 고객과 지역 산업의 최대한의 가치 창출을 유도하는 것이다. 두번째로는 자연적, 문화적 그리고 사회적 요소 등을 포함한 *지속가능한 개발(sustainable development)* 관리를 하는 것이다. 이런 방법으로 첫번째 과제는 리조트 발전의 기업적 이해를 보여주고, 두번째는 지역공동체적 접근 방법을 나타내준다. 그러한 과정에서 더 균형 잡힌 관리 전략이 수립될 수 있는 것이다.

## 5. 상반된 수요와 토지 이용

지속가능한 개발 관리 전략을 운영할 때, 리조트는 상반된(conflicting) 고객의 수요와 활동을 잘 관리하여야 한다. 고객 선호도 분석에서부터 시작되는 활동과 행동 유형간의 상충되는 부분을 최소화하거나 피하기 위한 기획은 우선 일반적인 부분부터 살펴보고, 그것이 특정 지역과 어떻게 관련되어 있는지 알아보는 것이다. Sweeting 등(1999)은 이것을 다음 3단계 관광 토지 이용 기획 과정에서 2 단계에 배치하였다. 즉,

- ❖ 1단계 : 목적과 역할을 설정한다(핵심/보조).
- ❖ 2단계 : 관광, 환경, 사회-경제적 부문의 우선순위를 설정하라.
- ❖ 3단계 : 이 우선순위를 종합하여 지역제를 설정하라.

일반적인 선호도를 고려한 리조트를 개발하기 위한 지침으로는 학술적 연구, 과거 계획, 다양한 이용자에 의한 실제 경험 등이 있다. 고객의 소망과 최종 상품을 잘 조화 시키는 것은 더 관광상품의 품질개선, 장기적 관점에서 지속가능성, 시장 차별화, 그리고 비용과 갈등의 절감 등이 가능해진다(Sweeting et al., 1999: 48).

갈등을 최소화하고 만족도를 증가시키려면 구역제와 사회공학이 필요하다. '구역제(zoning)는 리조트 내의 특정 지역을 각기 다른 토지 이용을 위해 구별하는 것으로, 각 구역 내에서 기존 계획대로 개발이 이루어지도록 개발 기준을 지켜야 한다(Inskeep, 1991: 432)'. 리조트에서 이런 구역제는 제한적이지만 접근 가능한 곳에 위치한 지역의 저밀도, 중밀도, 고밀도의 숙박시설 등을 잘 배치하는 것을 포함한다. 소매업, 교통, 그리고 위락 목적의 상업 복합단지 등과 같은 공공 지역은 중심에 배치되고, 쉽게 접근할 수 있어야 하지만, 거리 등에 의해 숙박시설 지역과는 충분히 떨어져야 한다.

Mill(2001)은 어떻게 리조트 경영주가 설계 원칙으로부터 혜택을 얻을 수 있고, 공원 기획 경험에서 어떤 실용적인 점을 취할 수 있을지 보여주었다. 그는 Rutledge(1971)가 자연 공간을 설계 할 경우 사용한 다음과 같은 8개의 주요 원칙을 인용하였다. 즉,

1. 모든 것이 목적을 가지고 있음을 확신하라.
2. 사람들을 위해 설계 하라.
3. 기능과 심미적 요소 모두를 만족시켜라.
4. 실체적인 경험을 할 수 있도록 해라.
5. 적절한 경험을 할 수 있도록 만들어라.

6. 기술적 요구사항을 충족하여라.

7. 가능한 저가로 욕구를 만족시켜라.

8. 관리 소홀에 대비하라.

(Rutledge, 1971: 79)

이런 원칙들은 리조트 구역제가 각각의 부지에 주요한 목적을 부여한다는 점에서 리조트 구역제가 지닌 목적을 잘 보여준다. 즉, 그것은 고객의 레크리에이션/관광 경험과 지속가능한 개발을 위해 부지에 대한 자연적 수용능력과 관련되어져 있다.

이런 지역 내의 물리적 배열을 지원하기 위해, 리조트 경영주는 고객이 리조트로 휴가지를 결정하고 선택하도록 자극할 필요가 있을 것이다. '사회공학(social engineering)'이라는 용어는 King(1997)이 Fiji 리조트와 호주의 Whitsunday 섬을 비교•검토한 자료에서 논의되어졌다. 그가 이 용어가 지닌 적절성에 대해 결론을 내리지 못할 동안, 그것은 고객이나 경영주를 위한 최선의 선택인 구역제 등과 같이 물리적 계획을 보증한다는 점에서, 고객과 밀접하게 관련되어 있다.

사회공학의 시작점은 리조트에 대한 촉진에서부터이다. '광고에서 사용되는 언어는 듣는 사람과 잠재 고객들이 그 리조트에서 무엇을 기대할 수 있을지에 대한 메시지를 전달하기 위해 사용되어졌다. 섬에 있는 리조트들이 인공적인 창조물이니만큼, 사회적인 분위기도 마찬가지로 인위적으로 조절되어야 한다(King, 1997: 188)'. 따라서 물리적으로 계획되고, 개발된 리조트는 그것이 지닌 의도(상품과 이미지)를 정확하게 잠재 수요자에게 전달해서 그들이 리조트 이미지와 경험을 다시금 재생산하는 공헌자가 되도록 해야 한다.

구역제와 사회공학이 명확하게 상승효과를 나타낼 수 있는 두 가지 영역은 분위기 형성과 편의성에 대한 개발이다. 어떤 시장 세분화에서 정확한 소구력을 지니기 위해서는 '고객들이 편안하게 느낄 수 있는 적절한 분위기'를 형성해야 한다'(King, 1997: 188). 구역제는 적절한 토지 이용과 거리나 부적절한 것을 걸러내는 과정을 통해 지원받을 수 있다. 리조트 내에서 활동과 이러한 사회성간의 관련성은 종사자가 의무감이 아닌 고객에게 편의성을 제공할 목적일 때 제 기능을 발휘할 수 있다(King, 1997: 175). 이것은 고객에게 제공하는 편의성을 최대화 시키고, 리조트에서 그 고전적인 예시를 찾아볼 수 있다. 그 중 한 가지는, 바(Bar)나 식당 시설을 골프장 마지막 홀과 수영장 옆에 배치하여 육체적 활동 후에 유발되는 긴장을 풀 수 있도록 하는 것이다. 두번째로 그 장소의 자연적 경관을 보여주고 보호할 뿐만 아니라 걷는 것에 어려움이나 장애가 없는 산책로를 만드는 것이다.

이제까지 우리는 리조트의 지속가능한 환경 관리에 대해 일차적으로 논의해왔지만, 사업적 측면에서는 소비자나 고객을 유인하기 위한 환경이 필요하다. 그러나 디즈니 사(社)의 테마파크 개발에서 볼 수 있듯이 이것은 단순히 마케팅 문제가 아니고, 바깥 세계와 리조트 내부 세계간에 뚜렷한 차이를 만들어내는 것 역시 중요하다. 고객들이 리조트에 접근할 때, 그 입구에서부터 고객들은 환영받는 느낌 그리고 그 내부에서 경험할 수 있는 것을 느낄 수 있어야 하며, 리조트 내부로 이어지는 길 역시 편리하고 매력적이어야 한다.

## 6. 상품 설계

### 1) 장소성

'리조트 전략과 설계가 지닌 일차적 목표 중 하나는 장소성(Sense of Place)을 형성하는 것이다'(Urban Land Institute, 1997: 111). 대부분의 고객들은 리조트에서 집과는 다른 뭔가 특별한 것을 경험하려고 온다. 그 두 장소의 차이에서 중요한 부분은 지형학적 입지, 기후, 역사, 사람 등에서 유래된 리조트 관광목적지가 지닌 차별적인 특성으로, 그 지역이 지닌 독특한 특성은 다른 지역이나 세계로부터 리조트를 구분시켜 준다. 따라서 상업적인 리조트 기업이 이러한 독특한 지역 환경을 그 리조트에 도입하고자 한다면, 개발업자는 중요한 차별 요인으로서 그 지방이 지닌 장소성을 더욱 잘 유지하고 발전시키기 위해 노력해야 한다.

리조트의 물리적 배경이 고객을 불러들이는 주요한 요인이므로 환경을 보호하는 것이 가장 중요하다. 통상적으로 앞서 언급된 구역제에 대해 먼저 논의하여야 하지만, 이러한 구역제는 각 토지 내에서 개발 지구 그리고 보호 지구를 선정하는 것을 필요로 한다. 유명한 리조트 계획가인 Larry Helber는 '구역을 지정하여 집중적으로 개발하는 것이 중요한데, 이용자의 편의성을 촉진 시킬 수 있는 활동과 매력물을 배치함으로서 사회적 중심점 또는 긍정적인 혼잡을 유발할 수 있는 기획을 해야 한다(Urban Land Institute, 1997: 114). 그러나 일부 구역들은 물리적 개발을 피해야 한다. 산사태나 눈사태가 일어날 수 있는 급격한 경사 그리고 멸종위기의 동식물이 있는 서식지 등이 그 지역이다. 다른 곳이라고 피해가 없으리라고 단언할 수는 없는 것이, 개발의 후폭풍은 시일이 지난 후 나타날 수 있고, 또한 식별하기 어려울 수 있기 때문이다.

이런 알아차리기 힘든 피해로는 해변의 예를 들 수 있다. 이곳은 복구가 쉽게 되며 매일 밀물과 썰물로 정화되고 있기 때문에 처음에는 개발자에게 이상적으로 보일 수 있다. 그러나 해변은 화산과 같이 살아있는 지형으로, 장기적인 해안침식이 이루어지고 있는 곳이다. 국부적으로 파도가 해안선을 마모시키는 과정에서, 해변은 곶(串)이 침식된 탓에 더 넓어지게 된다. 곶은 극심한 사이클론 등의 태풍에 의해 부서지거나, 제방으로 인해 미네랄 공급이 되지 않아 서서히 줄어드는 것이다. 이런 천해(淺海 : 연안류와 이안류의 영향을 받는 과정, 즉 자연에 의한 순환, 정화작용)를 방해하는 개발은 결국 실패하고 많은 관리비용을 발생시킨다. 이것은 Miami 해변이 유명한 그 해변의 존재이유(raison d'etre)를 유지하기 위해 노력하는 과정에서 발생된 비용에서도 알 수 있다(Time Magazine, 1979).

비가시적(invisible)인 영향력이 지닌 두번째 범주는 연안지역의 맹그로브 습지의 경우를 들 수 있다. 건조한 육지와 바다 사이에 곳곳에 산재한 늪과 같은 환경은 개발업자들에게는 자연적 재생 프로젝트에 적합한 장소로 여겨졌다. 그러나 이곳은 새와 물고기들의 가장 중요한 산실이다. 방조제, 간척, 그리고 관개사업은 중요한 야생동물이 사라지게 만든다. 그리고 이것은 오로지 지역적으로만 느껴지는 피해이나 다른 지역의 먹이사슬에도 알게 모르게 영향을 끼칠 것이다.

우리에게 주어진 과제는 자연친화적으로 지속가능한 개발을 하는 것과, 편리하고 고객에게 매력적인 상품을 생산하는 것 간의 균형을 유지하는 것이다.

### 2) 다용도 이용

많은 리조트는 수요 측면에서 다양한 고객이나 계절적 변화에 맞추기 위해 여러 용도로 쓰일 수 있는 상품을 개발하고 있다. 상품을 다용도로 사용하기 위해서는 상승작용을 유발할 수 있는 관계를 만들거나 갈등의 관계를 분리시켜야 한다. 리조트 관광목적지내에서 상승작용을 유발할 수 있는 관계 형성방법은 많은 매력적인 상품패키지를 만드는 것이다. Urban Land Institute(1997: 2-7)는 숙박시설에서 상승작용 효과가 나타난 예로 ' 호텔이나 휴가용 주택 등이 결합된 것과 같은 제 2의 집(second home)에 대한 잠재적 이용자의 비율이 매년 증가하고 있다'라는 사실을 제시하였고, 9장에서 상세하게 논의되어질 것이다. 땅값과 시설을 생각할 때 야외 레크리에이션에 대한 투자는 다양한 방식으로 이루어져야 할 것이다. 많은 스키 리조트는 여름활동을 스키슬로프에서 실시한다. 여름에는 리프트가 하이킹, 산악자전거, 기계루지(썰매의 일종) 경주, 링크 골프, 잔디 스키 등의 활동을 하는데 이용되어질 수 있다.

대도시 혹은 대규모 공항과 가까운 리조트들은 컨퍼런스나 미팅 개최지로서 상품적 가치가 있다. 비수기에는 이 부분이 중요해지며, 리조트의 핵심적 활동과 서비스의 질에 관한 평판을 들을 수 있다는 점에서 중요하다. 산악지역에서 스키를 타거나 해변에서 바다를 즐길 수 있는 시기가 아니어도, 이런 입지 조건에 위치한 리조트는 컨퍼런스나 미팅 시장에서 고객들이 신선하다고 느낄 수 있는 차별성을 지니고 있다.

### 3) 건축 설계

리조트가 더 많은 소구력을 지니고 효율성을 지니기 위해서는 리조트의 실제 건물 설계 과정에 더 많은 관심을 두어야 한다. 리조트가 그 자체로 중요한 매력물이 되거나 더 편리하게 시설물을 배치하기 위해서는 조망과 접근가능성 측면에서 그 입지가 지닌 이점을 최대화 시킬 필요가 있다. 이 과정을 통해 직원과 현대적 설비가 최대의 효율적으로 사용되어질 수 있지만, 심미적 측면이나 지속가능한 개발에서 한계가 있다.

가장 중요한 첫번째 단계는 적합한 기반시설을 구축하여, 단기간에 기대된 방문객을 지원할 뿐만 아니라, 리조트를 확장할 때 부가적인 구성요소를 제공해 줄 수 있다. 기반 시설의 준비와 관련된 공익시설(예 전기, 수도) 서비스는 눈에 띄지 않아야 할 필요가 있다. 물 저장고와 처리시설을 보고 싶어 하는 고객은 없다. 하지만, Kingfisher Bay 리조트에서 보듯 가끔 그런 요소를 명소로 삼을 수도 있다. 요약하면, 잘 설계된 리조트는 고객의 집에 있는 기반 시설이 지닌 단점을 방지할 수 있어야 하고, Walt Disney World가 그 탁월한 예이다.

기반 시설 위에 건설된 건물들은 형태와 건축 자재면에서 그 지역이 지닌 장소성과 부합해야 한다. 산악지역에서 이것은 보통 목재와 돌을 이용하는 것을 말하는데, 눈이 쌓이지 않게 하기 위해 지붕을 가파르게 경사지게 만들어 지붕 위에 오는 하중을 견딜 수 있다. 열대 지방의 해변 리조트에서는 일부 건물들은 짚이나 진흙 반죽 등을 사용하여 뜨거운 열대지역에서도 저녁의 시원한 바닷바람이 개방된 부분으로 들어올 수 있게 한 전통적 양식을 본뜬다. 더 안락한 구조(에어컨) 혹은 건강과 관련된 규제(음식 보관과 조리)가 필요한 곳에서도 여전히 그 지역의 전통적인 설계를 본떠서 활용할 수 있다.

### 4) 교육

이러한 지속가능한 개발이나 장소성을 강조하는 것은 리조트 건물과 개발에 더 많은 비용이 들게 할 것이다. 따라서 어떤 방식으로 리조트가 이러한 가외 비용을 만회할 수 있고 경쟁에서 살아남을 수 있을까? 한 가지 뚜렷한 답변은, 잠재 고객들에게 그들이 방문할 매력적이고 민감한 환경을 개발하는데 주의와 관심을 기울일 수 있도록 교육시키는 것이다. 다른 방안으로는, 고객들을 환경에 관해 교육시키고 즐거운 방법으로 배우도록(edutain)하여, 그들이 환경을 보존하는데 중요한 역할을 할 수 있도록 하는 것이다.

이 교육의 대부분은 리조트의 촉진 형태로 나타난다. 사명과 특징을 강조하는 리조트 마케팅은 일반 대중이 그것을 위해 어떤 노력을 해야 하는지 교육시키고 있다. 점차 많은 광고들이 리조트 관광목지의 환경이 얼마나 민감하고 보호를 요하는지 보여주며, 친환경 인증을 받으려 애쓰고 있다.

또한 지역 환경과 지역공동체에 대한 교육적 프로그램도 늘어나고 있다. 많은 경우 이것은 실내에서 팸플릿을 배부하고 지역 환경과 리조트의 환경에 대한 공헌도를 설명하는 형식이다. 다른 경우, 지역 환경과 문화를 배우고 싶은 사람들을 위한 세미나도 열린다. 관광객들이 지역의 물리적 그리고 문화적 환경을 보도록 투어를 실시하고 그들이 지역의 특성을 감상할 수 있도록 하기도 한다. 비록 생태관광을 표방하는 리조트 내에서 환경에 대한 교육을 실시하고 노력하고 있지만, 대부분의 리조트에서도 물 절약의 지침으로 더러워진 타월만 세탁하도록 하는 등의 환경에 대한 교육이 어느 정도 이루어지고 있다.

에듀테인먼트(edutainment: 오락성을 겸비한 교육용 프로그램)'가 지닌 중요한 특성은 세련된 TV다큐멘터리들과 경쟁해야 한다는 것이다. 이 다큐멘터리는 야생을 모방한 것과는 차이가 나는 대형 스크린이나 컴퓨터 그래픽을 통해 집에서 야생의 환경이나 유적지 등에 관련된 이야기를 고객들에게 전달해준다. 결과적으로 리조트는 만약 고객들이 지역 환경과 문화에 대해 더 관심을 가지고 욕구를 충족시킬 수 있기를 바란다면, 프리젠테이션이나 에듀테인먼트의 수준을 더 높여야 할 것이다.

### 5) 쓰레기 처리

이런 교육 과정에서 중요한 구성요소는 쓰레기 줄이기에 대한 관심이 증가하는 것이고, 리조트는 쉽게 과도한 소비를 야기할 수 있기 때문은 확실히 쓰레기 처리 단계의 세가지 R을 선전하기에 좋은 위치에 있다. 고객들이 휴가를 맞이하여 상류층 대상 리조트에 있을 때 그들은 절약에 대해서 생각하지는 않는다. Tuttle(1994)은 '미국 Washington 주(州), Puget Sound에서 Orcas섬의 다양한 휴양지에서 수(水)자원 이용에 대해 연구하면서, 숙박시설이 더 좋을수록 수자원 낭비가 심하고, 가정집과 상류층 대상 리조트를 비교해도 마찬가지였다.' 라고 제시하였다(표 8-3). Tuttle은 'Orcas 섬과 Seattle의 평균 가정집 규모를 제시하지는 않지만, 한 가구당 두 명의 사람이 보존을 위해 노력한다면, 소비량은 반으로 줄어들 것이다.'라고 주장하였다. 만일 가구당 인원수가 더 많다면 리조트와 가정 간의 수자원 소비 격차는 더욱 벌어질 것이다.

이렇게 휴양지에 따라 물 소비량이 다른 것은 각 숙박시설의 다양한 설비와 그 활용에 원인이 있다. B &B 호텔은 수영장이 없고, 그 빨래를 섬 밖으로 날랐으며, 정원에는 정수 처리되지 않은 물을 줬다. 콘도미니엄 호텔은 수영장과 자쿠지(물에서 기포가 생기게 만든 욕조)가 있고, 린넨은 현장에서 빨았으며, 각 콘도 단위로 세탁기-건조기 그리고 주방과 침실이, 또한 여름에는 더 넓은 땅에 물을 줘야 했다. 이 리조트는 여름에 수영장 4개, 자쿠지 1개를 운영했으며, 겨울에는 1개 수영장과 뜨거운 욕조를 제공했다. 모든 객실에는 화장실이 완비되어 있었고 화장실이 2개 있는 곳도 있었다. 린넨은 현장에서 세탁되었고, 물은 보트의 저장 탱크를 채우기 위해, 그리고 보트를 세척하는데 사용되었다. 드넓은 대지와 풍경은 설계상 가뭄에 취약하지 않았지만, 정화 시설을 거치지 않은 물로 더러움을 없앴다.

❰ 표 8-3 ❱ 휴가지와 가정에서의 수자원 이용도

| 숙박 유형 | 평균 물 소비량(리터/인원/일수) |
|---|---|
| Vacation B&B 호텔 | 225 |
| 콘도미니엄 호텔 | 299 |
| 호화 리조트 | 649 |
| 집 | |
| Orcas 섬(가구당) | 455-569*(228-285) |
| Seattle(가구당) | 758(379) |

*범위는 집이 우물이나 다른 수자원 시설과 어느 정도 가까운지에 달려있다.

자료원: Tuttle(1994).

Tuttle에 의해 묘사된 이용 수치와 고체 쓰레기의 배출로 인해, 리조트 경영주들은 쓰레기 관리 전략을 도입하고 싶어 했다. 신선한 물을 공급하고, 오수를 처리하고, 쓰레기를 폐기하는 비용은 풍요로움의 증가, 자원의 감소 그리고 쓰레기 매립지 부족으로 인해 늘어나고 있다. 그러나 세계의 자원이 줄어들고 비싸지고 있기 때문에 재활용에 대한 환경적 근거뿐만 아니라 경제성도 중요하다. 이것은 낭비에 대한 포괄적인 위계적 관리 전략의 개발이 필요함을 의미한다.

쓰레기 관리 전략은 다음 순서의 관리 우선순위를 따른다. 즉,

1. 쓰레기 기피 (waste avoidance) : 쓰레기 자체의 발생을 막는 방법
2. 쓰레기 감소(waste reduction) : 쓰레기를 줄이는 방법
3. 쓰레기 재이용(waste reuse) : 쓰레기를 즉각 다시 이용하는 것
4. 쓰레기 재활용(waste recycling) 혹은 매립(reclamation) : 쓰레기의 유용한 성분을 다른 과정에 쓰는 것
5. 쓰레기 처리(waste treatment) : 위험 성분 등을 가능한 그 발생지에서 처리하는 것
6. 쓰레기 폐기(waste disposal)

(Australian Commonwealth Environment Protection Agency, 1992: 11)

위의 위계에서, 처음 네 단계는 처리나 폐기 단계에 비해 바람직하므로 더 선호 할 만한다. 가장 이상적인 상황은 물질 순환을 원형으로 하여, 어떤 재활용 가능한 물질도 '쓰레기'가 되지 않도록 하는 것이다.

그런 경영 전략이 성공하기 위해서는 이해관계 당사자들이 교육을 받아야 하고, 이사회가 구성되어야 한다. 그리하여 추가적으로 차별화되어지고, 장기적인 비용 절감을 할 수 있다. 그러나 이런 이론이 실현되기 위해서는 정규 직원들의 도움이 있어야 한다. Hawks(1992: 13)는 Chateau Whistler의 성공적인 'Greening'(친환경 전략)이 많은 부분 직원들의 공이었다고 주장하였다. 이들은 아이디어, 정보, 열정과 실행의 귀중한 원천이었던 것이다. 마침내, 그리고 가장

중요한 것은 고객들에게 이것이 바람직한 방향임을 교육시키는 것이다. 즉, 우리가 고객들이 샤워를 짧게 하도록 하고 싶을 때, 포장되지 않은 그 지역의 잼과 조미료를 사용하거나, 가까운 거리는 걸어 다니거나 버스를 타거나, 화장실을 일반적인 하수종말 체제로 처리하지 못하게 하는 등의 일이다. 리조트 내의 지속가능한 개발은 소비자를 교육하고 설득하지 못하면 이뤄지지 못할 것이다.

## 요 약

이 장은 리조트 내의 물리적 환경을 관리하는 것이 지닌 중요성과, 지속가능한 개발 접근방법이 이러한 환경적 자원을 관리하는데 필요하다는 점을 보여주었다. 지속가능한 실행에 관련된 문제점은 토지의 수용능력을 넘지 않는 것이나, 리조트 경영주에 있어서는 자연 환경 속에서 이루어지는 여가 활동과 관련된 인간의 인식과 물리적 상황 때문에 실행하기에는 다소 어려움이 있다. 그러나 이 장에서는 지속가능한 개발을 위한 대안적 기법으로서 자원관리 전략이 결합된 관리 형태인 수용능력 개념을 정교화시켜 제시하였다.

리조트 체험의 중요한 측면은 입지 설계가 어떻게 고객이 관심을 가지는 리조트의 자연 환경 특성과 연결되는지에 있다. 지속가능한 개발 접근방법은 그 지역이 지닌 장소성을 강조한다. 이것은 관광목적지가 지닌 차별화된 요인으로 점차 중요해지고 있고, 리조트 경영주는 지역에서 나는 재료와 문화로서 리조트를 설계해야 한다.

아래 두 사례 연구는 리조트가 환경을 어떻게 잘 관리하여 지속가능한 개발을 이룩하였는지를 잘 보여준다. 첫째 사례로는 Walt Disney 사(社)의 자연 관련 대규모 투자가 어떤 방식으로 잉여 농지의 가치를 대폭 올려놓았는지를 보여준다. 이것은 환경 계획과 경영에 관한 벤치마킹의 결과였다. 두번째로는 소규모의 작업이었으나, Kingfisher Bay 생태관광 리조트가 Fraser 섬 위의 모래 언덕 위에 조화로운 시설을 건설했을 뿐 아니라 친환경 관광 교육이 인간에 의한 환경 훼손을 방지하는 방향으로 나아갈 수 있다는 것을 증명하였다. 먼저 정화조를 그 지역의 명소로 지정하는 용감한 행보를 보임으로써 생태관광객들이 좋은 관리 시스템이 미래 환경에 어떤 기여를 하는지 제시해 주었다.

사례연구

### ••• 미국, 플로리다 주의 월트 디즈니 •••

Disney 사(社)는 Orlando의 남서쪽으로 16 마일 위치에 있는 43 평방마일의 잔여 농장과 늪지를 1 에이커 당 평균 200달러로 구입하였다. 그 장소는 거버넌스와 관련된 장에서 살펴보았듯, 포괄적인 계획과 개발 관리를 통해 이 생산적인 땅을 대규모 리조트로 바꾸기 위해서 새로운 정치적 재판관할권(the Reedy Creek Improvement District)이 설정되기 이전에는 개발되지 않았다. 20세기말에 와서는, Capodagli와 Jackson(1999: 41)에 의하면, 에이커 수의 절반이 이용되지도 않은 상태에서, 개발되지 않은 땅의 가치가 에이커당 백만 달러로 치솟았다. Walt Disney World의 자연 개발은 이처럼 지속가능하고 생산적인 방법으로 토지를 개발하는 것에서 벤치마킹 대상이 될 법 하다.Walt Disney World의 환경적 성취는 수자원 관리였다. 이 잉여 토지는 여름에는 홍수의 위험이 있었고 나머지 시기에는 가뭄이 들었는데, 늪지의 움푹한 땅은 예외였다. 물은 17개의 자동화된 댐과 몇몇 자연적이거나 인위적 저수지에 의해 정상적 수준으로 유지되고 있다. 40마일의 관개 운하를 지나면서 수질 측정이 계속 이루어진다. 북쪽에서 자연 배수가 이루어지며, 물은 그 지역의 11곳의 다른 방향에서 들어온다. 각 관개점은 매일 체크되며 기준 이하의 물일 경우 거부될 수 있다.

이러한 절차는 Reedy Creek Improvement 구역으로 하여금 자연의 경작과 Florida 습지의 야생을 보존하기 위해 필요한 수질이 좋은 물이 사계절 내내 유입되도록 하였다. 목장, 산림, 계곡 등 계절에 따라 다른 관광 매력물을 개발구역 내에서 찾아 볼 수 있다. 고속도로의 남쪽 지역에는 완충지대로 습지 보호 구역이 있는데 이곳은 보통 사람들이 알아차리지 못하는 곳이며 일반 관람은 불가하다. 그 결과 안전하게 보존된 이 지역은 전 세계 많은 관광객을 유인할 수 있는 장소가 되고 있다.

훼손되기 쉬운 습지를 오염시키지 않고 환경에 대한 완충지대로 만들기 위해, 주요한 관광매력물은 환경에 미치는 영향을 최소화되도록 고안되어졌다. 3차 처리시설은 97%의 부유물질을 제거하고 잔여물은 관개수로나 옆의 산림에 의해 다시 생태계로 돌아가게 된다. 이렇게 하수시설과 관개 수로는 지역 농장에서 신장(kidney)의 역할을 맡고 있고, Reedy Creek Improvement District의

지하수로를 채운다. 이와는 대조적으로, 개발을 제어 하지 못한 주변 지역은 지하수면이 가라앉아 구멍이 뚫리고 심지어 일부 지역에서는 토지와 건물까지 가라앉는 사태가 발생했다.

개발지구 내에는 다양한 테마파크, 거주지, 소매상가 그리고 레크리에이션 시설이 전체적인 수자원 관리 계획에 따라 배치되어있다. 대규모 테마파크는 자연적 혹은 인공적 섬 위에 지어졌는데 그것은 섬 자체를 보호하고 또한 많은 자본을 투자해 홍수를 예방하기 위한 방침이다. 각각의 공원은 'utilidors'(utility corridors : 유용한 복도)라는 기반 시설 체제에 근거해 지어졌다. 이것은 직원들이 고객들 앞에 나타나기 전에 지나가는 측면의 출입구 복도 위에 전기, 물 그리고 하수 시설을 배치시켜놓는 것이다. 따라서 서비스를 고치거나 업그레이드할 필요가 있을 경우 테마파크의 거리들은 훼손되지 않은 상태로 수리 및 업그레이드가 끝날 때까지 보호된다. 골프 코스들은 Walt Disney에서 가장 유명한 명소이며 주기적인 물의 범람이 해롭지는 않을 것이고 오히려 잔디의 푸른 광택을 더해줄 것이기에 범람원에 위치해있다. 심지어는 이곳과 연계된 고립된 숙박시설들은 수많은 비용으로 유지되어지는 설비와 가구들을 토대(pedestal) 위에 세워, 25년 이상을 홍수에도 견뎌왔다(그림 8-4).

미래의 범람에 대비하는 것 이외에도, Reedy Creek Improvement District는 수백만 명의 관광객들이 유발할 수 있는 환경오염에 대비했다. 다수의 관광객들은 숙박 시설 복합단지 그리고 Downtown Disney를 따라 위치한 마법의 궁전, EPCOT, 그리고 Disney-MGM 스튜디오 등에 몰린다. 이 지역은 다양한 통로와 건물들에서 관광객들이 활동할 수 있게 한다. 사람들은 자신들의 차를 놔두고, 모노레일이나 대중교통을 이용해 환경에 미치는 영향력을 최소화 시키도록 분산되어진다. 관광객들이 버리는 대량의 쓰레기들은 민첩하게 치워질 뿐만 아니라 지하의 진공 시스템으로 압축 시설과 소각로로 향하게 된다. 이 소각로는 대기오염물질을 정화하여 대기오염을 방지하고, 발생하는 열로 리조트에 온수가 나오게 한다.

Walt Disney World의 고도의 선견지명이 이처럼 지속가능한 환경과 이윤창출 모두를 가능하게 한 것이다. Disney World는 단순히 돈과 시간을 많이 소비하게 되는 곳에서 완벽한 종합 휴가관광목적지로 발전했다(Bryman, 1995: 67). 이렇게 되기까지는 자연과 관련하여 많은 자체 경험이 필요했다. 수자원

《 그림 8-4 》 테마파크 건너편에 위치한 Walt Disney World Resort(미국)

관리 틀에 기반을 둔 환경 기획은 중앙 Florida 중심부의 환경에도 영향을 줬다. Disney의 CEO이었던 Micheal Eisner가 1999년에 말하기를, '3개의 새로운 테마파크와 60,000개의 호텔 객실 그리고 영구적인 자연 보존과 야생 보호를 위한 9,000에이커의 땅을 차지하고 나서도, 남쪽으로 9,000에이커 가량이 남았다(Eisner with Schwartz, 1999: 407)'. 이곳이 바로 Disney World가 Walt Disney의 '미래도시를 향한 이뤄지지 않은 이상'을 구현한 곳으로, 'Town of Celebration'을 설립한 곳이다. Celebration의 목표 중 하나는 '예방, 진단, 건강, 그리고 웰빙'이다. 이런 방법으로 Disney World는 완벽한 리조트가 되었으며, 자연 환경과 관련하여 이룩한 성과를 토대로 하여, 원래의 단기적인 방문과 위락 문화를 영구적인 거주 그리고 인간의 건강에 대한 관심으로 바꾸어나가고 있다.

### ••• 호주, 퀸즐랜드 킹피셔베이 •••

Walt Disney World의 큰 규모에 비해 Kingfisher Bay 리조트는 자연의 경이로움을 보여주는 환경관광을 제공할 뿐만 아니라 그 안에서 인간이 차지하는 역할도 보여준다. Fraser 섬은 세계에서 가장 대규모로 농작물을 재배하는 사주(Sandbar: 조류 때문에 형성된 모래톱)가 있는 섬으로, 세계문화유산에 등재되어 있다. 가로 120, 세로 14㎞의 규모로, Great Sandy 국립공원으로 지정되어 보호되고 있다. 이 거대한 섬에서 머물 수 있는 곳으로 160에이커(64 헥타르)의 Kingfisher Bay 리조트가 있다. 이곳은 환경관광을 테마로 한 화려한 숙박시설을 제공하고 있다. 교육 센터도 마련되어 있으며, 섬 안의 독특한 자연 환경을 둘러보는 다양한 투어를 할 수 있다. 하지만 오두막집 벽에 쓰여진 다음 인용구를 따라야만 한다. 즉,

우리는 우리가 사랑하는 것을 보호하고,
우리는 우리가 이해하는 것을 사랑하고
우리는 우리가 공부하는 것을 이해한다.

이 리조트는 우리가 그러한 환경에서 얼마나 더 조화롭게 살 수 있는지, 그 정화조 시설까지 교육 과정에 포함시킴으로써 증명해 보인다.

《 그림 8-5 》 Kingfisher Bay 리조트(호주)가 지닌 생태관광 메세지와 매력물

리조트는 3차 처리시설을 주된 시설과 가깝지만 잘보이지 않는 장소에 마련해두었다. 이곳은 크리스마스, 부활절, 그리고 고래 관광 등 주기적인 성수기에 방문하는 1,500여명의 사람을 수용할 수 있다. 다른 모든 3차 처리시설과 같이, 이곳 역시 불쾌한 냄새는 없으며, 거의 대부분의 폐기물이라곤 물이다. 그리고 이 물은 정화된 후 지역 생태계로 방류된다. 남은 진흙덩어리들은 야채와 재활용 종이를 섞어 비료를 만드는 지렁이농장으로 보내진다. 이 비료는 시설의 허브 농장에서 리조트 음식을 만드는 것에 활용된다(그림 8-5).

Kingfisher Bay 리조트의 하수처리 시설이 지닌 신기한 면은 대중에게 공개되지 않았지만, 대중의 인식과 교육을 위해 일부 시설이 개방된다. 관광객들은 3차례의 처리 과정을 살펴보게 되고 마지막으로 지렁이농장과 생산성이 높은 허브 농장까지 견학한다. 그저 인간의 오물로만 여겨졌던 것이 다시 섬의 생태계로 돌아오고, 또한 통상적으로 그저 기반 시설비용으로만 여겨지는 시설이 관광 매력물의 중요한 구성요소가 생태관광을 위한 수익을 창출할 수 있게 되었다.

## 연습문제

1. 리조트 경영을 Brundtland 보고서에 제시된 '지속가능한 개발' 개념을 토대로 이 책에서 검토된 Barkham의 수용능력(CC)에 대한 개념을 비판적으로 분석해보라.

2. VIM에서 '확고한' 그리고 '유동적인' 관리의 뜻이 무엇인지 설명하고, 리조트 하나를 선택 한 후 그 사례를 예로 들어 그 리조트가 지닌 효율성을 설명해보아라.

3. 경영에서 어느 단계가 생태학적 발자국(EF) 지표를 도입하기에 가장 적절할 것인지 토의하고, 리조트가 어떻게 그런 기법 내에서 평가될지에 대해 토의하라.

4. Porter의 '가치사슬'(value chain)과 Flagestad와 Hope의 가치의 부채꼴(Value Fan) 모형을 해변 리조트 경영에 도입할 경우 각기 지닌 장·단점을 비교하고 대조하라.

5. 지방, 지역, 국가/세계적 수준 등에 걸맞는 리조트를 시장에 적절하게 도입하기 위한 방안에 대해 설명하고, 이 리조트들이 어떻게 단골고객이 지닌 욕구를 잘 충족시킬 수 있을지에 대해 분석하라.

6. 'Walt Disney World는 대규모 관광 매력물 바로 옆에 보호 구역을 마련할 수 있다는 것을 보여줬다.' 이러한 Disney의 환경에 대한 기획이 어떻게 이것을 가능하게 하였으며, 국립공원 내에 위치한 리조트에 적용할만한 교훈이 있을지 생각해 보라.

## 참고문헌


- Australian Commonwealth Environment Protection Agency (1992). *National Waste Minimization and Recycling Strategy*. Canberra: Department of Arts, Sport, Environment and Territories.
- Barkham, J.P. (1973). Recreational carrying capacity: a problem of perception. *Area*, **5**, 218-222.
- Bryman, A. (1995). *Disney and His Worlds*. London: Routledge.

- Canestrelli, E. and Costa, P. (1991). Tourist carrying capacity: a fuzzy approach. *Annals of Tourism Research*, **18(2)**, 295-311.
- Capodagli, B. and Jackson, L. (1999). *The Disney Way: Harnessing the Management Secrets of Disney in Your Company*. **New York: McGraw-Hill**.
- Consulting and Audit Canada (1995). *What Tourism Managers Need to Know*. Madrid:World Tourism Organisation.
- Eisner, M.D. with Schwartz, T. (1999). *Work in Progress*. London: Penguin Books.
- Flagestad, A. and Hope, C.A. (2001). Strategic success in winter sports destinations: a sustainable value creation perspective. *Tourism Management*, **22(X)**, 445-461.
- Gill, A. and Williams, P. (1994). Managing growth in mountain communities. Tourism Management, **15(3)**, 212–220.
- Glasson, J., Godfrey, K. and Goodey, B. (1995). *Towards Visitor Impact Management*. Aldershot:Avebury.
- Green Globe (2006).The Green Globe Program. www.greenglobe.org. Accessed on 21 May 2006.
- Hawkes, S. (1992). The 'greening' of Canadian Pacific Hotels and Resorts: The Chateau Whistler case. In *The Greening of Tourism: From Principles to Practice* (S. Hawkes and P.Williams, eds), pp. 9-13. Burnaby, BC: Centre for Tourism Policy and Research, Simon Fraser University.
- Hawkes, S. and Williams, P. (1992). *The Greening of Tourism, from Principles to Practice*. Burnaby, BC: Centre for Tourism Policy and Research, Simon Fraser University.
- Howatson, A.C. (1990). *Toward Proactive Environmental Management*. Ottawa: Conference Board of Canada.
- Hunter, C. and Shaw, J. (2007).The ecological footprint as a key indicator of sustainable tourism. *Tourism Management*, **28(1)**, 46-57.

- Inskeep,E. (1991). *Tourism Planning:An Integrated and Sustainable Development Approach.* New York:Van Nostrand Reinhold.
- Kelleher, G. (1992). Sustainable development of the Great Barrier Reef Marine Park. In *The Greening of Tourism: From Principles to Practice* (S. Hawkes and P.Williams, eds), pp. 53-58. Vancouver, BC: Centre for Tourism Policy and Research, Simon Fraser University.
- King, B.E.M. (1997). *Creating Island Resorts*. London: Routledge.
- Lewis, R.D. and Green, S. (1998). Planning for stability and managing chaos. In *Embracing and Managing Change in Tourism* (E. Laws, B. Faulkner and G. Moscardo, eds), pp. 138-160. London: Routledge.
- Mill, R.C. (2001). *Resorts: Management and Operation.* New York: John Wiley and Sons.
- Murphy, P.E. and Murphy, A.E. (2004). *Strategic Management for Tourism Communities: Bridging the Gaps*. Clevedon: Channel View Publications.
- Murphy, P.E. and Price, G.G. (2005). Tourism and sustainable development. In *Global Tourism* (W.F. Theobald, ed.), 3rd edn, pp. 167-193. Amsterdam: Elsevier-Butterworth Heinemann.
- Needham, M.D. and Rollins, R.B. (2005). Interest group standards for recreation and tourism impacts at ski areas in the summer. *Tourism Management*, **26(1)**, 1-13.
- Queensland Parks and Wildlife Service (2007) *Tourism in Protected Areas*, Appendix 1: Sustainable Visitor Capacity and Field Assessment Sheets; and personal communication, March.
- Rutledge, A.J. (1971). *Anatomy of a Park: The Essentials of Recreation Area Planning and Design.* New York: McGraw-Hill.
- Shaw, E. and Williams, A.M. (2002). *Critical Issues in Tourism: A Geographical Perspective*, 2nd edn. Oxford: Blackwell Publishers.
- Stankey,G.H., Cole,D.N., Lucas, R.C., Peterson, M.E. and Frissell, S.S. (1985). *The Limits of Acceptable Change (LAC) System for Wilderness Planning.* Washington D.C.: US Department of Agriculture and Forestry.

- Sweeting, J.E.N., Bruner,A.G. and Rosenfeld,A.B. (1999). *The Green Host Effect: An Integrated Approach to Sustainable Tourism and Resort Development*. Washington D.C.: Conservation International.
- Time Magazine (1979). Costly facelift for an old resort. *Time*, August 13, 29.
- Tuttle, C. (1994). Sustainable water supply for future Orcas Island tourism development. *Proceedings of Quality Management in Urban Tourism: Balancing Business and Environment*. Faculty of Business, University of Victoria, Victoria, BC, pp. 89-98.
- United Nations (1999). *Guidelines on Integrated Planning for Sustainable Tourism Development*. New York: United Nations Economic and Social Commission for Asia and the Pacific.
- United Nations (2002). *Johannesburg Summit 2002 - agenda* 21. www.johannesburgsummit.org/html/basic-info/agenda21.html. Accessed on 21 May 2006.
- Urban Land Institute (1997). *Resort Development Handbook*.Washington D.C.: Urban Land Institute.
- Wackernagel, M. and Rees, W.E. (1996). *Our Ecological Footprints: Reducing Human Impact on the Earth*. Gabriola Island: New Society Press.
- Williams, P.W. and Gill, A. (2004). Addressing carrying capacity issues in tourism destinations through growth management. In *Global Tourism* (W.F. Theobald, ed.), 3rd edn, pp. 194-212. Amsterdam: Elsevier-Butterworth Heinemann.
- World Commission on Environment and Development, Chair - Gro Harlem Brundtland (1987). *Our Common Future*. Oxford: Oxford University Press.

CHAPTER 9

# 지역공동체와 주택공급과의 관계

## 1. 서론

이 장에서는 지역공동체가 리조트 경영주의 의사결정과 어떤 관련성을 지니는지 알아보고, 리조트 경영을 위해 리조트 사업과 지역공동체 요인이 고객과 직원을 위한 주택 공급 선택에 미치는 중요한 영향을 알아보는데 초점을 둔다. 리조트 개발의 모든 단계는 지역공동체란 구성요소가 포함된다. 즉,

> 지역공동체(Community)는 연합(Communion)이란 단어에서 유래되었고, 그 뜻은 같은 일을 나누어서 한다는 뜻이다. 그리고 그 일을 나눔으로써 사람들은 가능하다고 생각하지 못했던 일들을 해내었고, 그건 축복할만한 일이다(Roddick, 2005: 55).
>
> (내부사회: internal society)
>
> 지역공동체는 '공통의 동기와 공통의 목표에 기반을 둔다'로 정의되어진다(Joppe, 1996: 475).
>
> (외부사회: external society)

Anita Roddick이 언급한 지역공동체는, 특히 리조트 내에서는 다양한 사람이나 재능을 지닌 기업 직원이나 내부사회를 의미한다. 그러나 리조트에는 주변의 지역공동체나 주요 도시 그리고 지역이나 국가적 연결고리라는 외부사회도 있다. 외부사회는 노동력, 양식, 보완적인 매력물, 활동, 그리고 핵심적인 호의 등을 제공해준다. 이 장은 리조트 내의 지역공동체에서 개별 사업(리조트 호텔, 스키-리프트 기업, 또는 식당)과 관광목적지에 표적을 둔 시장세분화 고객을 유도할 수 있는 리조트와 주변 환경 사이에서 지역공동체의 연결고리를 형성하는데 초점을 둔다.

지역공동체의 관계 형성(CR: Community Relation)은 투자 과정이 보다 복잡해지고, 지속가능한 개발 목표가 더 정치적으로 변질되어가고, 경쟁이 더 치열해지는 상황에서 리조트 경영에 미치는 중요성이 증가되어지고 있다. Huffadine(2000: 41)은 '건축 프로젝트, 기반시설 구축에 필요한 재정 등에 대해 관찰하고, 리조트의 물품 공급과 직원 관리는 지역의 호의와 인적 자원에 의존할 것이다'라고 주장한다. 리조트와 지역공동체가 경쟁적인 세계 관광 시장에서 생존을 하려면, Rogers(2001: 136)는 '지속가능한 회계(Triple Bottom Line audit)가 지역공동체 개발에 있어 적절하게 응용 되어져야 한다.'고 주장하였다. Rogers의 견해로는, 지속 가능한 지역공동체라는 틀 내에서 리조트가 경쟁력을 가지기 위해서는 지역공동체와 리조트간의 다음과 같은 협력이 필요하다. 즉,

- ❖ 자연환경이 그 기능을 훼손하지 않을 한도 내에서 인간의 욕구를 충족시킬 수 있는 자연이 지닌 능력의 활용.
- ❖ 그 구성원들의 웰빙 추구 : 관용, 창의력, 참여와 안전함을 제공하고 격려함.
- ❖ 사람들에게 공동의 책임감, 동등한 기회, 전문성 함양의 기회, 그리고 그들과 관련된 의사결정에 영향을 미칠 수 있는 능력 등에 대해 권한을 위임해 주어라.
- ❖ 경쟁뿐만 아니라 협동할 수 있는 사업, 산업, 기관들의 구성요소로는 다양

한 방법으로 지역공동체가 투자할 수 있게 하는 환경적 건전성, 재정적 투명성, 그리고 사회적 책임감 등이 있다.

(Rogers, 2001: 137).

이것이 이번 장에서 다루고자 하는 부류의 사회적 관계이며, 주된 관심사는 관광 산업이 공동체 변혁의 요인이 된다는 점이다. 변화는 새로운 '승자'와 '패자'를 구분하게 됨으로써, 공동체의 세력 기반에서부터 나타난다. 새로운 아이디어와 우선순위를 도입하여 지역공동체를 재구성하고, 지역의 자원 기반에 대한 새로운 수요를 창출할 새로운 시장을 형성할 수 있다.

## 2. 변화 동인(agent)으로서의 관광산업

리조트가 관광목적지에 많은 고객들을 유치할 때에는 공장이 거꾸로 움직이는 것과 같다. 그것은 상품을 고객들에게 실어 나르는 대신 고객들이 직접 와서 즐기도록 미리 갖춰두고 준비해놓는 방식이기 때문이다. 이 고객들은 한때 그저 사진과 발자국만 찍고 돌아가는 것으로 인식되었으나, 대량관광이 가능해짐에 따라 어떤 관광객은 그 지역에 중요한 영향을 미칠 의도로 행동하기도 한다. 현실은 초기의 순수하게 관광을 목적으로 오는 것과 많이 다르게 변화되었다. 물리적 손상은 환경에 미치는 스트레스와 훼손 등이다. 사회에 미치는 영향은 지역문화의 서구화 등이 있다. 경제적 측면으로는 기업 유치로 인해 얻을 수 있는 혜택과 젊은이나 여성노동력의 취업 기회 증가 등이 있지만, 나머지는 리조트로 인해 일자리를 빼앗기거나 기존의 전통 자원에 대한 접근가능성이 떨어지게 되는 것이다. 그리고 만약 리조트 관광목적지가 제 2의 집이나 은퇴 후 공동체로 각광을 받게 되는 경우 지역 주택공급 비용은 급격하게 증가되어 지역 주민들이 고통을 받게 되는 것이다.

앞서 제시된 문제들 중 많은 부분은 성공적인 리조트 발전과 일반적인 관광산업 성장과 관련되어 있다. 왜냐하면 이는 매우 가시적이며, 명확하고, 직접적인 상호관계가 있기 때문이다. Saveriades(2000: 154)는 Cypriot 해변 리조트의 거주자에 관한 연구에서 다음과 같이 언급하였다. 즉,

> 라이프스타일, 전통, 사회적 행태, 그리고 도덕 기준이 특히 젊은 층에서 바뀌었다는 것은 널리 인정된 사실이다. 많은 경우 젊은 Cypriot 거주자들은 성(sex), 의복, 도덕에 대해 전통적 태도와는 거리가 먼 모습을 보인다.

그러나 지역 거주자들과의 그런 상관관계를 지적하는 이유 중 하나는 관광이 매우 가시적이어서, 세상의 변화에 대해 충분히 잘 알지 못하면 그것과 관광의 관련성에 대해 전혀 알지 못하는 것과 마찬가지이기 때문이다. Saveridades에 의해 인용된 예는 Cyprus 젊은이들이 그들 지역에 리조트와 관광 없이도 성, 옷, 도덕에 대한 태도 형성을 일반적인 대중 매체의 진화(T.V, 음악, 타블로이드 잡지)나 더 자유로운 정보 거래(인터넷), 그리고 전 세계적으로 퇴색되어가고 있는 전통적 가치나 도덕 등에 의해 영향을 받았음을 보여준다.

Brown은 *'Tourism Reassessed: Blight or Blessing?(관광의 재인식: 파멸인가 축복인가?)'*라는 책에서, 관광 산업이 불러오는 변화와 우리의 대응 방식을 모색했다. Brown(1998: 115)은 관광산업의 영향력이 그 주변 상황과 무관하지 않고, 그것은 후기 산업사회와 서구 자본주의의 영향뿐만 아니라 리조트가 위치한 관광목적지의 환경에 대한 의도적 반응 등에 의해 조건화되어져 왔다고 언급하였다. 이러한 관광 수용 지역 내에서는 가치와 우선순위에서 갈등이 유발되고, 각기 상이한 수준의 영향력이 존재한다.

> 그것은 관광 산업이 세계 경제의 구조적 변화에 어떤 반응을 하는지에 달려있으며, 상기에서 언급된 모든 요인들이 누가 영향을 받았는지가 아니라 누구에 의해 그러한 변화가 일어났는지에 따라 달라진다. 다른 말로 하면 권력과 정치가 관광산업의 변화에 영향을 미친다는 것이다.
>
> (Brown, 1998: 78)

이전의 연구자들과 같이 Brown은 관찰을 거듭할수록 사회적, 경제적, 환경적 영향 간의 경계가 모호해진다는 것을 알아차렸다. 즉, 관광은 어떤 차원에서는 부정적 영향을, 다른 차원에선 긍정적 영향을 끼치고, 그러한 평가는 어떤 집단의 사람들을 대상으로 하는지에 따라 달라진다. 이 모든 상황은 협의와 거래의 필요성을 보여준다. Brown(1998: 125)은 이를 달성하기 위한 한 가지 방법으로 '후기 자본주의 사회에서 찬미되어진 개인주의가 개인의 책임감과 공동선(common good)이 혼합된 공동체주의를 지지하는 움직임에 의해 위협받고 있다.'는 점을 인식하는 것이라고 하였다. 누군가가 Brown의 '공동체주의'를 개인적인 성취보다 공동선을 추구하는 것이란 점을 이해한다면, 그것이 바로 올바른 '사회적 접근'이다.

### 1) 지역공동체적 접근방법

관광 발전에 대한 사회적 접근은 Murphy(1985)가 그의 생태관광계획 모형(그림 9-1)에서 지지한 것이다. 이 접근 방식은 어떤 관광목적지를 개발할 때에 경제, 환경, 그리고 사회적 영향력이 모두 고려된 사업 형태를 살아 있는 하나의 생태계 처럼 다루어야 한다는 것이다. 이런 방법으로, 관광 개발이 지닌 주요한 차원은 한번에 측정될 수 있고, 네가지 차원 간에 나타날 수 있는 긍정적(+)이고 부정적(-)인 영향의 수용 가능한 균형점은 포괄적인 방식으로 얻어질 수 있다. 또한 이 모형은 모든 관광목적지들이 개방적인 체제 하에서 운영되어야 한다고 강조한다. 즉, 다른 척도와 정부의 개발과 기획 우선순위가 고려되어질 필요가 있다는 것이다.

이 개념의 도입 이후로 이것이 관광 기획에 적합한 접근방법이라는 것을 증명하는 많은 연구와 보고서가 쏟아졌다. 그 중에는 기업 공공 기획 기관, 일반대중, 그리고 환경보호 집단 등과 같은 그 사회내의 다양한 영역이 포함된 지역공동체가 반드시 동질적일 필요가 없고, 이런 지역공동체가 태도나 행동면에서 자신만의 패러다임을 가질 것이라고 지적되어졌다(Ryan, 2003: 282-283). 이것은 각 차원 내의 집단들이 각기 다른 우선순위를 가지고 그리고 함께 일하여 리

《 그림 9-1 》
지역관광기획의 생태학적 모형

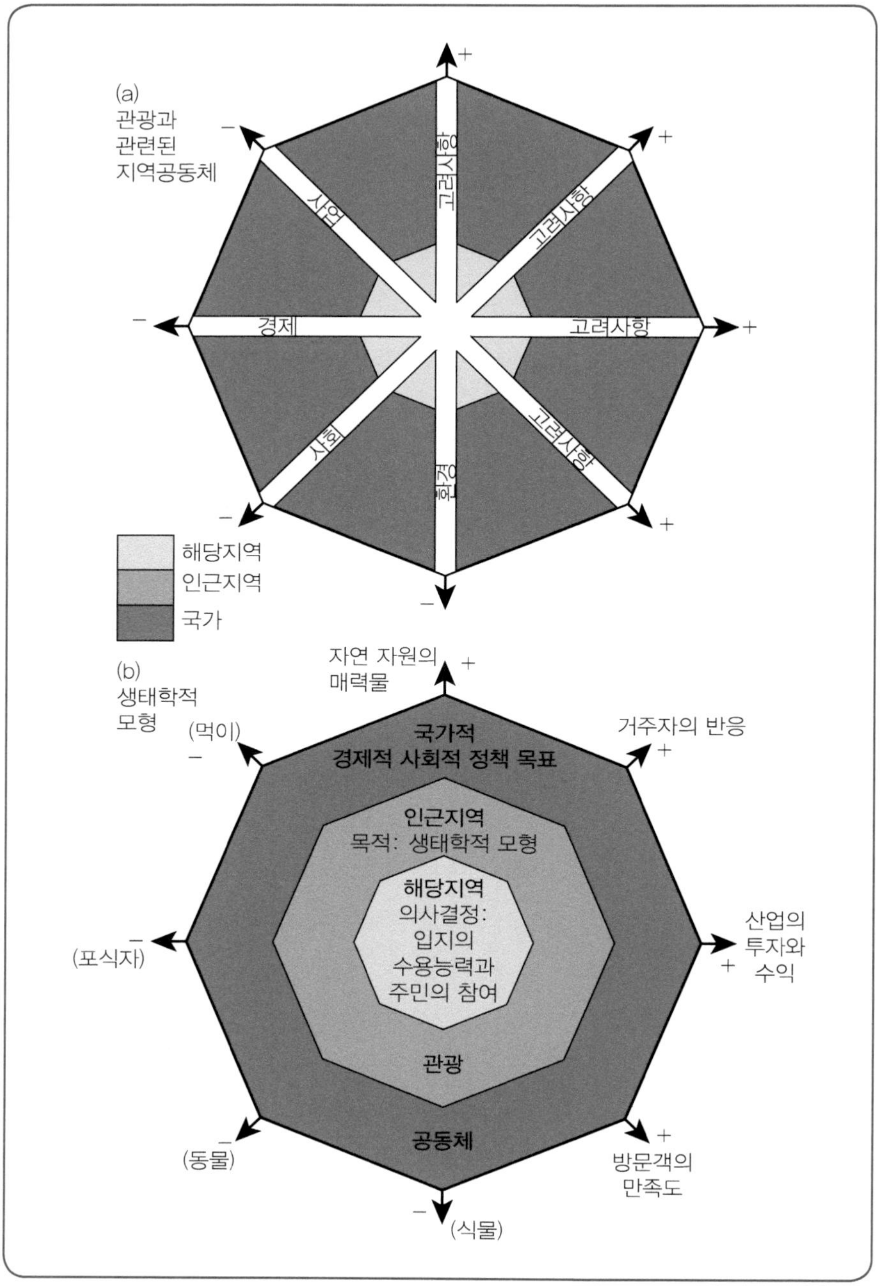

조트를 포함한 모든 관광업계에서 '최고의' 그리고 가장 지속가능한 사회적 성과를 거두는 것의 중요성을 보여준다.

지역관광에 대한 가장 최근 연구는 다양한 이해관계 당사자들을 염두에 두고, 호스트(host) 지역공동체에서 나타나는 권력구조를 파악하고, 보다 상호 협조적인 방식으로하는 공동개발 등이 지닌 중요성에 대해 역설하였다. Murphy와 Murphy(2004)는 지역 관광기획에 관한 다양한 경험 그리고 그 장단점에 대해 언급한 문헌 조사를 활용하여 이해관계당사자간의 차이를 연결시키기 위해서는 새로운 신뢰관계를 조성할 필요가 있다고 제안하였다. 주된 관광목적지가 지닌 잠재력을 지속가능하고 지역의 보조를 받는 현실성 있는 구조로 바꾸기 위해서는 집단간 협동이 필요하다.

## 3. 협력

Murphy와 Murphy(2004)는 의견 충돌과 그것을 해결하기 위한 과정에서 생기는 건전성을 강조하며, 성공적인 관광성과를 내기 위해 이를 더 효과적으로 관리할 수 있는 길을 모색했다. 그 저서 중 *'Working Together(함께 일하기)'*라는 장에서 그들은 의견차가 새로운 아이디어, 더 나은 이해, 전반적 관심과 창의력을 고양시킨다고 제시하였다. 그들은 과거의 기획과 협의 과정에 대해 조사하고, 대다수의 의사결정과정에서 권력이 지닌 불균형성이 미치는 영향력이 우세하다고 설명하였다. 기획을 하기 위해 하향식 접근방법을 타파하거나, 불균형이 지닌 부정적인 영향력을 줄이기 위해서, 그들은 관광문제에 성공적으로 적용될 수 있는 다양한 기법 등에 대해 보고하였다.

협력은 기획단계서부터 고려되어져야 하고, 이때 Fisher 등(1991)이 제안한 네 단계의 협상 원칙이 적용되어져야 한다. 즉,

1. 사람을 문제와 별개로 다루어라.
   인신공격을 금지하고, 그 문제에 대한 객관적 평가에 집중하라.

2. 위치나 서열이 아닌 이해관계에 초점을 두어라.

특정 문제에 대한 틀에 박힌 자세는 평가에서 객관성을 잃게 하므로 참여자들이 문제를 다른 각도에서 보도록 도와라.

3. 상호 이익을 위한 선택방안을 마련하라.

참여자들이 다양한 아이디어와 선택방안을 생각해내고 그 중 공통의 위협 요인과 상생전략을 포착할 수 있도록 격려하라.

4. 객관적인 준거를 계속 사용하라.

아이디어와 제안을 평가하기 위해 모든 분야의 이해관계 당사자들에 의해 수용되어져온 미리 만들어진 객관적인 준거를 사용하라.

Susskind 등(1999)은 충돌에 대한 평가 방법이 또 다른 중요한 접근방법으로, 특히 기획 문제가 복잡하며 많은 이해관계당사자를 포함할 때 그러하다고 설명하였다. 이 기법은 갈등의 근본원이 되는 관련된 이해관계당사자와 일차적인 문제 등을 확인하기 위해 제삼자를 포함시킨다. 이것은 합당한 의사 합치의 가능성을 높일 수 있는 실제 협상 과정의 예비단계이다.

의사결정과정과 의사합치의 결합은 상호 이점 또는 상생의 해결 전략을 모색하기 위한 것으로 여겨졌다. 이런 상황에서 협상 과정의 핵심적인 부분은 어느 정도의 의사 합치가 모든 집단에게 인정받을 수 있을지를 미리 정해놓는 것이다. Susskind 등(1999)은 만족도가 낮은 순으로 세 가지 단계의 의사합치 과정을 구분하였다. 즉,

1. 참여자들은 그 해결방안을 강력히 지지한다.
2. 참여자들은 그 해결방안을 수용을 할 수 있다.
3. 일부 참여자들은 그 해결방안을 지지하지 않지만 반대는 하지 않는다. 다시 말하자면, 해결방안을 준비할 기회를 준다는 것이다.

이것은 이상적인 결과에 매달리기보다는 수용 가능한 해결방안으로 타협하는 것이 더 바람직할 수 있다는 것을 보여준다.

### 1) 리조트 경험

Huffadine(2000: 47–48)은 '리조트를 개발하고 운영하는 것에 대한 승인은 정치적인 관점에 달려있다. 지방정부, 사업, 그리고 지역공동체의 리더들은 그 프로젝트에 대한 의사결정을 하기 전에, 그 제안이 어떤 방법으로 적용되어 지역공동체에 도움이 될 것인지를 알아야 한다.'고 관찰하였다. 그러기 위해서는 모두 함께 협력하고, 신중한 권력 행사가 필요하다.

이런 과정은 이미 진행되고 있다. Inskeep(1991)은 그의 관광기획에 대한 저서에서 리조트 개발과 지역공동체의 의사합치가 지닌 중요성을 함께 다루고, 수많은 리조트 개발 사례들에서 이에 대한 예들을 인용하였다. 그러나 지역공동체와의 협의와 협력에서 오는 장점 중 가장 뚜렷한 것은 인도네시아의 North Sulawesi에서 있었던 2개의 리조트의 개발에 대한 Simpson과 Wall(1999)의 비교분석연구에서 나타났다.

Simpson과 Wall은 Paradise Beach Hotel(이후 Paradise로 불림)과 Hotel Santika Manado(이후 Santika로 불림)의 개발 경험을 비교 분석했다. Paradise와 Santika는 모두 같은 주(州)의 연안 지역에 위치한 리조트로 개발과정에서 소규모 농가들이 없어져야 했다. 그리고 그 근방에서는 가장 큰 규모의 관광 개발이 이루어지고 있었다(Simpson and Wall, 1999 : 287). 각 리조트가 지역 환경, 경제, 사회에 대해 미치는 영향력을 평가한 후, Simpson과 Wall은 특히 지역과의 관계에 있어서 두 리조트 간에 현저한 차이가 있었다고 언급하였다.

세계 시장을 겨냥해 건설된 호화로운 리조트인 Paradise는 환경 보호에 성의를 다했고 그 부분에서는 좋은 평가를 받았다. 그러나 지나치게 전문적인 인력을 양성하는데 치우쳐 지역 주민들을 위한 일거리가 거의 없었고, 또한 방문객과 지역 공동체 주민들 간의 접촉을 최소하기 위해 리조트 내에 모든 시설을 구비하려고 노력하였다. Simpson과 Wall(1999: 293–294)은 다음과 같이 언급하였다. 즉,

Paradise에서는 호텔 소유주가 지역 주민(지역 마을의)들을 교육시켜 환대산업에 종사할 기회를 주는데 동의한다는 법적 구속력을 지닌 경영기획 지침을 마련해 두었다. 하지만 1997년에 호텔 직원과 지역 주민들은 지역 주민 중 누구도 훈련을 받지 못했고, 그 자리에는 외부에서 유입된 전문 인력으로 채워졌다는 점에 동의했다... 경영 기획은 또한 호텔 소유주가 지역 주민들에게 가내수공업 교육과정(호텔 선물 가게에서 지역 특산품을 판매하기 위한 목적)을 제공하기로 되어 있었고, 기업인 양성과정 세미나도 열게 되어 있었다. 그 교육과정과 세미나 역시 열리지 않았다... 그럼에도 불구하고 지역 주민들은 어떤 보상도 받지 못하고 그 지역을 떠날 수밖에 없었다.

반면 Santika는 '국내 그리고 해외 고객 모두를 대상으로 하여' 호화로운 호텔을 개발했다. 그리고 그 호텔은 덜 고립된 장소에 있었던 만큼, ' 고객들이 호텔을 벗어나 주변 마을이나 도시로 가 볼 수' 있었다. 그러나 지역 공동체가 개발과정에 더 많이 관여되어 있었기 때문에, Santika는 환경 보호에 비교적 관심을 덜 기울였다. Santika는 호텔과 선착장을 보호구역인 맹그로브 해변에 위치시켰다. '일부 오염된 물은 처리과정 이후에 호텔 정원에 물을 주는 것에 사용되었으나 일부는 바다로 버려졌다(Simpso and Wall, 1999: 290)'.

그러나 리조트가 경제와 사회적 영향력을 모두 고려하여, Santika는 지역공동체와 긍정적이고 호혜적인 관계를 맺었다. Simpson과 Wall은 이 관계에서 나타나는 특별한 이점을 다음과 같이 서술하였다. 즉,

지역공동체는 토지에 대해 공정한 보상을 받았고, 새로운 거주지를 결정하는 과정에서 선택권을 행사할 수 있었다... 지역 주민들은 그들이 의사결정과정에 포함된 것에 대해 감사히 여겼다... 그리고 보상에 대한 협상 과정에서 충분히 의견을 밝힐 수 있었다.
호텔에서 현지 주민을 고용하는 것은 지역공동체가 호텔을 지지하는 이유 중 큰 부분이다. 특히 젊은 인력이 환대산업 분야의 전문 인력으로 양성되고 있다는 점이 그러하다.

호텔이 마을 안에 있으므로... Tonkaina의 주민들은 호텔에 물품과 서비스를 공급할 수 있다.

Simpson과 Wall(1999: 295)은 두 개의 연안 리조트의 사례를 비교한 것에서 다음과 같은 결론을 내렸다. 즉, '이들 간에 물리적인 조건은 차이가 거의 없었으나, 환경 영향에서 다른 결과가 초래되었고, 특히 지역 주민과의 관계에서는 각기 다른 개발과 경영 방법이 영향을 미쳤다'. 그들은 Santika의 더 협동적인 접근 방법이 리조트에게 일정 수준의 배당이익을 안겨줬다고 보았다(더 지원적인 지역공동체, 원활한 인력 공급, 건전한 문화적 관광목적지로서의 매력물) 그리고 지역 주민들에게는 더 다각화된 경제, 세분화된 경제, 젊은이들과 여성을 위한 더 많은 일거리, 외부인들과의 사회적 접촉 등이 제공되어졌다. 그들은 Paradise에서도 비슷한 관련성을 지니도록 약속하였지만, 실천되지 않았다고 지적한다. 그들은 두 리조트가 추구하는 차별화된 시장이 지닌 유의성을 분석하는데 실패하였지만, 리조트가 주변 지역과의 관계를 향상시킴으로써 얻는 이익을 파악하는 것에는 성공했다. 리조트와 주변 사회 간의 상승효과를 촉진시키기 위해서는 쌍방 간의 교육 과정이 필요하다. 이런 교육 과정에 대한 정보는 아래와 같다.

## 4. 공동 교육

지역과 리조트가 상호 이익과 지속가능한 장기 개발에서 상승효과를 얻기 위해서는 그런 약속이 결실을 맺도록 할 방법을 교육받아야 한다. Nelson(1995: 311)은 '관광 산업이 지역공동체에 손을 내밀고, 정부는 관광 상품이 관광객이나 투자자뿐만 아니라 지역공동체가 혜택을 얻을 수 있도록 약속해야 하는 시기가 왔다'고 느꼈다. 그는 산업, 정부, 그리고 지역공동체라는 관광산업의 핵심적인 세 분야의 이해관계당사자들이 협동하고, 개별적으로 주어지는 이점이 무엇인지 학습하고, 공동의 이익을 추구함으로서 얻어지는 것이 무엇인지에 대해 알아야 한다고 주장하였다. 그는 마케팅이 사회적 책임과 이윤추구라는 이 둘을 할 수 있는 관광 상품 개발 과정을 통해 이 과정에서 교육적 역할을 담당할 수 있다고 보고, 다음에 제시하였다. 즉,

1. 여행자들이 더 건설적인 관광을 할 수 있도록 이끈다. 즉,
2. 호스트(host : 관광주체) 지역의 욕구에 접근한다. 그리고
3. 거주자들이 관광이 그들 공동체의 삶의 질에 어떠한 영향을 미치는지에 대한 인식을 장기간 탐색하여라.

Nelson(1995: 308)

이 책이 리조트를 지속가능한 사업으로 보고 있기 때문에, 이 세가지 제안을 Nelson의 서술 등을 토대로 살펴 볼 것이다.

### 1) 여행자들이 더 건설적 형태의 관광을 하도록 유도하기

Nelson은 원하는 고객을 유치하고, 단기 목표를 장기적으로 호스트(host) 관광목적지 지역의 삶을 높이는 방향으로 전환시키기 위해 선택적 마케팅을 할 것을 권유한다. Go(1992: 103)는 그런 접근 방법을 다음과 같이 제시하였다. 즉,

> 관광에 대한 지역 주민의 반응은 미래에 대한 하나의 예측지표이다. 관광이 의도하는 장면에서 적극적으로 참여하고자 하는 지역공동체의 수요나 관광 개발이나 경영 과정에서 지역공동체가 지닌 우선순위는 더 이상 무시되어서는 안 된다.

직접적이든 간접적이든 마케팅 이미지나 메시지를 시민들에게 주입하고자 하는 대다수 관광목적지에서 나타나는 이런 현상은 지역 주민들이 마케팅 주제와 관련된 환경에서 살아가고 지원을 하기 때문에 일상적인 일이 되어가고 있다.

관광목적지 마케팅 조직화(DMOs: Destination Marketing Organizations)는 더 이상 모든 고객을 유치해야겠다는 강박관념이 포함하지 않았다. 대신 DMO는 표적 시장에 그들의 상품을 교육시키고 그들이 제공할 수 있는 것을 보여줌으로써 미리 표적으로 삼은 세부 시장의 고객들을 설득한다. 이런 측면에서 마케팅은 고객과 호스트 둘 다를 유사한 교육 도구로 간주해야 할 것이다. 호스트 지역과 리조트가 원하는 고객을 유치하는 것은 지속가능성의 측면에서 가장 만족스러운 것이며, 따라서 더 건설적인 지역관광으로 이어지게 된다.

## 2) 호스트 지역공동체의 욕구에 접근하기

Nelson은 시장조사가 지역공동체가 지닌 욕구(Needs)를 결정하기 위해 필요한 방법이라고 하였다. 그는 일반 대중이 원하는 요구(Wants) 사항을 파악하기는 힘이 드는데, 이것은 의견이 각기 다르며, 의견이 상황에 따라 변화하기 때문이라고 언급하였다. 그러나 그는 세부 시장 그리고 시장 변동 등을 포함한 과거 시장조사에서 얻은 광범위한 경험이 지역공동체가 지닌 우선적인 가치 그리고 그것을 성취할 수 있는 방법을 알아내는 틀을 설정하기에는 부족함이 없다고 생각했다.

다양한 연구들은 지역공동체의 태도를 측정하는 방법을 보여줬고, 이를 사용하여 관광 개발에의 더 광범위한 접근에 대한 의사합치를 이루는 것을 보여줬다. Lankford와 Howard(1994)는 관광 영향 태도 척도(TIAS: Tourism Impact Attitude Scale)를 만들어 지역 주민들이 지역 관광 개발을 어떻게 생각하는지를 측정할 수 있는 신뢰성 있는 자료를 제공했다. 그들의 초기 연구결과는 '사람들이 전략 설정과정에 참여할 수 있고, 그들이 가진 의견이 고려되어 진다면 관광사업을 지지할 것이다'였다(Lankford and Howard, 1994: 135). 다양한 선택방안에 대해 지역 주민들을 교육시키고자 할 경우 어떤 형태의 지원이 필요할지 결정하기 위해, 일반 대중의 합의를 도출하기 위해서는 어떤 방향으로 나아갈지 선택해야 한다. Murphy(1988)는 델벡(Delbecq : 집단의사결정 과정에서 사용하는 기법 중 하나로 소집단 투표 의사결정법을 말한다)기법을 사용하여 캐나다 Victoria에서 집단문제 해결에서 효과적인 성과를 거뒀다. Haywood(1988)는 시나리오 전망(scenario projection: 시나리오를 작성하듯이 미래 발생가능한 일들의 전개 과정을 기술하는 방법) 기법을 사용할 것을 추천한다. Ritchie(1985)는 합의도출을 위한 소집단투표(nominal group) 의사결정 기법을 사용한다. 이처럼 지역민의 태도가 무엇인지, 관련된 문제는 무엇인지, 그리고 이 정보를 합의를 도출하는 과정에서 어떻게 활용할 것인지에 대한 많은 검증된 방법이 있다. 일반 대중, 산업 그리고 정부 등의 이해관계당사자들은 그런 과정과 기법을 사용할 수 있지만, 중요한 것은 그것을 지역공동체에 어떻게 적용할 것이고, 그들이 관심을 가지는 것이 무엇인지 지역 주민의 관점에서 바라보려는 노력이다.

### 3) 시간에 따라 변화하는 관점을 포착하기

Nelson은 관광을 포함한 삶의 질에 대한 문제가 시간에 따라 변화될 것이고, 시장연구 기법은 이러한 변화를 탐색하고 지역 주민들의 의견을 조사하기 위해 사용되었다고 지적하였다. Simpson과 Wall(1999)은 인도네시아의 두 개 리조트를 대상으로 삶의 질과 시장 연구 기법의 관계로 조사하였다. 연구결과, 리조트 관광 목적지가 성숙됨에 따라 이런 관계도 변화하고, 그것이 지역공동체에 좋게 또는 나쁘게 영향을 미치는 등과 같이 단편적인 양상을 띄고 있다고 설명하였다.

전형적인 리조트의 장기적 개발 과정은 상품의 수명 주기와 관계가 있으며, 고객의 유형도 변화하고(alocentric to psychocentric ; 모험적 성향에서 비(非)모험적 성향으로), 상품에서 강조하는 사항도 변하고(단순한 형태에서 더 화려하고 호화로운 숙박시설로), 그리고 지역공동체의 행위에서도 변화(주민들이 지역의 상업화가 심화되는 것을 반대 하는 움직임 증가) 되어진다. Butler의 관광지 수명주기(TALC: Tourism Areas Life Cycle) 이론은 이런 변화들을 잘 보여주지만, 이것은 각 단계에서 변화를 확인하고, 기획이나 마케팅에서 필요한 변화를 촉발하기 위해 정기적으로 탐색되어져야 한다.

Nelson의 지역공동체의 지속가능한 삶의 질 향상을 위한 세가지 마케팅/교육 접근 방법과 경영 관리의 중요한 기능 간의 유사점에 유의해야 한다. 첫번째 단계인 고객들이 더 건설적인 관광 체험을 하도록 이끄는 것은 리조트의 기획(planning)과 사명을 기술하는 또 다른 방법이다. 두번째 단계인 지역 주민들의 욕구를 탐색하는 것은 더 포괄적인 조직화(organization)와 실행을 의미한다. 이 단계는 호스트 지역공동체가 리조트의 성공에서 중요한 역할을 하고, 자원 배분과정에서 욕구를 하나로 통합하는 기능을 담당한다. 마지막으로 변화하는 인식을 탐색하는 것은 통제(control) 기능이다. 이것은 리조트 사업을 주기적으로 탐색함으로서 리조트가 지닌 사명과 목표를 충족시키고, 그렇지 못할 경우 교정 정책을 제시하기도 한다. 이 모든 것에는 어떤 사업이나 지역공동체가 혜택을 장기적 측면에서 광범위하게 얻을 수 있게 창의적인 리더십이 필요하다.

## 5. 지역 기업가정신

리조트 개발에서 이점을 얻을 수 있는 방법 중 하나는 지역 주민들이 모험적 사업의 사업 파트너로 개입되느냐에 달렸다. 이것은 주로 고객의 요구(needs) 사항에 대해 서비스 할 수 있는 지역주민에게 기업가정신(entrepreneurship) 기회를 제공하는 것으로 나타난다. 리조트 내의 대규모 사업에 물자를 대거나 지역 교통 또는 선물가게를 운영하는 것 등은 리조트가 처음 개발되었을 때부터 지역 주민들의 가장 주된 수익원이었다. Simpson과 Wall(1999)은 지역 기업가정신의 존재가 Santika에서 긍정적인 영향을 미쳤고, Paradise에서는 지역 기업가정신이 없었기에 지역 주민들의 불만을 샀다고 한다. 발리에서의 리조트 개발에 대한 다른 연구에서, Long과 Wall(1995)은 지역 기반의, 지역 사업가들에 의한 소규모 관광 개발에 따른 결과를 조사했다. 그들은 다양한 보조 활동에 종사하는 지역 주민들이 전체적으로 경제적 이점을 획득하였다는 사실을 발견했으나, 엄청난 사회적 그리고 문화적인 비용을 감수한 결과였다는 것도 밝혀냈다. Long과 Wall(1995: 254)은 '소규모 관광 개발은 비공식적인 형태로 진척되고 있으나, 장기적 영향에 대한 고려 없이 그리고 지나치게 빠른 속도로 진척되었다'고 말한다. 특히 홈스테이(homestay) 숙박의 경우 가족생활에 문제를 일으켰으며 Banjar(공동체 단위)내에서 '문화적 통일'을 위협하는 원인이 되었다. 그들은 지역 기업가정신의 빠른 성장과 자본주의적 개발 방법이 모두에게 비극을 유발하였다고 말한다. 지역 문화에서 특이하고 특별한 무엇인가가 서구의 관습과 자본에 의해 잠식당하게 된다. 그런 상황에서 그들은 지역 주민들이 '정말 관광산업에 발붙일' 기회는 희박하다고 주장하였다. 그리고 그들이 이 산업의 문턱이라도 넘기 위해서 얼마나 많은 것을 희생해야 하는지도 잘 모르고 있다고 말한다.

다시 한 번 우리는 관광산업을 하나의 생계 수단으로서 교육시키고, 그 모든 징후에 대비할 수 있는 조직이 필요함을 알 수 있다. 큰 기업들은 전방 무대(front-stage)나 후방 무대(back stage)를 분리 할 수 있다. 하지만 작은 가족형 기업들은 그런 사치를 누리지 못한다. 큰 기업들은 휴가와 휴식시간을 보장할 만큼 충분한 직원이 있지만, 가족형 기업은 그렇지 못하다. 큰 기업들은 비축해둔 자산과 재정적인 지원이 있지만, 작은 기업들은 자원이 제한되어 있으며 가장 안타까운 점은 기회를 알아차리지만 그것을 추구할만한 자본이 없다는 점이다. 리조트 산업에서 기업 규모에 따른 이런 차이는 특히 주택공급 부분에서 심하게 나타난다.

하지만 지역공동체는 그것을 가족들과 생활하고, 양육을 하는, 누군가의 집으로 정의되었다. 집은 이웃으로부터 그들을 보호해주고, 실재 자산 가치가 유지되어지기를 바라는 곳이다. 이런 이유로 이 장의 나머지 부분에서는 리조트 공동체 내의 주택공급 문제에 대해서 이야기하고자 한다.

## 6. 주택 유형

리조트 지역 내의 주택은 고객과 직원의 다양한 욕구와 취향을 반영해야 한다. 고객들을 위해서는 표적 시장에 맞춘 숙박시설유형과 객실 수를 제공해야 할 것이다. 이것은 이러한 표적 시장 내에서 고객들이 가지는 상이한 수입과 흥미 수준에 맞는 다양한 품질을 제공해야 할 것이다. 직원 주거 문제는 특히 외딴 지역의 리조트에서 더욱 중요하다. 리조트 기업이 직원들에 있어서는 유일한 공간일 수 있기 때문이다. 리조트가 도시에 위치해있더라도 여전히 중요한 문제인데, 이 경우 공간 마련보다는 비용 문제가 더 중요해진다. 다른 모든 분야와 마찬가지로 전방에서 고객과 직접 접촉하는 관광산업 종사자들이 받는 급여는 다른 산업보다 적은 편이다. 이러한 점 때문에, 대부분의 리조트 관광목적지는 경치가 아름다운 곳에 위치해 있고, 실제의 부동산 가격도 비싸기 때문에, 의사를 제외한 스키 강사나 제빵사 등과 같은 직원들은 거주지를 구하는데 애를 먹는다. 그러므로 리조트와 주변 공동체가 해결해야 할 문제는 지역 주택 시장에서 주거 지역을 확보하고 가능한 한 모든 소득 범위 계층에서도 집을 마련할 수 있도록 하는 것이다.

### 1) 관광객 주거 편의시설

관광객들을 위한 이상적인 숙박시설은 다양한 범위대의 선택사항과 가격이 있어야 한다. 모든 사람이 호화로운 풀 서비스(full-service) 숙박시설에 묵을 능력이 있는 것은 아니므로, 리조트가 저렴한 가격에 숙박을 제공하는 인근지역에 뒤처지지 않으려면 다양한 숙박 형태를 갖추어야 한다. 다양한 유형과 스타일의 숙박시설은 구역제와 신중한 풍경 기획 등으로 개발해낼 수 있다.

대다수의 객실은 객실 크기, 위치 그리고 등급 등에 따라 객실내부가 달라지고 가격대가 다양한 주요 호텔에서 제공되어진다. 통합된 형태의 리조트 복합단지에서 핵심적인 고객을 위한 숙박시설은 아파트와 주택 형식으로 구성되어 있다. 이것은 개별 소유주에 의해 관리되거나, 주요 호텔의 보조적인 숙박시설로 운영되기도 한다. 먼저 수용능력은 그 리조트 복합 단지 내에 있는 객실 수에 대해 보조적인 수단을 제공해주거나, 컨퍼런스나 대규모 연회 등과 같은 특별한 서비스 기능을 리조트에서 해주기를 바라는 사람들을 위한 대안적인 형태의 숙박시설 등을 제시해주는 방법으로 활용되어진다. 두번째 수용능력은 대안적인 형태의 숙박시설을 리조트의 잠재적인 장기 고객들에게 제공하고, 단기체류자나 단지 호텔을 투숙하는 사람들에게는 리조트 복합단지 내에 있는 시설 등을 구경할 수 있게 해 주는 방식으로 운영되어지기도 한다.

제 2의 집(Second home)과 휴가시설 공동소유 주택(Timeshare) 시장이 지난 30년간 상종가를 치면서 많은 리조트들의 숙박 시설이 극적으로 변화했다. 북미의 3대 리조트 기업인 Vail Resorts Development Company, Intra-West Corporation, 그리고 American Skiing Company에서 이런 변화는 전통적인 스키 라이프스타일을 손상시켰다. 이윤추구가 그들로 하여금 부동산 개발에 더욱 열을 올리게 했으며 스키 타는 곳을 다량으로 매매하기도 하고, 규모가 점점 더 커지며, 사계절 내내 운영되어지는 리조트로 바뀌버렸다(Clifford, 2003: 44).

Clifford(2003)는 기업이나 개인 투자자에 의해 사계절 내내 운영이 가능한 이유와 더불어 어떻게 현대적인 접근방법이 보다 다양화해진 숙박시설 옵션을 제공하는지에 대해, 그리고 사계절 이용가능한 산악형 공동체를 만드는 것에 대해 강력히 반대 하였다. 그가 주장하는 반박의 근거는 친밀한 스키 공동체나 과거의 유대관계를 유지하기를 원하는 것처럼 보인다. 즉,

> 리조트 관계자들이 그들의 사계절 콘셉트를 설명하면서 말하지 않는 것은 스키 마을을 사계절 연속 운영의 리조트로 전환시키는 것의 실제 비용이다. 마을의 분위기와 질 자체가 바뀐다. 스키 마을의 삶은 다른 어떤 곳에서도 쉽게 발견할 수 있는 다람쥐 쳇바퀴 돌기와 같은 일상으로 바뀌는 것이다.

> 개발을 선전하는 사람들이 이해하지 못하거나 간과해버리는 행동은 사람들을 선택하거나, 사회적 지형도나, 또는 지역 경제의 특성에 의해 배제시키는 것이다. 그런 행동은 많은 스키 리조트에서 나타난다.
>
> (Clifford, 2003: 59)

이런 과거에 대한 열망은 모든 남성 클럽과 학교의 위원들에게도 근심거리였다. 그들은 경제적 현실에 대한 압박 때문에 그들의 '황금기'를 잃어버렸다고 생각했다.

흥미롭게도, Clifford의 사계절 이용가능한 부동산인 리조트에 대한 반응은 더욱 더 지역공동체 지향적인 개발접근방법에 기반하고 있다. 기업적 모형에 따라 추진하는 대신, Clifford(2003: 235-238)는 지역공동체적 접근방법으로 미래 스키 리조트를 개발 할 것을 제안하였다. '지역공동체가 스키 리조트에 영향을 미치는 것은 반(反) 자본주의적 관점이 아니다. 즉, 이것은 자본주의의 가장 이상적인 실현 방법이다. 지역주민이 소유•관리하게 됨으로써 주민들이 리조트를 지역과의 운명공동체로 여기고 더 책임감을 지니고 운영할 것이기 때문이다'. 이런 공동체 내에서 이해관계당사자들 간에 권력 다툼이 있을 수 있다. 또한 상위 정부기관의 권력과 권위가 따른다. 따라서 Clifford(2003: 236)가 주창하는 해결 방안은 반(反) 자본주의가 아닌 더 지역적으로 지각 있는 개발이라고 할 수 있을 것이다. 어떤 부분에서 이것은 성장관리와 '지속가능한 회계'의 이 두가지를 조합한 것일수 있다. 상업적인 성공을 해당 지역의 환경, 경제, 그리고 사회적 우선순위를 고려한 지속가능한 발전 모형 내에서 이루는 것이기 때문이다.

현재의 기업형 모형이 주택 부문에서 수정되어야 한다는 주장은 Colorado의 스키 리조트를 조사한 두개의 다른 보고서에서도 나와 있다. Venturoni 등(2005)은 Colorado의 네개의 산악 리조트에 있는 은퇴자를 위한 주택이 경제와 사회에 미치는 영향력을 조사했다. 즉,

> 제 2의 집은 그저 주거 공간이 아니고 노동자들이 휴식을 취함으로서 생산성을 증가시킬 수 있다는 점에서 다르다. 제 2의 집은 노동자들의 거주 지역을 포함한 부동산 가치를 높인다. 그러므로 선발된 정부 관리나 지역공동에 대한 기획을 담당한 기획가들은 제 2의 집이 관광으로 인해 유발되는 경제적 영향력에 미치는 효과에 대해 이해하고 예측할 수 있어야 한다.
>
> (Venturoni 등, 2005: 11)

그 리조트들이 위의 평가를 지지한다는 증거는 그 지역 내의 제 2의 집 개발이 다음과 같은 결과를 낳았기 때문이다. 즉,

❖ 2001년에 위에서 제시된 연구 지역인 4개 County(자치주) 주택의 60%는 제 2의 집이었다.

❖ 대다수 집값 상승은 과거 몇 년 동안 전 세계의 부동산 시장의 가격 상승에 의해 영향을 받았다. 1998년과 2004년 사이에 Summit County와 Pitkin County의 주택 시장 가치는 40 % 이상 증가했다. Grand County에서는 60% 이상 증가했으며 Eagle County에서는 75% 상승되었다. 같은 시기에 표준 도시(Standard city)에서는 18% 이상 증가된 것으로 나타났다(Long et al., 2005: 10).

❖ 제 2의 집이 4개 지역에서 가지는 가치는 매우 높았다. Eagle county에서 한 가구 당 평균 $785000이었고, 2003년에는 다가구주택이 $443000이었다. Summit county에서는 한 가구 $486000, 다가구는 $255000이었다. 반면 2004년 '미국 표준 주택 가격'은 대략 $100000이었다(Long et al., 2005: 10).

❖ Colorado 내에서 1990년과 2000년 사이에 전체 인구의 73% 정도로 가장 빠르게 증가한 곳은 스키리조트가 있는 행정구역이었다.

❖ 같은 기간 동안 히스패닉 인구는 268% 증가했다(이 집단은 비교적 작은 수에서 시작되었고, 대부분 서비스 업종에 근무한다).

- ❖ 2000년 전후로는 전반적으로 인력이 부족했다. 예를 들면, Eagle County와 Aspen 리조트는 1997년에 9,797명의 인원이 부족했고, 앞으로 2020년까지 점차 더 극심해질 것이라 예측되었다(20,000명 이상)(Venturoni et al., 2005: 5).
- ❖ 제 2의 집은 콘도미니엄에서 23% 체류하는 등과 같이 일년에 평균 90일 정도의 제한적 기간 동안만 수요가 있었고, 이것은 단독가구(single family) 거주자들의 29%를 포함한 정규직 종사자가 있는 가구의 이용률과 비슷하다.
- ❖ 지역 전체에서, 제 2의 집 건설과 사용이 가장 큰 경제 활성화 원인으로 여겨졌다. 31,600개의 일자리(38%)를 지원할 수 있는 원인이 되었다'(Venturoni et al., 2005: 9).
- ❖ 제 2의 집 개발은 건설에서 일자리, 나아가 유지와 관리와 사용 등의 부분에서 일자리를 창출했다.
- ❖ '제 2의 집은 더 많은 노동자들을 위한 수요를 마련했지만, 부동산 시장 폭등과 높은 주택 가격은 그 노동자들이 적정한 거리에 살 수 있는 여건을 마련해 주지 못했다'(Venturoni et al., 2005: 11).
- ❖ 지역 주민들은(원 거주지가 따로 있는 제2의 집 소유자 제외)은 대부분이 중산층이다. 예를 들어, Eagle County는 $62682, Pitkin County는 $59375, Summit County는 $56587, 그리고 Grand County에서 주민의 연평균 소득이 $47756 인 것으로 나타났다.

저자들이 결론짓기를, 이런 근거는 도시 계획자와 정책 입안자들이 고려하여 '성장 관리와 공동체 기획에서 효과적으로 활용'되어져야 한다(Venturoni et al., 2005: 12).

### 2) 휴가시설 공동소유 주택

제 2의 집은 지난 몇 년간 방문객들에게 인기 있었던 유일한 상품이 아니다. 공동소유주택은 방문객이 주로 구매하는 숙박단위로, 보통 아파트 스타일의 단위이며, 매년 리조트 관광목적지에서 일정기간 점유할 수 있는(주 단위) 시간 단위로 공유하는 형태인 것이다. 방문객에게 주어지는 이점은, 거주기간과 가격이 보장되어진다는 것이다. 그들이 미국 Indianapolis에 위치한 Resort Condominiums International(RCI)이나 Miami에 위치한 Interval International(II) 등과 같은 교환 회사에 가입하게 된다면, 그들은 전 세계에 있는 리조트나 관광목적지에서 다른 지역의 공동소유 주택과 교환할 수 있다. 그러나 공동소유 주택은 관광/여가 개념으로 간주되어야 하지만, 부동산 상품으로 여겨져서는 안 된다(WTO, 1996: 2). 이 점에서 제 2의 집과는 달리, 보통 공동 소유 주택의 경우 정해진 점유 기간이 있고, 그 기간이 끝나면 건물의 소유주가 리조트나 개발자로 돌아가기 때문이다.

방문객과 리조트 둘 모두에게 공동소유 거주 개발시 이점이 있다. 고객에게는 제 2의 집이나 호텔 숙박보다 가격이 저렴하다. 고객이 시장 가격으로 $800000의 콘도를 공동소유로 구매한다면, 한 주 당 그 콘도 방의 가격은 $15385 ($800000/52 주) 일 것이다. 만일 그 계약기간이 20년이라면, 주 당 $769가 될 것이다. 즉, 앞으로의 인플레이션을 고려할 때 마지막 몇 년간은 거의 무료에 가까워질 것이다. 구매 비용 외에 수수료, 관리비 그리고 일 년 중 특정 기간은 다른 시기보다 더 비쌀 것이나, 여전히 고객들이 호화로운 리조트를 경험할 수 있는 매력적인 방법이다. 리조트에게 있어 이것은 특히 개발 단계에 현금을 유입할 수 있는 수단으로, 리조트 내의 다른 사업도 활성화 되어질 수 있다.

공동주택 개념이 특히 미국에서 인기가 많아진 것은 놀라운 일이 아니고, 초반의 어려움을 딛고 리조트 사업의 핵심적인 세분 시장으로 개발되었다. 또한 이 상품은 고객들의 수요에도 부합하여 발전하고 있다. 일부 고객은 정해진 기간이 너무 경직적이라고 여겼고, 그들에게 더 유연한 일정을 마련해주기 위해 포인트제를 만들었다. 이것은 Disney의 'Vacation Club'에서 사용한 접근방법이다. 1 포인트 당 $98을 주면(2005년) 최소 단위인 150 Vacation 포인트를 $ 14,700에 살 수 있다(연간 요금 $574 부과). 혹은 최대 단위인 2000 Vacation 포인트를 $196000에 구입하고, 연간 $7652를 지불한다. 이렇게 하면 언제 그리고 어디에서든 디즈니 리조트나 세계 곳곳의 연계된 리조트에서 지낼 수 있다. 이 연계된 리조트들은 세계적으로 유명한 호텔과 리조트, 크루즈, 사파리, 그리고 모험 관광 투어를 모두 포함한다. 이 포인트제는 고객이 얼마나 오래 머물 수 있을지 스스로 결정하게 해주며, 특정 여행에서 어떠한 크기와 형태를 갖춘 숙박시설에 머물지를 결정할 수 있도록 한다. 또한 고객들이 일 년 동안 포인트를 축적할 수 있도록 하여, 더 나은 양질의 서비스를 이용하거나 아니면 일 년 동안 부득이하게 사용하지 못하는 경우를 대비하도록 한다. 즉, 이 제도는 최대한의 유연성과 고객맞춤형 서비스를 지향한다.

시간이 지나면서 공동소유주택(Timeshare)은 일부 지역에서 명칭이 변경되었다. Urban land Institute(1997)는 대신 'vacation ownership(휴가 소유권: 미국 콘도미니엄업에서 사용하는 운영제도로 일 년 중 특정한 몇 주 동안 소유권을 갖는 경우를 말함)'이란 용어로 언급하였으나, 최근에 더 자주 사용되는 용어는 'fractional ownership'(지분소유권)이다. 이것은 공동소유주택과 제 2의 집을 종합한 용어로, 자산증식의 개념까지 포함 된 것이다. 지분 개발이라는 용어는 부동산에 대한 공동소유를 의미한다...고객들은 유능한 관리 팀에 의해 서비스나 모든 자산의 수준이 고품질로 운영되어지는 리조트를 시간이 지남에 따라 장기간 투자의 대상으로 보고 구매한다(Sanderson, 2005: 1). 이런 개발이 성공하는데 있어 중요한 요인은 Grant Thornton(Sanderson, 2005: 21)의 세계적인 회계 법인에 의해 다음과 같이 서술되었다. 즉,

❖ 지분 개발은 더욱 더 증식되어지는 경향이 있다.
❖ 시장에서 지분을 증식시킬 수 있는 가장 좋은 방법은 지분 증식을 위해 제 2의 집을 완전히 소유하는데 헛된 돈을 사용하지 않는 것이다.)
❖ 많은 성공적인 지분소유는 크고 호화로운 편의시설을 갖춘 5성급 수준의 호텔을 제공해준다.

❖ 자동차와 비행기로 접근 가능한 리조트는 더 고립된 지역에 있는 리조트에 비해 더 경쟁력을 가질 것이다.

Ragatz & Association(미국의 제 2의 주택 상담 전문가협회)에 의하면, 2005년 3월 기준으로 북미 지역에서는 170개의 지분소유권을 가진 리조트가 존재하였다. 최고의 지분소유권은 캐나다에 있는 'Private Residence Clubs'에서 존재하였고, Okanagan Valley, Victoria 등과 같은 유명한 스키리조트와 주요 휴가 관광목적지에서도 나타났다. 그런 클럽 중 하나인 Kelowna의 Lake Okanagan 호수 근처에 위치한 Royal Private Residence Club은 '구매자들에게 세번째, 여섯번째, 열두번째, 혹은 전체 빌라를 캐나다 달러로 $63900에서 $1 백만에 이르는 가격 범위에서 제공하고 있다'(Sanderson, 2005: 2).

### 3) 종사자를 위한 주택공급

리조트 개발에서 종사자와 관련된 핵심 문제 중 하나는 이들에게 적절한 주거 공간을 마련해 주는 것이다. 그래야만 제 시간에 근무를 하고 리조트를 관리할 수 있기 때문이다. 이것은 항상 문제가 되었는데, 많은 리조트에서 종사자와 고객 간 비율 차이, 교대 근무와 계절성이 그 원인이다. 그러나 리조트가 고립되어 주변 지역에서 적절한 거주 지역을 마련할 수 없을 경우 심각한 문제가 된다.

최대한의 역량을 발휘하기 위해서는, 모든 노동자들은 잠을 자고, 짐을 풀어 놓고, 가족과 친구들과 어울릴 수 있는 공간을 필요로 한다. 그런 환경을 마련하기 위해 리조트는 주변 지역에서 일부는 가족을 위해, 일부는 독신 성인들을 위해 주거지를 마련해야 한다. 즉, 구매나 임대를 하기 위해 허용된 돈을 가지고 시설이 잘 유지된 주택을 얻거나, 시장, 학교, 레크리에이션 활동 등을 할 수 있는 지역 편의 시설과 가까워야 하고, 직장에 가기도 쉬워야 한다. 대부분의 리조트 관광목적지는 기존의 도시 지역 내에 있거나 인접해 있어 이러한 조건들을 충족할 수 있지만, 이러한 리조트 관광목적지가 제 2의 집이나 은퇴 후를 대비한 공동체로 인기를 얻어감에 따라 주택가격이 폭등되어진다는 사실을 간과할 수 없다.

Colorado 스키 리조트에서 제 2의 집이 인기가 많아지면서 리조트 서비스 종사자들이 집세를 내지 못해 쫓겨나게 되었다. 1987년까지, Pitkin County에서 일하는 50% 이상의 노동력은 그 지역에 거주할 수 있었고, 그 이후로 이 수치는 40% 이하로 떨어졌다. 그것은 부동산 가격 중 특히 Aspen의 리조트 마을 가격이 이 지역에서 극적으로 상승한 것과 연관되어진다(Venturoni et al., 2005: 5). 결과적으로 점차 많은 노동자들 특히 서비스 종사자들은 리조트에서 벗어나 통근버스로 출퇴근해야 할 상황에 처했다. 그래서 지방에서 출퇴근하는 '러시아워'가 생겨났다. 이것은 관련된 직원, 경영진, 그리고 환경 등의 모든 관련된 부분에서 스트레스와 비용을 유발하였다.

리조트의 아름다움과 시설은 예전의 많은 손님들이 은퇴자로서 돌아오도록 만들었다. 또한 은퇴 인구는 평균 가족단위에 비해 다른 우선순위를 가지고, 또한 옛날 집을 판 돈이 있기 때문에 리조트 공동체로 들어오기 쉽고, 그 결국 시장에서의 균형이 깨어졌다. Rothman(2002)은 Las Vegas에서 에어컨을 들여온 이후 이런 현상이 일어났다고 한다. 이 지역은 베이비 붐 세대가 지난 10년간 은퇴를 하여 유입되면서 현금도 같이 유입되자 힘을 축적하기 시작했다. Neveda 주, Las Vegas의 Clark County는 1990년과 2004년 사이 미국 인구 증가율이 16.8%인 것에 비해 122%증가한 것으로 나타났다(The Economist, 2006). 이 정도 수준의 성장은 지역 주택 가격을 올릴 뿐만 아니라 지역 공동체가 지닌 정신도 변화시킨다. Martin 등(1996: 301)은 '은퇴자 공동체를 성장하고 있는 리조트 공동체 내에 위치시키는 것은 잠재적인 문제점이 있다. 은퇴한 사람들이 리조트 사업 확장의 이점을 이해하고 그것을 지지해 주기를 기대하는 것은 어렵다'고 주장한다.

Rothman은 Las Vegas가 새로운 은퇴자들을 위해 1970년대와 1980년대에는 미리 준비된 은퇴 마을까지 조성해두었으나, 이제 다가올 '베이비붐 세대의 은퇴는 미국 인구학 역사의 어떤 변화만큼이나 큰 변혁을 불러올 것'이라고 언급하였다(Rothman, 2002: 150). 그 변혁의 일부는 주택의 유형과 비용에서 나타났는데, 그것은 리조트 서비스 종사자들이 사용했던 전통적인 주택 시장 공급을 줄어들게 만드는 효과가 있다. 다른 것으로는 은퇴가 그 고유의 서비스 경제를 형성하는 반면, 리조트의 표준 유형과 잠재적으로 다르다. 은퇴자들이 의지하는 많은 직군은 침구 정돈이나 청소와는 거리가 먼 간호, 물리치료, 재활, 그리고 의학화상기술 등의 전문직이었다(Rothman, 2002: 151). 그리고 이것이 다시 한 번 리조트 직원들 간에 주택 마련 경쟁에 불을 붙인다.

위의 모든 주거 문제는 리조트가 도심과 멀 경우 심화되므로, 리조트 개발자는 어떤 형태로든 인접 지역에 주거를 마련해야 할 필요가 생긴다. 현지에 거주지를 마련해야 할 필요성은 리조트 경영주에게 더 많은 비용을 발생시킨다. 왜냐하면 종사자들이 그 거주지에 대해 지불하는 비용은 대부분 지역 시세보다 인하된 가격이기 때문이다. 종사자에게 숙박의 유형과 스타일도 엄격히 제한되어있다. 보통 기숙사형태나 다세대 숙박 형태이며, 그런 시설들은 보통의 경우 부족해서 직원들은 결국 주변의 주택 임대 시장을 뒤져야만 한다.

직원과 경영진의 또 다른 문제는 직원 주거지를 어디 위치시키느냐이다. 직원 주거지의 형태는 실용성 중심이라서 관광객이 많은 곳에서 되도록 멀리 떨어뜨려 놓아야 한다. 이런 분리가 직원들에게 어느 정도의 프라이버시를 보장해주지만, 직업 환경과 구분되지 못한다는 문제가 있다. 고립된 지역에 위치한 리조트에서 그건 어렵거나 거의 불가능하기 때문에, 직원들도 일반 가게, 술집, 스키 슬로프 등과 같은 고객을 위한 시설을 가끔씩 사용하도록 허용해준다. 직원의 거주지를 리조트 내에 마련해주려는 계획과 관리 전략과 상관없이, 그런 주거지는 보통 인간관계와 즐겁고 효과적인 서비스 환경 부문에서 큰 문제이다. 이 문제는 다음의 '인간관계' 장에서 살펴볼 것이다.

## 요 약

이 장은 리조트가 지역공동체가 함께 의미 있는 동업자 관계를 구축하여, 그 지역이 지닌 장소성에서부터 사업을 통해 공동의 혜택을 개발하고 유도하는 과정에 이르기까지, 지속가능한 이윤을 얻기 위해 양자가 함께 노력할 필요가 있음을 증명해보였다. 관광 산업은 변화의 동인으로서 만약 리조트와 지역공동체가 조화를 이룬다면, 그 지역의 사회나 문화에 미치는 부정적인 영향을 줄일 수 있을 것이다. 그 과정에서 중요한 부분은 리조트와 호스트(host: 관광주체) 공동체간의 상호 교육과 상생 관계에 대한 끝없는 탐색이다.

지역공동체 관계에서 가장 중요한 기능 중 하나는 주거의 기능이다. 고객을 수용하는 것은 리조트의 주요 수익원일 것이나, 때로는 너무 많은 인원이나 대안적인 거주지역이 필요하여, 주변 주민들에게 인원을 수용해 줄 것을 요청해야 할 경우도 있을 것이다. 직원들을 위한 거주지도 리조트들이 지역 사회에 의존하는 부분으로, 그들 직원들에게 다양한 선택의 기회를 제공하기 위해서이다. 그러나 리조트가 온전히 고립되었다면 그 스스로 추가 비용과 직원 거주에 대한 책임을 져야 한다. 다시 말하자면, 더 많은 비용과 신경을 써야 직원들이 더 행복하고 생산적으로 변할 것이다.

리조트와 직원 거주와 관련해 어려운 점이 아래 사례 연구에서 주요 쟁점의 대상이 된다. 첫번째는 William Hettinger의 연구에서 발췌되었는데, 그는 북미 전체에서 이 문제를 연구했다. 두번째는 Whistler 스키 리조트에서 Hettinger와 이 장에서 다룬 직원 거주 문제에서 어려움을 겪은 사례를 보여준다.

사례연구

### ••• 주택공급 시장의 실패에 대한 반응 •••

성공한 리조트 관광목적지가 지닌 통상적인 문제점은 저소득층 종사자들이 직장 주변의 지역에서 지불 가능한 정도의 거주지를 찾기 힘들어질 정도로 주택시장의 가격이 올랐다는 것이다. 전 세계적인 문제점에 대한 언급은 Hettinger(2005)가 *Living and Working in Paradise*(천국에서 살고 일하는 것)라는 책에서 심도 있게 그 문제를 다루면서 언급한 것이다. 그는 관광목적지에서 일어나는 주택시장실패가 '외부요인이 주택 시장에 작용하고, 수요와 공급이 불균형을 이루게 되면 주민들이 비싼 주택에 머무르지 못하게 되어 시장실패가 일어난다'.는 사실을 경험하였다.

Hettinger는 세가지의 주요 외부요인이 대중적인 관광목적지에서 지역 주택 공급 시장을 왜곡시킨다고 본다. 그 요인은 다음과 같다. 즉,

1. 지형상 제약 – 리조트 관광목적지가 산 중턱에 있거나 모래로 이뤄진 해변에 있다면 토양 때문에 더 확장될 수가 없다.
2. 성장 관리, 토지 이용, 그리고 지대제 규제가 주택 시장에서 공급을 줄어들게 한다. 많은 경우 지형적 제약이 국립공원 보호를 위한 개발 규제 등으로 인해 악화된다. 어떤 경우에는 수익성 있는 리조트 설계 이후에 고려되도록 우선순위에서 배제된다.
3. 제 2의 집은 주택 시장에서 수요 문제를 초래한다. 현금을 많이 가진 구매자들이 높은 가격의 시장에서 내려와 한정된 주택과 토지를 두고 경쟁하기 때문이다.

위에서 제시된 모든 특징은 저자의 옛날 집인 캐나다의 Victoria에서 있었던 일이다. Victoria는 Vancouver 섬의 남단에 있는 대중적인 관광목적지이다. 이곳의 주택 가격은 그 규모에 비해 평균 이상이며 도심과 맞먹는 수준이다. 그 이유는 섬 위에 위치하여, 확장하기에는 물리적 경계가 제한되어 있고, 이런 자연적 제약요인으로 인해 그 지역의 경작지를 보호하기 위해 설정된 그린벨트로 인해 자연보호 규제가 더 강화되었기 때문이다. 이런 상황을 더 복잡하게 만드는 것은 이 도시가 캐나다의 '바나나 벨트'에 위치하여, 다른 지역이나 다른 나라에서 부유한 도시의 은퇴자들이 이곳으로 찾아든다는 것이다. 결과적으로 처음 집을 사는 사람들에게 부담스러운 시장이 되며, 이들은 대부분 Victoria까지 먼 거리를 출퇴근해야 하는 처지가 된다.

Hettinger가 이 문제에 대해 대안으로 내놓은 것은 관광목적지가 불균형한 주택 시장에 개입하여 이를 바로잡는 것이다. 이것은 대중에게 지불 가능한 가격의 주택을 제공하는 것 혹은 사유재산에 대한 규제를 통해서 가능하다. 대중에게 내놓는 지불 가능한 주택은 결과면에서 좋지 않았다. 실용적인 형태는 관리 부족으로 보일 수 있고, 그런 시설은 유지하기 어렵고, 임대 주택과 관련되어 조심스럽게 다루어져야 한다. 사유재산에 부과하는 규제와 인센티브는 그 지역에

골고루 분포되어져 주택공급을 가능하게 하였다. 그러나 어떤 경우든 Hettinger (2005: 270)는 '제 2의 집으로 체제가 바뀐 것이 지불 가능한 가격에서 주택 공급 프로그램이 지닌 효과를 다소 약화시켰다'고 주장한다. 왜냐하면 지방정부가 일반 시장을 제어하는 것은 불가능하기 때문이다. 따라서 지불 가능한 주택 프로그램의 성공은 통계수치 면이 아닌 상대적인 관점에서 평가되어져야 한다.

Hettinger는 그의 주장을 뒷받침하기 위해 네가지 관광 지역의 사례 연구를 제시했다. 그 중 하나가 캐나다의 Whistler이다. 이 사계절 산악 리조트는 아래에서 더 자세히 살펴보기로 한다.

### ••• 캐나다의 휘슬러 •••

Whistler는 지방 자치형태의 리조트로 British Columbia의 양대 스키 산맥인 Whistler와 Blackcomb을 관리하기 위해 설계된 곳이다. 이곳은 대규모의 사계절 이용가능한 세계적인 수준의 리조트로 발전하였고, Vancouver와 함께 2010년 동계 올림픽 개최지가 될 것이다. Whistler에서 지역과 주택 관리에서 문제가 되는 것은 건축 지구 부족과 상승세에 있는 부동산 가격에도 불구하고, 전체 공동체에게 주거지를 마련해주어야 한다는 점이다. 이 사안을 해결하기 위해 Whistler는 저가의 비(非) 시장 대안인 사적이거나 상업적인 주택공급 시장을 보충하려고 시도하였다.

Hettinger(2005: 133-138)는 결론적으로 Whistler가 위와 같은 주택시장에서 실패하였다고 제시하였다. 이곳의 주력 산업이 관광 사업이라는 것은 2001년 통계지표에서 전체 인구 중 45.3%가 관광관련 종사자라는 사실에서 드러났다. 이들은 교대 근무나 Whistler의 인기 때문에 가까운 곳에서 출퇴근한다. Whistler의 겨울 성수기에는 13,543명의 종사자 중 28%가 성수기에만 근무하는데, 이것은 곧 단기적인 숙박시설의 필요함을 의미한다. Whistler의 주택 가격이 British Columbia의 나머지 지역에 비해 64% 높았으며 캐나다 전체에 비해 166% 정도 높았다. 일반 시장에서 제시된 한 가구 주택의 평균 가격이 캐나다 달러로 9만 5천 달러 정도 이었고, 콘도형 아파트의 평균 가격이 $ 4만 6천 달러이었으니 'Whistler의 평균 가정은 Whistler 내의 평균 주택을 살 수 없었다'는 점은 놀랍지 않다 (Hettinger, 2005: 134).

1997년에 지역 공무원들이 WHA(Whistler Housing Authority: 휘슬러 주택공급 관리 위원회)를 'Whistler 내의 지역 주민으로 한정시켜, 주택건설, 경영, 그리고 관리를 하기 위해서' 설립하였다(WHA, 2002: 4). 지역 주민에 한정된 주택이란 '토지임대나 주택 계약 등에 한하여 주택을 임대하거나 매매하는 것으로, 재 판매가격이 유지되며 임대 규제가 역시 적용되는 직원이나 은퇴자들에게 판매 자격을 한정한다'는 것이다(WHA, 2002: 12). 이렇게 지불 가능한 거주지는 리조트 종사자들에게 주택을 마련해 주고 임대하거나 소유주가 되도록 도와주었다. 1990년 이후로 WHA의 전신인 Whistler Valley Housing Society(휘슬러 벨리 주택 조합)의 초기 노력이 포함되어, WHA는 4000개 이상의 침대를 구비한 다양한 숙박시설을 구비하여, 주택공급에서도 제외된 지역 노동자들을 위해 사용하였다. 대부분의 주택 형태는 아파트나 연립주택 양식이며, 이곳 관광 사업이 계획한 정도로 팽창이 되었고 자리를 잡아가는 단계이고, WHA가 임대 또는 소유권 사용권의 형태에서, 완전한 소유권 형태로 전환되기를 바란다.

이런 목표를 위한 초기 자금은 초기의 가장 많이 언급된 '종사자 업무와 서비스 적립금(Employee Works and Service Reserve)에서 주택공급 펀드(Housing Fund)의 형태에서 발생하였다(WHA, 2002: 5). 그 자금은 상업과 관광업 숙박업 시설의 개발자들로부터 나왔다. 그들의 미래 종사자들의 주거지를 마련할 필요가 있었거나, 이 펀드에 기부하여 WHA가 계획한 바를 이룰 수 있도록 돕기 위해서였다. 이 펀드는 WHA 소유의 160개의 임대 단위(약 500개의 임대 침대)를 만들었다. 더 많은 침대는 재분할 과정에서 개발자들과 일하며 들여올 수 있었다.

WHA의 정책 중 가장 중요한 부분은 '둥지를 제공하되 알은 제공하지 않는다'이다(Wake, 2005). WHA는 시가보다 낮은 가격에 주택을 제공할 수 있었다. 지역의 최소 지가와 적은 공사비용 그리고 비(非) 영리 정책의 결과이다. 따라서 소유주들이 집을 팔게 될 경우 주택 시장에서 횡재하게 된다. 제한된 주택 소유는 재판매를 WHA를 통해서만 하도록 제한되어 있으며 오로지 적정한 값을 받을 수 있도록 되어 있다.

WHA가 '이제 32%가 지불 가능한 주택에 사는' Whistler의 주거환경과 공동체 정신을 고양시키는 동안(Hettinger, 2005: 26), 성공에 수반되는 좌절을 맛보고 있다. 목표는 리조트 직원들에게 저가의 거주지를 마련해주려는 것이었으나, 리조트가 번성하고 유입 인구가 점차 많아지자 늘어나는 수요를 완전히 감당하지 못했다. 특히 임시직 직원의 경우가 극심했다. 주택 시장의 하위 집단에서 WHA는 Whistler에 정착하고 싶은 종사자들에게 정착할 수 있는 기회를 주고자 했다. 가족이 생긴다면, 세입자에서 소유주로, 아파트에서 더 넓고 사적인 공간으로 갈 수 있는 것이다. 불행히도 이날까지 더 넓은 집과 소유권 획득 기회는 수요를 만족시킬 수가 없었다. 그래서 많은 수의 사람들이 외부 지역으로 나가서 30분 이상을 출퇴근에 소요하게 되었다.

## 연습문제

1. 서론에서는 '지역공동체'가 지닌 두가지 개념을 제시하였다. 이 개념을 리조트 관리 관점에서 서술하고, 그 유용성을 평가하라.

2. 효과적인 협력의 원칙이 이 장에서 제시되었다. 이 원칙에 대해 토의하고 어느 것이 리조트 관리 상황에 더 적절할지에 대해 평가하라.

3. Nelson(1995)은 교육/마케팅이 지닌 세 가지 특징을 제시하였다. 이 특징들이 지닌 장단점을 분석하고, 교육/마케팅을 Simpson과 Wall(1999)의 Paradise, Santika 리조트 연구 사례에 대해 비판적으로 적용해보라.

4. 휴가시설 공동소유(Timeshare) VS 지분소유권(fractional ownership) 중 만약 리조트 개발자라면, 어디에 더 중점을 둘 것이며 왜 그러한가?

5. Venturoni 등(2005)은 제 2의 집 개발과 리조트 내의 사회적 변화 간의 관계를 보여주는 통계를 제시했다. 그러한 근거를 주변의 도심 주택 공급 시장에서 있었던 일과 비교 및 대조하라.

6. Rothman(2002: 150)은 베이비붐 세대의 은퇴가 미국 인구학 역사상 가장 큰 변혁이라고 본다. 이런 변혁이 당신이 택한 리조트 지역에서 어떠한 의미를 부여할지, 그리고 당신이 리조트 개발자라면 이러한 흐름을 어떻게 탈 것인지에 대해 서술하라.

7. Hettinger(2005)는 유명 관광목적지의 주택시장을 왜곡하는 세가지 외부요인이 있다고 본다. 이 세가지 외부요인에 대해 토의하고, 당신이 택한 리조트 환경에서 직원 주거지를 마련할 때 어떻게 이런 상황에 대응할 것인지 말하라.

## 참고문헌


- Brown, F. (1998). *Tourism Reassessed: Blight or Blessing*. Oxford: Butterworth Heinemann.
- Clifford, H. (2003). *Downhill Slide*. San Francisco: Sierra Club Books.

참고문헌




- Disney Vacation Club (n.d.). *The Secret to Making Your Vacation Dreams Come True*. Promotional book obtained in Disney World, August 2005, no publisher.
- Fisher, R., Ury, W., and Patton, B. (eds) (1991). *Getting to Yes: Negotiating Agreement without Giving In*, 2nd edn. New York: Penguin Group.
- Go, F. (1992). Conference Report: The First International Assembly of Tourism Policy Experts. *Journal of Hospitality Leisure Marketing*, **1(1)**, 101-104.
- Haywood, K.M. (1988). Responsible and responsive tourism planning in the community. *Tourism Management*, **9(2)**, 105-118.
- Hettinger, W.S. (2005). *Living and Working in Paradise: Why Housing Is Too Expensive and What Communities Can Do About It*. Windham, Connecticut: Thames River Publishing.
- Huffadine, M. (2000). *Resort Design: Planning, Architecture and Interiors*. New York: McGraw Hill.
- Inskeep, E. (1991). *Tourism Planning: An Integrated and Sustainable Development Approach*. New York:Van Nostrand Reinhold.
- Joppe, M. (1996). Sustainable community tourism development revisited. *Tourism Management*, **17(7)**, 475-479.
- Lankford, S.V. and Howard, D.R. (1994). Developing a tourism impact attitude scale. *Annals of Tourism Research*, **21(1)**, 121-139.
- Long, P.T., Perdue, R.R., and Venturoni, L. (2005). Home away from home: a research agenda for examining the resort community second home industry in Colorado. Paper presented at *Biannual Conference of the International Academy for the Study of Tourism*. Beijing, China.
- Long,V. and Wall, G. (1995). Small-scale tourism development in Bali. In *Island Tourism: Management Principles and Practice* (M.V. Conlin and T. Baum, eds), pp. 237-257. Chichester: John Wiley and Sons.

- Martin, B.S., McGuire, F., Allen, L., and Uysal, M. (1996). Growth, who cares? A study of resident perceptions of tourism development in Hilton Head. It's showtime for tourism: new products, markets and technologies. *Twenty-Seventh Annual Conference of the Travel and Tourism Research Association Proceedings*, Las Vegas, Nevada.
- Murphy, P.E. (1985). *Tourism: A Community Approach*. London: Methuen.
- Murphy, P.E. (1988). Community driven tourism. Tourism Management, **9(2)**, 105-118.
- Murphy, P.E. and Murphy, A.E. (2004). *Strategic Planning for Tourism Communities: Bridging the Gaps*. Clevedon: Channel View Publications.
- Nelson, R.R. (1995). The impact of tourism development on quality of life in host communities. In *New Dimensions in Marketing/Quality-of-Life Research* (M.J. Sirgy and A.C. Samli, eds).Westport, Connecticut: Quorum Books.
- Ritchie, J.R.B. (1985).The nominal group technique - an approach to consensus policy formation in tourism. *Tourism Management*, **6(2)**, 82-94.
- Roddick, A. (2000). *Business as Unusual*. London:Thorsons.
- Rogers, M.F. (2001). The triple bottom line audit: a framework for communitybased action. In *The Future of Australia's Country Towns* (M.F. Rogers and Y.M.J. Collins, eds), pp. 135-145. Bendigo, Victoria: Centre for Sustainable Regional Communities, La Trobe University.
- Rothman, H. (2002). *Neon Metropolis: How Las Vegas Started the Twenty-First Century*. New York: Routledge.
- Ryan, C. (2003). *Recreational Tourism: Demand and Impacts*. Clevedon: Channel View Publications.
- Sanderson,T. (2005). *Fractional Resort Development - Defined*.Tourism Monitor of Grant Thornton, pp. 1-2.Victoria, BC: Grant Thornton (Canada).
- Saveriades, A. (2000). Establishing the social tourism carrying capacity for the tourist resorts of the east coast of the Republic of Cyprus. *Tourism Management*, **21**, 147-156.

## 참고문헌


- Simpson,P. and Wall,G. (1999). Consequences of resort development - a comparative study. *Tourism Management*, **20**, 283-296.
- Susskind, L., McKearnan, S., and Thomas-Larmer, J. (1999). *The Consensus Building Handbook: A Comprehensive Guide to Reaching Agreement.* Thousand Oaks, California: Sage Publications.
- *The Economist* (2006). Of gambling, grannies and good sense. *The Economist*, July 22, 41-42.
- Urban Land Institute (1997). *Resort Development Handbook.*Washington DC: Urban Land Institute.
- Venturoni, L., Long,P., and Perdue,R. (2005). The economic and social impacts of second homes in four mountain resorts counties of Colorado. Paper presented at the *American Association of Geographers Annual Meeting*. Denver, Colorado.
- Wake,T. (2005). Interview with Tim Wake, General Manager of Whistler Housing Authority,Whistler, BC, September.
- Whistler Housing Authority (WHA) (2002). *Building Our Resort Community-Overview 2002.*Whistler, BC:Whistler Housing Authority.
- WTO (1996). *Timeshare - The New Force in Tourism.* Madrid: World Tourism Organization.

CHAPTER 10

# 인간관계론

## 1. 서론

이 장에서는 리조트와 관련한 중요한 인간관계 문제에 대해 다룰 것이다. 그것이 관계(relation)라고 명명된 이유는 리조트라는 하나의 사업 공동체 내에서 사람들이 단지 일을 같이 할 뿐만 아니라 공동으로 생활을 영위하기 때문이다. 나아가 핵심 노동자들이 필요로 하는 교대 근무와 다기능(multi-tasking) 훈련은 종사자의 개별적 자질이나 태도를 향상시켜주고, 종사자의 팀워크 형성에 도움을 준다. 그리고 최근 종사자 채용 경향에서는, 특정한 경우 경영주들은 조직내부에서 담당하던 전통적인 인적자원관리를 아웃소싱(outsourcing)을 통하여 다른 기업과의 관계를 유지하려고 한다.

일반적인 인적 자원 실행과 인간 관계론간에는 유사한 점이 상당할 것이기 때문에, 이 장에서는 인적자원이 지닌 특정 능력과 리조트에서의 문제를 연결 지어 다루기로 한다. 종사자와 경영진은 적절한 동기부여와 훈련과정이 있어야만 1장에서 언급된 리조트의 차별화 요인으로 언급된 고(高) 품질의 서비스를 제공할 수 있다. 대부분의 리조트 종사자들은 일반 다른 기업의 종사자들과 달리 대부분이 고립된 장소인 리조트에서 삶의 모든 부분을 해결해야 하기 때문에, 다른 기업에서는 당연시 여겨지는 휴식을 취할 수 없는 경우가 많다.

리조트는 예전처럼 풍부한 인적자원이 없지만 종사자들의 기대 수준이 높아지는 경쟁적인 업무환경에서도 높은 수준의 서비스를 제공할 필요가 있다. 이 장에서는 세계 시장에서 관광이나 여가 산업에서 타 기업과도 경쟁하기 위한 전략의 일부분으로서 서비스 품질을 향상 시키려는 노력을 하고 있는 리조트 경영에 대해 다룰 것이다. 이러한 서비스 품질의 향상은 인간관계와 서비스 경영 전략내에서 인적자원에게 보다 탄력적이고 더 많은 보상을 제공함으로서 가능해질 수 있다.

## 2. 노동력 부족

전통적인 리조트 노동 시장은 주변 공동체의 주민들의 노동력 풀(pool)에서 공급받았다. 특히 젊은 여성층이 최일선(front-line)에서 일을 담당하였다. 일차적인 채용 기회가 보통 남성들에게 주어졌기 때문에, 대도시 외부의 대다수 노동 시장에서는 이러한 노동 형태가 경영주와 종사자 모두를 위해 좋은 일이다. 1차 산업이나 제조업이 국가 경제에 미치는 중요성에도 불구하고 종사자의 비율이 감소하고 있지만, 3차 산업인 서비스 분야는 급격하게 성장하고 있다. 이런 이유로 인해 서비스 산업에서 여성 종사자의 경쟁이 치열해 지고, 젊은 층일수록 서비스업에서 더 매력적인 직업 기회를 얻을 수 있었다. 전통적으로 관광이나 환대 산업에서 의존하고 있던 16~24세의 젊은 층은 점차 지원자수가 줄어들고 있다. Meier(1991: 78-79)는 미국에서 이 연령대 집단 중 42%는 여행과 관련된 기업에서, 60% 정도는 외식산업분야에서 일한다는 사실을 관찰하였다. 그러나 미국 통계청에 따르면 똑같은 연령대 집단은 전체 국가 노동력의 20%를 차지하고 있을 뿐이며 2000년이 되면 12.2%에 불과할 것이라고 예측하였다. 미국에서 일어난 일은 다른 선진국에서도 일어났던 것으로서, 제 2차 세계 대전의 베이비 붐(baby-boom) 세대 이후로 출산율이 하락되었기 때문이다. Cyprus의 Northern Cyprus 호텔 종사자를 대상으로 한 최근 연구에서는 종사자의 37.7%가 18~27세였고, 38.4%는 28~37세 인 것으로 나타나 앞서 제시된 결과와 유사하게 대부분 젊은 노동인구에 대한 의존도가 높은 것으로 나타났다.

노동력 부족 현상은 지난 20년간 관광업계에서는 불가피하게 나타나는 것으로서 이러한 문제를 해결하기 위한 다양한 전략이 사용되었다. 가장 두드러지는 해결책은 불법 체류자까지 포함한 이민자 노동력을 활용하여 공백을 매우는 것이었다. 후방에서 청소, 용역 등을 담당하는 분야의 공백을 메우게 되었다. 이것은 경제학자들에게는 매우 이성적인 판단으로 보였다. 자국에 일거리가 없는 사람들이 이민을 와서 다른 나라의 노동력 부족을 채워주는 것이다. 그러나 경영진에게는 그리 단순한 문제가 아니었다. 이런 이민자들은 보통 훈련을 시작하기 전에 언어부터 습득해야 하고, 일부 노동자들게에서는 서구 문화에 적응하기까지 상당기간의 적응기간이 필요하기 때문이다.

널리 제안되고 실행된 또 하나의 해결방안으로는 은퇴자들을 채용하는 것이었다. '노년층은 연륜, 직업윤리, 성숙함 그리고 믿음직스러움을 지니고 있다. 그들은 또한 조직 내의 젊은 종사자들에게 좋은 본보기가 되어준다'는 것이 당시 호텔 매니저였던 Meier(1991: 81)의 주장이었다. 젊은 층의 노동력이 줄어들고 있는 반면, 베이비 붐 세대가 은퇴하면서 은퇴자 수가 급격히 늘어나고 있다. 이 은퇴자들 중 일부는 새로운 것을 시도해보려 하거나 연금 액수가 생활하기에 빠듯해서 일하기도 한다. 그러나 이런 논리적인 해결방안에도 불구하고 괄목할만한 성공을 거두지 못했다. 이것은 경영진이 은퇴자들을 채용해서 얻을 수 있는 실익보다는 단점에 주목했기 때문이고, 정부가 연금 수혜자들이 다른 급여를 별도로 받는 것을 장려하지 않았기 때문이다. 또한 은퇴자들은 직접 리조트 현장에서 발생하는 여러 가지 상황에 대해 겪어 보지 않았기 때문에 리조트 업무 자체가 그들에게는 스트레스를 준다. 대다수 리조트에서 최일선에서 일하는 종사자들은 물건 나르기 등과 같은 육체적인 힘을 필요로 하는 일을 하거나, 시간외 근무를 하거나, 고객과 직접적으로 대면하여 제공하는 서비스가 때에 따라 변화되어질 수 있기 때문에 결코 쉬운 일이 아니기 때문이다.

노동력 부족을 충원해 줄 다른 집단은 장애우들이다. Meier(1991: 82)에 의하면 장애를 가진 종사자들의 직무성과에 대한 연구들에서 이들이 장애를 갖지 않은 종사자들 보다 좋거나 훨씬 더 나은 성과를 보여준다는 일관성 있는 결과를 제시하였다. 또한 장애를 가진 종사자들은 단체 건강보험이나 업무보상 면에서 그렇지 않은 집단과 별다른 차이점이 없었다. 이들을 대상으로 단순한 업무를 훈련, 교육 시키는 기관도 있으며, 일부 정부는 이 집단 노동자들의 채용을 장려하기 위해 보조금 혹은 세제 혜택까지 준다. 대다수 사람들은 장애우들에 대한 사람들의 무지와 편견 때문에 이러한 기회가 그들이 가진 잠재력을 충분히 발휘 시키지 못하였고, 따라서 일반 대중과 경영인들에 대한 재교육이 필요하다고 느낀다.

## 3. 스트레스

'저비용 고수익'은 현대 사회를 살아가는 많은 이들의 구호로서, 이것은 세계 시장에서 경쟁력을 유지하기 위해 생산성을 증대시켜야 하는 현대의 산업 현장에서도 경험할수 있다. 이런 경영 전략은 고위 관리자에서부터 최일선에서 근무하는 종사자에 이르기까지 모든 사람들에게 필연적으로 스트레스를 유발시킨다.

그러므로 스트레스를 포착하고 관리하는 것이 중요하며, 특히 성수기와 같이 업무의 압박이 심한 때에 그러하다. 고립된 지역에 위치한 리조트에서는 적절한 스트레스 해소 방법이 없어서 더 심한 현상이 발생하는데, 결근의 원인 중 50% 그리고 이직 원인 중 40%가 스트레스였다(Sims, 2002: 672).

스트레스는 '신체와 정신이 지닌 적응적 수용능력을 형성하기 위한 요구'로 정의되어져 왔다(Law et al., 1995: 277). 스트레스는 긍정적인 것이나 부정적일 수도 있고, 대개의 경우 스스로 운동하거나 공부하도록 동기부여를 시키고자 하는 요구를 의미한다. 하지만 신체와 정신에 지나치게 과부하 되어지면, 더 이상 스스로를 지탱할 수 없는 상태에 이른다. 스트레스는 날씨, 업무 환경 설계 등의 물리적 요인이나 동료 종사자나 고객 등의 태도 등과 같은 다양한 요인들에 의해 유발되어졌다. 결론적으로, '사건 자체가 스트레스를 일으키는 것이 아닌, 그 사건에 대한 인간의 반응이 스트레스를 유발' 하고(Law et al., 1995: 277), 이것은 기업(경영)이나 개인(대응)적 수준에서 인간의 반응을 통제할 수 있어야 한다는 것을 뜻한다.

Law 등(1995: 279)은 관광 산업에서 스트레스에 대한 연구가 스트레스를 유발할 수 있는 네가지의 특별한 특성을 구별하였지만, 경험적으로 증명되어지지 않았다고 하였다. 또한 이직률의 경우 다양한 스트레스 수준이 특정한 리조트 환경에서 근무하는 사람들이 가지는 다양한 동기 때문에 부분적으로 밖에 설명할 수 없다고 지적하였다. Law 등이 확인한 네 가지 스트레스 유발 요인은 다음과 같다. 즉,

- ❖ 리조트 환경내에서의 반사회적인 노동시간(anti- social work hours)은 교대근무 뿐만 아니라 분할 근무(split shift: 웨이터나 서비스 종사자들을 위한 식사시간 교대), 성수기에는 10~12시간 정도의 장시간 근무, 그리고 눈이 내리지 않는 가을이나 해가 뜨지 않을 경우에는 교대근무를 시키지 않는다.
- ❖ 불충분한 임금(insufficient pay)은 특히 최저 임금제 또는 보상 체제가 없거나 낮은 국가에서 문제가 되지만, 일반적으로 최일선에서 일을 하면서 팁을 받는 종사자들에 한정되어 있다.
- ❖ 어설픈 경영(poor management) 방법은 경영주가 종사자의 업무 환경을 제대로 이해하지 못하고, 직무를 잘 하도록 적절하게 지원주기는 커녕 방해하는 것으로 이해되어진다.

❖ 매일 일상적으로 대중들을 상대해야 하는(Requirement to deal with public on a continuous day-to-day basis) 점은 리조트 업무에서 제일 기피하고 싶은 부분 중 하나일 것이다. 물론 관광과 리조트 업체에 종사하는 사람들은 그와 같은 환경과 활동을 좋아하는 외향적인 성격이 대부분이긴 하나, 요구가 많은 고객을 상대하고 모든 상황을 감독, 책임져야 하는 것은 때로 벅찰 수 있다.

Law 등은 호주의 관광명소에서 최일선에서 일하는 종사자를 조사했을 때, 그들은 감당하기 어려운 스트레스가 어설픈 경영에서 비롯되었다는 사실을 발견하였다. 표본의 65%가 그것에 대해 응답하였으며, 그런 경영방법은 일반적으로 의사소통의 결핍(28%), 인식의 부족(17%), 그리고 관심의 부족(7%) 등의 결과를 초래하고, 결국 스트레스를 유발하였다.

동일 연구에서는 최일선에서 일하는 종사자들이 스트레스 유발 상황에서 어떻게 대응(coping) 하는지 제시하였다. 대응은 '스트레스가 지닌 부정적 영향력으로부터 스스로를 보호하기 위한 방법으로, 동시에 스트레스가 지닌 긍정적 결과를 이용하기 위한 것'이라고 정의된다(Law et al., 1995: 278). 이러한 정의는 다음과 같은 중요한 측면을 포함하고 있다. 즉,

❖ 스트레스와 마찬가지로 대응은 환경이나 상황에 대한 한 개인의 지각에 많이 의존한다. 즉,

❖ 대응은 의도적이고 인지적인 분석행위이다.

❖ 대응전략이 지닌 비용과 이점에는 스트레스를 평가하기 위한 준거가 포함된다.

그들이 제시한 대응전략에서, 최일선 종사자 표본은 주로 동료와 수다를 떨거나(45%), 상사에게 보고를 따르거나(36%), 그 상황을 즐기거나 최고로 만들기 위해 노력하거나(33%), 또는 집에서 가족이나 친구들에게 문제를 이야기 하거나(27%) 등의 방법으로 스트레스에 대응하는 것으로 나타났다. 이런 다양한

대응 방법을 보면, 경영진이 어떤 방법으로 개입해야 하는지 알 수 있다.

이런 결과와, 다년간 리조트 경영전공 학생들과의 의사소통 결과, 리조트 경영주는 고객에게 최상의 서비스를 제공하여, 그런 서비스를 고객이 리조트에서 경험할 수 있는 한 부분으로서 촉진하길 바란다면, 반드시 최일선에서 근무하는 종사자가 지닌 욕구에 더욱 관심을 기울여야 한다. 경영주는 스트레스 유발자에서, 멘토(훈련이나 의사소통)나 상담가로 변해야 할 필요가 있다. 경영주는 전략적 사명을 책임감과 이해가 증가된 더 나은 의사소통을 통해 고객이나 종사자를 배려하는 문화로 전환시켜야 한다. 스트레스와 관련된 그러한 행위는 모든 리조트에서 이직으로 인한 막대한 비용을 줄일 수 있게 해준다.

## 4. 이직

이직(turnover)은 직원이 매니저로 승진하는 형태, 리조트 내 다른 부서로 혹은 리조트 밖의 다른 산업으로 이동하는 것으로서, 일정기간 주로 1년간 다른 곳으로 옮긴 종사자의 수나 비율로 정의되고, 다음과 같다.

$$\text{종사자 이직률} = \frac{\text{이직자수}}{\text{종사자수}} \times 100$$

(Gee, 1996: 231)

이직률은 관광 산업 내에서도 다양한데, 작은 가족 단위 사업에서는 0일 수도 있고, 1년간 종사자를 계속 교체하는 경우 100%가 넘을 수도 있다. 10개 일자리가 있는 상황에서 사퇴하거나 퇴직처리 당하는 인원이 연간 20명인 경우 이직률은 200%이다. 리조트는 소규모 호텔이건 큰 기업의 체인이건 이런 일련의 상황에 처하게 된다. 그러나 가장 큰 이직률을 보이는 리조트는 격리 지역에 위치해 있고, 계절성의 영향을 많이 받는 곳이다. 고립된 지역에 있는 리조트에 근무하는 종사자들은 향수병과 프라이버시 부족 등을 경험한다. 즉, 성수기에는 수

백 명의 종사자가 근무하다가 비수기에는 리조트가 폐쇄될 정도로 소수의 종사자만이 남게 되는 경우가 그러하다.

이직은 리조트 경영진에게 이득이 되기도 골칫덩이가 되기도 한다. 이득이 되는 경우는 계절적 수요에 맞춰서 채용할 수 있는 점과, 리조트 업무와 생활에 적합지 않은 종사자를 해고 할 수 있을 때이다. 가장 문제가 되는 부분은 이직이 하나의 문화로 발전되고 있다는 것이다(Deery, 1999). 다시말하자면 유능하고 우수한 종사자들은 경쟁 기업이나 아니면 다른 관광 산업 분야로 가는 경우가 있고, 그 서비스 기업에서 자신들의 역량을 증가시킨후에 다른 곳으로 옮김으로서 그 기업에서 자신의 능력을 발휘하지 못한다는 점이 그러하다. Rudall 등(1996)은 관광 또는 환대산업에 입문한 종사자중 단지 1/3만이 5년 후에도 계속 그 분야에서 종사하고 있었다고 보고하였다. 이들은 삶의 몇 년간을 실력 연마에 몰두하고, 일정 수준에 도달하기 위해서 비용을 지불할 사람들이다. 따라서 자신의 개인적 경력을 위해 최선의 선택을 할 것이고, 업무 환경이 적합지 않다면 더 이상 그곳에서 머물지 않을 것이다.

이직은 예방할 수 있기도, 없기도 하다(Pizam and Ellis, 1999: 10). *예방이 가능(Avoidable)*한 이직은, 경영주가 종사자를 유지하기 위해 충분히 노력하지 않을 경우 나타난다. 이것은 종사자들이 더 나은 급여 혹은 업무 환경을 찾아, 또는 경력 개발을 위해 떠나는 경우 발생한다. *예방이 불가능(Unavoidable)*한 이직은 학업을 계속하거나, 시즌이 바뀔 때 근무지를 바꾸는 경우 등과 같이 업무 환경과는 상관없다. James(1996)는 Tropical North Queensland의 Dunk Island 리조트의 상황에서 예방이 가능한/불가능한 이직의 사례를 잘 보여준다. Dunk 섬은 그 당시 126%의 이직률을 보였는데, 그것은 '그 지역의 특이성과 한적함, 그리고 그에 따르는 라이프스타일 때문이다. 이곳에는 고위 관리직 사람들을 제외하고는 잠시만(라이프스타일을 경험하기 위해) 머물다 갈 사람들이 온다. 이런 상황하에서 환대산업은 단기체류가 가능한 사업이다'(James, 1996: 62).

이직이 리조트 경영에서 좋은지 그렇지 않은지에 대한 논의에도 불구하고, 이직에 따른 비용이 많이 든다는 데는 반론의 여지가 없다. 호주에서 Van Der Wagen과 Davies(1998)는 종사자를 채용하고 훈련 시키는 비용이 신입 직원 당 호주 달러로 $ 1,000 정도가 소모되는 것으로 측정하였다. Hogan(1992)은 미국에서는 직접 비용(direct cost)이 $ 1700~2500이 든다고 했다. 이런 고(高) 비용은 광고와 채용, 관리와 초과 근무 수당 지급, 훈련과 새 유니폼 등 보조 아이템 등에서 발생한다. 또한 생산성 부족, 도덕성 결함, 평판 하락 등과 같은 간접 비용(indirect cost)도 포함된다. 이런 고비용과 방해 과정으로 인해, 노동력의 이직을 줄이기 위한 좋은 방안이 필요하다.

이직을 줄이는 가장 효과적인 방법은 고객은 물론 종사자의 욕구와 우선순위도 존중하는 것이다. Hogan(1992: 45)에 의하면 쉽지도 않고 노력과 비용이 들기는 하나, 리조트 경영주가 행복하고 열정적인 환경에서 질 높은 서비스를 제공하고자 한다면 종사자가 행복하고 유능해야 할 것이다. Deery(1999)에 의해 인용된 다양한 연구에서는 종사자의 이직률을 감소시키기 위한 직무만족도와 조직적 몰입이 떠나려는 의도(이직률을 대신해 나타나는 변수)를 유의하게 감소시켰다는 사실이 제시되었다. 정규적인 인적자원관리 기능을 통해 형성되어질 수 있는 특정한 몰입과 실행은 다음과 같이 제시되어 있다. 즉,

### 1) 채용

- ❖ 훌륭한 직원은 기술적 지식과 인적 기술 등과 같은 두 가지의 기술을 지니고 있을 필요가 있다.
- ❖ 채용은 지원자가 지역의 생활환경(특히 고립된 지역일 경우)에 대해 알고 있는지 어떻게 대처할 수 있을지 반드시 확인해야 한다.
- ❖ 채용은 공신력 있는 대행사나 관련된 기관 등을 통해서 해야 한다.
- ❖ 종사자가 필요한 시점 이전에 미리 채용을 해서, 인력을 계획에 맞도록 활용하고, 충분한 훈련 시간을 가질 수 있다.

❖ 봉급-임금이 중요하기는 하나 많은 리조트 종사자들에게는 그게 유일한 고려대상이 아니다. 라이프스타일, 주택 그리고 의료 혜택과 보너스도 역시 중요할 것이고, 개인에 따라 중요도가 달라질 수 있다.

### 2) 소개와 오리엔테이션

❖ 각 리조트는 세부적으로 차이가 있으며, 새로운 종사자들에게 해당 리조트만의 독특한 문화와 접근 방법에 대해 상세히 알려주어야 한다.

❖ 소개는 채용 시점에서 할 수도 있으며, 직장 내에서 해도 무방하다. 예비 단계나 실습 단계에서 몇 가지 소개를 해 둔다면 직장에 대한 오해를 줄이고 향후 이직률을 줄일 수 있다.

❖ 직원의 주택은 보통 교대 근무나 젊은 종사자들의 파티문화로 인해 시끄러우며 복잡할 수 있다. 일부 종사자들은 다른 공간을 원할 수도 있기에, 가까운 곳에 있는 사택으로 옮길 수 있도록 배려하라. 가장 채용하기 힘든 부류는 부부와 가족들인데 그들이 원하는 프라이버시와 공간은 보통 집값이 비싼 곳에 있기 마련이기 때문이다.

### 3) 동기부여와 보상

❖ 훈련은 항상 실행되어야 하며, 재능 있는 직원에게는 다양한 기술을 개발할 수 있도록 도와주어서, 그들을 핵심적인 업무로 다가서고, 나아가 경력을 쌓을 수 있도록 배려한다.

❖ 리조트는 즐거움을 위해서 설계된 곳이므로, 특히 젊은 직원들이 그곳의 시설과 활동에 참여할 수 있도록 배려해준다. 젊은 종사자들에게는 그곳의 시설과 활동에 참여할 수 있다는 점이 가장 큰 매력일 것이다. 보상 체계의 일부로, 종사자들이 그런 시설과 활동에 참여시 가격을 할인 해 줄 수도 있다.

❖ 직원들에게 일시 휴가를 줘서 리조트 환경에서 벗어나 휴식을 취하고, 가족과 친구들과 만날 기회를 제공해주어라.

### 4) 업무종료

❖ 계절별 보너스를 더 이상 제공하지 않는 것은 직원들이 사계절(전체 시즌)이나 계약 기간 동안 머무르고자 하는 동기가 될 수 있다.

❖ 업무 종료시 하는 인터뷰는 일의 성과를 알아보고, 직원들이 다시 돌아올 의향이 있는지 알아볼 수 있는 기회이다.

❖ 어떤 직원들은 1년 동안 핵심 인력으로 남아있고 싶어 할 것이다. 성수기가 따로 있는 리조트의 경우 이들은 비수기에도 식물과 토지 관리 등 아주 다른 종류의 업무들을 동시에 수행할 수 있는 능력 있는 종사자가 될 것이다.

❖ 어떤 종사자들은 비수기에는 다른 리조트에서 일할 기회를 얻고 싶어 할 것이므로, 그들의 업무 역량은 여전히 리조트 내에 머무르는 셈이다. 호주의 Mt Buller는 미국의 Vail과 공동 채용 패키지를 만들어 일부 스키 강사들이 눈이 오는 시즌에 이동할 수 있도록 하고, 인력을 국제적으로 교환할 수 있게 하였다.

위와 같은 실행 사항은 예방 불가능한 이직은 받아들이되, 예방가능한 이직은 최소화 시키려는 노력이다. 예방 불가능한 이직의 경우에도 비수기의 경우 내부 부서를 따로 마련하거나 리조트 종사자들이 경력을 위해 다시 돌아오도록 격려하는 등의 방법으로 전략을 세울 수 있다. 리조트의 인간관계를 위해 위에서 제시된 전략을 활용하는 한편, 경영 기법을 통해 직원들의 관계나 효율성을 증진시킬 수 있다.

## 5. 유연성

'유연성(Flexibility)'은 상품과 상품이 지닌 강조점을 전환 시킬 수 있는 변화에 대해 수용적이고, 순응적인 상태로서 정의되어진다(Dastmalchian and Blyton, 2001). 조직 내의 유연성은 경쟁이 극심하고 변화무쌍한 세계 시장에서 살아남기 위한 좋은 특성이다. 이 관계에서 암시된 것은 기업이 기대했거나 그렇지 않은 상당히 가변적인 상황에서 적응할 수 있도록 유연성을 형성하는데는 인간관계가 중요하다는 것이다. 계절성이 있는 리조트의 경우, 그러한 유연성은 경영주나 종사자 모두에게 중요한 부분이다.

Dastmalchian과 Blyton(1998) 그리고 Ng와 Dastmalchian(1998)에 따르면 근무환경에서 유연성에는 네 가지 요소가 함축되어있다고 한다. 수량적 유연성(Numerical flexibility)은 종사자의 수준을 조정하여 수요 변동에 반응 할 수 있는 조직이 지닌 능력을 의미한다. 이것은 리조트에서 가장 흔한 유연성 전략이지만, 유일한 경영 선택 방안은 아니다. 기능적 유연성(Functional flexibility)은 종사자의 기술에 초점을 두어 그들이 더 광범위한 업무를 수행할 수 있도록 하는 것이다. 특히 계절성이 심한 리조트의 경우 이런 유연성의 유형은 다기능(multi-skilling) 훈련과 관련이 있다. 외주화(Distancing) 전략의 경우, 현장에서 인사관리부서와 계약을 체결하여 성사된 고용은 상업적 계약을 통한 아웃소싱으로 대체될 수 있다. 이런 유형의 유연성은 리조트에서는 드문데, Ritz- Carlton의 사례에서 살펴보게 될 것 같이, 이는 서비스 품질이 지닌 중요성이 내부적 실행과정내에서 발생하였기 때문이다. 임금의 유연성(Financial flexibility)은 노사협상을 통해 형성된 보다 고정적인 형태의 보상체제가 개별화된 보상체제로 이동하는 것을 말한다. 호주에서 잘 알려진 개별적인 직장 협약(Individual workplace agreements)은 직장 이동, 계약 상황, 그리고 개별적 보상 유인가(incentive) 등에서 보다 유연성 있게 처리하는 것을 말한다. 저자가 이런 종류의 유연성을 리조트 부문에서만 한정지어 서술을 하고 있지만, 유명한 요리사나 테니스 코치들도 이런 전략을 사용하는 경우가 있다.

James는 수량적•기능적 유연성을 Dunk 섬 리조트에서 발견했다. 그는 리조트 경영주가 의사소통을 하기 위해 경영구조를 보다 평평하게 만들었고, 유연성에 대한 요구가 계절에 따라 변동되는 수요 뿐만 아니라 날씨나 휴일 등의 주기적으로 변경되어지는 수요가 있을 경우에도 증가되어졌다고 보고하였다. 그 리조트는 '3달 이상 근무한 어떤 종사자든 사업의 어느 부서에서든 근무를 해볼 수 있는 기회를 주는' 교차훈련의 기회를 장려했다(James, 1996: 62). 이런 방법으로 증가된 일련의 기술과 유연성은 종사자가 고객과 관련된 수많은 진실의 순간(Moments of Truth)을 잘 조절할 수 있다는 확신을 심어주었고, 리조트 경영에서 종사자가 어느 정도 의사결정 과정에 참여할 수 있다는 믿음을 제공해주었다.

유연성에서 점차 두드러지는 점은 아웃소싱이고 이것은 노사관계에 영향력을 미친다. Drucker(2002: 70)는 점차 증가하고 있는 더 많은 사업 경영주들이 종사자들을 직접적으로 통제하지 못한다고 본다. 왜냐하면 더 많은 이들이 외주제작(outsource)식으로 종사자를 채용하기 때문에 종사자들과의 관계에서 큰 영향력을 끼치지 못하기 때문이다. 그는 이러한 변화가 많은 규약과 규제가 고용과 관련되어 부과되는 규칙, 규제 그리고 서류업무에 초점을 두기보다는 사업과 관련 것을 더 강조하기 때문에 경영주가 주요한 책임감을 망각할 경우가 있다고 느꼈다(Drucker, 2002: 77). 그가 리조트와 관광을 직접적으로 언급하지는 않았지만, 그는 이런 동향을 광범위한 기술과 직무 환경을 더 강조하는 서비스업과 관련 시켜 언급했다. 사실 더 많은 리조트들은 임시종사자들을 구하기 위해서 뿐만이 아니라, 더 전문적인 경영 기술을 가진 고위종사자를 찾기 위해 대행사에게 자문을 구하고 있다. 그리하여 미래에 더 유연한 아웃소싱이 가능하도록 하기 위해서이다.

## 6. 권한 위임과 자치권

권한위임(Empowerment)은 최일선에서 일하는 종사자가 고객과의 관계에서 문제가 생기는 것을 방지하고, 어려운 문제를 해결하고, 서비스 회복을 위한 해결책을 제시할 수 있도록 격려함으로서 이들이 경영주와 고객사이에서 서비스 접점의 역할을 수행할 수 있도록 하는 것을 의미한다. 수많은 고객들이 동시에 동일한 것을 요구할 수도 있고, 고객의 계획이 날씨나 파티 등과 같은 예상치 못한 상황으로 바뀌거나, 아니면 몇몇 공급자에 의해 잘 조정이 되어져야 하는 계획 등이 생기는 상황이 유발됨으로서 이에 따른 고객과의 마찰이나 실망가능성은 끝없이 계속된다. 이런 상황에서 누군가는 리조트가 지닌 이미지와 브랜드를 염두에 두고 직접 그 상황을 판단하고, 각각의 사건에 대한 최고의 해결책을 제시해야 한다. '진실의 순간'이라는 용어를 만들어낸 장본인이자, 권한위임의 챔피언인 Jan Carlzon의 말에 따르면 다음과 같다. 즉,

> 문제가 발생할 때, 종사자들은 상황을 분석하고 적합한 대응을 하며 그것이 혼자서이든 누군가의 협조에 의해서이든 실현될 수 있도록 해야 한다.
>
> (Carlzon, 1987: 61)

권한위임은 훈련된 종사자가 최일선에서 고객과의 대면을 통해 현장에서 아무런 잡음 없이 즉각 문제를 해결할 수 있도록 허용해주는 적절한 의사결정 능력을 의미한다.

관광산업, 일반 산업, 특히 리조트 영역에서의 권한위임은 표준화된 업무방법이 되었다. Edward G. Sullivan은 그가 Hyatt Hotetls and Resort의 지역 부사장이었을때, 다음과 같은 이야기를 한 것으로 전해진다. 즉,

> 호텔 사업에 종사하는 매니저들은 반드시 종사자를 훈련시키고 그들이 현장에서 일어나는 사건에 대해 즉각적이고, 전문적이고, 정중하게 현명한 판단을 할 수 있도록 권한을 위임해야 한다. 이것은 고객 서비스와 만족도를 높일 수 있으며, 종사자들에게 더 나은 업무환경을 만들어 주고, 매니저들이 고유의 업무에 집중할 수 있도록 도와줄 것이다.
>
> (Brymer, 1991: 58)

권한위임과 업무환경에 대한 관계는 위에서 저자에 의해 제시된 인용구에서 강조되어졌다. 그 이유는 이런 상황에서 직원의 인간적 반응이 지나친 권한 위임에 의해 간과되었기 때문에 고객만족이나 브랜드 이미지를 유지하기는 어렵기 때문이다. 권한위임은 종사자들 본인들이 팀의 일원으로서 질 높은 서비스를 제공하는 것에 있어서 독창성과 판단력을 발휘할 수 있도록 하는 것이다. 이것은 그들에게 지위 그리고 기계적인 업무가 아닌 인격적으로서 친절을 베풀고 실력을 발휘할 수 있다는 만족감을 심어줄 수 있다.

권한위임이 종사자의 도덕성과 효율성에 기여하기는 하나, 어느 곳에서나 적용되는 보편적 진실이 아니다. 기업정책이 지닌 경직성과 비교되어질 수 있는 권한위임은 어떤 특정 상황하에서 최고의 효과를 나타낸다. 예를 들어 Dsiney는 많은 업무량과 고객과의 짧은 접촉(contact) 시간으로 인해, 기구의 탑승시간을 빡빡하게 관리하는 것이 효과적이다. 반면 Club Med의 종사자는 고객들과 다양한 방법으로 의사소통을 많이 하도록 격려되어지며, 1주 이상 체재 하는 고객일 경우 그 고객층과 더 유연한 방법으로 상호작용 해야 한다. 간단히 말하면, 생산라인 접근방법과 인간관계 접근방법 간의 차이라고 볼 수 있다. Bowen과 Lawler(1992)는 권한위임 방법이 위의 인간관계 접근 방법이 생산라인 접근방법보다 더 많은 비중을 차지할 때 효과적이라고 본다. 그들은 경영에서 어떤 경우에 각 접근방법이 효과적일지 표로 만들어 보여준다(표 10-1).

이 표에서 Bowen과 Lawler는 세 가지 조언을 한다. 즉,

1. 각 상황에서 가장 높은 점수는 권한위임 방법을 적용시키기에 더 적합하다.
2. 다섯 가지 상황에서 총 점수가 더 높을수록 권한위임을 전반적으로 적용하기에 적합하다.
3. 총 합계가 높을수록 권한위임 증가를 통해 얻어지는 혜택이 비용보다 더 커진다.

《 표 10-1 》 권한위임의 상황

| 상황(contingency) | 생산라인 접근 방법 | 점수 | 권한위임 |
|---|---|---|---|
| 기본 경영 전략 | 저비용, 많은 양 | 1 2 3 4 5 | 차별화, 고객맞춤, 개별화 |
| 고객과의 관계 | 교환, 단기간 | 1 2 3 4 5 | 관계, 장기간 |
| 기술 | 반복적, 단순 | 1 2 3 4 5 | 반복적이지 않음, 복잡함 |
| 사업 환경 | 예측 가능, 놀라움이 적음 | 1 2 3 4 5 | 예측 불가 많은 놀라움 |
| 종사자 유형 | X이론 매니저: 성장욕구가 낮은 종사자, 사회적 욕구나 대인간 기술이 부족함 | 1 2 3 4 5 | Y이론 매니저: 경력상 야심이 큰 종사자, 사회적 상호관계를 필요로 하며 강한 대인관계를 구축하는 유형 |

자료원: Bowen and Lawler(1992: 37).

그들은 권한 위임과 생산라인 접근방법이 다른 유형의 매니저와 종사자를 필요로 한다는 점을 되풀이하며 결론짓는다. 그들은 권한위임의 경우 매니저들이 '그들의 종사자가 독립적으로 조직과 고객 모두에게 이득이 되는 행위를 한다'고 믿는 것이 중요하다고 한다(Bowen and Lawler, 1992: 38). 그러나 종사자들 역시 그런 권한과 도전을 필요로 하고 있다. 모든 종사자들이 그런 책임감을 질 수 있는 능력을 지닌 것도, 드러나지 않는 곳에서 묵묵히 일만 하면 되는 업무일 경우 필요하지 않기 때문에, 권한 위임은 선택적이고 적절한 범위 내에서 이루어져야 한다.

권한위임과 밀접한 관련성을 지닌 것으로는 자치권(enfranchising)이 있다(Schlesinger and Heskett, 1991). 이 개념은 종사자에게 권한 위임과 자유재량권을 부여하여 이들을 격려시키고 이에 따라 얻어지는 성과에 대해 보상이 주어지는 것이다. 자치권을 부여하는 것은 초기에는 주로 소매업과 관련된 산업에서 이루어졌지만, Schlesinger와 Heskett은 환대산업에서 자치권을 성공적으로 사용한 예로 Marriot 사 계열의 Fairfield Inn을 언급하였다.

Fairfield Inn이 채용과 경영에서 사용한 방식이 그것이다. 권한위임은 14개의 방을 매일 청소하는 것으로 부여되며, 하나의 객실을 어느정도 빨리 정돈해야 하는지에 대한 방침은 따로 내려지지 않았다. 방이 8시간 안으로만 깨끗하게 치워지면 객실접객원(GRA: Guest Room Attendance)은 반나절의 수당을 추가적

《 표 10-2 》 Fairfield Inn이 종사자들에게 자치권을 준 초기 결과

| 보상 지표 | Fairfield Inn | 다른 경제적인 숙박 체인 |
|---|---|---|
| *종사자의 시간 당 비율* | | |
| 봉급 | 1.00 | 1.00 |
| 유인가(icenctive) | 1.10 | 1.00 |
| *종사자 이직률(매년)* | | |
| 1990 | 100–120% | 167% |
| 1989 | 120–140% | 167% |
| *평균 객실 점유율* | | |
| 1989–1990 | 70–75% | 60% |
| 경제적인 사업 여행자의 매년 평균 여행횟수 | 50–70 | 30–40 |
| 경영진의 봉급 지표 | 1.05 | 1.00 |
| 비경영진의 노동력이 전체 수익에서 차지하는 비율 | 18–20% | 16–19% |
| *고객 만족 지표* | | |
| 호텔의 전반적인 위생 상태 | 80–90 | 55–85 |
| 전반적인 금전에 대한 가치 | 70–80 | 55–65 |
| 호텔의 전반적인 유지와 관리 | 80–90 | 45–80 |
| 전반적인 호텔 서비스 | 80–90 | 50–70 |
| *체크인과 체크아웃시 속도와 효율성* | 70–80 | 40–70 |
| *호텔 종사자의 친절도* | 70–80 | 50–60 |

자료원: Schlesinger and Heskett(1991: 92).

으로 받고 일할 수 있다. 그런 시간외근무는 교대근무를 마감할 때 현금으로 지불되며, '짧은 시간 단위의 보상으로 GRA가 하루 내에 방을 깨끗하게 정리할 동기부여가 되는' 셈이다(Schlesinger and Heskett, 1991: 90). 또한 각 Inn은 28일 단위로 $150씩 두 종류의 자율적인 예산을 마련한다. 첫번째는 종사자 포상과 도덕성 함양 이벤트를 위해 쓰인다. 두번째는 종사자들에 의해 관리되는 '고객 관계' 예산이다. 이 예산들은 심혈을 기울여 관리되고 창의적으로 쓰일 뿐만 아니라 (표 10-2)에서 보이듯 Fairfield에서 이 프로그램이 이행된 3년 이후 인력 부문에서 그 산업 내 비교적 우위의 성과를 낼 수 있었다.

다른 저렴한 숙박체인과 비교했을때, Fairfield Inn의 보상수준은 비교적 더 높았으나, 객실점유율과 고객들의 만족도는 다른 체인에 비해 더 높았고, 종사자들의 이직률도 더 낮게 나타났다. 이것은 단지 경영비율을 줄이는 것 뿐만 아니라 각 부서당 매니저들을 재배치시켜 종사자들이 적극적으로, 동기부여 되어짐으로써 어떤 지역에서는 하우스키퍼 감독관이 필요 없게 되었다(Schlesinger and Heskett, 1991: 91).

## 7. 질적 서비스와 전사적 품질 경영

이 장에서는 인간관계를 어떻게 개발해야 리조트가 차별화된 서비스를 제공할 수 있을지에 대해 살펴보았다. 우리는 스트레스와 이직률 그리고 서비스의 질에 영향을 미치는 요소와 스트레스를 줄일 수 있는 경영 전략에 대해 살펴보았다. 유연성과 권한위임이 그 예이다. 그러나 이 모든 것은 전체적인 사명과 리조트의 목적을 뒷받침하기 위해 통합되어 실행되어야 한다. 이것을 해 내기 위한 최적의 방법은 전사적 품질 경영(TQM : Total Quality Management)으로, Ritz Carlton이 실행하여 성공한 방법이기도 하다.

'고객 서비스와 만족을 달성하고 유지하기 위한 기반은 효과적인 측정과 발전 시스템을 구성하는 것이며(Barsky, 1996: 27)', 그것이 TQM의 핵심 기반이다.

Flood(1993)는 TQM을 분석하여 이 경영 접근 방법의 10가지 원칙을 주장했다. 그 중 2개는 측정과 발전을 포함하고 있으나(#8, #9), 대부분은 인간관계 개선, 특히 관광 사업과 같은 서비스업 내에서의 인간관계를 다루고 있다. Flood의 10개 원칙은 다음과 같다. 즉,

1. 내부적, 외부적 고객들을 위한 합의된 요구사항이 있어야 한다.
2. 고객의 요구는 매번 최우선적으로 수용되어야 한다.
3. 질적인 향상은 낭비와 총 비용을 줄여 줄 수있다.
4. 문제의 예방에 중점을 두어야지 화재를 진압하듯 문제에 직면하고 나서야 해결하려 드는 것은 바람직하지 않다.
5. 질적인 개선은 미리 기획된 경영 활동에서만 이루어질 수 있다.
6. 모든 업무는 부가적인 가치를 지니고 있어야 한다.
7. 모든 종사자들은 모든 단계, 모든 기능에서 반드시 개입되어져야만 한다.
8. 필요사항과 목표를 충족시키고 측정하는데 도움이 되는 평가방법을 강조해야만 한다.
9. 지속적인 발전을 추구하는 문화는 반드시 구축되어져야 한다( 지속적이라 함은 안정적인 발전 뿐만  아니라 극적인 도약도 포함된다).
10. 창의성을 촉진하는 것에도 중점을 두어야 한다.

(Flood, 1993: 48)

리조트 입장에서 TQM 접근 방법의 첫번째 원칙은 고객(외부 고객: external customer)과 종사자(내부 고객: internal customer) 모두의 요구사항(requirement)에 동의하는 것이다. 약속된 휴가 경험을 전달하기 위해서는 이 두집단이 이해하는 내용이나 행위가 동일하게 조화를 이루어야 한다.

리조트에서 필요로 하는 다른 원칙은 다음과 같다. 문제 예방(prevention of problems)에서 초점은 사전 기획(pre-planning)과 적극적인 경영(pro-active management)에 있다. 이것은 11장에서 다루어질 위험 관리 준비를 포함하는 정규훈련만큼 중요한 부분이다. 모든 사람이 반드시 개입(everybody is involved)

되어져야 하는 것은 리조트와 같이 모든 사업이 다양하고 세분화되어질 필요가 있음을 의미한다. 각기 다른 부서들은 모두 해야 할 업무가 있고 더해야 할 가치가 있지만, 이 경우는 그들의 목표와 노력이 통합될 경우에만 효과적으로 달성될 것이다. 경영진의 통제기능인 성과의 측정은 리조트 경영주가 고객의 기대치에 부응하고 있는지와 보완점이 없는지 살피는 것에서 필수적인 요소이다. 지속적인 발전(continuous improvement)은 세계 경제와 리조트 시장에서 핵심적인 부분이기 때문에, 평가에 대한 분석과 상품과 서비스를 어떤 방법으로 개선시킬지에 대해 부서간 평가는 계속적으로 이루어져야 한다. 이 모든 것은 다시 첫번째 원칙인 '고객과 종사자의 요구를 모두 수용하여 최상의 서비스를 제공한다'는 것으로 귀결된다.

TQM을 관광 산업에서 적용할 때, Witt와 Muhlemann(1994)은 고객의 관심이 서비스 산업에서 중요한 구성요소이지만, 문화적 변화나 종사자의 몰입은 그러한 중요한 목적을 달성하는데 있어 핵심적인 지원 기제(mechanism)이다. 그들은 관광/리조트 경험과 TQM이 최초로 개발되어진 제조업 간에 중요한 차별화 요인에 대해 언급하였다(표 10-3).

《표 10-3》 관광/리조트 종사자의 서비스 특성

1. 서비스는 비가시적(intangible) 결과를 생산한다.
2. 서비스는 가변적이고, 비표준적인 결과를 생산한다.
3. 서비스는 소멸되어질 수 있다(perishable). 즉, 그것은 재고로 쌓이지도 않으며, 생산하는 즉시 소비되어진다.
4. 고객과의 빈번한 접촉은 서비스 과정에서 이루어진다.
5. 고객은 서비스를 제공하는 과정에 참여하게 된다.
6. 기술은 고객에게 직접적으로 판매된다.
7. 서비스는 대량생산되어질 수 없다.
8. 개별적인 판단은 서비스를 담당하는 개인의 성과에 의해 많은 영향을 받는다.
9. 서비스 기업은 노동집약적이다.
10. 분산된 시설물들은 고객들 가까이 배치된다.
11. 효율성에 대한 측정은 주관적이다.
12. 품질관리는 일차적으로 통제 과정으로 제한되어졌다.
13. 가격 형성 옵션은 더 정교해야 한다.

자료원: Murdick, R. G., Render, B., and Russell, R. S.(1990). Service Operations Management. Boston: Allyn and Bacon, p.26.

훈련은 완벽한 서비스를 전달하기 위해서 고객의 적극적인 참여를 필요로 하는 전문적인 기술이기 때문에, 고객과의 관계를 반드시 고려해야만 한다. 이것은 식사나 특정 활동을 위한 장비를 추천받을 때 혹은 고객들이 객실과 다양한 시설을 어떻게 사용하는지를 볼 때 일어나는 일이다. 예를 들어, 욕실용 수건이나 샴푸를 사용하는가 또는 미니바와 비디오 세트를 이용하는가? 어느 경우이든 좋은 서비스는 이런 조건에 부합하려 하고 그에 맞추어 특정한 아이템을 제공해야 한다. 그런 유연한 서비스를 고객에게 제공하기 위해서 대다수의 매니저들은 직원에게 '지옥에서 온 것 같은 고객' 등과 같이 가변적인 상황에 권한위입과 감독책임 등과 같은 방법을 사용하여 대응할 수 있는 환경을 제공해주어야 한다.

Witt와 Muhlemann(1994: 422-423)은 TQM의 성공적인 적용을 위한 세가지 지침서를, 저자의 추가적인 세부사항을 보태어 다음과 같이 나열하였다. 즉,

1. 상품/서비스 패키지의 구성요소
   - 조직은 그들이 보유한 서비스/상품이 지닌 핵심적 특성에 대해 하나의 명확한 전략을 가지고 있어야 한다.
   - 서비스/상품의 디자인은 종사자들과 함께 건설적이고, 협동적인 방법으로 접근해야 한다.
   - 서비스/상품은 경험과 재방문에서 최고의 가치를 창출하기 위해 특정의 과정/구성요소로 구분되어져야만 한다.
   - 각 업무에서 핵심적 기술과 경쟁력은 파악되어져야 하고, 훈련과 적용 가능한 교차 기술을 통해 증진되어졌다.
   - 상황에 대한 계획(Contingency plan)은 핵심적인 문제 영역(예, 바쁜 시간의 체크인과 체크아웃)과 이벤트나 축제 행사 등과 같이 가끔씩 있는 이벤트 등을 위해 개발되어져야만 한다.
   - 전달 체제는 확실해야 하며, 다양한 수요를 충족시킬 수 있어야 한다.

– 과정은 가능한 경우 모두 표준화되어 서비스 제공의 일관성을 지킬 수 있어야 하지만 고객의 경험을 극대화할 수 있도록, 유연성을 지나치게 제한하지는 말아야 한다.

2. 전달체제의 인적 측면

– 사명과 목표를 종사자에게 분명히 인식시켜야 한다.

– 모든 종사자는 필요한 기술을 완벽히 훈련받고 그들의 역할과 대인관계에 있어서 경쟁력을 가져야 한다.

– 다기능(multi–skilling) 훈련이나 문제해결능력과 직무충실(job enrich ment)은 채용과 훈련 과정에 모두 포함되어야 한다.

– 개인은 상황을 장악할 수 있는 주인의식이 있어야 한다.

– 종사자는 필요한 경우 고객의 만족도를 유지하기 위하여 결단을 내릴 수 있도록 권한이 주어져야 한다.

– 기업의 질적 목표를 달성하기 위한 전사적(全社的) 몰입(total commit ment)은 종사자들에게 동기를 부여시켜준다.

– 서비스 전달 체제에서 고객의 역할은 명확하게 전달되어져야 한다.

– 직원을 위한 시설 준비는 그들이 일을 완벽하게 마칠 수 있을 만큼 충분히 제공되어야 한다.

3. 서비스 질을 측정하는 문제

– 가시적이거나 비(非) 가시적인 측면 모두는 계량화되어질 수 있어야 한다.

– 비가시성은 기대와 표준을 설정하기 위해 표적 집단 상황(focus group situation)을 이용하여 측정 되어질 수 있다.

– 수용가능한 서비스에 대한 명확한 표준은 설정되어야 하고, 고객과 제공자 모두에게 전달되어져야 한다.

– 벤치마킹은 성과수준을 경쟁자와 비교 해야 한다.

– 직원은 서비스 성과에 대한 피드백을 받아야 한다.

– 피드백은 하나의 기회이지, 위협으로서 받아들여져서는 안 된다.

– 모든 부정적인 피드백은 직원과 경영주의 공동노력에 의해 가능한한 빨리 적절한 후속 조치가 이루어져야 한다.
– 팀워크는 피드백을 통해 평가되어질 수 있고, 확인된 일반적인 문제를 해결할 수도 있다.
– 발생가능한 모든 어려움은 기존에 설정되고 기록된 적절한 대처방안을 통해 기록되고 분석되어질 필요가 있다. 필요한 경우 이런 경험에 비추어 마련된 방안들은 수정되거나 변경될 수 있다.
– 서비스 전달체제는 고객의 기대나 만족 수준을 탐색할 수 있는 곳이다. 설문지나 인터뷰 등 공격적인 방법으로 제한하지 말고, 고객들의 관점에서 상품을 보거나, 경청하고, 생각하는 고전적인 인간관리 기술을 사용할 수도 있다.

이 세가지 지침서를 통해, 최일선에서부터 최고 경영진에 이르는 모든 종사자가 하나의 팀으로써 고객이 리조트에서 최상의 휴가를 경험할 수 있게, 가능한 최고의 서비스를 제공할 준비가 되어있고 몰입된 중요한 구성요소임을 잘 이해할 수 있을 것이다.

## 요 약

이 장에서는 리조트가 직면한 노동 환경과 약속된 질적 서비스를 전달하기 위해 변화하는 경영 등에 대해 검토하였다. 전통적인 인적자원은 진보된 경제 체재내에서는 고갈되고 있기 때문에, 채용과 훈련과정은 더 필수적이고, 필요에 따라 조절되어져야 한다. 심지어 직원이 고용될 경우, 많은 비용이 드는 과정이 될 수 있는 이직의 가능성이 항상 존재한다. 이직의 모든 것이 부정적이지는 않고 불가피한 경우도 있지만, 이직에 소모되는 비용은 리조트에서 보다 충실하고, 개개인에게 관심을 가진 고용방법을 사용함으로서 줄어들 수 있다.
이 장에서는 종사자와 서비스 질을 전달하는 과정 간의 관계에 대한 논의를 통해 관계가 지닌 중요성을 강조하였다. 예를들어 리조트 기업에서 일하기를 바라는 종사자는 마케팅 캠페인을 통해 약속된 고품질의 휴가 경험을 고객에게 전달하여야 한다. 이를 뒷받침할 수 있는 요인에는 다양한 유연근무제, 권한위임 기회, 그리고 인간관계를 TQM과 같은 개념을 통해 전략적 경영으로 통합 시키는 등이 있다. 인간관계 전략이 지닌 대부분의 특성은 성공적인 관광사업과 리조트 상품과 일치되어지고, 이 장에서 제시된 두가지 사례에서 잘 나타난다. 호주의 고립된 지역에 있는 리조트에 관한 Sims의 연구는 종사자들이 고립된 리조트에서 느끼는 사회적 압박을 보여주며, 그의 연구는 이런 종사자들을 리조트 업무와는 다른 목표를 추구하는 별개의 업무 집단으로 대우할 것을 제안하였다. Ritz Carlton 사(社)의 사례는 인간관계를 TQM전략에 통합시킴으로서 무엇이 성취되었는지 잘 보여준다. 선발, 훈련과 권한 위임이 지닌 중요성을 강조함으로써 직원들의 전문성 수준이 증가되었고, 그것은 이직률의 저하, 수익의 증가 등과 같은 직원이나 경영주 모두에게 있어서 상생의 결과를 가져다 주었다.

사례연구

### ••• 호주, 고립된 지역에 있는 리조트 종사자의 이직률 •••

Wiley Sim은 La Trobe 대학 출신으로, 호주 내의 고립된 리조트 내의 이직률에 대한 조사를 몇 번 시도했다. 왜냐하면 높은 이직률은 고립된 지역에 위치한 리조트 내의 환대기업의 효율적인 경영에 심각한 영향을 미치기 때문이다. 그는 고립된 리조트는 '내부의 노동력에 의존하며 외부의 임시직 노동력에 대해 접근성이 떨어지는 리조트로 정의한다'(Sims, 2002: 670). Sims는 이런 리조트들에서의 이직에 따른 비용을 다음과 같은 두가지 형태로 구분하였다. 직접 비용은 떠나는 종사자의 이직 비용(퇴직 인터뷰와 퇴직금), 모집 비용(구인 광고와 탐색 비용), 배치, 선발에 드는 비용(인터뷰, 신원조회), 고용 비용(신입사원 소개행사, 연수, 전환배치 비용, 유니폼), 그리고 새로운 채용자가 업무를 익히는 동안 저하되어질 생산성 등을 포함한다. 간접 비용에는 종사자가 주기적으로 바뀜으로써 생기는 전반적인 동기 하락, 그리고 퇴직에 앞서 일어나게 마련인 지각과 결근 등이 있다.

Sims의 연구는 Yulara 시 주변의 7개 리조트 단지로 운영되며 가까운 Mt. Olga(Kata Tkuta), 그리고 Ayers Rock(Ulru)에 관광객을 유치하는 ARRC

(Ayers Rock Resort Company: Ayers Rock 리조트 기업)의 경우와, Kosciosko 국립공원 가까이에 위치해 있으며 호주의 가장 큰 스키 리조트인 Thredbo Village의 경우를 비교하는 것으로 시작된다. Thredbo가 큰 국립공원 내의 작은 마을이라고 하더라도 Yulara처럼 고립된 지역은 아니다. 가장 큰 스키 시장인 Sydney로부터 차로 세 시간 거리이기 때문이다.

ARRC는 물리적인 고립으로 인해 문제를 겪고 있다. 가장 가까운 도시로부터 2000km 떨어져 있고 사회적인 활동이나 만족스러운 숙박시설도 부족하기 때문이다. 조심스러운 선발과, 여러 기업의 인센티브 그리고 호주 국세청의 지지에 힘입은 갱신 가능한 6개월 단위 계약에도 불구하고, '절반도 안 되는 종사자들이 6개월 계약이 끝나면 그 곳에서 나간다'(Sims, 2000: 594-595). Sims가 ARRC의 종사자들을 조사한 결과 평균 0.89년의 단위로 종사자가 이직을 하며, 주로 '매우 불안정하고 어린 노동력'인 평균 23세로 구성되어 있었다. Thredbo의 경우 34.6세였으며 2.0년 단위로 이직을 했다. 어느 곳도 지역 노동시장을 보유하고 있지 않고 외부에서 유치를 해야 하고, 특히 성수기에 Sims는 리조트 경영주가 종사자들의 라이프스타일을 살피고 개선했다면 노동 이직률을 낮출 수 있으리라고 생각했다.

이런 생각을 증명하기 위해 Sims는 Victoria Alps의 세개의 고립된 리조트에(Mt. Hotham, Falls Creek, Mt. Buller)에 초점을 두어, 이 리조트 경영주들이 종사자의 관점에서 우호적인 조직 문화가 형성되어 있는지 그것이 지역의 고립에 의한 영향력을 극복하는데 도움이 되는지 조사하였다. 특히 그는 스키, 환경, 기후, 도시로부터의 해방, 우정, 그리고 덜 형식적인 업무 환경과 같은 라이프스타일이 종사자들의 만족 요소가 되고 이직률을 낮출 수 있을지에 대해 주목하였다. 이 변수들 간에 오로지 직무 환경만이 이곳에 머무는 이유와 상관관계를 가졌다. 더 두드러지는 것은 종사자들의 나이였다. '종사자가 어릴수록 그가 고용 관계를 스스로 끝낼 가능성이 높았다. 매니저와 직속 상관은 가장 안정적인 동료였다'(Sims, 2002; 681). 이것은 나이가 많고 핵심 업무를 맡고 있을수록 채용에 더 헌신적이었으며 리조트의 라이프스타일에도 참여도가 높았다는 것을 보여준다. 반면 젊은 종사자들은 이곳을 성장 과정의 일부이자 여행을 할 수 있는 수단으로 취급하였다. 따라서 경영진은 젊은 종사자와 나이 든 종사자를 각기 다른 목표를 추구하는 노동력 시장으로 분류하고, 그들의 개별적인 업무 계약에 있어서 다른 점을 우선시하는 전략을 취해야 함을 알 수 있다.

### • • • 미국, Ritz Carlton • • •

Ritz Carlton 사(社)의 사례는 인간관계와 TQM 과정의 예시로서 가장 적절하다. 이곳은 Malcolm Baldrige National(US) Quality 상을 1992년에 탄 첫 번째 호텔 기업이며 1999년에 다시 한 번 수상했다. Partlow(1993: 16)에 의하면 '상을 타는 것도 좋지만, Shakespeare의 말을 인용하자면, 과정이 중요하다.' 따라서 다음에서는 그 과정에 대해 알아보기로 한다.

Ritz- Carlton Hotel 기업은 유럽식의 전통적인 호화(luxury) 호텔 서비스를 제공하는 기업이다. 이곳은 Malcolm Baldrige가 TQM에 몰입하여 호화 호텔과 리조트 영역에서 최고의 자리를 유지하려고 노력한 곳이라고 열렬히 환영하는 장소이다. 그곳은 Baldrige 등과 같은 상을 받거나 위신을 유지하기 위해서 경쟁하는 것이 아니라, 사업을 증대시키거나 경쟁자에게 뒤처지지 않기 위해, 품질 개선의 수단으로서, Baldrige Award가 제시한 도식에 따라 인증된 준거를 사용하였다. 이제 그저 호텔이나 리조트 사업이 아니고, 그것은 'Ritz Carlton Club'(지분소유) 뿐만 아니라, 'Ritz Carlton에 레지던스(residence: 개별적인 거주 형태)'를 추가함으로서 사업을 확장하였다. 그러나 인간관계에 주목하고 있는 이번 장의 특성상 우리는 TQM에서 Ritz Carlton의 성취를 알아보도록 할 것이다.

Ritz Carlton 호텔은 1999년에 두번째로 수상할 당시에 세계적으로 36개 호텔(25개 도시 호텔 그리고 11개 리조트)을 보유하고 있었다. Bulgari 호텔과 제휴하면서 58개 체인으로 확장되었다. 이곳은 27000명의 종사자를 채용하였으며, 85%가 최일선에서 일하는 직원이었다. 이 다양화된 기업은 다음에 서술된 바와 같이 종사자들과 고객 모두에게 만족도를 심어줄 수 있었다. 즉,

> 독자적인 조사에 따르면, 99%의 고객들이 그들의 전반적인 경험에 대해 만족했다고 말한다. 80% 이상은 '아주 만족했다'고 응답했다.
>
> (Mene, 1999: 2)

개선 노력이 계속된 이후, 종사자의 이직률은 80%에서 20%중반으로 감소되었고, 그런 사업이야 말로 100% 잘 운영되고 있다고 말할 수 있다.

(Green에 의해 인용된 Schulze, 2000: 2)

이런 성과가 어떻게 달성되었는지는 아래에서 살펴볼 수 있다.

❖ 리더십

TQM은 사업을 운영하는데 있어서 하나의 변형된 경영방법이기 때문에, 경영진, 일반 관리자, 그리고 중간관리자에 이르기까지 리더십에 대한 몰입을 필요로 한다. '고객 만족에서 초점은 반드시 조직의 경영과정에서 형성되어져야 하고, 하나의 통합된 정보 체제, 전 종사자의 참여, 훈련, 그리고 서비스와 상품의 질 개선을 위한 연속적 노력 등을 통해 지원되어져야만 한다'(Partlow, 1993: 24). 이것은 시간과 자원을 필요로 하며 Ritz Carlton의 회장이자 Chief Operating Officer인 Horst H. Schoulze는 1992년 수상의 과정이 1983년도부터 시작되었으며(Sculze, 2000: 3), Ritz Carlton Leadership Center의 부회장인 Diane Oreck는 '목표 달성은 그 상태를 유지하는 것 보다 쉬운 것이다'라고 말하였다(trainngmag.com, 2006: 2).

Ritz Carlton 호텔 내의 인간관계 리더십은 *Leadership Center*를 설립하여 기업의 교육 기관과 산하의 학습 조직으로서 기능을 하고 있다. 이 기관은 세 개의 학교로 구성된다. *School of Performance Excellence*는 입시직 종사자들을 대상으로 한 훈련과 개발 프로그램을 담당한다. *School of Leadership and Business Excellence*는 리더를 구분하기 위한 소프트 스킬(soft-skills)을 제공한다. *School of Service Excellence*는 두번째 수상 이후에 쏟아지는 벤치마킹에 대한 질문에 답하기 위해 따로 설립한 곳이다. 이 학교는 '연간 $150000000의 수익을 기업에게 안겨주었고, 내부 훈련과 개발 프로그램으로 다시 투자되고', 다른 학교들은 내부와 외부 고객 서비스에서 나오는 요금에 의해 운영된다. 따라서 인간관계 리더십은 Ritz Carlton에게 투자이자 수익원으로 작용한다. 그리고 이곳이 명성을 유지하고 돈을 벌기 위해 어떤 일을 했는지 이해하기 위해 우리는 이 장에서 다뤄졌던 몇 가지 문제들에 접목해 볼 것이다.

❖ 선발

Ritz Carlton 호텔은 '호화로운 여행과 환대 상품과 서비스를 제공하는 일류 기업'이 되고자 하였고, 그 과정은 적절한 경영진과 최일선 직원을 선발하는데서 시작되었다. 잠재적인 직원을 구분하기 위한 호텔의 몰입은 120개 직위에서 요구되는 자격조건을 충족할 만한 능력을 가졌는지를 결정하기 위해 예측가능한 심리학적이고 행동적 도구를 사용한 선발 과정에서부터 시작되었다. '성격특성에 의한 모집(character trait recruiting) 기법은 서비스의 변산성을 감소시키고, 생산성을 보조하는 수단으로서 사용되고, 지난 3년간의 이직률을 거의 50%까지 줄였다'(Schulze, 2000: 8).

그것은 전적으로 인적 자원이나 경영진의 책임이 아닌 직원선발에서 TQM 내의 팀워크적 접근의 일환이라고 볼 수 있다. '인적 자원과 관리 인사들은 함께 협력하여 선택하고, 오리엔테이션을 하고, 훈련하고, 종사자들을 확정한다'(Partlow, 1993: 22).

❖ 훈련

이것은 Ritz Carlton 식 접근 방법에서 가장 많이 주목 받은 부분으로, 고객에게 최고의 서비스를 제공해주는 시설과 상품은 자질을 갖춘 종사자에게서 나오기 때문이다. 첫번째 수상 이후 Schulze(2000: 8)는 훈련 매니저와 호텔 고위 관리직들이 2일간 새로운 종사자들에게 회사의 서비스 황금률을 주입시키는데 협력하라고 말하였다. 이 황금률은 세 가지의 고객서비스 그리고 더 상세한 Ritz Carlton 기본 원칙을 포함한다.

황금률 내에는 '서비스의 세 단계'가 존재해서 고객 접점에서의 활동과 의사결정을 구분할 수 있다. 그러한 '신조(credo)'는 고객 맞춤 서비스가 기업의 목표이며, 종사자는 그 과정에서 핵심적 구성요소란 사실을 확실히 알려준다. 호텔의 '좌우명'이 종사자는 신사, 숙녀를 대접하는 신사, 숙녀이고, 이것은 고객과 종사자간의 관계를 축약해서 보여준다. '이것은 리더에 의해 효율적으로 형성되고, 고객•종사자 모두가 경험하는 하나의 문화이다'(Schulze, 2002: 4).

Ritz-Carlton의 기본률은 고객 문제 해결, 외모관리, 안전관리 수칙 등에 대해 서술하였다. 오리엔데이션 다음에는 광범위한 현장직무훈련(On the Job Trainning)이 이어지고, 계속적인 노력을 통해 종사자는 직무자질을 인정받게 된다.

각 지위에 따른 실제 훈련은 지속적인 발전 과정으로 진화하여, 모든 종사자들이 매 해 284시간의 훈련을 35년 이상 받도록 하고 있다. 대면(face-to face) 훈련은 물론 CD-Rom과 웹에 기반을 둔 훈련으로 자격을 인정받고 업그레이드하도록 한다.

'이 과정은 객실 관리부서가 매년 시행하는 훈련 인증 대신 객실에서 현장 실습을 하는 것으로 대체하여, 객실 청결도에 대한 고객 만족도도 함께 향상되었다'고 Oreck이 말한다. 한 Ritz Carlton 호텔은 6개월동안 객실 청결도에 대한 만족도를 82%에서 92%로 향상시켰다.

(trainningmag. com, 2006:2)

훈련에 대한 관심과 지속적 실행은 Ritz Carlton이 변하는 기술적 요건과 고객의 입맛에 적응할 수 있도록 해준다. Schulze는 다음과 같이 말한다. 즉,

모든 것이 극적으로 변화하고 있다. 난 고작 3년 전에 어떤 고객도 초고속 인터넷 서비스를 요구하지 않았다는 점을 말하고 싶다. 오늘날에는 모든 고객들이 요구하는 사항인데 말이다. 오늘날의 고객들은 5년 전 고객들에 비해 호텔 제공 시설을 속속들이 다 알고 있다. 고객들이 여행을 할 기회가 많아짐에 따라 고객은 호텔에 더 정교화된 서비스를 기대하게 된다. 그래서 이곳은 진화하고 있는 것이다. 새로운 기대치에 대한 지속적인 변혁말이다.

(Green, 2006: 3)

훈련에 적절한 목표가 있는지, 교육 자료가 TQM 과정의 중요 부분을 다루고 있는지 등은 정보와 분석 단원에서 관심의 대상이 될 것이다.

❖ 정보와 분석

Ritz Carlton은 고객이 지닌 욕구를 예측할 정도로 고객에게 아주 큰 관심을 갖고 있다. 이것을 달성하기 위해 기업은 고객을 측정하고 분석해야 한다. 이것은 고객들이 편히 쉬길 원한다면 아주 어려운 방법이지만, 다른 경쟁자들과 차별화하기 위해서는 중요한 부분이다.

이것은 '고객들을 세부적으로 이해하는 것'에서 출발한다. 고객-종사자 간의 관계의 주요 과정은 '문제가 발생할 만한 부분까지 세분화시켜 파악'해서 모든 문제점을 해결하기 위한 노력이다. 예를 들어, Ritz Carlton은 '하룻밤 묵는 고객과의 상호작용에서는 문제점이 일어날 수 있는 970개의 잠재적 상황이 있으며, 이벤트 기획가와 만날 때에는 1071개의 잠재적인 문제 상황이 존재한다' (Mene, 1999: 3). 이런 정도의 정보와 분석이 문제점이 어디 있는지 파악하고 대응할만한 종사자를 준비해둘 수 있도록 한다. 그것이 객실에서 얼음을 필요

로 할 때 구비해두고 있는 평범한 것이든 컨벤션에서 야생동물 마스코트를 출연시키는 것이든지 간에 말이다.

이벤트와 상호작용에 덧붙여서, 기업은 고객 맞춤 서비스로 고객의 충성을 확보해야 한다. 이 과정은 고객에 대한 '확장적인 데이터 수집'을 '발전된 정보 기술'을 통해 하는 것이다. 정보는 '다양한 고객 정보' 혹은 '미팅 기획가들의 행사 직후 리뷰'를 통해 수집된다. 따라서 Ritz Carlton database의 백만 개가 넘는 파일은 'James Bond의 마티니를 휘젓지 말고 흔들어야 한다는 것, 그리고 Corporation X가 리조트의 운동 시설보다 요리사의 유명한 디저트에 더 중점을 둔다'는 등의 정보를 알려준다.

❖ 권한위임

지속적이고 안정적인 질적 성장을 이룩하기 위해서는 종사자에게 권한을 위임을 하여, '그들에게 고객이 지닌 문제점을 파악하고 즉시 해결할 권한을 주며 업무 과정을 개선할 수 있도록' 해야 한다(Partlow, 1993: 23). Ritz Carlton의 경우 '효과적인 참여와 권한 위임은 효과적인 질적 훈련에서 비롯되었다' (Schulze, 2002: 9).

Ritz Carlton은 각 종사자들을 다음과 같이 훈련시킨다. 즉,

1. 고객을 만족시키기 위해 별이라도 따오라.
2. 문제를 신속히 해결하기 위해 적합한 종사자에게 연락하라(후방 서비스 개념).
3. 고객을 만족 시키기 위해서는 2천 달러 정도로 비용을 사용하라.
4. 상품과 서비스의 적합성을 평가하라.
5. 판매의 조건을 결정하라(판매와 마케팅)
6. 자신의 업무 환경을 계획하는 것에 참여하라.
7. 문지 발생시 누구와도 이야기해보라.

(Schulze, 2002: 9).

이런 훈련과 책임감을 통해 책임과 의무가 부과된다. 그래서 권한위임 기능이 필요한 모든 경우 보고서를 작성하고 어떤 조치를 취했는지 알려야 한다. 완벽한 훈련과 분석으로 인해 위의 내용을 필요로 하는 상황은 자주 일어나지 않으

며 시간과 비용이 많이 들지 않는다. 대다수의 경우 그저 고객의 요청이나 문제점에 귀 기울일 사람을 필요로 할 뿐이며, 이를 가장 효과적이고 그리고 효율적으로 이행하는 것이 좋은 경영의 모습이다.

❖ 종사자 관점

Baldrige 상이 Ritz Carlton 호텔의 전반적인 TQM 면에서의 성공을 보여주고, *Harvard Business Review*의 편집장인 Paul Hemp는 일주일을 리츠칼튼 호텔의 룸서비스 웨이터로 일하며 종사자의 관점으로 과정을 살펴보려고 했다. 그에 따르면,

> 매니저는 고객을 만족시키는 것에 대해서 얘기하길 좋아한다. 그러나 정말 그런 서비스를 제공하는 사람들 중에 하나가 된다면 어떤 느낌일까?
>
> (Hemp, 2002: 50)

황금률을 습득하고, 숙련된 동료들의 지도를 받으며, 그 주가 끝나갈 때쯤에는 스스로 일하고 난 후 그가 내린 결론은, Ritz Carlton이 고객 서비스에서 성공할 수 있었던 요인은 감성적 동업자 관계라는 것이다. 이 관계에는 몇 가지 요소가 필요하다.

Ritz Carlton 시스템 내부에서 근무해 본 결과 Hemp는 모든 서비스 업체에 필요한 몇 가지 교훈을 얻었다. 그 중 특히 그가 강조하는 점은 다음과 같다. 즉,

- ❖ '탁월한 고객 서비스는 경직된 공식보다는 역동적인 원칙에 기반을 두어야 한다'. 이것은 종사자가 기업의 정책을 실행할 경우 때때로 요구되는 상황별 유연성을 말하는 것이다.
- ❖ '기업의 여러 상징과 행사를 통해 종사자들이 지닌 소속감과 감정적 유대감이 커지고 이것은 최상의 실적을 낳게 한다'
- ❖ '종사자들이 독창적으로 활동할 수 있도록 권한 위임이 될 경우에만 이뤄질 수 있는 (개인적인) 헌신이야말로 탁월한 고객 서비스로의 지름길이다'
- ❖ '고객의 요구를 예측하는 것으로는 불충분하다. 다른 요소는 감정이입이다. 다시말하자면, 경험에 대한 고객의 감정적 반응을 상상할 수 있어야 한다'.

(Hemp, 2002: 62)

그의 경험으로 비추어보아 Hemp는 어떤 기업이든 Ritz Carlton 표본을 종사자들과 같이 한마음으로 적용시킬 수 있다면 이것을 충분히 능가할 정도의 긍정적인 서비스 환경을 만들 수 있으리라고 평가했다.

❖ 경제적 성과

종사자와 경영진이 그 정도의 서비스를 마련하는 것에 드는 비용은 분명히 어마어마할 것이다. 그리고 많은 사람들은 능력 있고 동기 부여된 종사자를 준비시키는 것이 그 정도로 중요한 일인지 궁금해 할 것이다. 그렇다면 성공적인 소규모 관광업체 회장의 말을 살펴보며 Ritz Carlton 호텔의 재정적 진술에 대해 평가해보기로 하자.

Tom O'Toole은 호주의 Beechworth에 있는 성공적인 빵가게와 그리고 관광사업을 하는 소유주이다. 그는 종사자들이 이 곳을 떠나서 다른 직업을 구하거나 그와 경쟁할 수 있음에도 불구하고, 종사자를 훈련시키는 것에 그 정도로 많은 돈을 쓰는 것인지에 대한 질문을 받곤 한다. 그는 이렇게 답한다. '그들이 훈련받지도 않았는데 내가 운영하는 조직에 계속 머무른다면 어떨 것 같습니까?'(O'Toole with Tarling, 2000: 199). 사업에서는 인생과 마찬가지로 사람들이 떠나는 것을 막을 수 없고, 특히 친구로서 헤어지는 것은 당신의 평판과 인맥형성에 도움이 된다. 심지어는 경쟁자들 간에도 말이다. 이것은 종사자들의 역량을 억누르는 것보다 나은 선택이다. 종사자들의 역량을 방치할 경우 사업 실적도 저하되고 이직률도 높아질 것이다.

Ritz Carlton의 경우 TQM 전략의 일환으로써 종사자에게 투자한 시간과 비용이 노력에 부응했다고 보인다. 이 기업은 두 차례나 Malcolm Baldrige National Quality 상을 수상했고, 매체의 긍정적인 조명을 받았으며, 모든 최종 결론에 기여한 것은 바로 인간관계 방침이다. Schulze는 이제는 산업 평균보다 훨씬 아래로 내려간, Ritz Carlton 이직률의 극적인 감소를 언급했다. 그리고 Mene(1993: 3)는 '소득세 부과 전의 순이익이 두 배 가까이 올랐다(95년에서 98년 사이에), 그리고 빈 객실 당 수익이 산업 평균 가격보다 3000% 가량 높은 가격으로 오르고 있다'고 보고했다.

## 연습문제

1. 젊은이들의 기존의 노동 인력이 줄어드는 상황에서 리조트 경영주들은 채용 과정에서 고려해야 할 점과 이 직업이 대안적인 노동력 풀(pool)에게 매력적으로 보일 수 있는 방법에 대해 토의하라.

2. '스트레스는 좋기도 하고, 나쁘기도 하다'. 이 문장을 시험을 보는 경우 혹은 관광 업무 경험에 비추어 설명하며, 과거에 어떻게 대응해왔고, 앞으로는 어떻게 대응하는 것이 바람직할지 말해보라.

3. 당신이 관광/환대산업 관련 졸업자이며 이 사업에서 성공하고자 한다고 가정할 때, 당신의 미래 고용주들이 당신을 5년 이상 고용할 수도록 하기 위해서 필요한 자격조건, 그리고 당신이 그런 제안을 받기 위해 필요로 하는 능력이 무엇인지 토의하라.

4. 경제적 유연성 과정이 지닌 장점과 단점을 분석하고, 그런 개별 협약이 전통적인 협정보다 우선시 될 수 있을지에 대해 평가하라.

5. Flood(1993: 142)는 TQM을 비평하면서 그것이 종사자들이 잠재 역량을 발휘할 수 없는 딱딱한 틀안에 가둔다고 보았다. 그는 더 의미 있는 일을 위한 교육과 이해를 위해 진실된 의사소통이 필요하다고 보았다. 이를 통해 이 모든 것이 최대한의 자유로 이어질 수 있다고 하였다. 당신이 관광산업 종사자로 활동한 경험에 비추어 볼 때 그리고 향후 관광 매니저/소유주로 활동할 경우의 포부에 비추어 볼 때 이 두 가지 개념이 리조트 사업 내에서 공존할 수 있는 방법을 말해보라.

6. Ritz Carlton의 경우를 볼 때, 그 일부 전략을 리조트 복합단지 내의 비(非) 숙박업 부문에 도입한다면 왜 그리고 어떻게 변경시킬 수 있을지에 대해 토의하라.

## 참고문헌


- Barsky, J.D. (1996). Building a program for world-class service. *The Cornell Hotel and Restaurant Administration Quarterly*, **37(1)**, 17–.27.
- Bowen, D.E. and Lawler, E.E. (1992). The empowerment of service workers: what, why, how and when. *Sloan Management Review*, Vol. 33, Spring, 31-38.

참고문헌


- Brymer, R.A. (1991). Employee empowerment: a guest driven leadership strategy. *The Cornell Hotel and Restaurant Administration Quarterly*, **32(1)**, 58-68.
- Carlzon, J. (1987). *Moments of Truth*. New York: Harper and Row.
- Dastmalchian, A. and Blyton, P. (1998). Introduction to organizational flexibility in a cross-national perspective. *International Journal of Human Resource Management*, **9(3)**, 437–.444.
- Dastmalchian, A. and Blyton, P. (2001). Workplace flexibility and the changing nature of work: an introduction. *Canadian Journal of Administrative Sciences*, **18(1)**, 1-4.
- Deery, M. (1999). *Turnover Culture, Internal Labour Markets and Employee Turnover: An Integrated Model.* Unpublished Ph.D. Thesis, La Trobe University, Melbourne, Australia.
- Drucker, P.F. (2002). They're not employees, they're people. *Harvard Business Review*, **80**, 70–7.
- Flood, R.L. (1993). *Beyond TQM*. Chichester: John Wiley and Sons.
- Gee, C.Y. (1996). *Resort Development and Management*, 2nd edn. East Lansing, Michigan: Educational Institute of American Hotel and Motel Association.
- Green, R. (2000). Baldrige Award Winner Profile. www.qualitydigest.com/aug00/html/baldrige.html.
- Hemp, P. (2002). My week as a room-service waiter at the Ritz. *Harvard Business Review*, **80**, 50-2.
- Hogan, J.J. (1992). Turnover and what to do about it. *The Cornell Hotel and Restaurant Administration Quarterly*, **33(1)**, 40–5.
- James, D. (1996). Keeping staff happy on a tropical island. *Business Review Weekly*, **19**, 62.
- Karatepe, O.M., Uludag, O., Menevis, I., Hadzimehmedagic, L. and Baddon, L.(2006). The effects of selected individual characteristics on frontline employee performance and job satisfaction. *Tourism Management*, **27(4)**, 547–60.

- Law, J., Pearce,P.L. and Woods,B.A. (1995). Stress and coping in tourist attraction employees. *Tourism Management*, **16(4)**, 277–84.
- Meier, J.D. (1991). Solutions to the hospitality industry's labour shortage. *Florida International University Hospitality Review*, **9(2)**, 78–5.
- Mene, P. (1999). Malcolm Baldrige National Quality Award –1999 Award Recipient, Service Category –The Ritz-Carlton Hotel Company. www.nist.gov/public-affairs/bald99/ritz.html. Accessed on 2 August 2006.
- Murdick, R.G., Render, B. and Russell, R.S. (1990). *Service Operations Management*, Boston: Allyn and Bacon.
- Ng, I. and Dastmalchian, A. (1998). Organizational flexibility in Canada: a study of control and safeguard rules. *International Journal of Human Resource Management*, **9(3)**, 445-56.
- O'Toole, T. with Tarling, L. (2000). Breadwinner: *A Fresh Approach to Rising to the Top*. Melbourne: Information Australia.
- Partlow, C.G. (1993). How Ritz-Carlton applies TQM. *The Cornell Hotel and Restaurant Administration Quarterly*, **34(4)**, 16–4.
- Pizam,A. and Ellis,T. (1999). Absenteeism and turnover in the hospitality industry. In *Human Resource Management: HRM in Tourism and Hospitality, International Perspectives on Small to Medium-sized Enterprises* (D. Lee-Ross, ed.), pp. 109-31. London: Cassell.
- Rudall, L., Deery,M. and Stewart, M. (1996). Hospitality graduates: course expectations and career destinations. In *Tourism and Hospitality Research: Australian and International Perspectives* (G. Prosser, ed.). CAUTHE Proceedings, Coffs Harbour, NSW, 171-81.
- Schlesinger, L.A. and Heskett, J.L. (1991). Enfranchisement of service workers. *California Management Review*, **33(4)**, 83-00.
- Schulze, H.H. (n.d.). *Application Summary for Malcolm Baldrige National Quality Award-1992 Winner*. In-house brochure distributed by The Ritz-Carlton Hotel Company.

참고문헌


- Sims,W.J. (2000). A tale of two resorts: a comparison of employee turnover and employee profiles in remote Australian resort communities. In *Tourism 2000: Asia Pacific' Role in the New Millennium*, Vol. II. *Proceedings of 5th Annual Asia Pacific Tourism Association Conference*, Hong Kong,pp. 589-96.
- Sims, W.J. (2002). Towards an understanding of labour turnover in isolated resorts. In *Tourism Development in the Asia Pacific Region:Worldwide Views and Multidimensional Perspectives* (L. Changchong, K. Chon, H.Q. Zhang and X. Yanjun, eds). *Proceedings of 8th Annual Asia Pacific Tourism Association Conference*, Dailan, China, pp. 670-83.
- trainingmag.com (2006). Ritz-Carlton Hotel Co. www.trainingmag.com/training/search/article_display.jsp?vnucontentid1000. Accessed on 2 August 2006.
- Van Der Wagen, L. and Davies,C. (1998). *Supervision and Leadership in Tourism and Hospitality*. Melbourne: Hospitality Press.
- Witt, C.A. and Muhlemann, A.P. (1994). The implementation of total quality management in tourism: some guidelines. *Tourism Management*, **15(6)**, 416-24.

# PART 4

# 미래 지향점

CHAPTER 11

# 위험 관리

## 1. 서론

위험관리(Risk management)는 리조트 경영에서의 필수적이고 중심적인 역할을 보여주기 위하여 이 책의 마지막에 서술하고, Part 2와 Part 3의 내부적 요소와 외부적 요소를 통합하여 제시하였다. 혹자는 위험관리가 온실효과와 테러리즘의 결과로 최근에서야 나타난 현상이라고 생각할지 모르나, 사실 위험관리는 오랜 시간 리조트 경영과 다양한 방식으로 연관되어져 왔다. 일반 사업에서, 재무적 위험은 주기적으로 일어나는 현상으로 파악되어져야 하고, 수요나 공급 등과 같은 요인들과 같이 관리되어져야 한다. 그러나 고객을 접대하는 것은 관리자로서의 책무를 다하는 것과 같은 추가적인 책임이 더해진다. 경영진은 고객을 해악으로부터 보호하기 위해 최선을 다해야 하는 것이다.

수요 측면에서, 고객들은 그들을 위험에 빠뜨릴 수 있는 자극과 볼거리를 원한다. 모험 관광(adventure tourism)에서 자극을 추구하길 원하는 사람들은 스스로 의도적으로 위험한 상황에 처하기도 하기 때문에 그런 상황을 통제할 수 있어야 한다. 심지어 경관이 빼어난 곳이나 일몰을 보기 위해 정기적으로 리조트를 방문하지 않는 사람들도 위험한 지역에 있는 건물에 갈 필요가 생길 수도 있다. 해안가에 위치해 바닷소리와 계속되는 아름다운 열대 석양을 볼 수 있는 리조트의 경우도 사이클론과 허리케인이 주기적으로 발생한다. 산악 지역에서, 산마루에 위치한 건물이나 혹독한 날씨나 산사태가 발생될 수 있는 곳에 위치한 가파른 절벽에서 경관을 볼 수도 있다.

공급 측면에서의 위험은 리조트 투자 수명인 30~50년 단위로 이루어지는 시장조사와 타당성 연구에 대한 정확한 해석에서부터 시작된다. 문명의 혜택을 잘 받지 못한 곳에서 적정한 기반시설과 서비스를 제공받지 못해 비교적 삶의 질이 떨어지는 많은 리조트에서는 항상 위험이 존재한다. 특히 관광객이 모험 활동에 참여하거나, 스포츠 혹은 집을 떠나 해이해지는 것만으로도 위험은 언제나 발생할 수 있다.

'위험관리는 경영에 필요한 것일 뿐만 아니라 관광과 관련된 조직이 경쟁적이고 지속가능하며 미래에 대한 책임감을 가지기 위해서라도 반드시 필요하다'는 점은 놀라운 것이 아니다. 리조트 관리 위험은 수요와 공급문제 뿐만 아니라 필수적인 상황에서 직원이 부족한 경우 등 사소하지만 내부적인 문제나, 자연재해 혹은 테러리즘과 금융위기 등의 중대한 문제까지 다양하게 있다. 그 어떤 종류의 위험이든 리조트는 항상 위험에 노출되어 있으며, 위험이 경영에 미치는 영향력을 최소화하기 위한 체제를 도입해야 한다.

## 2. 일반적인 위험

리조트 관리 내에서 발생되는 사건이나 의사결정과정이 위험에서 자유롭지 못하다면 위험 관리 구조(Risk management framework)는 통계적 확률 구조를 필요로 한다. Tarlow(2006)는 유용한 구조(framework)란 특정 사건의 발생 가능성과 결과를 고려하는 것이라고 하였다. (그림 11-1)은 Tarlow가 제시

《 그림 11-1 》
위험 원인의 분류
(Tarlow, 2006)

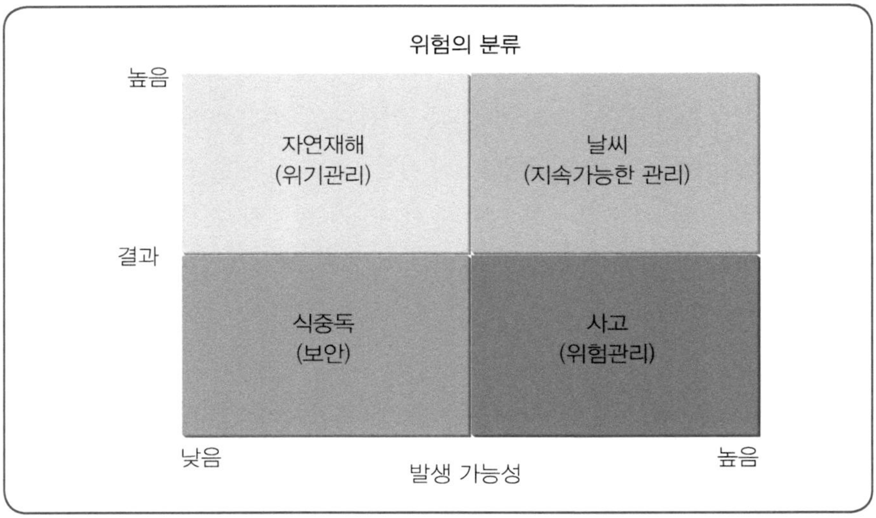


한 구조를 사용한 예를 보여주지만, 그러한 결과가 각 사건의 강도 그리고 리조트 상품과의 관련성에 따라 달라질 것이라는 점을 유념해야 한다.

식중독(Food poisoning)은 리조트에서는 심각한 사건이다. 왜냐하면 관리자로서의 책무 중 하나가 실패했다는 것을 의미하기 때문이며, 일부 고객들의 방문 경험을 망치고 레스토랑을 닫아야 하는 상황까지 올 수 있기 때문이다. 그러나 전체적인 관점에서 일어날 가능성이 적으며, 조직화가 잘 된 기업내에서는 그 여파가 그리 크지 않다. 그 결과는 일시적으로 나쁜 평판, 금전적 보상, 안전 절차의 보완과 새로운 설비 도입 등에 한정된다. 이 정도 수준의 위험은 이번 장에서 제시된 '보안'에서 살펴보기로 한다.

사고(Accident)는 개인의 부상이라는 형태로 나타난다. 리조트가 모험관광을 하거나 위험 지역에 위치해 있을 경우 발생 가능성이 크다. 관리자로서의 책무는 여전히 중요한 고려사항이나, 고객이 위험한 활동을 하기로 마음먹을 경우 그에 따르는 위험을 감수해야만 한다. 이런 상황에서 리조트는 그 장소가 지닌 위험 수준을 적절히 관리함으로서 위험 수준을 최소화 시킬 수 있고, 고객에게 적절한 장소를 안내해주고, 필요한 경우 위험 경보와 전문적인 도움을 받을 수 있게 해준다. 이정도의 위험은 보통 개인이나 소규모 집단에서 작은 정도의 손상을 입히는 것에 그치며, 위험 관리를 적용하면 결과를 최소화 시킬수 있지만, 완전히 예방될 수는 없다.

자연 재해(Natural disaster)는 리조트 사업이 시작된 이래 당연시된 문제이다. 가장 초기에 기록된 자연재해는 AD79에 일어난 Vesuvius 산의 화산이 폭발하여 Pompeii 시가 파괴된 사건이다. 자연재해는 리조트를 심하게 훼손시키고, 파괴시킬 수 있고, 오랜 시간 문을 닫게 할 수 있기 때문에 심각한 결과를 초래한다. 다행히도 그 발생 가능성은 보통 낮다. 이런 종류의 위험은 발생될 가능성이 낮으므로, 위기관리(Crisis management)는 그러한 사건이 삶에 미치는 영향을 최소화 시킬 수 있도록 보다 상황에 적절한 기획이나 준비를 제시해줄 수 있어야 한다.

날씨(Weather)는 높은 발생 가능성과 결과적 위험으로 분류되었는데, 그 이유는 많은 리조트들이 이 특징에 의존하고는 있으나 통제를 완벽히는 하고 있지 못한 상태이기 때문이다. 악천후 혹은 그 예보마저도 리조트의 방문과 판매를 낮출 수 있다. 그러나 지구가 온난화 되어감에 따라 이러한 악천후는 리조트에 막대한 영향을 미치기 시작하였다. 지진강도 5에 해당하는 위력의 허리케인이 잦아지자 직접 피해를 입지 않은 리조트를 포함해서 모든 열대 지역의 리조트들이 보험료를 높였다. 호주의 Alpine 리조트에서의 오랜 가뭄은 스키 시즌의 실적 저하로 이어졌고, 결과적으로 이 지역 스키 산업이 생존력을 지니고 있는지에 대해 의문을 가지게 하였다. 이런 사건들은 지역의 자연재해로부터 갑작스러운 영향이 아니라 리조트 사업이 지닌 장기적인 생존력에 막대한 영향을 끼친다. 이 측면에서, 그런 위험들은 '지속가능한 관리'라는 하나의 전체적이 구조 안에 포함되어져야 하고, 리조트 경영주는 장기적 측면에서 자원을 활용하는 것에 대한 기획을 수립하는 과정에 반드시 가변적인 날씨 상황을 고려하여야 한다.

## 3. 보안

기본적 단계에서 리조트의 '관리자로서의 책무를 다하는 것'은 그것이 고객의 안전을 합리적인 범위 내에서 보장해주는 것을 의미한다. 고객의 안전은 내•외적으로 모두 위협받을 수 있다. 내부적으로, 리조트 시설의 디자인은 기능적인 측면과 더불어 안전까지 고려하여야 한다. 종사자는 그들의 업무를 안전하게 이행하고, 고객들에게서 눈을 떼지 않으며 전반적인 상황을 통제할 수 있어야 하고, 다른 외부적 위협이 있는지 확인해야 한다. 이런 위협은 폭력, 절도 혹은 테러리즘을 포함한다. 보안(security)의 수준은 위협이 어느 정도인지 인식한 후 해당 지역 내에서만 적용될 것 같지만, 사실 보험이나 법률문제 등 광범위하다.

리조트의 보안은 다음과 같은 세 단계를 포함한다. 즉,

1. 위험 지역/과정을 분석하고 파악하라(Analyze and identify vulnerable area/processes).
   리조트는 방대하고 다양한 지형을 고객들에게 개방한다. 리조트 경영주는 가장 많이 위험에 노출되는 고객들이 정기적으로 하는 활동에서 가장 위험한 부분이 무엇인지 확인함으로서 그 시설과 고객이 지닌 취약성을 줄일 필요가 있다.
2. 보안의 우선순위를 설정하라(Establish security priorities).
   (표 11-1)은 위험의 발생가능성과 그것이 경영에 미치는 강도가 다르기 때문에 모든 위험에 대해 똑같이 신경 쓸 필요가 없다는 것을 보여준다. 보안의 수준은 공공장소와 고객의 숙박시설이 프라이버시나 보안성을 유지할 필요가 있는 사적인 숙박시설 등에서 차별화되어진다. 레스토랑에서는 음식 보관, 조리 그리고 접대가 건강과 안전 방침에 따라서 이뤄져야 한다. 수영장이나 여가시설 등 인기 시설에서는 전문적인 감독이 필요하다. 객실에서는 화재경보와 방화설비가 갖춰져야 한다.
3. 보안 체제를 조직화시켜라(Organization of a security system).
   고객의 여가와 보안이 함께 이루어지려면 휴가 경험을 방해하지 않도록 리

조트 환경에 신중한 변화를 줘야 한다. 보안이 존재하되, 가능한 눈에 띄지 않도록 하는 것이다. 카지노 리조트에서 주기적으로 경비들이 나타나는 것은 고객들을 안심시키는 효과가 있기는 하지만, 대부분의 관리감독은 CCTV를 통해서 이루어진다. 일부 리조트에서는 밤에 경비를 도는 것, 민감한 구역에 알람을 설치하고 직원과 고객들에게 발생 가능한 위험에 대해 교육하는 것 등이 있을 수 있다. 객실 내에서의 보안은 공고문이나 호텔 TV, 그리고 객실내 금고를 설치하는 것으로 이루어진다.

리조트가 상류층을 대상으로 그들을 위한 넓은 시설과 매력적인 특성을 제공할 때, 리조트 경영주들은 부유층이 범죄의 표적이 될 수 있고, 자주 소송을 걸기 때문에 특히 안전에 신경을 써야 한다. 예를들어, Jalousie Plantation 리조트와 St. Lucia(산타 루치아) 섬에 있는 스파는 Pattullo(1996: 3)의 설명에 따르면 범죄의 표적이 되기 쉬울 것이다. 즉,

> 이 스파는 60만 달러의 경비를 들여 320에이커의 리조트는 115개의 가옥과 스위트룸(풀을 구비함), 네 개 레스토랑, 무도회장, 앤티크 풍으로 장식된 the Lord's Great Room, 테니스 코트, 헬리콥터 정착장, 청경재배 농장 그리고 엄격하고 기술수준이 높은 보안 체제를 갖추고 있다. 1994년 성수기 하루에 350-475달러를 지불하면 고객들은 모든 식사, 무제한적인 술, 수상 스포츠, 사우나 그리고 미용 관리와 케이블 TV를 '고요하고 잔잔한 분위기 속에서' 즐길 수 있었다.
>
> (이 저자들이 강조한 사항)

## 1) 보안 기획

보안 체제는 직원들에 따라 수준이 달라지고, 직원과 고객이 협력을 하지 않으면 효과적으로 작동할 수 없다. 리조트는 직속 보안 직원을 고용하거나 전문적인 회사로부터 외주 고용하는 방법으로 책임을 이전할 수 있다. 어떤 방법을 쓰든 매일 효과적으로 그러나 눈에 띄지 않게 실행되어야 한다. '경영진은 보안

훈련 프로그램을 만드는 것을 투자로 여겨야 한다. 모든 직원들의 안전과 보안 문제에 유념하고 있는 리조트는 고객들과 직원에게 더 안전한 환경을 조성해주며 장기적으로 고수익을 올릴 수 있기 때문이다(Gee, 1996:415)'.

다음은 보안 기획이 지닌 여러 측면을 제시한 것이다. 즉,

❖ 보안 직원(Security staff) : 대규모 리조트에서는 이제 전문적인 보안 회사를 고용하여 주요 지역과 자산을 보호하도록 하는 것이 보통이다. 업무가 지닌 숙련도는 각 리조트의 특성에 따라 다르게 제시되어져야 하고, 고객과의 상호작용을 가능하게 해야 한다. Disney의 청소 용역들도 테마파크와 위험대피 절차 등에 대해서 훈련받는 것과 마찬가지로 경비들도 방문객들을 안내하고 조언을 해 줄 수 있어야 한다.

❖ 직원 훈련(Staff training) : 리조트가 전문적인 보안 직원을 고용하고 있더라도 일반 직원들이 그 보안 계획에 개입하도록 해야 한다. 일반 직원들도 기본 절차를 알고, 고객들에게 조언을 할 수 있어야 한다. 직원들은 문제가 일어날 경우 대비하기 위해 눈과 귀를 열어놓아야 한다.

❖ 기록과 보고(Record and reports) : 무슨 일이 일어나고 있는지 기록하는 것은 필수적이다. 왜냐하면 위험 발생 지역을 파악하는 것과 보험 그리고 소송시에 귀중한 증거를 확보할 수 있기 때문이다. 보고하는 것에는 다양한 종류가 있다. 일일 활동 보고, 전반적인 사건 보고, 분실물 보고(Loss Report), 사고보고(Accident Report), 월간 통계 보고 등이 있다.

### 2) 보안과 법규

'관리자로서의 책무를 다하는 것'에 실패하는 것은 보안과 관련한 소송에 휘말리게 될 수 있다. 직무태만 혐의로 고소되는 경우 원고는 피고인 리조트에게 '예측 가능한' 사건에 대한 '합리적인 대처'를 하지 못했음을 증명해보여야 한다. 잘못의 일부는 관리자에게, 나머지는 고객에게 있다.

직무 태만과 관련된 처벌은 다음과 같은 두가지가 있다. 즉,

1. 보상적 손해배상(Compensatory damages) : 임금 손실, 육체적 정신적 고통에 대한 보상.
2. 가혹한 손해배상(Punitive damages) : 부적절한 행위에 대해 처벌하고 다른 이들에게 본보기로 작용함.

'직무자로서의 책무를 다하지 못한 것'으로 인한 법적인 결과는 아주 많다. 그러나 많은 경우 사기업들은 대중에 노출되지 않은 채로 법정 밖에서 합의를 보려고 한다. 쌍방에 책임이 있는 경우의 대처방법, 그리고 관광객들을 보호하는 것에 있어서의 한계를 알아보기 위해 아래의 호주 사례를 제시한다.

첫번째는 Murray 강에서 수영을 한 젊은 청년과 관련된 사건이다. 그는 다이빙을 해서 강바닥에 머리를 부딪치고 척추에 손상을 입었다. 그래서 NSW의 Berrigan Shire Council과 Forest Commission에 호주 $8백만 손해배상을 청구하였다(Gregory and Hewitt, 2005: 6). 원심에서 판사는 보상액에서, 비록 일정 부분 과실이 있기는 하지만, 32%를 원고의 책임으로 보고 제하라는 판결을 내렸다. 남은 호주 $5.6백만의 80%를 Council이, Commissions이 20%를 지불하도록 판결했다. 고액 사건에서 자주 발생하듯, 이번 2004년 판결은 항소되었다. 2005년에 새로운 판사는 이전 판결의 타당성을 인정했으나, 모든 책임과 금액 보상 책임을 Berrigan Shire Council에 전가했다. 이 새 판사는 다음과 같이 말했다. 즉,

> 위원회 직원들은 다이빙하는 사람들에 대해서 알고 있었으며, 파랑으로 인해 강바닥에 생기는 변화에 대해서도 알고 있었다. 판사는 위원회가 경고 표시를 붙일 방법과 기회를 가지고 있었으며, 다이빙 대를 치울 기회도 있었다고 판단한다.
> Nettle판사는 위원회가 원고에게 다이빙하는 것의 위험으로부터 보호할 의무가 있었다고 판단했다. 그러나 그는 NSW 산림 위원회는 강이 아닌 그 주

> 변 산림을 보호하는 다른 목적을 가지고 있으므로 통나무를 다이빙 도구로 사용하는 정황에 대해서는 알지 못하는 것이 당연하다고 판단했다.
>
> (Gregory and Hewitt, 2005: 6)

두번째 사건은 1997년의 따뜻한 날에 시드니의 Bondi 해변에 수영을 하러 가서 안전 수영 구역을 표시한 빨강과 노랑 깃발 사이로 들어가서 파도 사이로 다이빙을 했다가 해안 사주에 부딪힌 남자에 관한 것이다(Feizkhah, 2002: 46). 2005년에 원고는 그 사건의 결과로 사지마비가 되었다. 그는 다음과 같이 주장했다.

> Waverley 위원회의 인명 구조 요원들은 그 깃발을 다른 곳에 놓거나 경고 표시를 설치해놓아야 했다. X표시나 해안사주라고 명기된 푯말 등의 표시 말이다. 마지막 주에 재판부는 위원회가 원고에게 호주 3백 7십 5만 호주 달러를 지급하도록 판결했다. (Feizkhah, 2002: 46)

이 판결은 지역 위원회에게 엄청난 비용을 발생시킬 뿐만 아니라, 전체 산업에 파장을 일으켰다. 사법적인 관점에서 기존의 절차만으로는 충분한 '관리자로서의 책무'를 다하지 못한 것으로 판명이 난 것이기 때문이다.

이 사건과 다른 사건들 이후로 직무 태만으로 인한 소송이 늘어났으며 책임 보험이 인상되었다. Feizkhah(2002: 46)는 다음과 같이 보고한다.

> 1998년과 2000년 사이에, 대중 책임에 대한 소송은 호주 전역에서 60%가 증가하여 총 88000건이 발생했다. 전체 배상비용도 52% 증가해 7백 2십 4만 호주 달러로 증가했다. 대부분의 소송은 법정 밖에서 2만 호주달러 선으로 합의가 되었으나 '사람들이 잭팟에 돈을 걸 듯 한 심리가 있어서 사소한 부상을 입은 사람도 고액의 배상액을 요구해서 얼마만큼을 얻을 수 있는지 확인하려 든다'.

이런 면에서 가장 영향을 받은 산업은 모험 관광 산업이다. 그리고 모험 관광일수록 재정이 풍부한 소유주가 있는 호텔 체인과 관련이 있다. 이런 활동에서 벌어지는 소송 그리고 관련 분야는 오랜 시간동안 증가했다. 또한 책임보험 비용이 그저 배상비용만이 아닌 전 세계적인 보험비용 증가를 메꾸는 데에도 소비되고 있다.

## 4. 모험 관광

많은 리조트들의 대표적 활동이자 대표적인 위험과 보험금 청구의 요인인 모험관광(Adventure Tourism)은 주목할 만한 대목이다. 보험금 청구시 위험의 수준과 규모에 따라 일반 보안 문제 혹은 위험관리 문제 등 다양하게 해당할 수 있다. 보험금의 전체 청구 내역을 보여주는(표 11-1)에서 볼 수 있듯, 자원이 적은 소규모 업체에서 벌어진 일이라서 그럴지는 모르나 그 수량이 비교적 작다. 사고와 청구가 대규모 사건, 광범위한 고통, 임금 그리고 생명까지 앗아가는 사태를 포함하고 있다는 점을 볼 때 더 포괄적인 위험관리와 제어가 필요하다.

《 표 11-1 》 모험 관광 보험료 청구의 증가

| VTOA 보험의 전체 청구 내역 1997-2001 | | |
|---|---|---|
| 분류 | 청구 비용 | 청구 횟수 |
| 승마 | $ 511860 | 26 |
| 암벽등반-야외 | $ 167526 | 3 |
| 암벽등반-실내 | $ 316526 | 10 |
| 기업 훈련 | $ 204400 | 2 |
| 계곡 활동 | $ 140361 | 3 |
| 투어 | $ 78734 | 5 |
| 기타 수상 스포츠 | $ 52741 | 4 |
| 낙타 타기 | $ 1557 | 3 |
| 산책 투어 | $ 4761 | 1 |
| 기타 | $ 104539 | 7 |
| 총계 | $1580266 | 64 |

자료원: Victoria tourism operators association, Tourism News, 15(6), 2001:2.

모험관광은 매우 일반적인 용어로서 다양한 관광활동을 포함하고 있는 매우 포괄적인 관광산업의 하부구조이다. 이 용어는 다른 환경에서 활동을 함으로서 얻어지는 자극이나 일상을 벗어난데서 얻어지는 변화를 의미한다.

모험관광은 세가지 차원이 구성요소와 연결되어 다양한 형태가 나올수 있다(Page et al., 2005). 이 차원들은 괄호 안에 표기된 사람이 지닌 특성을 포함한다. 즉,

❖ 능동적-수동적 차원(Active-passive cimension) (고객)

한 사람이 활동에 투자할 수 있는 육체적 노동량은 모험 관광에서 필수적인 부분이다. 능동적 상황에서 고객은 가이드의 도움 여부와 관계없이 흥분과 자극을 추구하려고 노력한다. 수동적인 상황에서 고객은 관람객이나 관찰자로, 그들 자신이나 개인적 한계보다는 주변 세계에 대해 탐구하고 싶어 한다.

❖ 고(高) 강도-저(底) 강도 차원(Hard-soft dimension) (경영주)

이것은 산업에서 응용되어지는 부분으로, 고객이 필요로 하는 활동을 준비하거나 욕구를 충족시키기는 것과 더 관련되어져 있다. 저 강도의 활동은 관광객이 위험하지 않은 장소에서 경치를 조망하거나 야생을 관찰할 수 있는 것이다. 고 강도 활동은 관광객이 더 많은 자극을 얻기 위해 활동에 직접 참여하거나 그 활동을 하기 전(준비)이나 하는 과정(지도)에서 더 개별적인 관심을 요한다.

❖ 고 위험-저 위험 차원(Hard risk- low risk dimension) (경영주-고객)

이것은 고객의 지각과 사업 경영방침이 선호된 실제의 관광 경험을 생성할 수 있는 부분이다. Beedie(2003: 206)는 이곳에서 모순된 부분이 있다고 말한다. 즉, '모험 관광객의 스케줄을 더 세부적이며 계획적이고 논리적으로 정할수록 그 체험은 모험에서 더 멀어지게 된다'. 이는 '부상을 당할 확률이 왜 굳이 지각된 위험과 동일하게 인식되지 않는지를 설명해준다. 보통 예상하는 것과 달리, 저 강도 활동이 고 강도 활동보다 부상, 사망 등 더 극심한 피해를 초래하는 경우가 많기 때문이다.

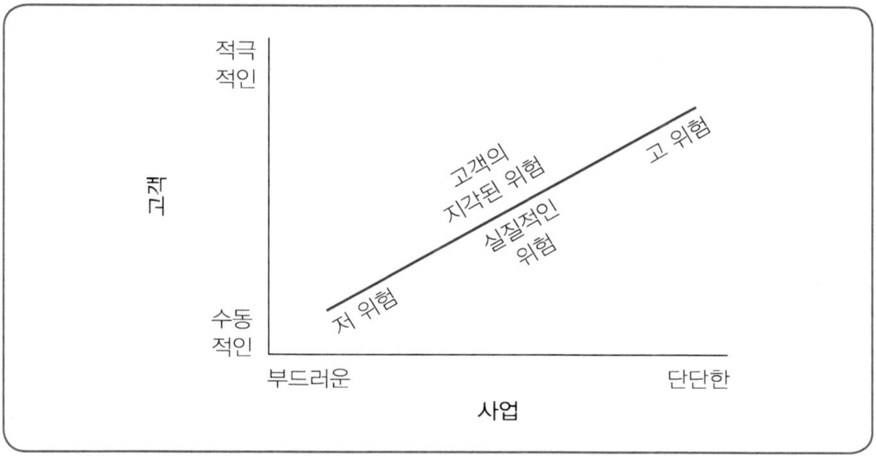


《 그림 11-2 》 모험 관광 위험의 세가지 차원

고객이 지닌 욕구와 기대가 리조트 준비나 시작단계에서 고려된, 모험 관광은 관광산업이 지닌 사업기회(Cloutier, 2003)이거나 인간정신의 상품화(Beedie, 2003) 과정으로서 이해되어졌다. 어느 해석이 맞든, 리조트 경영주에 있어 모험 관광은 다양하고 많은 이윤을 낼 수 있는 복합 상품이다(그림 11-2).

이 부분에서 인용된 많은 참고자료들은 모험 관광에 속하는 활동들이 포함되어 있지만, 정작 그 활동을 모험관광으로 섣불리 분류하기는 어렵다. 왜냐하면, 어떤 집단이든 세가지의 특성이 상호 배타적이고, 각 집단마다 처한 경영 상황이 다르기 때문이다. 예를들어, 스키는 그 장소가 가파른지 완만한지에 따라 그 위험성을 평가받을 것이다. 또한 그저 경사면(slope) 스키인지 크로스 컨트리인지에도 달라질 것이며, 참여자의 스키 실력에 따라서도 달라질 것이다.

리조트들이 고 강도의 모험 상품을 내놓으면서 리조트 경영주들은 가능한 안전하게 자극을 추구할 수 있는 활동을 마련하는데 곤란을 겪고 있다. 많은 열대 지역 리조트에서 스쿠버 다이빙은 가장 인기 있는 종목인데, 육체적으로 힘들지는 않더라도 일정한 수준의 건강 상태가 갖춰져야 한다. 그러나 Wilks와 Davis(2000: 596)는 100개의 연속적인 스쿠버 다이빙 사망 사건 중 25%에서 스쿠버 다이빙에 적절하지 못한 의학적 징후가 있었으며, 이 사람들은 다이빙 자체를 하지 말았어야 했다고 한다. 이런 면에서 많은 다이빙 회사는 고객들이 의학 진단서를 제출할 때 정직성에 의존을 할 뿐이고, 이런 허점은 동료들로부터의 압박이나 허세로 인해 빈번히 일어났다.

다른 경우 허세와 동료로부터의 압박은 모험 관광 기업에 의해서도 이루어지기도 한다. 이것은 1999년 스위스에서 21명의 목숨을 앗아간 협곡타기에서 나타난 일이다(Head, 1999: 3). Morgan과 Fluker(2000: 2)에 의하면

> 이 사건과 관련된 위험은 명백히 참가자들의 역량을 벗어난 이상의 것을 요구한데서 비롯되었다. 신문들에서는 Interlaken에서의 비극이 가이드가 그 초기 위협을 무시했기 때문이라고 보도했다. 전문가들은 Interlaken 강의 가이드들이 안전 이전에 이윤을 추구하려는 마음이 앞섰을 뿐만 아니라 참가자들이 지역 환경에 대해 미숙했던 것이 큰 요인이라고 판단했다.

판사는 'Adventure World가 직원들에게 적절한 안전 훈련을 시키지 않은 점을 들어, 이 회사가 취한 안전 조치가 매우 부적합했다는 것'에 동의하였다(BBC News, 2001). 어떤 것은 위험 관리 절차의 일환으로써 사전에 준비했어야만 할 사항이었던 것이다.

## 5. 위험 관리

위험 관리(Risk Management)는 상기에 제시된 보안 위험이나 위기(crisis)와 관련된 사안에 대해 준비하는 하나의 방법이다. 고객들이 원하는 활동, 자극을 얻기 위해 가는 장소, 고객들의 소송 선호의 증가, 그리고 테러의 위협 등의 다양한 특성을 포함한 모험 관광이 지닌 특성들은 리조트 경영에서 하나의 중요한 부분이 되어가고 있다. 위험 관리는 이미 언급된 보안과도 중복되는 부분이 많고 후속되는 사항들을 포함해야 한다. 위험 관리는 환경 문제와 재정적 문제

그리고 인간의 안전과 관련된 문제를 함께 다루기 때문에 보안 문제보다 더 포괄적이다.

### 1) 논쟁거리

모험 관광과 그것을 지향하는 리조트의 독특한 특성은 바로 '참여자들이 일부러 육체적 위험을 감수하거나 찾아 나선다는 것이다'(Morgan and Fluker, 2000: 4). 이것은 (그림 11-2)에서 보듯이, 경영진에게는 실질적 위험이 중요한 반면 고객에게는 지각된 위험(Perceived risk)이 모험경험의 중요한 부분이 된다는 것을 의미한다. 관광객이 전문적인 지식, 기술 그리고 도구에 돈을 지불할 때, 그들은 위험에 대한 인지와 책임을 전문가에 맡기는 경향이 있다. 이러한 위험 책임의 전가는 몇몇 법적이고 윤리적인 문제를 유발한다(Morgan and Fluker, 2000: 3). 법적인 논쟁거리는 관리자로서 책임을 다하는 것과 개인적 책무, 그리고 '사고가 빈번히 발생하는 것이 모험의 매력을 더한다'는 역설적 사실이 포함된 윤리적 논쟁거리 등을 포함한다(Morgan and Fluker, 2000: 9)'.

### 2) 절차

위험 관리는 실질적인 위험에 이성적으로 접근하기 위한 것이다. 위험은 지각된 위험 정도가 모험 관광이나 많은 리조트의 위치에 이미 내재되어 있기 때문에 그것을 제거하기 보다는 관리하여야 한다. 그러나 '적용된 위험관리의 수준이 경영주의 경영방침에 따라 상이하기 때문에 위험에 대한 관광사업과 고객의 위험 수용 의사는 상당히 차이가 난다'(Cloutier, 2000: 96).

Gee(1996: 437-440)는 리조트 경영주가 모험 관광과 일반 관광에서 위험을 관리 할 수 있는 네단계 관리 방법을 제시했다.

1. 위험 구분(Risk identification)

위험은 사업의 모든 측면에 내재되어 있으며, 모험 관광과 마찬가지로 모든 기업인에게 스릴감을 주는 부분이다. 모험 관광 경영(Adventure tourism operation)은 실질적 위험을 기준으로 파악해야 하며, 그 리조트의 책임 보험과 무관한 기업으로 아웃소싱을 하더라도 그들의 전문성과 기록은 여전히 리조트의 평판과 사업에 영향을 끼칠 것이다.

자산 위험(Asset risk)은 투자해놓은 자산과 시설을 보호하는 것이다. 특정한 위험과 해악이 있는 부분을 파악하는 것이 중요한 첫번째 단계이다. 예를 들면 숲의 덤불, 관엽, 부엽 등을 조성하는 것이나, 해안의 물살이나 가파른 절벽, 하수처리시설이나 발전소와 관련된 육체적인 위험, 그리고 사람들이 긴장이 풀어진 상태에서 즐길 때 늘 일어날 수 있는 화재의 위험 등이 있다.

수입 위험(Income risk)은 리조트 경영주가 즉각적으로 통제할 수 있는 범위를 벗어난 외부 요인에 좌우되기 때문에 리조트에서는 가장 큰 걱정이다. Anderson(2006: 1290)은 호주 관광 산업에서의 위험 관리에 관한 기사에서 지난 20년간 관광 분야에서 발생했던 재앙들을 분류했다. 즉,

- 1989 – 항공기 조종사의 파업
- 1991 – 걸프 전쟁
- 1997 – 아시아 발 경제위기
- 2000 – IT 기업들의 도산(dotcom crash)
- 2001 – HIH 보험사의 파산(호주의 대규모 책임보험회사였다. 이 회사가 부도나자 모든 사람들의 보험료 프리미엄이 증가했다)
  – 세계무역센터 테러
  – Ansett 항공의 부도(당시 국내 항공 산업의 35% 점유율 보유)
- 2002 – 202명이 사망한 Bali 폭파
- 2003 – 이라크 전쟁
  – SARS 유행

심지어 구제역, 조류독감, 추가적인 테러 그리고 변덕스러운 날씨에 시달린 몇몇 국가도 있다. 호주와 다른 대부분의 국가에서의 관광 산업은 이런 영향에서 회복되었지만, 그 과정에서 많은 것을 배울 수 있었다. 한가지는 방해나 손해에서 유발되어질 수 있는 사업에서의 잠재적 손실에 대해 잘 이해하게 되고, 관련된 기획이나 시장 다각화 전략을 사용하여 그러한 문제점에 대해 준비해야 된다는 것을 아는 것이다.

법적 책임 위험(Legal liability risk)은 사회에서 점차 소송이 늘어남에 따라 증가되고 있다. 리조트는 하나의 사업으로서 그 고객, 직원 그리고 주주들에게 책임을 가지고 있다. 그리고 이들 모두는 그들의 권리에 대해서 잘 교육을 받았으며 더 준비되어 있고, 필요한 경우 법정에서 더 잘 활용할 수 있는 사람들이다. 이제 책임 보험은 리조트를 비롯한 모든 사업에서 고려해야 하는 거대한 비용 요소이다.

핵심 인력 손실 위험(Loss of key personnel risk)은 그런 상황이 오기까지, 그리고 특정한 개인이 그 기업에 얼마나 공헌을 했는지를 알아차리기 전까지는 과소평가되는 부분이다. 요리사, 엔터테이너 혹은 교관과 같은 핵심 인력이 지닌 기술과 특별한 자질은 대체될 수 없으므로 리조트 사업에 큰 빈자리를 남기게 된다. 이런 사람들을 파악하고 어디든 머무르도록 관리를 해야 하며, 질병 등의 사유로 여의치 않다면 후임 문제를 논의해야 한다.

2. 위험 측정과 평가(Risk measurement and evaluation)

위험으로 인한 손실의 빈도와 정도를 통제하기 위해서는 기록 절차를 마련하고 지난 기록을 보관 해두어야 한다. 개인적인 부상과 관련된 경우에는 차후에 법적 혹은 보험료 청구가 있을 수 있으므로 특히 그 사건의 목격자를 확보하는 것이 중요하다. 이런 정보는 중앙등록기관(CR)에 매일 그리고 주 단위로 적절한 데이터베이스에 저장하여 보관해야 한다. 이는 안전 관련 사항에 관한 중요한 정보를 제공할 수도 있고, 리조트 내의 개별 그리고 전체적 운영 현황을 보여줄 수 있다. 이런 자료는 책임 보험료 지불을 협상할 때나 리조트의 실제 관리자 책무 기록을 증명할 때 유용할 것이다.

3. 위험 경감(Risk reduction)

인생과 같이 사업은 결코 위험에서 자유로울 수 없고, 리조트를 고안하고 운영할 때에 중요한 점 중 하나는 고객과 직원의 안전이다. 음식, 건강 그리고 신체적 안전과 화재 등의 일반적 위험 요소는 지역 법규와 법령에 의해 규제되고 있다. 그러나 그런 법령은 '최소한의' 주의만을 주고 있으므로 리조트는 Walt Disney World의 예를 따라 더 높은 수준의 기준을 세울 수도 있을 것이다. 이것은 더 높아진 건축 비용을 의미하기는 하나, 관련된 위험이나 해마다 지불해야 하는 보험료를 낮출 수 있을 것이다.

'손실예방의 가장 보람 있는 점은 인력에게 사고와 손실을 피하는 쪽으로 생각하도록 훈련시키는 것이라고 Gee(1996: 439)는 말했다. 이것은 특히 운영 단계에서 중요하며 리조트의 관리자로서의 책무로서 강조된다. 사고가 일어나면 그 사고는 고객들에게 '진실의 순간'(Moment of Truth)이 되며, 직원들이 고객과 진심으로 공감하거나 그리고 전문적인 태도로 임하면 차후 일어날 수 있는 많은 문제들이 해결될 수 있다.

4. 위험 재정 결정(Risk finance determination)

리조트를 포함한 대부분의 조직은 주기적인 변동이나 종종 일어나는 사고로 인한 규모가 작고 낮은 빈도로 일어나는 손실은 흡수할 수 있다. 그러나 큰 사업상 손해나 보험료 배상 요구는 외부 공급자인 보험회사나 브로커에게 일부 부담시켜야 한다. 보험에 가입되어 있다고 하더라도 작은 손실 배상요구를 받을 때조차 신중해야 한다. 보험료와 관련하여 공제나 초과액 분담 조항이 있기 때문이다. 대부분의 부상과 손해 배상 소송은 이 범위 내에서 해결할 수 있는 것이고, 소송보다는 당사자 간 합의로 해결한다. 그러나 큰 소송으로 번질 경우 보험 공급자들이 개입할 수밖에 없다.

리조트 소유주들은 보험 이외의 책임을 통해서도 다른 당사자에게 책임을 전가시킬 수 있다. 스키 리프트나 스파 같은 대형 설비 공급자들은 그 설비의 안정성을 보증해야 한다. 그렇기 때문에 공급자들은 설비를 설치하고 그 기동 담당자 업무에 인증 받은 인력을 배치한다. 더 위험한 모험관광 활동에 있어서 리조트는 이런 활동을 독자적인 보험 방침을 보유하고 있는 전문적인 하청업체와 계약한다.

Cloutier(2000: 104-105)는 실질적 위험 관리에 관한 통찰을 모험관광 기업의 소송과 상담 업무에서 비롯된 경험으로 간단한 지침서를 제시한 Will Leverette의 관점에서 설명하였다. Leverette에 의하면 다음과 같은 6가지 기본 원칙을 따라야 한다. 즉,

1. 고객들이 적절하게 주의를 받고 정보를 습득했다는 점을 증명할만한 방법을 찾아라.
2. 기업의 문서나 마케팅 자료에서 안전에 관해 보증하는 행위는 소송을 유발할 수 있는 것이다.
3. 현장에서 근무하는 모든 직원은 기본적인 응급처치에 대해 늘 훈련을 받고 있어야 한다.
4. 경영진은 위급상황/대피 계획을 성문화시켜서 모든 장소와 활동에서 볼 수 있도록 해야 한다.
5. 증인이 해주는 한가지 확실한 증언이야말로 근거 없는 소송제기에 따른 비용과 노력이 덜들게 할 수 있다.
6. 경영진은 신변 문제에 영향이 생겨도 업체 측의 책임이 아니라는 계약서를 올바르게 기안해야 한다.

이런 개인적인 경험은 오늘날의 위험관리 문제가 관리자 책무에 대한 소송문제로 번지고 있는 상황에서 좋은 참고 자료가 된다. 그러나 사업 운영시 일종의 대규모 재앙이 닥칠 경우는 예방이 아닌 위기관리에서의 구조와 회복으로 이행해야 하는 것이 중요하다.

## 6. 위기관리

Pacific Asia Travel Association(PATA)에 따르면 '위기관리(Crisis management)는 위험 관리의 연장선상에 있다(PATA, 2003: 3). 위기관리는 미흡한 의사결정으로 인해 손실이 커지는 것을 막는 것으로 이해되어질 수 있다. 그러나 이것은 또한 위기나 재난으로 인해 사업체가 붕괴되는 위험을 줄이기 위해 미리 대책을 강구할 때 중요한 수단이기도 하다. PATA의 책자는 위기 경영을 위한 '네가지 R' 단계를 제시하였다. 즉,

1. 단순화(Reduction) – 초기 경고 신호를 파악하는 것
2. 대비되어 있을 것(Readiness) – 계획을 수립하고 훈련하는 것
3. 대응(Response)–작전 및 의사소통 계획을 위기 상황에서 실행하는 것
4. 회복(Recovery) – 위기 이후에 조직을 정상 상태로 회복시키는 것

위험관리는 앞서 제시된 두가지 단계에서는 더 두드러진다. 위험관리는 사업 경영시 나타날 수 있는 위험과 손실을 최소화 시킬 수 있는 안전이나 보안에서 취약점을 확인할 수 있고, 위기가 발생할 경우에도 취약한 점을 보여줄 수 있을 것이다.

위기(Crisis)는 문학적으로는 극심한 위험이나 어려움에 처한 순간을 뜻하고, 관광 산업에서 다음과 같이 정의 된다. 즉,

> 한 조직내에서 사건이 지닌 심각성, 기업 차원에서의 즉각적인 대응요구로 인해 나타나는 원치않거나 비(非) 통상적인 상황
>
> (Glaesser, 2003: 8)

이런 접근방법은 위기관리의 중점을 대응과 회복단계에 두게 된다. 그리고 이것은 재앙 대비를 위한 4단계인 평가–경고–영향–회복(Foster, 1980) 단계와 일치한다. 관광 산업 내에서 위기를 조성하는 것은 주로 지진(Kyoto–1995), 화

산폭발(세인트(St) 헬렌스 산–1980), 산불(Yellowstone National Park–1988), 쓰나미(Phuket–2004), 허리케인(New Orleans, 2005) 등의 자연재해이다. 인간이 관광과 리조트에서 위기를 불러올 수 있다는 점을 늘 명심해야 할 것이다. 전쟁, 테러리즘 그리고 정치적 결단은 위험이나 봉쇄의 가능성으로 인해 방문객의 수를 극적으로 줄어들게 만든다. King과 Berno(2002)는 1987년과 2000년 리조트가 집중적으로 위치한 Fiji의 지역 관광객 거래처에서 일어난 두차례의 쿠데타가 불러온 영향을 분석했다. 그들은 다음과 같이 말한다. 즉,

> 다른 많은 열대 섬나라들과 같이 Fiji는 태풍과 같은 위급상황에 대처할 수 있는 절차를 마련해 놓은 지 오래이다. 이것은 1987년도에 국내의 여러 리조트들에게 어떤 대처를 할지 전달하는 것에 전반적으로 대비가 되어있었다는 것을 의미한다.
>
> (King and Berno, 2002: 49)

이런 경험은 자연 재해와 인재(人災)에 의한 관리 간에 존재하는 강력한 연계성을 보여준다.

Ritchie(2004)는 과거의 경험으로부터 공공 혹은 사조직을 통해 위기에 대비하고 관리하는 전략적인 구조를 만들어냈다. 그의 모형은 그런 사건을 관리하는 예방, 계획–실행–평가, 피드백 등의 세 가지 주요한 단계를 보여준다. Ritchie의 전략적 관리 단계와 Faulkner의 초기 위기 단계 그리고 그 구성요소들을 모아서 (표 11–2)에서 리조트 경영주가 관심을 가져야 하는 이슈와 실행으로 표기했다. 각 단계가 사전단계, 현장단계, 그리고 사후단계로 구분된다면, 리조트를 위해서 사건의 명확한 형태와 책임감을 결정하는 것이 가능하다.

**《 표 11-2 》 관광 위기에 대한 전략적인 관리**

| 재난/위기 단계 |
|---|
| 1. 사전 위기 단계<br>발생 가능한 재난을 예방할 수 있는 시간과 기회가 존재하는 시기<br>2. 전구단계(Prodromal)<br>재난이나 위기가 일촉즉발인 상태<br>3. 긴급 상황<br>재난/위기가 닥침으로써 사람과 재물을 보호할 필요성이 생기는 단계<br>4. 중간단계<br>사람들의 단기적인 필요는 충족되었으며 서비스를 재개하는 것으로 중점을 돌리는 단계<br>5. 장기적인 회복<br>사후검토 분석과 재건 등 사회와 업체를 다시 회복시키는 단계<br>6. 해결<br>이전의 일상적인 업무가 새롭고 더 개선된 상태로 이루어지는 단계 |
| **관리 전략의 주요 요소** |
| 위험성 평가<br>• 발생 가능성과 결과의 심각성을 평가함<br>• 상황 계획(Contingency Plan)수립<br>상황 계획<br>• 발생 가능한 영향과 위험에 처할 수 있는 집단을 파악함<br>• 지역공동체와 관광객들이 위험에 대처할 수 있는 역량이 어느 정도인지 평가함<br>• 위기에 대비하여 업체 차원에서 독자적인 대비를 함<br>위기 작전<br>• 대중매체와의 관계<br>• 중앙이나 지방정부의 협동<br>• 세계기구의 지원<br>미래의 목표<br>• 더 나은 경영과 지역 사회를 위한 사명 |
| **전략적인 실행** |
| 1. 사전-위기 단계 : 위기/재난 예방과 대비책<br>• 환경 조사와 문제 분석을 통한 문제점 발견<br>• 예측과 위험 분석<br>• 옵션을 위한 상황계획<br>2. 실제 위기 : 전략적 실행<br>• 직원은 피난을 포함하여 상황계획을 실행할 준비가 되어 있어야 함<br>• 신뢰감 주는 대변인을 통해 계획한대로 의사소통을 할 수 있음<br>• 지역공동체와의 협동<br>3. 위기 사후 단계 : 해결, 평가 그리고 피드백<br>• 지역공동체를 생동감 있고 수익 창출이 가능하도록 가능한 빨리 회복시킴<br>• 경험으로부터 교훈을 얻음<br>• 기회로 바꿔서 업체와 지역공동체를 발전시킬 수 있도록 함 |

자료원: Faulkner(2001: 144) and Ritchie(2004: 674).

### 1) 사전-위기 단계

대부분의 리조트들에서 사전 위기 단계는 미래에 있을지도 모르는 재난에 대한 일종의 준비일 것이다. 일부 지역에서 피할 수 없는 '불가피한' 물리적 재난이든 부정적인 정치적 변혁이든지 그러한 거대하고 '생각하기조차 싫은' 일들도 고려하고 준비해야 한다.

이 단계에서 일반적으로 취하는 접근방법은 상황에 적합한 계획을 개발하는 것으로 재앙으로 인한 효과를 경감시킬 수 있는 실행 계획을 말한다. 이 계획은 예상된 재앙이 지닌 잠재적 규모와 빈도를 알아차리고, 그에 따라 대비를 하는 것이다. 고객들 관점에서, 모든 종사자들은 비상 절차에 대해 훈련 받아야 하고, 각기 임무를 맡아 수행해야 한다. 대부분의 경우 소화(消火) 훈련과 같은 정규 보안 훈련과 중복될 것이나, 대규모 재앙을 준비할 때에는 추가적인 요인을 고려하고 대비해야 할 것이다.

인재(人災)의 경우 위험 경고의 기간이 자연 재해보다 짧을지는 모르나 정치적으로 불안정한 사건이 미리 사건 발발을 예견해주는 경우가 많다. 이런 경우 전문가는 정치적 자문가들 그리고 세계 뉴스 보도 자료일 것이고, 이런 경로를 통해 지역 상황을 잘 파악하는 것은 리조트 소유주와 관리자에게 달려있다. 더 많은 정부들은 자국민을 관광지에서 보호하기 위해 이러한 조사절차에 개입하고, 여행지에 대한 정보와 조언을 하고 있다. 많은 리조트 관광목적지에서 이런 조언은 긍정적인 면과 부정적인 면을 가지고 있다. 긍정적인 면은, 그들이 관광객들을 위한 시의적절하고 비교 가능한 위험 측정을 가능하게 해준다는 것이다. 반면 부정적인 측면은, 그들이 정치적 영향에 민감하고 그다지 객관적이지 않을 수 있다는 점이다. 또한 그들은 위험 지역을 넓게 지정하기 때문에 안전한 곳도 국가적인 흐름 때문에 곧잘 위험한 곳으로 표기되기 마련이다. Glaesser(2003: 131-132)는 2002년 10월 12일 발리에서 일어난 폭파 사건이 유럽에서 간단한 안전수칙에서부터 여행 금지 경고까지 다양한 반응을 유발하였다고 언급하였다.

## 2) 실제 위기 단계

실제 위기 상황 중에는 무질서 상태 그리고 혼란이 빚어진다. 그리고 이런 상황에서는 준비가 되어있고 냉정하게 판단하는 사람이 살아남을 수 있다. 따라서 이 단계에서의 핵심적인 관리 업무는 종사자들이 상황계획을 이행할 수 있도록 준비하고, 만일 사태가 예상한대로 진행되지 않는다고 하더라도 직원들이 자율적인 판단으로 대처할 수 있도록 권한 위임을 해야 한다. 대규모 재앙이나 위기는 일개 리조트나 관광지에만 피해를 입히고 끝나는 것이 아니므로 다른 관광조직이나 정부 기관과 협력하는 것이 필수적일 것이다. 일촉즉발의 상황에서 모든 고객을 공공 기관이나 사업 파트너의 도움으로 더 안전한 곳으로 대피시킬 것이나, 보통 핵심 인력은 그 지역에서 자산을 안전하게 보호해두기 위해 가능한 오래 머무르고 있어야 한다.

이 시기의 가장 어려운 문제는 대중매체와의 관계이다. 오늘날 지구촌에서 재앙과 위기는 세계의 이목을 끌고, 언론 보도는 그런 관심을 더욱 부추긴다. Glaesser(2003: 223)는 이런 위기와 관련한 의사소통 방침을 논의하면서 '주요한 업무는 바로 소비자 행태, 의견 그리고 기대치에 영향을 미치는 것을 목표로 정보를 전달하는 것이다'라고 말했다. 이를 달성하기 위해 그는 그런 조직이 상황을 신속히 판단하고 준비와 대응과정에서 투명하며 대중 매체의 신뢰도를 높이도록 해야 한다고 주장했다. 그(Glaesser, 2003: 230-231)는 의사소통 과정이 다음의 순서대로 이루어져야 한다고 말했다. 즉,

1. 그 조직이 당황하고 있으며 책임감을 느끼고 있다는 점을 보여줘라
2. 위기에 대처하기 위한 의사결정과 방침을 소개하라
3. 현재 경험에 비추어 향후 반복될 위기에 어떤 조치를 취할 것인지 밝혀라

대규모 재난과 위기의 경우 리조트 관광지와 업체들은 중앙 그리고 지방정부와 협력해야 한다. 대규모 재난에 필요한 물자를 독자적으로 운반할 수 없기 때문이다. 고객을 다른 지역으로 피신시키는 경우에도 버스와 트럭 그리고 때로는

항공편이 필요할 것이다. 혼돈과 혼란 상태는 범죄 그리고 무법 상태를 초래하기 때문에 정부가 정규 경찰에 연방 경찰의 인력 그리고 때로는 군대까지 덧붙여서 동원해야 할 수 있다. 2005년 New Orelans의 허리케인 사태에서 정부의 대처가 신속하지 못하고 부적합하다는 비난을 받은 바 있다.

세계의 리조트 사업은 대부분이 개발도상국에서 성황을 이루고 있기 때문에 그 주변 지역 사회에서 대규모 재난이나 위기가 발생할 경우 국제적인 도움을 필요로 한다. 이런 시기에 세계 공동체는 이전의 차이를 극복하고 자연 재해나 흉악한 범죄로 고통 받는 같은 인류를 구조하기 위해 더 나은 모습을 보여주고 있다. 불행히도, 개인, 자선단체 그리고 국가적 지원은 잘 활용되고 있지 않다. 많은 수혜국들은 상황계획을 수립해놓지도 않았고, 조직이나 기반시설이 대규모의 지원을 잘 받아들이지 못하고 있으며, 일부 국가는 좀도둑질과 부패가 심해 기금과 물자가 애초 지정된 지역과 사람들에게 전달되지도 못한다. 다양한 국제 구호 프로그램에서 일어난 비정규성과 실망스러운 사건 때문에 리조트 지역이 회생하는 것에 더 많은 시간과 비용이 드는 것도 무리는 아니다.

### 3) 사후 위기 단계

사후 위기 단계(Post- crisis stage)는 실제 위기가 가라앉고 국제 뉴스 머리기사에서 사라질 때쯤이며, 관련 기업과 지역공동체가 위기 이전의 단계로 돌려놓으려는 노력을 했다는 증거이기도 하다. 재난/위기관리를 배우는 학생들이 말하듯 이것은 과거의 실수로부터 배우고 다시 발전하기 위한 기회이다.

가장 시급한 것은 대중매체를 활용하여, 위기가 지나갔고 리조트 지역의 일상이 회복되었다는 점을 이슈화시켜서 관심을 끄는 것이다. 세계의 대중이 심하게 과장된 위기 상황과 파괴 현장에 대한 이미지를 주입받았을 것이므로 이런 이미지를 최대한 빨리 원상 복귀시키는 것이 중요하다. 예를 들어, 허리케인이 1982년 11월 하와이의 섬인 Kauai를 덮쳤을 때, 일부 국제 신문은 섬의 일부가 가라앉고 수천 명의 사람이 죽었다고 보도했다. 물론 허리케인으로 인해 많은 부상자가 발생하기는 했으나 위의 보도는 사실과는 거리가 먼 허황된 것이었다(Murphy and Bayley, 1989: 38). 이런 이야기들은 정정되어야 하고, 피해를 입지 않은 지역에 대한 이야기 그리고 복구 현황에 대한 정보를 계속 전달해야 한다.

손해를 복구시키는 과정에서, 리조트의 기반시설과 시설을 개선시킬만한 기회가 온다. 소비자, 사회의 요구 등으로 인해 발견된 점 등 새로운 리조트에 더해질 만한 부분이 있을 것이다. 또한 재난이나 위기로 인해 배운 교훈을 새로운 리조트에 적용하여 미래에는 재난에 더 방어를 잘 할 수 있도록 해야 한다. St. Helens(세이트 헬렌스) 산의 화산폭발은 재난이 관광 사업에 어떤 방법으로 좋은 영향을 끼칠 수 있는지를 보여준다.

폭발 이전에 St.Helens 산은 주로 야외 레크리에이션 그리고 기본적인 시설을 제공하는 조용한 관광목적지였다. 이곳은 1980년의 화산폭발으로 인해 TV 보도 등 유명세를 타게 되었다. 화산에 대한 관심은 심지어 '현존하는 국유림의 110000에이커를 드러내어 국가적으로 폭발을 기념하게 되었으며... 또한 1986년 12월에는 방문객을 위한 센터를 열어 화산폭발 사건 그리고 이후에 훼손된 토지의 재생 등을 보여주는 그림과 그래픽 자료를 전시할' 정도에 이르렀다(Murphy and Bayley, 1989: 42). 이 새로운 센터는 주 경계에 놓인 고속도로와 연결되어 있었으므로 더 많은 사람들이 찾아오면서 더 다양한 유형의 관광객들과 세부 시장을 장악할 수 있었다.

## 7. 지속가능한 위기관리

이미 언급한 바와 같이 인생은 불확실하다. 그리고 우리가 지구의 환경을 좌지우지함으로써, 증가되어진 위기가 불러올 새롭고 잘 알지 못하는 상황에 처하게 될 것이다. 경영 조건도 다양한 모습으로 변화하고 있다. 자연환경은 불안정한 시기를 겪고 있고, 과학적인 결과가 세계적으로 비정상적인 기후 현상이 공통적으로 나타나고 있음을 보여주고 있으므로 기후문제가 이전보다 더 중요해지고 있다.

> 기후 변화는 심각하고 긴급한 문제이다. 기후 변화와 기후 예측은 언제나 불확실한 것이기는 하나 인간의 활동이 기후에 큰 영향을 미친다는 것은 분명하다. 모든 과학적 근거에 의하면, 배기량이 줄어들지 않을 경우 전 세계의 기후는 급진적인 변화를 맞이할 것이다.
>
> (Stern, 2006: 17)

*The Economist*와 같은 보수적인 잡지도 '심각한 결과가 초래될 가능성은 아주 높으므로 적정한 예산을 기후 변화를 완화시키는 것에 투입할만한 가치가 있다'는 결론을 내렸다(*The Economist*, 2006b: 5).

리조트 관광은 특히 기후변화에 취약한 편이다. 대다수 리조트는 산악지대, 열대지역 등과 같은 고 위험 지역에 위치하고 있고, 고객을 유치하며 그들을 위한 수(水) 자원을 유지하느라 엄청난 에너지를 소모하고 있기 때문이다. 전쟁에 이어 세계적인 테러 행위도 여행의 주요한 방해 요소가 되었다. 관광객들은 테러범들에게 가장 만만한 표적이자 쉽게 노출이 되는 대상이다. 또한 전 세계적으로 고도로 발전하고 있는 의학기술은 SARS(2003)나 조류독감(2006) 등과 같은 전염병을 치료하였지만, 세계적인 건강 위기를 다루는데는 아직까지 충분한 능력을 지니고 있지 못하다.

이런 상황 아래에서 가장 중요한 경영상의 변화는 모두가 경험했을 법한 보험료의 인상이다. 증가한 책임 보험은 일부 단독 경영형태의 관광 기업을 무너뜨릴 정도였다. 리조트의 생명보험과 책임보험 모두가 극적으로 증가했는데 리조트 관광지야말로 보험료의 극적인 증가 혹은 피보험손해(loss of direct insurance)를 입게 된다. 2005년에는 미국에서 피보험손해 550억 달러 중에 380억 달러가 태풍 카타리나로 인해 생겼다. '미국 보험업체들은 해안 지역에서 생기는 피해를 배제하기 시작했다... 보험 처리를 받을 수 없는 주택 소유자들은 더 높은 비율을 부담할 수밖에 없었다. 일부 보험료는 200% 이상 인상했기 때문이다... 많은 주민들은 개인적인 보험처리를 전혀 받을 수 없었다. 결과적으로 국가가 지원하는 보험 계획마저 무산된 것이다'(The Economist, 2006a: 74).

이것은 Winn과 Kirchgeorg(2005: 245)가 *Topics GEO 2003* 보고서로부터 인용한 (표 11-3)에 비한다면 빙산의 일각에 불과하다. 이 표는 '지난 반세기동안 자연재해의 숫자가 5배 가까이 증가했고, 경제적 손실이 16배 증가했다'는 것을 보여준다.

**《표 11-3》** 자연재해와 경제적 손실 (미국 10억$ 단위, 2003년 환율 기준)

| 10년 단위 | 1950–1959 | 1690–1969 | 1970–1979 | 1980–1989 | 1990–1999 | 그 후 10년 |
|---|---|---|---|---|---|---|
| 사건의 개수 | 20 | 27 | 47 | 63 | 91 | 60 |
| 경제적 손실 | 42.7 | 76.7 | 140.6 | 217.3 | 670.4 | 514.5 |
| 피보험 손해 | – | 6.2 | 13.1 | 27.4 | 126.0 | 83.6 |

자료원: Mûnchner Rûrk, 2003: 15.

Winn과 Kirchgeorg는 이런 정보를 이용해서 리조트들이 환경과 지속가능한 발전에 대한 전략적인 접근을 해볼 것을 제안한다. 이들은 과거와 현재의 경영이 환경 관리와 지속가능한 개발에 가지는 관심이 '내부적(inside)–외부적(out)'접근이라고 본다. 즉, 주요한 관점을 회사의 입장에서 외부의 환경을 바라보는 식으로 맞추는 것이다. 이 접근 방법에서는 생태적이며 사회적인 측면을 고려해야 한다. 그러나 생태계와 사회를 새로운 차원의 불확실성으로 이끌고 있는 자연, 정치 그리고 건강에서의 강력한 외부요인을 미루어볼 때 그들은 내부적–외부적 관점에서 과감하게 벗어나 지속가능한 관리가 '확정적이고 보완적이며 어쩌면 기존의 이론과 다른 개념인 회복 경영(resilience management) 혹은 비 연속적 경영(discontinuity management)과 같은 이론을 도입해야 할지도 모른다'고 본다(Winn and Kirchgeorg, 2005: 250).

그 이유는 환경적으로 정치적으로 중요한 변화에 직면하고 있다면, 지속가능한 개발이 지닌 균형 잡힌 특성은 불안정적인 세계정세 속에서는 더 이상 적용될 수 없기 때문이다. 차라리 경영진은 구조적인 변화의 가능성을 받아들이고 여러 가지의 세계적인 긴급 상황을 겪을 마음의 준비를 한 상태로 경영을 하는 것이 옳다. '세계의 생태계는 단기적인 접근방법에 의해 큰 영향을 받지 못하기 때문에, 경제와 사회가 생존할 수 있는 더 적응성 있는 접근방법이 필요하다. 위기관리, 위험관리, 그리고 긴급 상황 대처는 생존을 위한 장기 경영을 바탕으로 이루어져야 한다(Winn and Kirchgeorg, 2005: 252).

이런 생각을 실행으로 옮기기 위해서는 위험과 위기관리에 관해 축적된 모든 지식을 취합하여, 경영 생존과 지속가능성에 대한 더 광범위한, 협동적 접근 방법을 취해야 한다. 관광 산업이 환경적, 정치적, 그리고 의료적 요인에 계속적으로 노출되어있기 때문에, 일부 사람들이 이미 위와 같은 생각을 하고 있다는 것은 사실은 그다지 놀랍지 않다. Santana(2003: 304)는 다음과 같이 생각한다. 즉,

> 의사결정자들이 이런 복잡하고 예측 불가한 시기에 경영에 중대한 타격을 줄 수 있는 어떤 일이 발생할 수 있다는 것을 인정한다면, 그들은 적절한 사전에 준비된 기획 등과 같은 방법으로 위기관리의 가장 기초를 마련할 수 있을 것이다.

Santana가 지적하듯이, 관광 산업에 갈수록 큰 영향을 끼치는 외부요인 등의 위기는 그 자체로 진화하는 존재로 여겨져야 한다. 고립된 개체가 아닌, 그 스스로의 논리와 결과를 불러오는 진화하는 존재 말이다. '관리자가 위험 지표에 얼마나 주목하고 조직을 대비시키는지의 정도가 닥쳐오는 위기에 잘 대응할 수 있는지의 여부를 결정한다' (Santana, 2003: 310). 같은 의미에서, Hall 등(2003: 2)은 관광과 관광목적지는 '보안에 대한 지각, 안전, 조난, 그리고 위험관리 등에 의해 영향을 받는다'고 말하다. 그들은 보안에 대한 개념은 냉전이 끝난 이후로 더 확산되어졌다 생각한다. 하나의 정적이 테러리즘, 독립전쟁, 지역의 권리, 종

교 등의 다양한 분쟁 원인으로 대체되었기 때문이다. '보안에 대한 생각은 보안 관리가 지닌 여러 측면을 더 강조한, 세계적이고 보다 인간중심적인 관점을 강조하고 있다'(Hall et al., 2003: 12).

de Sausmarez(2004)는 관광업에서의 지속가능한 위기관리를 하기 위해 실질적인 지침서를 제공하고자 주장한 소수의 사람 중 하나이다. 그는 미래의 많은 위기가 신중한 탐색과 협동으로 영향력이 최소화 되어져야 하고, 다음과 같은 주요한 외부적인 위협을 막을 수 있는 6단계 접근방법을 제시하였다.

1. 관광 부서의 중요성을 평가하라.

관광을 배우는 학생들로서 관광과 리조트가 많은 이들에게 사회경제적으로 중요한 역할을 하고 있다는 점은 알고 있지만 위기 상황이 실제로 닥치게 되면, 과연 관광이 평소와 같은 가치를 가질게 될지에 대해서는 확신할 수 없다. 따라서 국가적 혹은 지역적인 위기관리 방침을 마련하는 것에 있어서 최우선순위는 관광과 리조트 영역이 지닌 상대적인 중요성을 결정하고 증명하는 것이다.

> 이것이 완성되기 전에는 위기에 대한 어떤 적절한 전략도 마련할 수 없다. Sharpley와 Craven(2001)은 다음에서 그 예시를 잘 보여준다. 관광이 영국 경제에 농업보다 더 많은 기여를 하기는 하지만 영국정부는 구제역 사태가 일어났을 때 예방접종보다는 도살을 했고 관광객들이 농장에 들어서는 것을 통제했다. 이 행보는 관광 부서보다 농업 부서를 존중한 것이었다. 그리고 납세자들에게 필요 이상으로 많은 세금을 부과했다.
>
> (de Sausmarez, 2004: 4)

일반 관광과 리조트가 지역적으로 중요한 사회경제적인 활동으로 여겨질 경우에만 정부 관계자들은 그런 산업이 지닌 중요성에 대해 심각하게 고려할 것이며, 필요성을 거시적인 차원에서 관리할 것이다.

2. 가장 큰 위험의 근원을 파악하라.

리조트와 관광산업이 위기관리를 지속가능한 개발 관점과 통합할 경우, 가장 큰 위험이 어디에 도사리고 있는지 확인해야 한다. 이 책 그리고 이 장에서는 관광목적지가 지닌 매력성을 증가시키거나 감소시키는 공급 측면의 특성인 자연재해에 초점을 맞춰서 서술했다. 그러나 비자(VISA) 발급에 영향을 미치는 국제 관계나 경제적 상황, 세계적 질병과 안전 그리고 다른 지역으로부터의 경쟁자들과 여가 활동 등과 같은 수요 측면의 특성도 중요하다. 공급과 수요 측면에서 발생하는 어떤 위험도 리조트 관광업체가 직접적으로는 통제할 수는 없겠지만 그 존재와 개발에 대해서 알아두는 것은 미래의 전략적인 기획, 그리고 정부 의안 통과에 필수적일 것이다.

3. 위험지표를 구분하고 탐색하라.

환경을 계속적으로 조사하는 것도 중요하지만 관련 있고 시의 적절하게 동향(trend)을 파악하는 것도 중요하다. 지구가 온난화 되고 있다는 증거는 점점 많아지고 있지만, 그것이 어떤 특정 입지나 장소에 대해 잘못된 정보를 제공해주어 사람들을 당황스럽게 하게 만들기도 한다. 리조트 경영주와 관리자는 다가오는 위기가 그들에게 정확히 어떤 의미를 가지는지 파악해야 한다.

de Sausmarez(2004: 7)는 여행사 경영주들과 여행사, 그리고 정부 부서가 수요와 공급 모두에 관한 정보를 가지고 있으므로 관광업체들의 현재 상황 변화를 탐지하고 평가할 수 있는 전략적인 위치에 있다고 보았다. 그녀는 WTO(1999)가 아시아의 경제위기에 대한 제안이 위기가 곧 닥칠 것이라는 지표를 보여주는 세가지 유목을 개발할 수 있게 했다고 언급하였다.

i. *3개월 단위의 단기 지표(short-term indicators)*로, 핵심 시장이나 또는 필요한 시간의 증가 등에서부터 문제해결에 이르기까지 모든 것을 사전예약해야 한다.

ii. *중기 지표(Medium-term indicators)*는 3-12개월 기간으로 패키지 투

어 전문 여행업자의 배당금과 서비스 받는 사람들의 비율이 포함된다.

iii. *장기 지표(Long-term indicators)*는 1년이나 그 이상의 기간 동안 계획된 발전, 국제 환율 그리고 GDP변동, 주요 시장의 이자율과 인플레이션 등을 말한다.

지속가능한 위기관리는 다음 4번째 목록을 추가하였다. 즉,

iv. *미래 지표(Future indicators)*로 이는 10-50년간의 기간으로, 이 기간 동안 대부분의 담보와 리스는 끝나고 현재 일어나고 있는 기후현상이 장기적인지 그저 주기적인 현상인지 드러나게 된다. 이런 지표는 환경적, 정치적, 사업적, 그리고 건강 동향을 더 지역적으로 특성화 시켜, 유용한 객관적인 지표로 변환시킬 수 있다. 이 지표들은 세계적인 정보를 지역적인 관점에서 분화하여 사용할 것이므로 더 객관적일 것이다. 그러나 이 과정은 평가자의 관점이 낙관론이냐 비관론이냐에 따라 영향을 받을 것이다.

4. 실행시 발생할 수 있는 문제를 해결하라.

이런 종류의 세계 위기는 규모가 크고, 진화되고 있기 때문에, 리조트 경영주들은 효과적인 관리 전략을 실행하기 위해 협력해야 한다. 이 말은 책임감과 협력 계획이 조기에 이루어져야 하며 다음 세가지를 충족시켜야 함을 의미한다. 즉, 신속한 대응, 피해를 입은 곳에 대한 지역적 요구 사항에 대한 적절한 평가, 그리고 다른 관할지역과 부서 간의 원활한 의사소통과 협동이 그것이다.

5. 위기발생에 대응할 수 있는 계획을 세워라.

국가적인 위기관리 계획을 수립하는 것은 그 자체로 거시적인 사전 위기관리이며, 그 자체만으로도 큰 성과이다. 이런 계획들은 미래에 국가의 여러 관할 내의 다양한 지역 내에 여러 종류의 위기가 올 수 있으므로 유연해야 한다. 대규모 위기관리 계획의 중요한 부분은 미디어 관계인데, 다양한 형태의 매체에 의존해서 그들이 관련 정보를 가능한 빨리 그리고 효과적으로 전달

해서 위기 그리고 취하고 있는 조치를 가능한 투명하게 보여주는 것이다.

일부 국가들에서는 사이클론과 같은 자연재해에 대비할 대책이 이미 수립된 경우(Fiji), 그리고 지진에 대비한 경우(미국의 Pacific North West) 다른 종류의 위기에 적용해서 대처할 수 있다. 이런 전략은 정부 부서와 기업 부서에서 주기적으로 새로이 검토해봐야 하지만 귀중한 자료와 절차 지도를 확보한 셈이다. de Saumarez(2004: 11)는 동아시아에서 일어난 SARS 문제에 비추어, 의사소통과 부서간 협력이 이루어지려면 위기가 곧 위신추락이라는 인식을 바꿀 필요가 있다고 보았다. 지구 온난화와 관련된 위기 측면에서도 어떤 특정 국가나 사람도 책망할 수 없이 모두 공동의 책임을 져야만 한다.

6. 지역적 협력이 지닌 가능성을 확보하라.

de Sausmarez는 국가적 위기관리를 중점적으로 다뤘지만, 그녀는 기후변화와 같은 국제적 문제도 더 큰 규모의 전략이 필요하다고 느꼈다. 2002년에 발리 폭파 사건으로 인해 동남아시아의 관광산업이 타격을 받았다는 사례에서처럼, 어떤 국가도 이웃 국가의 영향으로부터 자유로울 수 없다. 그녀는 ASEAN이 2003년에 지역적으로 SARS 예방을 하기 위한 협력이 SARS 전염을 효과적으로 막았다고 지적했다. 그리고 동아시아에서도 조류독감을 같은 방법으로 진압하였다.

de Sausmarez가 제시한 6단계는 자연스러운 선형적 연속단계는 아니지만, 구성요소를 자세히 보고 평가할 수 있도록 세분화된 하나의 연속적인 역동적 과정으로서 이해해야 한다. 전체 과정은 미래의 위기에 유연하게 대응할 수 있도록 지속적인 배움과 적응에 의존하고 있다. 초기부터 관광산업에서 하나의 개별적 형태로 살아남은 리조트는 이제 반드시 위험과 위기관리를 자신의 경영 전략의 핵심 부분으로 수용해야만 할 것이다.

## 요 약

이 장에서는 리조트에서 경영 방법과 자연 환경이 변화함에 따라 더 중요해지는 '위험관리'에 대해 알아봤다. 재정적 위험이 사업에서 지속적으로 문제가 되는 것이기는 하나, 그것은 요즘 소송을 자주 하는 요즘 세대와 안정적이지 못한 자연환경으로 인해 경영에서 더 중요한 문제가 된 것이다. 관광산업과 사회에서 그 중요성이 커진다는 것은 리조트 경영주가 이것을 전략적인 경영으로 중점적으로 다루어야 함을 의미한다.

위험관리는 과거, 현재 그리고 미래에 관한 집중된 맥락을 제공한다는 점에서 리조트 경영의 중심 주제가 된다. 과거 경험과 사업과 관련된 문헌들(Part 1)은 경영진이 오늘날 무엇을 기대해야 할지, 그리고 모든 옵션과 관련된 일반적 수준의 위험은 어떤 것인지 알려준다. 현재의 경영은 외부 요인(Part 2) 그리고 내부 전략(Part 3) 모두를 고려해서 오늘날 리조트를 위한 가장 실용적이며 지속가능한 선택방안을 마련해야 한다. 미래는 현재로부터 추정되어질 수 있다. 노년층을 위한 리조트가 성행할 것이란 점을 예측했듯, 세계 경제가 천천히 그리고 친숙한 방법으로 변화해갈 경우 그런 방법으로 추정할 수 있다. 그러나 지구의 물리학적 건전성과 인간 행태가 급격히 바뀔 경우 어떻게 해야 하는가? 과거로부터 추산된 위험 요인과 현재 상황은 더 이상 적용 불가능할 것이고, 우리는 위험 관리 과정에서 더 유연한 경영, 그리고 환경적 상황을 도입해야 할 것이다(Part 4).

이 장과 책 전체의 목적은 독자로 하여금 리조트가 우리에게 안겨주는 멋진 유산에 대해 생각해보도록 하는 것이다. 리조트가 인간의 오감을 만족시키고 지구상의 다양한 문화에 대해 계속 알려주려고 한다면 어떤 노력을 해야 할지, 그리고 이것을 적절한 경영 관리를 통해 달성할 수 있는 방법 등을 알려줄 수 있는지 등에 대해서이다.

위험관리는 리조트 경영의 전반적인 지속가능한 목표를 달성하는 것을 도와줄 뿐만 아니라, 탐색을 통해 인적/환경적 상황에서 예견된 변화에 적응하도록 하게 해준다.

이 장과 책은 최근 세계의 상당 부분에 영향을 미친 세계적 규모의 위기, 그리고 허리케인 등에서 많은 교훈을 얻은 리조트에 대해 살펴보면서 끝맺을 것이다. 인도양 쓰나미는 우리가 아직도 자연 재해에 무방비상태로 당할 수 있으며, 그런 재앙이 세계적인 규모에까지 이를 수 있고, 점차 해수면이 높아지고 있는 상황에서 미래에는 더 심한 상황이 닥칠 수도 있음을 보여준다. Walt Disney World 리조트는 2004년 8월 중순, 40년 만에 처음으로 허리케인의 피해를 직격으로 받았다. 그리고 그 이후 6주 간 추가적인 세차례의 허리케인 피해를 입었다. 이 과정에서 Disneyland는 몇 가지 귀중한 교훈을 얻었다.

사례연구

### 인도양 쓰나미

일부 지역에서는 Boxing Day 쓰나미로 알려진 인도양 쓰나미는 2004년 12월 26일에 일어났다. 이 쓰나미는 수마트라 섬 서쪽 연안의 인도양 심해에서 발생한 지진 때문에 일어났고, 이는 히로시마 원폭 23000개의 파괴력을 보여줬다. 그날 '150000명 이상의 사람들이 죽거나 실종되었고 11개국의 백만 명도 넘는 이들이 집을 잃었다. 이것은 역사적으로 가장 파괴적인 쓰나미였을 것이다'(National Geographic News, 2005: 1). 이 지표들은 결과적으로 더 증가되어, 이제 인도양 쓰나미는 '216,000명의 사람들이 죽거나 실종된' 사건으로 기록된다(Guardian Unlimited, 2006: 1). 이 끔찍한 자연재해를 (표 11-2)에 제시된 3배의 전략적 실행을 사용하여 고찰해보면 경영측면에 주는 중요한 교훈을 알 수 있을 것이다.

위기 이전 단계에서는 정부나 리조트 내에서 거의 대책이 마련되어 있지 않았다. 이것은 이해할만한 부분으로, 인도양에서는 그간 대형 쓰나미가 발생한 전례가 없었기 때문이다. 마지막으로 일어난 쓰나미는 1868년에 Krakatoa 화산이 폭발하였을 때였다. 그러나 여전히, 쓰나미는 화산지대이며 구조곡인 지역에서 발생 가능한 현상이라는 점에서 대비하지 못한 점을 용서할 수는 없다. 지진 부표를 이용한 조기 경보 그리고 위험 지역에 빨리 그 정보를 알려 대피할 수 있도록 하는 체제가 없었던 것이 문제다. '하와이의 Pacific Tsunami Warning Center(태평양 쓰나미 경보 센터)는 태국과 인도네시아를 포함한 26개의 국가에 경보를 보냈다. 그리고 피해를 입을 법한 사람들에게 연락을 했다. 그러나 태국에서는 TV와 라디오 경보가 지역 시간 9시까지는 방송되지 않았고 방송을 보낸 시간은 피해를 입은 지 1시간 이후였다'(Global Security, 2006: 3). 이와 같은 경우 지역적인 예보나 위험 분석도 없었고 국가 간 상황계획(Contingency plan)도 없었다. 결과적으로 연안에 위치한 리조트가 그만의 대피 전략을 가지고 있었다고 한들 첫번째 파도가 오기까지 발동을 걸어줄 경보도 없었던 것이다.

실제 위기 단계는 세계 사람들이 일요일 아침에 보는 구경거리마냥 한 관광객의 비디오카메라 영상을 통해 접할 수 있었다. 세계 언론은 사망자 수가 늘어날 때마다 영상을 보도했으며, 시청자로 하여금 그 지역 전체가 초토화됐다고 믿게끔 하였다. 특히, Phuket 섬에 있는 Patong 해변이 초토화된 이미지가 전체 섬의 현실이라는 인상을 많은 이들에게 심어주었다. 그러나 Phuket 섬은 그 다양한 해안에 리조트가 각각 따로 떨어져서 널리 분포되어 있으며, 실상 그 중 많은 리조트는 쓰나미의 피해를 입지 않았다. 이것은 언론 보도가 자극적이기보다는 사실적이고 정확한 비율에 근거하여 이루어져야 한다는 점을 보여준다.

위기 이후의 단계는 위기로부터 배우고 다시 재건하는 단계이다. 특히 인도양 쓰나미의 경우 중요한 단계이다. 가장 큰 문제점은 정보와 경보의 부족으로 인해 효과적으로 상황계획을 이행할 수 없었던 점이다. 이것은 인도양 쓰나미 경보 체제를 2006년에 설립함으로 해결되었다. 이 체제는 UNESCO가 고안했으며, 25개의 새로운 지진관측망 그리고 심해 센서로 조기 발견을 하도록 설계되었다. 그러나 이것은 시작일 뿐이다. 정보가 인도양 주변의 위험 지역 모두에 도달하고 그 지역의 사람들이 어떤 조치를 취해야 할지 결정하는 문제가 남아있기 때문이다. 따라서 UNESCO는 세계적인 협력체계를 구축하고 정부차원에서 대중들이 개별, 지역 단위로 대비할 수 있도록 장려하고 있다(Terra Daily, 2006). UNESCO는 맹그로브, 거머리 말 그리고 산호초 복원을 위한 전문 인력을 파견하고 있고, 이것은 문화유산 지역의 재난 대비책을 강화하고 그것을 재건 과정에도 적용하고 있다. 또한 UNESCO는 학교에서 쓰나미 인식을 강화하는 교육을 하며, 의사 결정자와 방송인을 훈련시키고 지역적인 예비 훈련을 실시하기도 한다.

인도양은 이제 상당히 회복되어가고 있다. Phuket의 경우 지역적으로 많은 피해를 입었으나, Patong 해안은 저자가 2005년 10월에 방문했을 당시에 쓰나미의 흔적이 외부적으로 드러나지는 않았다. 지역의 관광 업체와 영문 뉴스는 쓰나미 이후 관광업이 부진했으나, 6월즈음에는 다시 회복되어 '새해인 2006년에는 3월 말(성수기)까지 80-90%로 회복할 것이라고 예상했다'(Phukt Gazette, 2005: 3 C). 피해 회복의 또 다른 예는 Maldives이다. 다른 저지(低地)인 섬들과 마찬가지로 이 지역 역시 이러한 재난에 영향을 많이 받을 수밖에 없다. 즉, 수천 명의 지역 주민들이 집을 잃었고 82명이 숨졌다. 그러나 관광객 중에는 2명의 사망자만 발생했고 많은 리조트들이 높은 건축적 기준에 부합하지 못할 정도의 피해는 입었으나 지역 주택 및 건축물에 비해서는 파도를 훨씬 더 잘 막아냈다. 결과적으로 리조트가 재건축 후 개장하는 것에는 많은 시간이 걸리지 않았으나 그 과정에서 지역 관광관련 기업들과 정부는 다음에 올 피해에 더 나은 대비를 하고자 했다.

> 쓰나미가 인도양의 섬들을 휩쓸고 지나간 5개월 후 관광 부문과 정부 기관은 저지대의 리조트 그리고 공항이 어떤 종류의 긴급 상황에도 잘 대처할 수 있도록 협력하고 있다.
>
> (Travel Wire News, 2005: 2)

여태까지 제안된 변화 중에서는, 각 섬에 위성 전화기를 설치하여 의사소통이 원활해지도록 하고, 또한 위급 상황을 더 잘 전달할 수 있는 중앙 집중 본부를 마련하는 것도 있다. 새로운 리조트 규정은 대피 계획과 긴급 상황 물자를 구비해둘 것을 정해두는 것도 있다. 또한 공항 주변의 방파제를 더 높이고 전력 공급에 안전장치를 마련하는 것도 고려되고 있다.

이들과 인도양 쓰나미의 다른 기록은, 지구 온난화와 뉴스의 선정적인 보도로 인해 리조트가 직면한 여러 장애물들을 보여준다. 대형 쓰나미는 다행히도 드문 현상이기는 하나, 이 경우는 일종의 전 세계적인 경보 체제를 마련하여 지역, 지방의 상황계획으로 그 피해를 최소화할 필요를 보여주었다. 이것은 명백히 정부차원의 협의 그리고 경계태세를 갖추어 다음 재해가 오기까지 훈련을 계속하려는 의지를 필요로 한다. 이것은 인간 한계를 시험하는 것이기도 하다. 혹자는, 쓰나미가 지구 온난화와 관련이 있다면 이 정도 대책으로 충분할 것인지 되물을지도 모른다. 이것은 일부 학자들과 연구자들이 우리에게 고심해보도록 주문하는 문제이기도 하다. 지속가능성과 위험관리는 특히 기후 변동이 심한 이 시점에서 리조트 경영에서 매우 중요하게 작용하기 때문에 앞서 제시된 주제에 대해 심각하게 고려해야 한다.

### 월트 디즈니 월드의 허리케인

이 사례는 2004년 4개의 허리케인이 Walt Disney World Resort에 피해를 입혔던 당시 본사의 경영부장이었던 Barbara Higgins가 작성한 보고서에 근거하고, 이곳은 물론 다른 리조트에 중요한 교훈을 제시한 사건이었다.

❖ 계획

Walt Disney World의 허리케인 대비책은 본사의 일반 비상대책과 마찬가지로 우선순위와 절차가 존재했다. 우선순위는 다음과 같다. 즉,

- 고객들을 안전하게 보호하라.
- 직원들을 안전하게 보호하라.
- 시설물을 고정시키고, 탈출 그리고 복구를 신중하게 계획하라. 그리고
- 폭풍 이후에 공원을 가능한 빨리 개장하고 가동시킬 수 있는 능력을 갖춰라.

이 절차는 다양한 강도의 허리케인에 대응할 수 있도록 고안되었으며, 허리케인이 직접 타격을 입히거나 스쳐갈 경우에 따라 달리 대응할 수 있도록 하였다. Walt Disney World는 허리케인 대비책으로 5 단계의 접근방법을 고안하였다. 각 단계는 National Hurricane Center(국가 허리케인 센터)와 지방정부의 자문을 구한 후에 선정되었다.

- 5단계 – 탐색
  허리케인 대비책을 복습하고 직원들의 연락처를 확보해둔다.
- 4단계 – 일반적인 대비
  계획을 추가적으로 복습하고 장기적인 가동 중단을 준비한다.
- 3단계 – 청소와 물품 고정
  미리 마련된 위급상황 물품이 공급된다. 리조트에서 고정되지 않은 물건이나 다른 건축물들을 지반에 고정시키고 매니저들은 다음 단계로 넘어간다.
- 2단계 – 객실과 직원실을 봉쇄
  고객과 핵심 직원들은 허리케인 대비용 건물에 들어가거나 대피한다.
- 1단계 – 모든 활동을 중단하라.
  모든 활동을 중단하고, 오직 탈출 보조 요원만을 지정된 피난처에 배치해 둔다.

이런 계획과 완벽한 준비에도 불구하고 네 차례의 다양한 허리케인은 일부 다른 고려사항과 우선순위를 보여줬다.

❖ 교훈

그 해 여름의 허리케인 체험에서 얻은 교훈은 허리케인이 모두 각기 다르므로,

리조트는 일반적인 허리케인에 대처할 수 있을 뿐 특정한 허리케인에 대비할 수는 없다는 점이었다. '우리가 처음으로 배운 것은 우리의 엄격한 계획이 상황에 따라 달리 적용될 수 있는 유연성이 필요하다는 점이었다'(Higgins, 2005: 42). 전반적인 위기상황 대처에서 가장 중요한 요소는 다음과 같다. 즉,

- 고객과 직원의 의사소통을 유지하여, 그들이 폭풍이 접근하고 있다는 것을 알고 각 단계의 실행에 관해 알려주어라.
- 따뜻한 음식을 제공하는 것이 가장 중요한 우선순위이다.
- 오랜 시간 객실 안에 있어야 할 고객들에게 실내 여가 활동을 제공하라.
- 고객들이 오랜 시간 객실 안에 있으려고 여행을 온 것이 아니므로 그런 상황에 대해 대비하라.
- 공원의 폐장과 개장을 알리기 위해 뉴스 등 대중매체를 이용하고, 날씨, 학교나 경찰 및 비상대책에 관한 지방정부 발표를 듣기 위해 대중매체를 사용한다.

'위기에 직면해서 배울 수 있는 중요한 교훈은 직원들에 대한 당신의 공감을 보여주고 그들과 가족, 사랑하는 사람들에게 닥친 일을 시급하게 해결해주는 것이다'(Higgins, 2005: 45). 위기상황에서 핵심적이지 않은 직원들은 빨리 해산시켜서 허리케인이 오기 전에 가족과 집으로 돌아갈 수 있도록 하고, 일부 직원들이 집을 잃어서 숙식제공을 요구하는 경우에 대비해야 한다. '많은 Florida 거주민들이 폭풍을 겪고 느낀 것은 허리케인 보험료와 관련하여 세금공제가 높아진 점이다... 우리는 거주지를 잃은 9500명의 직원들에게 $ 8백만 이상을 지급하기로 결정했다'(Higgins, 2005: 45).

따라서, 결국 우리는 리조트 경영이 '넓게 생각하고 지역적으로 행동하라'는 말의 전형임을 알 수 있다. 관리와 재정문제가 가장 중심적인 부분이나, 지역환경과 사회의 중요성을 인식하는 것이 리조트의 장기적인 성공에 도움이 될 것이다. 나아가 리조트가 사회적이고 기술적인 상황에 맞춰 살아남기를 거듭해 왔다면, 이들은 현재 두드러지게 나타나는 기후와 문화적 변동에 주목하여 더 능동적인 대응을 해야 할 것이다.

## 연습문제

**1.** '위험관리는 경영에 필요한 것일 뿐만 아니라 관광과 관련 조직이 경쟁적이고 지속가능하며 미래에 대한 책임감을 가지기 위해서라도 반드시 필요하다' (Cunliffe, 2006: 35). 이 말을 시급한 현안인 지구 온난화 현상과 관련하여 분석해보라.

**2.** 1개의 부서나 사업을 선택하여, 그 곳에서 '관리자로서 책무를 다 하는 것'(duty of care)의 결과는 어떤 것인지에 대해 살펴보고, 책무를 다 하는 것에 있어서 위험 관리 전략이 어떤 도움을 줄 수 있을지 평가하라.

**3.** 모험 관광은 리조트에게 다양하며 고수익의 복합적 경영을 가능하게 하는 3가지 차원으로 구성된 것으로 알려져 있다(그림 11-2). 지각된/실질적 모험 차원에서, 리조트가 어떤 방법으로 위험 관리 전략을 활용해야만 가장 능률적일 수 있을지 토론하라.

**4.** 당신의 리조트 업체는 지난 2년간 보험금을 지급한 적도 없음에도 불구하고, 책임보험금이 내년부터 더 높이 책정될 것이라는 통보를 받았다. (a) 보험회사에게 그런 인상은 정당하지 못하다고 어떻게 설득할 것이며 (b) 그 보험료를 낮추기 위해 어떤 대안을 마련할 수 있을 것인가?

**5.** de Sausmarez(2004)가 제시한 '세계적 재난에 대한 6단계 접근방법'을 2004년 인도양 쓰나미 사건에 적용해보라. 이 접근방법이 위 사건에 잘 적용될 수 있는지, 그리고 이 비극을 분석하는 것에 도움이 되는 유용한 구조를 제공해주고 있는지 살펴보라.

## 참고문헌


- Anderson, B.A. (2006). Crisis management in the Australian tourism industry: preparedness, personnel and postscript. *Tourism Management*, **27(6)**, 1290-297.
- BBC News (2001). Six guilty in Swiss canyoning trial. http./news.bbc.co.uk/1/hi/world/europe1704669.stm. Accessed on 16 August 2004.
- Beedie, P. (2003). Adventure tourism. In *Sport and Adventure Tourism*(S. Hudson, ed.), pp. 203-39. New York: Haworth Hospitality Press.

참고문헌


- Cloutier, R. (2000). *Legal Liability and Risk Management in Adventure Tourism*. Kamloops, BC: Bhudak Consultants.
- Cloutier, R. (2003). The business of adventure tourism. In *Sport and Adventure Tourism* (S. Hudson, ed.), pp. 241-72. New York: Haworth Hospitality Press.
- Cunliffe, S.K. (2006). Risk management for tourism: origins and needs. *Tourism Review International*, **10(1/2)**, 27-8.
- de Sausmarez,N. (2004). Crisis management for the tourism sector: issues in policy development. *Proceedings of Tourism: State of the Art II*. 27-0 June 2004. Glasgow:The Scottish Hotel School, University of Strathclyde.
- Faulkner, B. (2001). Towards a framework for tourism disaster management. *Tourism Management*, **22(2)**, 135–47.
- Feizkhah, E. (2002). She' not right, mate. *Time*, May 27, 46.
- Foster, H.D. (1980). *Disaster Planning: The Preservation of Life and Property*. New York: Springer Verlag.
- Gee, C.Y. (1996). *Resort Development and Management*, 2nd edn. East Lansing, Michigan: Educational Institute of the American Hotel and Motel Association.
- Glaesser, D. (2003). *Crisis Management in the Tourism Industry*. Oxford: Butterworth-Heinemann.
- Global Security (2006). Asian tsunami/tiger waves. http://www.globalsecurity.org/eye/andaman.htm. Accessed on 14 December 2006.
- Gregory, P. and Hewitt, R. (2005). Dive quadriplegic keeps his millions, plans to buy a house. *The Age*, June 23: 6.
- Guardian Unlimited (2006). Asian nations stage tsunami drill. http://www.guardian. co.uk/tsunami/story/0,,1776974,00.html. Accessed on 14 December 2006.
- Hall, C.M.,Timothy,D.J. and Duval,D.T. (2003). Security and tourism: towards a new understanding. In *Safety and Security in Tourism* (C.M. Hall, D.J. Timothy and D.T. Duval, eds), pp. 1-8. Binghamton, NY: Haworth Hospitality Press.

- Head, M. (1999). Profit drive blamed for Swiss canyon tragedy. *World Socialist Web* Site. www.wsws.org. Accessed on 16 August 2004.
- Higgins, B.A. (2005). The storms of summer: lessons learned in the aftermath of the hurricanes of '4. *Cornell Hotel and Restaurant Administration Quarterly*, **46(1)**, 40-6.
- King, B. and Berno, T. (2002). Tourism and civil disturbances: an evaluation of recovery strategies in Fiji, 1987–000. *Journal of Hospitality and Tourism Management*, **9(1)**, 46–0.
- Morgan, D. and Fluker, M. (2000). *Accidents in the Adventure Tourism Industry: Causes Consequences and Crisis Management*. Working Paper 80/00. Faculty of Business and Economics, Monash University, Melbourne, Australia.
- Mũchener Rũk (2003). *Topics Geo - Annual Review*, National Catastrophes, Munich.
- Murphy, P.E. and Bayley, R. (1989). Tourism and disaster planning. *Geographical Review*, **79(1)**, 36–6.
- National Geographic News (2005). The deadliest tsunami in history? January 7, 1.http://news.nationalgeographic.com/news/2004/12/1227_041226_tsunami.html. Accessed on 14 December 2006.
- Page, S.J., Bentley, T. and Walker, L. (2005). Tourist safety in New Zealand and Scotland. *Annals of Tourism Research*, **32(1)**, 150–66.
- PATA (2003). *Crisis: It Won' Happen to Us!* Bangkok, Thailand: Pacific Asia Travel Association.
- Pattullo, P. (1996). *Last Resorts: The Cost of Tourism in the Caribbean*, London: Cassell.
- Phuket Gazette (2005). Rush for seats to Phuket. *The Nation*, October 22, 3C.
- Ritchie, B.W. (2004). Chaos, crises and disasters: a strategic approach to crisis management in the tourism industry. *Tourism Management*, **25(6)**, 669–83.

- Santana, G. (2003). Crisis management and tourism: beyond the rhetoric. In *Safety and Security in Tourism* (C.M. Hall,D.J.Timothy and D.T. Duval, eds), pp. 299–21. Binghamton, NY: Haworth Hospitality Press.
- Sharpley, R. and Craven, B. (2001).The 2001 foot and mouth crises-rural economy and tourism policy implications: a comment. *Current Issues in Tourism*, **4(6)**, 527-37.
- Stern,N. (2006). Stern review on the economics of climate change. *London: H.M. Treasury*.www.hmtreasury.gov.uk/Independent_Reviews/stern_review_economics_climate. Accessed on 1 November 2006.
- Tarlow, P.E. (2006). Disaster management: exploring ways to mitigate disasters before they occur. *Tourism Review International*, **10(1/2)**, 17-25.
- Terra Daily (2006). Indian Ocean tsunami warning system up and running. http://www.terradaily.com/reports/Indian_Ocean_Tsunami_Warning_System_Up_And_Running. Accessed on 14 December 2006.
- *The Economist* (2006a). The price of sunshine: hurricanes and insurance. *The Economist,* June 10, 74-5.
- *The Economist* (2006b). The heat is on: a survey of climate change. *The Economist*, September 9, 1-18.
- Travel Wire News (2005). Maldives takes steps to improve crisis response. http://www.travelwirenews.com/news/27May2005. Accessed on 30 May 2005.
- Wilks, J. and Davis, R.J. (2000). Risk management for scuba diving operators on Australia' Great Barrier Reef. *Tourism Management*, *21(6)*, 591-99.
- Winn, M.I. and Kirchgeorg,M. (2005).The siesta is over: a rude awakening from sustainability myopia. In *New Perspectives in Research in Corporate Sustainability* (S. Sharma and M.Starik, eds),Volume 3-Corporate Environmental Strategy and Competition, pp. 232-58. Mass and London: Edward Elgar.
- World Tourism Organisation (1999). *Impacts of the Financial Crisis on Asia' Tourism Sector*. Madrid:World Tourism Organisation. 5

## 역자약력

### 하 동 현
- 동국대학교 경영학과(경영학사)
- 미국 Ohio대학교 M.B.A.(경영학석사)
- 세종대학교 경영학박사(마케팅 전공)
- 동국대학교 관광경영학과(부) 주임교수, 학부장(역임)
- 동국대학교 문화관광산업연구소 전 · 현 소장
- 한국호텔관광학회, 한국호텔외식경영학회 부회장 역임
- 한국관광서비스학회, 대한관광경영학회 회장 역임
- 동국대학교 경주캠퍼스 관광대학 학장 역임
- 현재 동국대학교 경영관광대학 교수

■ 연구실적
- 여가와 인간행동(역서), 백산출판사, 2009.
- 신호텔경영론, 한올출판사, 2012.
- 관광사업론, 대왕출판사, 2011.
- 패밀리 레스토랑에서의 관계혜택, 브랜드애착, 브랜드 충성도 간의 관계, 2011 외 다수.

### 황 성 혜
- 영남대학교 대학원 심리학과(문학석사)
- 계명대학교 경영대학원 관광경영학과(경영학석사)
- 동국대학교 관광호텔경영학과(호텔관광경영학박사)
- 현) 동국대학교 관광호텔경영학과 외래강사

### 유 승 동
- 경북대학교(경영학박사)
- 미 University of Illinois at Urbana-Champaign 객원교수
- 관동대학교 관광학부장 역임
- 관동대학교 관광스포츠대학장 역임
- 한국과학기술정보연구원(KISTI) 자문교수 역임
- 한국산업인력공단 인적자원개발(HRD) 경영자문교수 역임
- 새 정선 미래정책포럼 관광문화분과 운영위원장 역임
- 한국인적자원개발학회 이사 역임
- 현) 한국관광학회 평생회원
  현) 관동대학교 관광의료복지대학
  호텔관광학부 교수
- 리조트경영실무론(공저)
- 녹색건강코디네이터실무론
- 녹색건강경영관리원론(공저)

### 조 태 영
- 동국대학교 불교학과(관광경영학과) 졸업
- 동국대학교 대학원 불교학과 응용불교학 전공(문학석사)
- 동국대학교 대학원 호텔관광경영학과 이벤트경영학 전공(호텔관광경영학박사)
- (주) 아미항공 여행사 영업부 대리
- 현) 동국대학교 호텔관광경영학부 겸임교수
- 저서 : 세계화 시대의 지역축제 경영(기문사, 2008 공저)
- 논문 : 문화관광체험이 고유성 및 관광만족, 삶의 질에 미치는 영향(박사학위논문) 외 다수

# 리조트경영론

2012년 9월 1일 초판1쇄 인쇄
2012년 9월 5일 초판1쇄 발행

저 자 Peter Murphy
역 자 하동현•황성혜•유승동•조태영
펴낸이 임순재

저자와의 협의하에 인지생략

펴낸곳 **한올출판사**

등록 제11-403호
121-849
주 소 서울시 마포구 성산동 133-3 한올빌딩 3층
전 화 (02)376-4298(대표)
팩 스 (02)302-8073
홈페이지 www.hanol.co.kr
e-메 일 hanol@hanol.co.kr
정 가 22,000원


▫ ISBN 978-89-94948-86-7